四川工人运动史

SICHUAN GONGREN YUNDONGSHI

四川省总工会◎编

中国工人出版社

图书在版编目（CIP）数据

四川工人运动史 / 四川省总工会编 . -- 北京 : 中国工人出版社 , 2025. 4. -- ISBN 978-7-5008-8694-5

Ⅰ . K261.3

中国国家版本馆 CIP 数据核字第 20252RK095 号

四川工人运动史

出 版 人	董　宽
责任编辑	丁洋洋
责任校对	张　彦
责任印制	栾征宇
出版发行	中国工人出版社
地　　址	北京市东城区鼓楼外大街45号　邮编：100120
网　　址	http://www.wp-china.com
电　　话	（010）62005043（总编室） （010）62005039（印制管理中心）
发行热线	（010）82029051　62383056
经　　销	各地书店
印　　刷	三河市万龙印装有限公司
开　　本	787毫米 × 1092毫米　1/16
印　　张	24
字　　数	366千字
版　　次	2025年4月第1版　2025年4月第1次印刷
定　　价	218.00元

本书如有破损、缺页、装订错误，请与本社印制管理中心联系更换

目　录

第一编　新民主主义革命时期

第二编　社会主义革命和建设时期

第三编 改革开放和社会主义现代化建设新时期

第四编　中国特色社会主义新时代

第一编

新民主主义革命时期

第一章　四川工人运动的兴起和大革命时期的四川工人运动

四川工人阶级是中国工人阶级的组成部分。在旧中国，不仅深受帝国主义、封建主义、官僚资本主义的重重压迫，而且饱受地方军阀割据的残暴统治及连年战祸之苦。四川工人阶级是在深重苦难的环境中诞生、形成，并在斗争中求得生存和发展。五四运动中，我国工人阶级作为独立的政治力量登上历史舞台。1921 年 7 月，在马克思列宁主义同中国工人运动相结合的进程中，中国共产党应运而生。在党的坚强领导下，中国工人阶级开始从分散走向团结，中国工人运动从自发走向自觉，四川工人运动不断发展。1923 年 5 月，成都劳工联合会的诞生，标志着四川工人运动进入了由自己的先锋队中国共产党领导的新阶段。四川工人阶级为推翻帝国主义、封建主义和官僚资本主义的统治，为实现民族的独立和人民的解放，进行了英勇不屈的斗争，建立了卓越的历史功勋。

第一节　四川工人阶级的产生和自发斗争

中华民族有着 5000 多年源远流长的文明历史，为人类文明进步作出了不可磨灭的贡献。1840 年鸦片战争以后，由于西方列强的入侵和封建统治的腐败，中国逐步沦为半殖民地半封建社会，国家蒙辱、人民蒙难、文明蒙尘，中华民族遭受了前所未有的劫难。为了拯救民族危亡，中国人民奋起反抗，仁人志士奔走呐喊，进行了可歌可泣的斗争。地处内陆的四川由于四周高山环绕、交通极为不便等地理上的原因，外国资本主义的入侵晚于沿海地区。但四川肥沃的土地、丰富的物产，一直为外国列强所垂涎，他们的侵略魔爪很快伸向四川。随着侵入的一步步加深，四川社会也逐渐沦为半殖民地半封建化。四川人民和全国人民一道进行了一次次反帝反封建斗争，但均被封建势力勾结帝国主义无情镇压。四川工人阶级就是在这种深重苦难的环境中诞生、形成，并在斗争中求得生存和发展的。

一、五四运动前的四川工人

第二次鸦片战争后，外国资本主义开始对四川进行经济侵略。1876 年签订的《中英烟台条约》附有“另议专条”，使包括四川在内的西南各省相继成为外国资本主义侵略的目标。此后，外国资本主义不断扩大以商品输出和掠夺原料为主要手段的经济侵略活动。中日甲午战争后，这种经济侵略进一步加剧，同时开始向四川输出资本，四川社会急剧变化。帝国主义的入侵，冲击了四川自给自足为主的农耕经济，造成农民和手工业者大批破产，加深了四川人民的灾难，但客观上为资本主义的发展创造了条件，四川开始出现近代工业，资本主义有了初步的发展，产生了最早的一批产业工人队伍。伴随着四川近代工业的产生和发展，四川工人阶级与全国工人阶级一道作为新兴的阶级力量诞生了，在严酷的经济斗争和政治斗争的磨砺中，阶级意识逐渐觉醒。

四川最早的民族资本主义工商业出现在制盐业。明代后期，四川制盐工业已出现资本主义的萌芽。清代乾隆、嘉庆时期（1736—1820 年），自贡制盐手工工场逐渐发展起来。取卤制盐、随井设灶，上两匚锅煎盐的灶户有职工十余人；中等井、灶户有雇工 40 余人。到咸丰、同治年间，已发展到一个场主雇用 1000 多人。太平天国运动期间，由于长江中下游一带被太平军控制，淮盐不能上运，湘鄂人民苦于淡食，于是清政府特许川盐行销两湖，史称“川盐济楚”。此后，四川盐业开始兴盛，井灶增多，并出现不少千米以上的深井，制盐业有了较大发展。到 19 世纪末，单靠人力、畜力牵引已不适应汲卤的需要。1902 年前后，商人欧阳显荣将汉阳设计制造的汲卤机车运到自流井“石星井”试用并获得成功，成为四川第一部蒸汽汲卤机车，标志着四川制盐业向近代机械工业的转变。在外国商品、资本大量侵入和洋务运动破灭的刺激下，以抵制侵略、收回利权为旗帜的民族资本主义企业在四川逐渐出现和发展。1891年，川商卢干臣、邓徽绩等，在重庆王家沱、大溪沟创办森昌泰火柴厂和森昌正火柴厂，开始四川最早的民族轻工业。1900年后，重庆吉厚祥布厂、富川织布厂、复源织布厂等陆续建立，占同期全国织布厂总数的30%以上。1908年，石青阳在重庆开办蜀眉机械丝厂，为四川使用机械缫丝之始。1909年，文国恩等自英帝国主义分子立德乐手中收回江北煤矿自办，成立江合煤矿公司，以机械采煤。从1901年到1911年，四川的民族工商业有了较大的发展，重庆、成都、泸州、南充、乐山、达县、万县、内江、广元、江津等地，相继开办火柴、纺织、缫丝、造纸、印刷、玻璃、电力、采矿等企业108家，有的资本甚至有30万元以上。但是，中国民族资本主义必然受到帝国主义和封建残余势力的压迫与打击。四川近代的民族资本主义工商业只能在帝国主义和封建主义双重压迫的夹缝中惨淡经营。

四川近代产业工人最早出现在清朝政府开办的近代企业中。1877年洋务运动中，四川总督丁宝桢在成都东门内下莲池创办四川机器局，招收四川本地工人数百名和湖南、山东、江苏等地技术人员，制造枪炮和弹药，成为四川近代工业的开端，也是四川第一批产业工人的诞生地。1884年，清政府修通宜昌—重庆—成都邮电线路，在成都、重庆设电报局。截至1911年，清政府在四川设立的机器局、兵工厂、造币厂、电报局、邮政局等近代企业有10多家。

1895年中日《马关条约》签订后，外国资本主义在四川大量倾销商品和肆意掠夺原料，强行输出资本、开办工厂。最先在四川开办的外国企业是英国商人立德乐1896年在重庆南岸开办的猪鬃加工厂。到1911年，英、法、美、德、日等国在四川先后设立的洋行公司、工厂有数十家。

但在较长一段时期中，手工业工人在整个四川工人阶级队伍中占据了较大比重。据《成都通览》记载，清末成都按专业行当组织起来的商帮即达69个，其中主要是绸缎、丝麻、湖绉、皮货、蜀绣、帽铺靴鞋、扇庄、古玩、药材、竹木器、油漆、晒席、柴炭、酱园等行业，工场即家庭、工人即店员之现象极其普遍。据1919年增订再版的《川盐纪要》记载，“自贡两场毗连，盐业劳动家不下十余万人，牛马亦达数万匹。诚吾国唯一之大工场也。”据《清朝续文献通考》记载，光绪年间（1875—1908年），“成都有机房二千处，织机万余架，机工四万人，丝织品占全省总额百分之七十。”据四川省都督府1913年统计，成都除兵工厂有7人以上的工商业仅85家，工人4800余人（其中女工820余人）。1901年，成都设大清邮政分局（后改为总局），至1911年，所属职工已发展到800余人。1904年，由四川劝业道拨款建立成都制革厂，有职工300人。1906年，官办惠昌火柴厂建成，有职工800人。随着外国资本主义企业和民族资本主义企业在重庆开办，重庆的工人阶级也就开始产生。外国侵略者经营的企业中，最早是英商立德乐猪鬃洗房的工人，1891年有从天津招来的10多名工人，后又招收了七八十名学徒，以后工人增加到100余人。此外，日商新利洋行的猪鬃洗房工人最多时有1000多人；英商隆茂洋行的洗房工人有数百人。民族资本主义工矿企业中，以森昌字号火柴厂的工人最早，仅森昌正火柴厂即有工人700人。到20世纪初，民族资本主义工商业不断发展，重庆工人也日益增多，仅熟毛工人即有5000多人，机器缫丝厂的工人共约3000人，重庆铜元局有工人600人，崇记复兴和炭厂有工人1000余人，丰裕火柴厂有工人440人。据申报馆1923年2月出版的《最近之五十年》的统计资料，除外商办的企业雇用华工未列入外，1915年四川有工厂工人、杂役39918人，矿工2662人，两者合计42580人。

组成早期四川工人阶级队伍的，还有大量手工业工人和城市、码头的各种苦力工人。19世纪中叶，四川传统的丝织、制盐、榨糖、造纸等行业已组成了许多工场或作坊，形成了成都、乐山、眉山、资阳、南充一带的产丝区，自流井、犍为、蓬溪、南部、乐至一带的产盐区，内江、简阳、金堂一带的产糖区和夹江、洪雅、合川、铜梁一带的产纸区。这些工场、作坊，雇用流入城镇的破产农民，少则五六人，多至几十人。据《中国近代手工业史资料》记载，第一次世界大战前夕，在全国23个业别的手工业工场、作坊总户数中，四川占了14.73%，工人数占了11.69%。在帝国主义经济侵略和军阀混战的影响下，四川手工业在20世纪二三十年代趋于衰败，但在全国仍占重要地位。以成都为例，

20世纪20年代约有8万名工人，除兵工厂、造币厂有不到5000名产业工人外，其余都是工场、作坊的手工业者和各种苦力工人。

无论官办、外商办企业，还是民族企业，在旧社会都不同程度地实行野蛮的奴隶式管理制度。四川早在清朝、民国时期就有盐业工人的“炎帝会”“华祝会”，屠宰业工人的“桓侯会”，饮食业工人的“火神会”，酿酒业工人的“杜康会”，缝纫业工人的“轩辕会”等自发性的、按帮口组成的帮会。这些组织在为争取工人的生存权利和经济利益的斗争中，起过一定的作用，但时代局限，带有浓厚的封建色彩和行会、帮口的性质，且领导权操纵在绅商和封建把头手中，不能真正代表工人阶级利益。在帝国主义经济侵略和军阀横征暴敛、长期战乱摧残下，四川“工人痛苦之深，甲于任何地方”。

一是人身无自由，人权无保障。破产农民流入城市，磕头作揖，托人取保，能幸运进入工厂（工场）的，首先要与资方签订诸如“天灾祸福，听天由命，伤死病残，与主无涉”之类的卖身契，接受资方一切苛刻条件。英商立德乐经营的猪鬃厂《投师合同》规定：“三年师满，始议工价”；“出师后，务要再帮五年”。名为中日合办、实为日本人控制的重庆又新丝厂每个车间，都有手执皮鞭的日本巡捕监督工人。官府、军阀所属各厂，除大小工头管制以外，又有军警层层设卡监视，工人进出厂门都要搜身，进了工厂，不得与外人来往，稍有违反就鞭打或开除。成都织锦业机房老板规定学徒期为9年，头3年做杂活，不得偷经学艺，中间3年挽花，最后3年才能上机学织。如有违反，轻则延期，重则开除。对被开除的工人，还要补交全部伙食费用。工人们哀叹：“进了工厂，等于进了地狱。”

二是毫无劳保设施，劳动时间特别长。猪鬃工人终日赤脚泡在又臭又脏的水槽里干活。矿工赤身露体在含硝磺极重的阴湿坑道里挣扎，工人没有不患职业病的，窑洞塌方、瓦斯爆炸等伤亡事故经常发生。纺织厂、火柴厂工人每天都是“东方发白，做到擦黑，擦黑点灯，做到三更”。纺织厂没有吸尘、消音、通风设备，车间内温度高、噪声大，尘絮乱飞，时有工人晕倒或飞梭伤人。火柴厂亦无防毒设施，常有中毒现象发生。烧盐工人上手每月当15班，每班昼夜24小时，下手每天工作18小时，没有休息日。据长野朗1925年所著《中国工人及工人运动：世界的威胁》记载，“旭东缫丝厂工人的劳动时间是从早上三点半到下午四点，又新丝厂则是从早上四点到下午六点，除少许午餐时间外，工作时间分别为十二和十四小时。”不少工厂实行计件工资制，定额高，一般很难完成，而资本家的要求又很苛刻，动辄就要返工。不足定额时，轻者责罚，重则开除。为了活命，工人们不得不日夜奔忙。凿井工人用脚力带动钻头，规定每分钟要跳 30 脚至 40 脚，不少工人累得吐血，有的当场从碓板上跌下摔成重伤。1932 年自流井霍乱流行，不到 40 人的洪发井，几天内死去盐工 30 人。“少年进工棚，老来背竹筒（指讨饭），病了赶你走，死了不如狗”，这是旧社会工人悲惨一生的真实写照。

三是工资低微，又受重重克扣。工人一般都由工头招雇，工资也要经大小工头克扣，到工人手里只得一半左右。如重庆码头的一切利权都归轮户所有，轮户雇夫头统率工人，工人每驳一船货本应得 24 文，但要交轮户 7 文，夫头自留 5 文，最后剩下 12 文才是六七个工人的。成都机房老板验收产品用的是比市场标准尺长出 3 寸的“朱尺”，工人每天所得劳动定额工资被无形地扣去 30%。工人因事因病请假，则工资伙食均停止支付。女工分娩停工期间，多数停付工资，亦无津贴，致多数女工在分娩前一日尚在工作，分娩后三日即恢复做工。工人整天劳累，在物价平稳时一般可买到几斤大米，遇到物价上涨就难以维持生计。工人们为使工作有保障，免遭欺负或被抓夫拉丁，有的参加神会，有的加入帮会，但是入了帮会，遇事照常得不到帮助，反而要按时交纳“份金”，向会首、头人送礼，服劳役，否则就要被“倒甑子”（开除）。在矿山、码头，资方、工头还开设烟馆、赌场，诱逼工人聚赌、吸毒，本来所剩无几的工资，又十有八九被榨去，逼得工人代代为他们当牛做马。

二、近代以来工人阶级的自发斗争

经济上的剥削和政治上的压迫，使工人们心中的不满情绪日益增长，并不断起来进行反抗。由于四川工人一开始就受到外国侵略者的奴役，因此，尽管他们还不能从理论上认识帝国主义和中华民族的矛盾已成了当时社会的主要矛盾之一，却已从自己的切身经历中感受到了帝国主义、封建主义和资方的压迫和剥削，对外国侵略者的仇恨的种子，早已在一些觉悟较高的工人中萌芽，并开始进行反抗。

一是依附农民阶级参加反帝反封建的斗争。1859 年 7 月，云南昭通农民李永和、蓝朝鼎等在家乡聚众起义。10 月，他们率起义军由滇入川，攻占犍为、自流井后，数万盐工、矿工踊跃参加，起义军由此猛增到 10 余万人。1890 年和 1898 年，大足煤窑、纸厂工人先后两次参加余栋臣领导的反洋教斗争。他们举义旗，发檄文，历数列强“欺侮中华”，痛斥传教士“无法无天”，揭露官绅“助纣为虐”。1909 年，威远县煤矿工人刘香亭率领全矿工人高举“反清灭洋”旗帜，响应义和团的起义斗争。

二是直接反抗资方的压迫和剥削。1873 年，富（顺）、荣（县）两场盐工为支援蜂子岩凿井工人反对管事迫害工人，举行了历时一月之久的大罢工。1901 年 5 月，英商立德乐猪鬃厂工人因不堪人身侮辱，毅然罢工离厂。1904 年，成都机器局 600 多名工人全体罢工，到总督府抗议工头克扣工资。1908 年，自贡盐场工人反抗清政府勾结封建把头残酷压榨，举行大罢工，参加者近 2 万人。1915 年前后，成都蜀锦工人为改善生活待遇，经过多次怠工斗争，获得增加食油、改善伙食的初步胜利。1919 年，迫于米价暴涨，过于高昂，成都惠昌火柴厂女工、烧盐工人等开展了要求增加工资的斗争。这些斗争，由于当时工人群众还没有组织成阶级的整体，而领导斗争的大多是与资方有联系的行帮或神会的首领，有些虽暂时争得一点实惠，但更多的是经不起资方的分化瓦解和官府、军阀的镇压，遭到失败。失败导致更加残酷的压迫和剥削，工人群众的反抗精神也与日俱增。同时，这些斗争仍然是四川工人不甘忍受中外反动势力的剥削压迫，较早起来进行反抗斗争的生动事例。

三是参加资产阶级领导的反帝爱国运动。1911 年 5 月 6 日，清政府宣布实行铁路国有政策。18 日，清政府任命端方为督办粤汉、川汉铁路大臣。这一措施，实际是要以“国有”为名，将由川、鄂、湘等绅商集资修建的川汉、粤汉两路收回，转交给外国资本经营，因而激起了有关几省绅商和广大筑路工人的强烈反对。其中以四川保路运动发展的规模最大，也最为激烈，甚至成为辛亥革命的直接导火索。6月，四川铁路公司在成都召开股东会议，也是绅商学界代表会议。会议上决定成立“四川保路同志会”，以保路废约、反对清政府出卖国家主权为宗旨。9月7日，成都民众在“四川保路同志会”的领导下，在四川总督衙门请愿。总督赵尔丰下令开枪，打死请愿群众数十人，其中有不少工人。这次血案激起了四川各地民众的暴动和反抗，四川各地工人纷起响应，内江、资州（今资阳）一带的榨糖工人、煤矿工人和运煤船工，自流井、犍为一带的盐业工人，都举行大罢工声援革命。清廷从湖北调兵入川镇压，给武汉革命党人的起义创造了有利时机。四川工人自始至终都积极勇敢地参与到整个保路运动中。虽然辛亥革命成果最后丧失了，但工人群众从中受到极大锻炼，为继续开展反帝反封建斗争奠定了良好的基础。

辛亥革命后，四川军政府成立。为表彰四川工人在保路运动中的重要作用，尹昌衡都督将前清藩台官署拨给工人筹办四川工会，“为一般工人联络感情，交换知识，提倡工业，发展利权”，并给开办费一千两，常年经费两千两。从此，四川工人开始进入有组织斗争的阶段。由于四川军阀混战割据，工会活动困难。1920年3月，工人代表叶召南、李涤庸、王海南等共同发起向省署递交了“恢复四川总工会”的呈文，还制定了《四川总工会简章》。其章程说明：四川省总工会“由四川工人组织组合而成……总会暂设成都湖广庙内，分会设各县”，“以实行民生主义，增进工人福利为宗旨”，“以团结工人，交换技术，实行改造，精良国货，换回利权为目的”。此时的四川省总工会虽已有较完整的组织形式，并成为团结全省各业工人的枢纽，但其活动局限于促进工人团结，改善工人劳动和生活条件。

纵观四川近代工业和产业工人的诞生与发展可以发现，四川的近代工业产生较晚，而且数量少、规模小，发展缓慢，产业工人队伍较小，以手工业工人为主体，但他们受压迫深，斗争性强。四川工人阶级是在中国沦为半殖民地半封建社会的过程中形成的，深受帝国主义、封建主义的压迫，因而具有较强的组织性、纪律性和彻底革命精神。这也清楚地证明帝国主义和中华民族、封建主义和人民大众的矛盾，构成了半殖民地半封建社会的主要矛盾。反对帝国主义实现民族独立、反对封建主义实现人民解放，已成为中华民族面临的两大历史任务。

第二节　四川工人运动进入新阶段

发轫于四川保路运动的辛亥革命，推翻了统治中国几千年的君主专制制度，但未能改变中国半殖民地半封建的社会性质和中国人民的悲惨命运。辛亥革命后形成的军阀防区制的野蛮统治和军阀之间的长期战乱，使近代四川进入了最黑暗、最混乱、剥削压迫最严重的军阀混战时期，更是对生产力的严重摧残和人民群众的巨大灾难。五四运动后，四川工人群众接受马克思主义教育，四川工人阶级在马克思主义与工人运动相结合中，在中国共产党的领导下，实现了从自在阶级向自为阶级的转变，开始进入有意识、有组织的经济斗争和政治斗争的新阶段，并融入中国反帝反封建的新民主主义革命的洪流之中。四川工人阶级为推翻帝国主义、封建主义和官僚资本主义的统治，为实现民族的独立和阶级的解放，进行了英勇不屈的斗争。

一、马克思主义在四川工人中的传播

四川在反复探索中国出路的过程中，思想界掀起了新文化运动。新文化运动倡导的民主与科学思想在四川迅速传播。在以陈独秀为代表的进步知识分子吹响思想启蒙运动号角后，四川的吴虞、李劼人等纷纷致力于宣传新文化运动理念，在省内思想界掀起了以反对封建礼教、提倡妇女解放和进行文学革命为主要内容的斗争，大大拓展了四川有识之士的眼界。大批有志改造社会的青年冲出夔门，奔向世界，去学习先进的思想与科学文化，其中赴欧洲特别是法国勤工俭学成为潮流，仅四川赴法勤工俭学者，1918 年至 1921 年 11 月即有 511 人。四川成为全国留法勤工俭学人数最多的省份。不少进步青年在国外工作和学习后加深了对资本主义制度的认识和了解，经过对众多思潮和学说的比较与分析，选择了马克思主义。

1919 年 5 月 4 日，少年中国学会负责人王光祈在北京参加学生集会游行后，

将火烧赵家楼、痛打卖国贼的消息用电报发回成都。《川报》总编李劼人于次日在《川报》显著位置刊登，文章刊出后，犹如“在成都投下一颗大的爆炸弹”，震撼着青年学生和各界人士。成都学界立即举行了声势浩大的声援活动。这场爱国反帝运动促进了四川人民的觉醒，也促进了马克思主义在四川的广泛传播。除早已传入四川的《新青年》外，省外新创办的《每周评论》《湘江评论》等刊物，也大量涌进夔门。在四川，《国民公报》在五四运动前就率先刊登了关于马克思主义理论和俄国十月革命胜利的文章。受其影响的四川青年学生，思想进一步解放，先后创办了《星期日》《四川学生潮》《川东学生周刊》《新蜀报》等十几种公开的进步刊物。这些进步刊物成为马克思主义在四川传播的重要途径和载体。

王右木是四川传播马克思主义的先驱。他在留学日本时就积极参加留日学生组织的爱国运动。五四运动期间，王右木回国返川，任教于成都高等师范学校。中国第一个共产党早期组织在上海建立后，王右木前往上海会见了陈独秀等人。1920 年底，他在成都组织成立了马克思读书会，在四川进行马克思主义宣传，并自费创办了《人声》。《人声》是四川第一家以宣传马克思主义为首要任务的刊物，它比较系统、集中地宣传马克思主义和科学社会主义，介绍苏联和国际工人运动情况。在重庆，吴玉章在《国民公报》上发表《全川自治联合会宣言》等文章，借自治运动的舞台，宣传马克思列宁主义的基本观点，强调民主政治，反对军阀专制。

在此前后，一批先进分子在四川宣传马克思主义，其中杰出的人物有恽代英、萧楚女、张闻天、童庸生等。北京共产党早期组织成员邓中夏、黄日葵等也在重庆讲学时宣传马克思主义。四川各地出现了多种宣传马克思主义的刊物，如万源县旅外学生李家俊在达县（今达州市）创办的《萼山钟》油印报，顺庆（今南充市）端明女中青年教师何伯庄、南充中学的任启愤（任济民）通过各种渠道收集地从欧洲寄回的《少年》《唯物史观》《阶级斗争》等进步书刊。马克思主义研究小组开始在全川各地建立。在泸县，少年中国学会会员恽代英利用在川南师范学校任教的机会，成立了马克思学说研究会，把革命理论的宣传活动扩展到川南各县。在川东，萧楚女在重庆联合中学、万县省立第四师范学校、重庆省立第二女子师范任教期间，向学生灌输反帝反封建思想，并组织读书会宣传马克思主义。王维舟也在宣汉、达县一带创办新群女子小学，接办宏文小学，并广泛开展马克思主义的宣传活动。马克思主义在四川广泛深入地传播，为四川的进步青年带来了革命的思想，为四川党团组织的建立打下了理论基础。

1919 年，五四反帝爱国运动在四川引起了强烈的反响。各地工人群众怀着对帝国主义的深仇大恨，迅速组织“后援会”，参加了以青年学生为主导的反帝爱国运动，开展了抵制日货、与日本经济绝交的斗争。轰轰烈烈的反帝爱国运动，打破了封建主义传统观念和帝国主义奴化思想的束缚，《新青年》《每周评论》等宣传马克思主义和俄国十月革命的进步书刊相继传入，《星期日》《新蜀报》《四川学生潮》等陆续在成都、重庆创刊。直接接触进步书刊的成都印刷工人和高等学校的工友，在《庶民的胜利》《劳工神圣》等一篇篇文章的启迪和进步师生的帮助下，分别于 1919 年 12 月、1920 年 3 月成立了“印刷界劳动互助团”“劳动自治会”。前者呼吁印刷界工友“铲除隔阂，不分地域，通同组织一个永久的团体”，“大家提携，彼此联络，共苦共甜，同休共戚”，“资本家刻待我们，我们要反抗”。后者揭露资方对工人“驱使像牛马，应用像机器”，号召工友“及早起来想个法儿，改造我们的旧环境，寻求我们的新生活，增进我们的人格”。重庆还于 1920 年组织了以张知竞为会长的早期重庆总工会。

在工人群众追求真理、向往革命的时候，王右木、恽代英、萧楚女、邓中夏、吴玉章等马克思主义先驱，先后来到了成都、重庆、泸州等地。有的到学校任教，有的被聘为报纸主笔，有的巡回讲学。他们利用职务之便，举办读书会，组织学生、工人学习马克思主义，抨击时局，宣传十月革命道路，开展社会调查，唤醒工农觉悟。在成都高等师范学校任教的王右木还鼓励学生同工农相结合，带读书会成员到工人经常聚集的茶铺促膝谈心，办工人临时夜校，用平民识字课作掩护，宣传革命，讨论工人运动。

二、成都劳工联合会的成立将四川工人运动推向新阶段

1921 年 7 月，中国共产党第一次全国代表大会在上海召开，宣告中国共产

党正式成立。近代以来，中国人民反帝反封建的斗争之所以屡遭挫折和失败，最重要的原因就是没有先进的坚强的政党作为凝聚力量的领导核心。中国共产党的诞生，从根本上改变了这种局面，从此中国革命、中国工人运动走上正确的道路，面貌焕然一新。

1922 年，四川泸州、成都、重庆等地，先后以读书会成员为骨干，成立了社会主义青年团。马克思主义的传播和社会主义青年团的成立，推动了工人运动的发展。四川各地党组织相继建立和发展，党员人数不断增加，到 1927 年 3 月，党员已由 1926 年 7 月的 42 人发展到 400 多人。四川党团组织建立后，立即将工作重点放到动员民众上，积极推动和直接投身于轰轰烈烈的革命实践运动之中，改变了自 1922 年以来四川各地党团组织各自为政和团组织代行党组织领导革命运动的状况。在重庆地委的领导下，四川的革命运动进入一个全新的发展阶段，汇入全国轰轰烈烈的大革命之中。

五四运动以后，四川劳工界成立了一些工人团体，但这些早期的工人组织深受封建帮会、行会的影响，很难真正代表广大工人的利益。1922 年 10 月，中国社会主义青年团成都地方团执行委员会正式成立，即遵照团中央关于加强劳工方面工作，建立革命的劳工组织的指示，开展工运工作，发动和组织工人，逐步建立各行业工会组织。团成都地委成立后把工作的重点放在人数较多且相对集中的织锦业的长机帮工人身上，并在省立师范学校和四川法政学校内办起三所工人夜校，在茶社办起临时工人夜校，招收工人积极分子入校学习，启发工人革命觉悟，将思想进步的青年发展为社会主义青年团员。在团成都地委的努力下，成都 20 多个行业先后建立起自己的工会组织，为建立全市统一的工会组织创造了条件。1922 年 2 月，全国范围内掀起了教育经费独立运动，四川教育界积极响应。6 月，四川教职工联合会和四川省学生联合会在成都联合组织全市学校罢课，迫使省议会终于通过了师生们关于教育经费独立的议案，并制定出全川肉税作为教育经费不得挪用、克扣等措施。1922 年 10 月，成都、重庆团组织响应中国劳动组合书记部的号召，发动工人开展劳动立法斗争。10 日，两地工人分别组织“双十”游行，高呼要求言论、集会自由，男女同工同酬，实行 8 小时工作制等口号。

1923年2月，军阀吴佩孚镇压京汉铁路工人大罢工的“二七惨案”发生后，团成都地委立即发动声援京汉铁路工人的全市性罢工和示威游行。以团员为核心的宣传队带领工人走上街头，愤怒声讨吴佩孚。4月，王右木指派孟本斋、徐云程为工人教育会组长，深入成都工人群众之中，并以工人教育委员会为主，成立成都劳工联合会。5月1日，团成都地委召开以长机帮、水丝帮、牛骨业、刺绣工人为主体的成都劳工联合会成立大会，散发了恽代英主笔的《人日宣言》和社会主义青年团员蒋雪邨写的《劳动五一纪念大会宣言》等宣传品，通过了关于维护工人正当权益的提案。《川报》称为“成都破天荒之工人盛举”。成都劳工联合会成为四川社会主义青年团组织直接领导的第一个工会组织。成都劳工联合会成立后，团成都地委在成都高等师范学校设立工人学校，培训工人运动骨干。在领导工人运动过程中，钟善辅、孟本斋、康明惠等青年骨干迅速涌现出来，并在实践斗争中得到锻炼和成长。1923年秋，成都社会主义青年团又组织领导了长机帮工人开展反对“朱尺”的斗争，并取得了胜利。在重庆，团重庆地委也遵照团中央的指示积极开展工人运动。团重庆地委负责人何星辅担任重庆总工会负责人，为工人运动的开展提供了有利的条件。1923年5月1日、4日、7日，重庆召开了工学商界的大规模纪念会并举行了游行。这次游行的规模之大，为全川所少见。在开展工人运动的同时，团成都地委还大力开展发动群众的工作。1923年6月15日，在团成都地委的推动下，成都农工商学联合会筹备处成立。筹备处成为成都各界参加反帝反封建斗争的统一战线团体。7月，团成都地委推动对四川民权运动大同盟领导成员进行改选，以增强该团体的领导力量，陈毅以“四川留法勤工俭学同学会”代表的名义参加了这次会议，并担任会议秘书。四川早期党团组织领导开展的工人运动和群众运动，展示了成立不久的党团组织的战斗力，增强了广大工人群众的政治觉悟和斗争意识，这就为即将到来的大革命在思想上和组织上打下了坚实基础。

成都劳工联合会的诞生，标志着四川工人运动进入了由中国共产党领导的新阶段。1923年5月，在成都工人集会纪念“五一”的基础上，王右木召集各业工会的100多位代表讨论工人提案；选举产生了成都劳工联合会最高执行部。接着，王右木和恽代英一起办起工人教育班，普及工人教育，增强工人革命意识，并从中吸收优秀工人加入社会主义青年团。王右木先后将成都劳工联合会负责人钟善辅、孟本斋、梁国龄（梁华）等部分优秀团员转为中共党员，组成劳工联合会的领导核心。同年 10 月，正式成立直属中共中央领导的中国共产党成都独立小组（亦称“成都支部”），王右木任书记。党领导下的成都劳工联合会把广大工人团结在一起，四川工人阶级以崭新的面貌登上了历史舞台。

三、中共重庆地委成立后四川工人运动的发展

重庆是帝国主义侵略我国的基地之一，也是四川工人阶级最集中的地方。杨闇公、吴玉章、童庸生，以及留法勤工俭学回国的冉钧、程子健（程秉渊）等，都在 1924 年先后到了重庆，同原在那里的萧楚女、罗世文一起，改组了团重庆地委。改组后的团重庆地委，贯彻执行中共第三次全国代表大会决议，宣传反帝反封建的政治主张和孙中山“联俄、联共、扶助农工”的政策，积极培养工人群众的革命意识，训练工运干部。1924 年 9 月，组织了由程子健任社务主任的重庆劳工互助社，团重庆地委通过劳工互助社广泛联系群众，组织工人、学生和各界群众开展反帝反封建军阀的斗争。1925 年 5 月 30 日，英、日帝国主义在上海制造了震惊全国的血案，史称“五卅惨案”。消息传到四川后，经过整顿的重庆地团委立即行动起来，成为推动重庆和四川大革命运动的中坚力量。杨闇公、罗世文、冉钧等党团组织负责人，联合 84 个团体，成立了“英、日惨杀华人案重庆国民外交后援会”（以下简称重庆后援会）。在运动中，重庆后援会组成了工人纠察队，会同学生和商团（商界的武装组织）共同清查英国和日本的货物；群众自发起来监督商贩，不准卖任何食物给英、日人士；重庆航业工会所属的沿江 20 多处船帮 12 万多名工人，不给英、日商运输货物，并誓言“有国无家，誓死不变”，迫使英国商轮从 6 月起被迫停航；在英国和日本商行、工厂、轮船上做工的华人经理和全体职工先后宣布退职，表示不与英、日人士合作。同时，后援会组成的募捐组在短时间内即募集钱款数千元，银行予以免费寄往上海的罢工组织。重庆、成都、泸州、宜宾等地群众声援遇难同胞，驱逐英、日轮，抵制英、日货的斗争，持续了一年之久。张爱萍在达县参加游行

活动，为声援“五卅惨案”写下一首：《上征途》——南京路上大屠杀，五卅工人热血洒；学生激情涌街头，传单雪飞人如麻；唤起民众齐奋斗，打倒列强除军阀；州河从此狂怒吼，踏着血迹救中华。1924 年秋，宜宾籍的工运领袖刘华受党组织委派到沪西工友俱乐部工作，1925 年他同刘少奇、李立三、邓中夏一起组织和领导了“二月罢工”和“五卅运动”。1925 年 12 月 17 日，刘华被帝国主义和军阀秘密杀害，牺牲时年仅 26 岁。

为加强重庆工作，进而推动全省群众工作，在吴玉章、杨闇公、童庸生等人的努力下，中央决定在四川建立省级党组织。1926 年 2 月底，中共重庆地方执行委员会（以下简称“中共重庆地委”）正式成立，杨闇公任书记，冉钧任组织部主任，吴玉章任宣传部主任，杨闇公、吴玉章、冉钧任执行委员，程子健、李嘉仲为候补执行委员。中共重庆地委的建立，是党中央在原拟建立四川区委（省委）等计划未能实现的情况下，根据党章关于“在执行委员会认为必要时，得委托一个地方执行委员会暂时代行区执行委员会之职权”的规定，接受中共中央的委托，代行四川区委的领导职责，统一领导全川的党组织。中共重庆地委设立以程子健为书记的工人运动委员会，委员会的全体成员加入此前成立的国民党（左派）四川临时省党部的工人部，在中共重庆地委书记、国民党（左派）四川临时省党部执行委员杨闇公统一领导下，分赴各地，促成了共产党与国民党联合扶助工人运动的新局面。到 1926 年 6 月，成都劳工联合会的基层组织发展到 40 多个。重庆各业工人纷纷退出过去为劣绅、把头控制的神会、帮会，组织了以劳工互助社成员为骨干的各业工会近百个；自流井、贡井地区聚集数万名盐工，也在刘远翔等人的深入发动下，自贡盐场成立了第一个共产党领导的工会——长土机车工会。泸州、南充、宜宾、内江、彭县、綦江等县，都建立了地方工会或产业工会。组织起来的工人群众是深入开展反帝反封建斗争、支援国民革命的坚强后盾，为革命运动的开展作出了重要贡献。

1923 年 6 月，中共第三次全国代表大会确定了国共合作的方针和办法，第一次国共合作在四川的过程曲折艰难，从酝酿到最后形成历时两年多。在四川，国民党左右派的斗争也很激烈。原来负责国民党四川总支部的石青阳、黄复生等竭力反对孙中山“三大政策”，而左派和广大群众则积极拥护。1925 年 3 月孙中山逝世后，举行了隆重的追悼会，并组织宣传队广泛宣传“三大政策”和他的遗嘱，不仅青年学生的宣传队遍街讲演，而且重庆劳工互助社的几百名工人也组织了宣传队，同青年学生的宣传队一起在重庆江北、南岸的大街小巷普遍宣传，起到了发动革命群众，“在政治上扩大左派，争取中间派，孤立分化右派的重大作用”。在谢持、戴季陶等国民党右派的支持下，石青阳等在四川建立起国民党四川临时省党部和重庆市党部，但均由国民党右派把持，致使国共合作在四川难以实现。为了尽快实现四川的国共合作，推动大革命运动的发展，1925 年夏，吴玉章受国共两党中央的派遣，以国民党中央党部四川党务筹备员的身份回川，负责组建国共合作的四川省党部。吴玉章回川后，在杨闇公、杨伯恺、冉钧等协助下，工作进展很快，立即对国民党右派成立的临时省党部进行了改组，并选派得力同志到成都和省内各县筹建国民党党部，使四川左派力量得到迅速发展壮大。1926 年春成立了新的国民党四川省临时执委会（左派省党部，办公地址在重庆莲花池，亦称莲花池党部），标志着四川国共合作的基本格局形成。

为了开展工人工作，国民党（左派）省党部设置了工人部，熊子骏任部长。中共第四次全国代表大会曾经作出“到国民党的工人部里去工作”的决定，以便“改造国民党的工会为阶级斗争的工会，筑成统一战线的工人运动”。为了贯彻中央的上述指示，开展“统一战线的工人运动”，中共重庆地委书记杨闇公亲自领导工人部。中共重庆地委负责组织工作的冉钧同时兼管（左派）省党部的组织工作。中共重庆地委工委刘远翔、曾君杰、游动斯同时又是工人部干事，这就更有利于中共重庆地委有关指示的贯彻和执行，对于重庆工人运动的开展起了重要的促进作用。随着国民革命军北伐的迅速发展，四川的工人运动在党组织的领导和推动下得到了快速发展。

北伐战争开始后，1926 年 8 月 14 日，四川劳工互助社、重庆工会联合会、重庆中山主义工人社、重庆青年工人团等 35 个工会和工人团体即通电四川各军官兵、各机关法团及各报馆，深刻阐述在帝国主义及其走狗封建军阀统治下，全国人民、全川人民的痛苦生活，呼吁各军将领权衡轻重，“当机立断”“伫马誓师，加入北伐”。通电还呼吁全川各界同胞，“一致主张，促成北伐，勿再犹豫”。当刘湘等四将领通电讨吴（佩孚）后，重庆工会联合会等37个工会和工人团体再次发出通电，督促各将领迅速出兵，争取北伐战争的彻底胜利。通电中还一再表示，各工会和工人团体当“本匹夫之责之旨，略尽国民一份之力”。

正当国民革命军挺进长江流域、逼近武汉之际，坚持与中国人民为敌的英帝国主义为挽救北洋军阀的统治，维护其在华特权，竟在1926年9月5日，指使其军舰炮轰万县两岸市街，打死604人，伤398人，财产损失2000多万元，制造了中外震惊的万县惨案（“九五”惨案)。惨案发生，举国声讨。中共中央发出了《中国共产党为英国帝国主义屠杀万县告民众书》，号召全国各地立即开展反英运动。中共重庆地委和国民党（左派）四川临时省党部立即推动劳工互助社、学生联合会组成“四川国民雪耻会”，发动全省群众反击英帝国主义的暴行。万县、重庆、成都工人群众迅速展开与英人经济绝交的斗争：受雇于英人的领江、水手、佣工、力夫一致停工，煤、米、油、盐、菜、肉店拒绝提供英人的生活供应。重庆还组织工人纠察队查封英货，团结驻守朝天门码头的士兵，严阵以待，对付可能发生的事变，迫使英帝国主义兵舰、商轮撤离重庆。中共成都特支委员、成都市工会筹委会（1926年6月成都劳工联合会改称此名）负责人钟善辅亲自组织受雇于英侨的数百名华工，开展长达两个月的斗争，迫使英侨派代表与华工代表谈判，承认中国人民反帝爱国运动完全正义，并通电其政府斥责英舰野蛮行径，同意受雇华工成立“‘九五’爱国工友联欢社”。由万县“九五”惨案引发的反帝斗争，是大革命运动中中共重庆地委组织领导的规模最大的一次反帝运动，也是大革命时期四川革命运动进入高潮的一个标志，狠狠打击了帝国主义的嚣张气焰，四川工人运动也进一步得到推动。

1926年10月10日和11月21日，成都市总工会和重庆市总工会分别成立。两市总工会在中共重庆地委统一领导下，以坚定的立场，鲜明的旗帜，维护职工群众的权益，做国民革命成功的后盾。1926年11月25日，杨闇公在为进一步组织发动民众而召开的国民党（左派）四川省第一次代表大会上，作了《工人运动报告》，报告通过赞扬成都市总工会的斗争，指出工会要“真正代表工人利益，并为工人利益而奋斗”，要“开设工人俱乐部和工人夜课学校”，“并须很明白地规定工人最低的本身利益标准，负责排除工人在政治上的压力及工贼的危险”。会后，已建工会组织的地方都办起了工人俱乐部，扩大了工人区的夜课学校，加强对工人的政治文化训练。成都、重庆两市总工会还分别编辑出版了《工友》《四川工人》刊物，宣传党的政策，指导工会活动。到1927年3月，四川有13个县（市）建立了地方工会，会员在12万人以上，工人阶级成了四川革命运动的重要力量；中华全国总工会委任中共成都特支委员、成都市总工会负责人钟善辅、刘亚雄为全国总工会驻川职工运动指导专员。同年5月，重庆、成都、万县、自流井、合川等工会都分别派代表出席了在汉口召开的第四次全国劳动大会。

在开展大规模政治斗争的同时，工人争取切身利益的斗争也是此起彼伏，颇具声势。1926年1月，成都市人力车工会为反对资本家虐待工人，反对高额车租，要求降低车租，取消手续费而罢工，罢工胜利迫使资本家减少了部分租金和押金，取消了揽头手续费，租金也允许用铜元缴纳，部分地改善了人力车工人的生活。2月28日，重庆木工工会1500余人在夫子庙集会，要求增加工资，举行总罢工。3月8日，举行示威游行，斗争坚持月余，最后取得胜利。4月，重庆启渝印刷公司工人为反对资本家削减工资，增加工作时间，无故开除工人，罢工3天，资本家被迫收回成命。1927年2月，中共自贡特支领导盐业工人发动罢工，要求增加工资，近两万工人参加示威游行，包围市商会和市政府，迫使盐商同意工会提出的复工条件。同年冬，在中共自贡特支的领导下，正式成立自贡总工会。1927年3月，犍为人民抗议国民党犍为县县长杨树森以保护商船顺利航行为名征收税款，几经周折斗争，县长杨树森慑于群众的声势威力，被迫同意释放被逮捕的抗税领导人，不再收“护商税”，抗税斗争取得了胜利。1928年，成都市人力车工人抗议资方提高车租和杀害工人，举行28000余人的示威游行，宣布罢工20天，资方被迫接受工人的条件。1928年1月，中共自贡特支领导自贡盐工举行第二次大罢工，要求增加工资和改善盐工生活条件。1月31日，大坟堡5000多名采卤工人首先采取行动，上街示威游行。次日，全体机车工人宣布大罢工。而后，郭家坳、长土等盐区各帮工人积极参加罢工行列，由数万盐工组成的罢工示威游行队伍，浩浩荡荡聚集在自流井，包围商会、川南盐务稽核所和军警机关，张贴罢工宣言和标语，斗争形势热火朝天。在盐商和地方警备司令部的威胁利诱面前，工人们坚定立场，团结一致，坚持45天，整个盐场井停灶歇，资本家遭到沉重损失。3月16日，自贡市商会宣布接受工人罢工条件，盐工罢工取得了巨大的胜利。1929年8月，中共自贡特支发动自贡盐工举行总同盟大罢工。起因是，8月10日，党的大坟堡区委召开罢工筹备会议，因叛徒告密，党支部负责人肖凤阶、工会骨干方士廷等21人被捕。11日，总同盟大罢工开始，上万名盐工和群众包围反动政府10余小时。8月21日，川南警备司令部杀害了肖凤阶、方士廷，2000多名罢工工人组织了声势浩大的送葬示威游行。

但是，在封建势力特别强大的四川，开拓现代革命工人运动的道路是极为坎坷的。早在马克思主义开始向工人传播的1922年4月，四川军阀政府就恢复"四川省工会"（"四川省工会"前身是1912年经四川军政府立案的"四川工务总会"。1915年袁世凯复辟帝制被解散）以抵制革命工人运动。接着，重庆工人自发组织的"重庆总工会"领导权，也被军阀所篡夺。他们都以"合法工会"自居，阻挠工人参加革命活动，开除参加夜课学校的工人。他们还雇用流氓、打手混入工人队伍，破坏反帝反封建的爱国运动。对革命工会的领导人则软硬兼施，或许以高官厚禄，诱引同流合污，或公开绑架，甚至在暗处进行残害。在反帝反封建斗争蓬勃发展的时候，国民党右派和国家主义派大肆散布"共产党杀人放火"等谣言，军阀政府一次又一次地武装镇压革命。

四、"三三一"惨案和四川工人的斗争

重庆"三三一"惨案是军阀刘湘等在蒋介石指使下制造的血腥屠杀革命群众的大惨案。随着革命形势的发展，革命与反革命的斗争日益激烈。以刘湘为首的四川军阀和国民党右派大肆进行阴谋活动，妄图摧残革命势力。蒋介石也先后派杨引之、戴弁、向育仁等到重庆，促使刘湘公开反共。于是，刘湘的反革命决心更加坚定，召集其在渝的有关重要将领和属员密商，准备乘1927年3月31日打枪坝召开群众大会，革命力量比较集中的机会，屠杀革命群众。先是1927年3月23日，北伐军占领南京，群众集会庆贺。24日，英帝国主义者为了

支持北洋军阀，阻挠北伐军前进，借口“保护”侨民和领事馆，下令停泊下关江面的军舰对北伐军与和平居民进行猛烈的轰击，打死打伤居民千余人。中共重庆地委和重庆国民党左派省党部决定，由重庆工农商学兵反英大同盟出面，联络重庆市总工会、农民协会等群众团体，于3月31日组织各界群众2万余人在打枪坝集会，抗议帝国主义炮轰南京的暴行。军阀刘湘、王陵基等秉承蒋介石的旨意，乘机对到会群众进行镇压。当天上午10时许，大会尚未开始时，化装混在群众中的刘湘所属的王陵基、蓝文彬部士兵以及巴县团阀曹燮阳、申文英所属团丁即开始进行屠杀，当场打死打伤千余人，国民党左派省党部监察委员陈达三、著名经济学家漆南薰惨遭杀害。中共重庆地委组织委员、市总工会委员冉钧也（于次日）被枪杀，许多基层工会被砸抄，工人纠察队也被解散，许多工会负责人和工运积极分子被逮捕、关押、杀害或被迫出走。同时国民党左派省市党部和中法大学、中山中学、川东师范、巴县中学和巴县国民师范等革命据点也被捣毁。4月4日，中共重庆地委书记杨闇公被捕，4月6日壮烈牺牲。

“三三一”惨案发生后，中共四川第一个省级领导机关——中共重庆地委被破坏。此后，四川军阀相继投靠蒋介石，全川革命运动遭到镇压，许多共产党人和国民党左派遭到逮捕、屠杀，重庆及四川其他地区中共组织大部分被破坏，重庆笼罩在一片白色恐怖之中，革命活动转入地下或转移到农村。

在这次惨案中，重庆工人与四川各界人民一道和反动派进行了英勇斗争。当惨绝人寰的消息传到成都后，各界人民无比愤慨。成都工人群众更是怒火满腔，在市总工会的领导下积极投入各项声援活动。1927年4月4日，在中共成都特支的组织下，市总工会，学生联合会，国民党左派市、县党部等15个进步团体成立了“重庆‘三三一’惨案成都后援会”，并通电国民党中央要求查办制造惨案的元凶。此外，还成立了工人纠察队，以保证各项声援活动的顺利进行。4月8日，后援会推举刘愿庵、孙壶东、李献亭、唐伯焜、袁亚群等为代表，到二十八军军部请愿，刘愿庵痛斥了军阀刘湘、王陵基、蓝文彬等屠杀共产党员和革命人民的罪行，要求刘文辉、邓锡侯讨伐刘湘，驱逐向育仁，但均遭拒绝。请愿不成，各进步团体只好发动群众进行艰苦的斗争。

正当各界人民以无比愤慨的心情开展声援“三三一”惨案活动之际，盘踞在成都的军阀刘文辉、邓锡侯、田颂尧等三军联合成立的办事处，于 1927 年 4 月初委派向育仁为“四川省会城防司令”，并拨交两个步兵团作为镇压革命的武力，授以“便宜从事”之权。接着又委任向育仁为“四川省会军警团联合办事处处长”，节制指挥省会城防司令部、省会警察局、成都和华阳两县团练局等。

1927 年 4 月初，向育仁派出武装军警，纠合一批流氓和省工会的部分工贼数百人捣毁国民党成都、华阳两县左派党部，接着又砸毁成都市总工会及所属各分工会，抓走市总工会职工龚缉熙，狂呼“打倒钟善辅，活捉孟本斋”。4 月 12 日，成都工人运动杰出的组织者和领导人孟本斋被捕，关押在军警团联合办事处的祈水庙狱中，敌人对他采取了利诱、欺骗和严刑拷打，但孟本斋始终坚贞不屈，愤怒地痛斥反动派出卖革命的无耻罪行，充分显示了共产党人的英雄气概。敌人万般无奈，最后，竟野蛮地用石灰包将其活活闷死。由于市总工会被砸和孟本斋被捕，工人群众极为愤慨，迁怒于为虎作伥的省工会。4 月 15 日，遂集队将马云衢在西鹅市巷的住所和西御街省工会砸毁，反动军警出动镇压并当场逮捕了两名工人。蒋介石发动“四一二”反革命政变后，向育仁更加紧了对革命人民的镇压，于 4 月 24 日导演了“成都工农商学兵清党示威大会”的丑剧，配合全国汹涌的反革命浪潮，并指名要将刘愿庵、钟善辅、刘亚雄、欧阳缉光、唐伯焜、黎纯一、孙壶东等共产党人和国民党左派分子捉拿归案。4 月 26 日，警察厅正式通令成都市总工会及所属分工会一律取消。7 月中旬，武汉政府的汪精卫集团叛变革命，与蒋介石公开合流，大批共产党人和革命志士惨遭屠杀。这样，轰轰烈烈的大革命终告失败。在白色恐怖日益严重的情况下，四川党组织及其领导下的工人运动，不得不转入秘密斗争，以保存革命力量，开展新的战斗。

“三三一”惨案中重庆市总工会被捣毁，工人纠察队被迫解散，工会领导人有的惨遭杀害，有的被迫出走，使四川工人运动受到了严重挫折。但是四川工人并没有停止战斗。一些被敌人追捕的工会干部、工人纠察队员纷纷转往合川、涪陵、武汉等地，继续坚持斗争。留在本地的广大工人和工会干部则将仇恨深藏在心底，并采取不同的方式与敌人的反动政策相对抗。与此同时，为争取改善生活的斗争也仍然有所开展，而且有的还取得了一定的胜利。

1927年，继重庆“三三一”惨案后，国民党反动派又先后发动了“四一二”“七一五”反革命政变，大革命失败。第一次国内革命战争失败后，国民党四川省党部公开指使特务、工贼组成所谓“工会整理委员会”，强迫基层工会登记，接受他们的控制。但是，四川工人阶级没有被反革命的白色恐怖所吓倒，依然团结在共产党地下组织周围，进行英勇不屈的斗争。1927年8月，中共四川临时省委成立，被迫转移到外地的共产党员和工运骨干，先后秘密回到工人群众中，不少人打进了国民党控制的工会，团结工人群众继续斗争。

第二章 土地革命战争时期的四川工人运动

1927年大革命失败后，中国共产党领导的人民革命斗争进入艰苦卓绝的土地革命战争时期。以蒋介石为首的代表地主阶级和买办资产阶级利益的国民党反动派在全国范围内建立了反革命的军事专政。工人中的革命力量遭受极大的摧残，工会组织受到严重的破坏。1930年以后，工会斗争和工人运动转向低潮，工会活动被迫转入地下。面对国民党的白色恐怖，中国工人阶级的先锋队——中国共产党继续高举反帝反封建的大旗，领导人民英勇奋战，先后发动了“八一”南昌起义、秋收起义和广州起义，建立起农村革命根据地。这一切给处在白色恐怖中的工人阶级及其他革命人民指明了斗争的方向，四川工人运动在党的地下组织的领导下进入了新的斗争阶段。

第一节 白色恐怖下的四川工人运动

大革命失败以后建立起的南京反革命政权，对外投降帝国主义，执行彻头彻尾的投降外交政策；对内疯狂镇压革命运动，实行法西斯统治，白色恐怖笼罩全国。四川军阀一方面相互混战，另一方面秉承蒋介石的旨意，与土豪劣绅勾结，共同加快反共反人民步伐，制造日益严重的白色恐怖，成为帝国主义、封建主义统治压迫四川人民的代言人和工具。

一、反动派血腥统治下的四川工人

刘湘在重庆实行白色恐怖统治，矛头首先指向四川人民革命运动的组织者、领导者——中国共产党的地下组织，特别是中共四川省委等领导机关。他使用收买叛徒、用特务暗探侦察等手段，千方百计获取有关共产党组织的情报，进行残酷镇压，以致在1927年到1930年的短短数年中，中共四川省委机关先后多次遭到严重破坏，省委负责人惨遭杀害的事件时有发生。如1928年3月9日，中共巴县县委召开成立大会时，省委书记傅烈、组织部部长兼巴县县委代理书记周贡植、秘书长牛大鸣以及巴县县委委员、印刷支部书记周玉书等10人被捕，除1人判处无期徒刑外，其余9人均于4月9日被杀害于朝天门。同年10月，中共四川省党委、团省委又被破坏，代理省委书记张秀熟等20余人被捕。原团省委书记彭兴道，团省委秘书、代理书记廖时勉以及周荣芳、易觉先等叛变投敌。1929年至1930年间，刘湘进一步采取反动措施，镇压革命人民。如设立反共的特务组织二十一军特务委员会、清共委员会、侦缉队等，制订了“反共自首”政策，颁布“奖励反共暂行条例”，高价收买叛徒，大肆搜捕共产党人和革命群众，破坏党的地下组织。1930年春夏之交，省委连续三次遭到破坏。其后，穆青、刘愿庵、廖恩波、荀永芳等省委领导相继被捕牺牲。与此同时，党的川东特委、川西特委等组织都曾多次遭到破坏。许多共产党人和革命群众惨遭杀害。在国民党严峻的白色恐怖下，1935年6月，省委书记刘克谐被捕，省委机构被完全破坏。此后直至1938年1月，四川无省委一级党组织。即使是“国民党中稍有左倾色彩”者，“亦不能立足”，“无论何人，一经有人指为共产党人……不但无申辩之可能，亦且无申辩之余地”。四川笼罩在严重的白色恐怖之中。

此间，四川工人运动也遭到严重破坏，许多基层工会被砸抄，工人纠察队也被解散，许多工会负责人和工运积极分子被逮捕、关押、杀害或被迫出走。国民党为了进一步镇压地下党在工人群众中的活动，采取了多种措施加强对工人进行控制。1928年1月，国民党四川党务委员会即制订出《四川党务整顿大纲》，其中关于工人部分，要求从速组织由国民党控制的总工会和各地工会，“尽力于工人中发展党的组织，在各工会中组织特别党部”要求各地国民党工人部加强计划并须向省执委工人部汇报工作情况。比如，1928 年 10 月，由国民党控制的“成都市总工会筹备处”成立。1929 年 12 月 30 日，在国民党军阀支持下，复由各业工会代表在省党务指导委员会地址开代表大会，正式成立了“成都市总工会”。一批国民党骨干掌握了成都市总工会和各业工会。1928 年 2 月 10 日召开了建立重庆市总工会的筹备会，公布了由国民党市政府拟定的“第一次工人代表大会组织大纲”。在人员配备上，强行安排工贼叛徒李森荣等任市总工会主席等职务。

反动军阀还公布了国民党政府颁行的一系列反动政策和法令（如工会法、工厂法、工会法施行法等），对工人进行欺骗，加强对工会组织的控制。如工会法施行法就明确规定工会的成立、合并、分立、联合或解散，均须经主管官署认可或核准，从而使其对工会的控制更加“合法化”，更便于将工会活动纳入反动统治者的“正轨”，把工会变成他们推行反动政策，对工人实行反动统治的御用工具和资本家剥削工人的帮凶。

二、中共四川临时省委的成立和《四川职工运动决议案》的提出

四川工人阶级在大革命时期的革命斗争，一直是在中共四川地方执行委员会的组织和领导下进行的。处于白色恐怖下的四川工人运动，尤其离不开共产党的领导，党组织更是时刻关怀着工人运动的发展。

在 1927 年 4 月 27 日至 5 月 10 日召开的中共五大期间，中共中央听取了出席会议的两名四川代表李嘉仲、钟善辅关于重庆地委遭到破坏的情况报告，决定在四川成立临时省委。6 月 6 日，临时中央政治局常委会议决定派傅烈等 5 人由武汉入川清理和恢复党的组织。

1927 年 8 月 7 日，中共中央在湖北汉口召开紧急会议（“八七”会议），规定了党在新形势下领导工人斗争的纲领，给工人阶级和其他革命人民指明了正确的方向。8 月 12 日，直属中央领导的中共四川临时省委成立，傅烈任书记。

临时省委成立后，抓紧对四川党组织的思想、组织和纪律进行整顿，成立之后不到半个月，即发出《关于组织工作与斗争策略的决定》等12个通告，并多次召开会议，从政治、组织、宣传、工运、农运、军运、学运等各个方面开展工作，尤其是抓紧对四川党组织的思想整顿，很快消除了党内的悲观、动摇情绪，巩固和发展了党的组织。到1927年11月，省委机关逐渐健全，已有委员11人，候补委员5人，全省已有30余县恢复和重建了党的组织，党员人数达442人。临时省委直接领导的党组织有2个市委、8个县委、10个特支。12月，全省党员发展到600多人。成立正式省委，统一领导全省革命活动的条件已经成熟。大革命时期中共重庆工运委员、重庆市总工会委员曾君杰为临委的工委书记，进一步加强对工人运动的领导。

1927年9月，中共四川临时省委召开扩大会议，对职工运动作了具体的研究，并形成了《四川职工运动决议案》。决议案在分析四川工人阶级的现状时指出，由于工人每日工作时间长（日平均10小时，甚至15小时），平均工资低（每日两角），所以工人的痛苦甚于其他任何地方，这就是工人阶级即使在白色恐怖下也能坚持斗争的客观条件，也是党能领导工人斗争的必要条件。决议案指出：

1. 职工运动是党的整体工作，应改正以前把它看作部分工作之错误，各级党部以后应用全副精力做职工运动，力谋工运之扩大，注意在工人群众中发展组织；

2. 职工运动应注意产业工人和城市交通工人，并多领导手工业工人从经济斗争引到政治斗争；

3. 团结真正工人，反抗改良主义的黄色工会，设法打入其下层，夺取其群众；

4. 积极从事劳动立法运动；

5. 成都、重庆、自贡、五通桥等地扼全川政治、经济的命脉，并为劳动群众聚集之处，故应特别集中精力于该四个地方；

6. 使工农发生密切关系，务期以工人阶级的力量推动农运的发展。

党的决议案不仅强调了开展职工运动的重大意义，指明了工人运动的方针和方法，而且着重阐明了省内四个地方的工人运动在全省职工运动中的重要地位。决议案的贯彻执行，有效地推动了四川工人运动的恢复和发展。1928 年 2 月 10 日至 15 日，中共四川临时省委在巴县铜罐驿乡（今重庆市九龙坡区铜罐驿镇）召开扩大会议，正式选举组建了中共四川省委员会。傅烈任省委书记兼省军委书记，周贡植、刘愿庵、牛大鸣、张秀熟、郑佑之、周敦婉等为委员，会议选出刘愿庵为四川出席中共六大的代表。中共四川省委员会的成立，是四川党组织历史上的一件大事，标志着四川党组织终于有了正式的省级领导机构，统一领导全省党组织和党员进行革命斗争，为工人运动的开展提供了组织保证。

在此后的几年中，党的领导机关虽曾多次遭到严重破坏，不少共产党员和革命志士被逮捕、关押或者惨遭杀害，但是，共产党人是打不倒的。尽管国民党军阀政府猖獗一时，四川的党组织还是在党中央领导下前仆后继，坚持斗争。为了恢复和发展四川工人运动，党组织进行了一系列艰苦细致的工作。

省委机关（包括临委）较长时期设在重庆。当时重庆的工业以缫丝、猪鬃、制革、油漆等业为主。织布业方面，小型的作坊也比较多。此外还有军阀刘湘开办的武器修配所、修械所、炮厂以及帝国主义开办的美孚油厂、亚细亚油厂等。在这些行业中，缫丝业的工人为数较多，工厂也较为集中，因此工人运动也以丝厂为重点。对兵工厂也很重视。

与此同时，各地党组织也在工人中开展工作，发展组织。甚至在刘湘的武器修配所也吸收了青工入团。猪鬃工人中也发展了团员，成立了支部。后来这些团员都转为党员，壮大了党的队伍。在省委领导下，经过几年的艰苦努力，工人中的党员人数大大增加。1929 年 11 月，省委在重庆召开第二次全委会议时，在全省的大约 3000 名党员中，工人约占 20%。

四川党组织的顽强斗争，对提高广大工人群众的阶级觉悟，动员组织广大工人群众起来同反动势力作斗争，起了重大的作用，有效地加强了党对工人运动的领导，促进了四川工人运动的发展。对于党在工人中的活动和影响，当时的报刊曾有不少反映。《新四川日刊》曾报道说：“渝共大标语，煽动劳工群众，深夜被捕一名。其标语数量仅昨夜十二时发现共有千张之多”。这则消息从反面说明，地下党组织虽处于严重的白色恐怖之中，但仍然在顽强地领导着四川工人运动奋勇向前。

三、四川工人的英勇斗争

残酷的白色恐怖，血腥的屠杀，笨重的劳动，饥寒交迫的生活，迫使工人们起来反抗。党的工运方针及其对四川工人运动的领导和影响，更推动着工人运动的发展。从“三三一”惨案之后到1928年，四川工人的反剥削压迫斗争烈火并未熄灭。1929年到1931年上半年，四川工人斗争的次数比前段时期更有显著增加。当时的《巴蜀日报》《商务日报》《国民公报》《民力日报》《新四川日刊》等报纸就大量报道了四川工人罢工、请愿的情况。《布尔什维克》杂志也曾载文论述重庆兵工厂工人、铁木机织布工人、油漆工人等的斗争。

这段时期，四川的工人斗争十分频繁，既有反对剥削压榨、争取工人切身经济利益的斗争，也有反对压迫、争取工人政治权利的斗争，还有反对帝国主义的斗争，有的则是多种斗争的结合。现分述于后：

（一）为经济利益而斗争

军阀横征暴敛致使物价飞涨，人民生活每况愈下，困苦不堪。这时四川各行业的工人生活本来也非常困难，有的老板还拖欠、克扣工资。因此，工人群众采取成立“索薪团”等方式进行经济斗争。

比如，自贡盐业工人1928年“春季大罢工”。又如，1930年7月，外东兵工厂由军阀田颂尧亲任厂总办期间，竟连续欠工人工资9个月不发，工人们的生活极为困苦，但厂方仍强迫工人饿着肚子上班为他们卖命，同时扩充护厂大队，加紧对工人的控制和镇压，并由会办工会安排组织黄色工会欺骗工人。当时，多数工人拖家带口实在无法生活下去，向厂方提出先发部分欠薪暂时维持眼前生活，谁知厂方拒不答应，有的工人连饿带气就关车不干活，以此歇工形式要厂方发清欠薪。在党组织的领导下，成立了“索薪团”，由共产党员冯占文、龚俊明组织工人全体罢工。厂方这时先假意答应复工后即补薪，但是待工人复工后仍不补发欠薪，工人们义愤填膺，于7月18日这天，冲破了工厂卫兵的阻拦，进城上街游行散发了“外东兵工厂工人索薪团告白”的传单，揭露军阀和厂方扣发工人工资的罪行及全厂广大工人及其家属们的生活惨状，要求全市父老、兄弟同情和支持，并强烈要求“发清欠薪，反对饥饿，反对压迫，反对打骂棱腰，工会由工人自办”。回厂后又举行罢工。厂方见此情况，才不得不达成工人提出的条件。但工人们上班后，厂方便暗中将索薪斗争的主干冯占文、龚俊明逮捕入狱，用尽酷刑，几天后即被活活折磨而死。罢工未成，欠薪也就石沉大海，工人们仍然处于饥寒交迫的困境中。

（二）为争取政治权利而斗争

在白色恐怖中，国民党政府随意逮捕工人群众，限制言论自由。这种肆意践踏工人人身权利、政治权利的暴行，激起了四川工人的愤怒，并起而反抗。如重庆工人声援《新社会日报》和《团悟日报》的斗争。《新社会日报》是地下党掌握的报纸，1929 年春创刊，由罗承烈任社长，中央川东特委书记项鼎负责主编。省委书记刘愿庵、省军委书记李鸣珂等十分重视这家报纸，曾亲自为报社撰写社论和文章，或帮助审稿。该报创刊后，猛烈揭露和抨击反动派的种种罪行，宣传反帝反封建的革命理论和我党的主张，文字生动活泼，坚持斗争并得到广大群众支持和欢迎，发行量为重庆市各报之冠。蒋介石电令四川省政府予以查封。1929 年 5 月 1 日，该社派代表出席江巴各工会在夫子池举行的“五一”纪念会，向全体工友报告该报的“立场及此次停刊缘由，并要求各工友作有力之援助”。大会随即通过了三项援助办法：第一，发表援助《新社会日报》复活宣言；第二，致电蒋介石，要求收回成命；第三，联合各界向刘湘请愿。

在广大群众和进步团体的强烈支持下，该报坚持复刊发行。6 月 13 日，国民党中央再次下令查封，迫使该报停刊后，重庆各进步团体成立“民众力争言论自由大同盟”，开展声援《新社会日报》的斗争。重庆各工会积极参加“民众力争言论自由大同盟”，声援该报的反查封斗争，并与重庆报协会等一起通电全国，要求恢复《新社会日报》。同年 11 月初，《团悟日报》被查封后，重庆市渡船劳工联合会、白毛梳工会、铁机织布工会、弹花工会、肠业工会等立即发表了援助该报复刊宣言，首先叙述该报的历史及其抨击贪污土劣的活动简况，然后提出三项最低限度的要求：第一，请当局从速启封《团悟日报》；第二，严惩暗害《团悟日报》的奸人；第三，公布事件经过。宣言最后表示："希望各民众团体一致起来，力争言论自由，不达目的不止"。

（三）经济斗争与政治斗争相结合的斗争

这段时期四川的工人斗争，有一些是分别为争取经济利益或政治权利的斗争，但也有不少斗争是两者交织在一起的。渝宜外船领江的罢工斗争以及铁木机织布工人的斗争等都属于这种性质。比如，猪鬃工人反对生猪毛出口的斗争。重庆是我国猪鬃生产的主要地区之一，猪毛业工人成千上万，直接间接赖以为生者有十余万人之多。1929 年，美商距美洋行等依仗其强大的经济实力，垄断毛业，大批购运生毛出口，致使大批猪鬃工人因材料来源骤然减少而陷于失业困境。工人一再派员交涉要洋行"不要收买"，给工人"留点衣食"。但该洋行"不惟不听交涉"，而且"变本加厉"，工人们被迫起而制止。6 月 3 日，当该洋行再次私运生毛出口时，数百名工人立即前往阻拦，不准出口。工人"气势汹汹"，使该行"押运人员不敢与辩"。事后，该洋行却采取恶人先告状的手法，呈文重庆社会局，扯起"营业自由"的破旗，诬蔑工人"非法阻挠"，"破坏通商"，有碍"中美邦交"，要求地方当局"迅予制止"，"以敦邦交而维商业"。猪鬃工人毫不妥协，熟毛帮工会、白毛梳工会和生毛帮工会联合发表反对美洋行经济侵略的宣言，控诉美帝国主义经济侵略给工人带来的痛苦，并警告美帝国主义者："现在不是十七八世纪的时代了"，"当此二十世纪，你的狰狞面目，吾人早已把你识得"，"你的压迫手段愈巧，而被压迫的中华劳苦民众反对你的政策，亦是很进步的"。还表示，"你如是还要毒心毒手的，大批收买猪鬃原料出口"，那么，工人们就要团结各方面的力量，"作有秩序的运动，反对到底，不达目的，誓不终止"。宣言还呼吁：出卖猪鬃的同业……不要把原料卖给他们；起下力的工友们……不要与他们起下；提装工友们……不与他们提装；船上的海员工友们（当他们的原料上船时）……表示拒绝；各爱国团体，各机关法团，给予正义的援助，设法制止生毛出口。

为了表示对美帝国主义者的愤怒抗议，工人们集合在沙并湾开会，并向该行示威，强烈要求美洋行停止购运生毛出口。猪鬃工人的合理要求得到了广泛的同情和支持。重庆市反帝国主义大同盟 6 月 5 日召开的第 37 次常务会就曾对

“熟毛帮请制止美商贩运生毛案”进行了认真的讨论。与会者一致同意予以声援，当即决定具函呈请有关当局照顾工人生活，立即制止生毛出口。

猪鬃工人的悲惨遭遇和强烈呼声，也引起了地方当局的注意，答应明定生货出口时，“每担扣取十元”“补偿工人之损失”，但工人坚决不同意。他们一面集合向二十一军军部请愿，一面发出“万余工友……失业通电”，沉痛呼吁“各界人士主张公道，一致声援”。在猪鬃工人坚持斗争和各界人民支持下，经二十一军政治训练部和市社会局会同处理，“并出布告，禁止贩运生毛出口”，斗争取得了胜利。

可是，美帝国主义者并不甘心，1930 年，“距美洋行竟改名聚和”，继续私运生猪毛出口。狡猾的侵略者采取“交邮寄运”等办法，妄图蒙混过关。工人们“叠加警告，彼尤不听”。同年 12 月初，该行买办再次违法购买生猪毛 66 包投邮，被熟毛业工会方连山等拿获。尽管该行买办进行了无耻狡辩，但仍未逃脱应得的惩罚，经社会局判处罚金二百七十元交由工人失业救济会作为救济经费，“以做下次”，并决定所运猪毛，“交熟毛工人做过”，方准出口，“否则亦须商得猪毛业各工会（同意），始得寄运出口”，该局还重申：“今后生猪毛，仍一律严禁私行贩运出口，以维工人生活”。

猪鬃工人反对生猪毛出口斗争的胜利，是该业全体工人坚持斗争和广大人民支持下取得的。这次斗争，既是争取生活保障的经济斗争，又是和美国洋行的直接较量。它的胜利既在一定程度下打击了美国侵略者对我国人民财富的掠夺，维护了重庆工人的经济利益，又打击了侵略者的嚣张气焰，维护了国家主权和民族尊严。

又如，渝宜外轮领江的罢工斗争。1930 年 2 月，工人们最初提出的要求是增加工资，改良待遇，但其目的则是“挽回川江航权”“一雪外人凌辱工人之奇耻”。因为外轮长期横行川江，“操纵营业”“丧我利权”，使我国“行川航业界之危机日迫”，且常浪沉中国船只，其所造成的人民生命财产的损失难以计数。外轮船主虐待华工的罪行，更是罄竹难书，致使领江工人陷入十分悲惨的境遇：一是领江工资十载未变，而生活程度日高，“较十年前不啻百倍”；二是原领江雇期一般为十年至二十年不等，现外轮雇期只几月甚至计日算工，随雇随换，毫无保障；三是“英日川轮上领江休息房间污秽狭隘，紧迫烟囱，烟威逼人，如受炮烙”；四是英日川轮外人所住地点，华人“不能越步游息”，以致领江等“局促席地，有若囚犯”；五是英日川轮之外国船主及大二车等，对于领江“百般虐待，任意殴辱，奴隶生活，人所难堪”。

外国侵略者的压迫和剥削，使渝宜领江“含垢忍辱，积愤填膺”。正因如此，领江工人才提出增加工资、改良待遇等要求，以反对外国侵略者对华工的不平等待遇。上述要求遭到无理拒绝后，重庆领江首先主张罢工，宜昌领江也“附议赞成”，遂决定举行同盟罢工，以“挽回川江航权，一雪外人凌辱工友之奇耻。”罢工开始后，领江工会还呈文宜昌驻军，历数外人虐待华工情况以及航业危机和此次罢工的意义，争取社会同情。

渝宜领江罢工，不但得到广大工人的支持，宜昌驻军旅长也因该会的罢工“既无妨碍于地方之治安”，且使“暮气沉沉之川轮公司……大有发展，挽回航权，卓著成效”，因而“不予干涉”，并主动电达重庆当局，“共取不干涉主义”。重庆当局也不得不表示“该领江工会罢工……意在挽回川轮航权，免除洋商苛待，既未妨碍治安，自可不加干涉”。

随着领江工人罢工斗争的扩大，英、日公司十分恐慌，急忙邀请领江代表谈话。由于船主毫无诚意，谈话无结果，领江工人坚持罢工。罢工延续1个多月后，川江河水大涨，这又加剧了唯利是图的船主恐慌，他们不愿望着财源滚滚流走，因此英、日公司“无形软化”。首由日清公司答应领江工会提出的要求，大领江每月加薪一百二十元，二领江每月加薪八十元，并准带舵工两名，水手六名。以后捷江公司、亚细亚公司等也先后承认条件，同意工人的要求，斗争取得了胜利。

渝宜领江的罢工斗争虽然提的要求是增加工资，改良待遇，但它绝不是一般的单纯的经济斗争，而富有深刻的政治内容，是一场意义重大的反帝爱国斗争。它的胜利，不但提高了工人的工资，而且从政治上、经济上打击了外国侵略者，“挽回航权，卓著成效”，显示了四川工人团结战斗的强大威力。

（四）进行反帝斗争

四川地区是帝国主义侵略西南地区的基地。长期以来，四川人民深受帝国主义者的奴役和压榨、富有光荣的反帝斗争传统。直接处于帝国主义淫威之下的四川工人，更成了四川人民反帝斗争的中坚，即使在严重的白色恐怖之下，也没有停止反对外国侵略、维护国家主权的斗争。

比如，1930 年为消除帝国主义侵犯我国主权的罪恶标志，成都工人和各界群众一举拆毁华西大学四周围墙的斗争又一次取得了辉煌胜利。1930 年 5 月底，华西大学美籍校长毕启借口英国籍教授苏道璞在校内被人劫杀，弗以“防匪”为名，不经当局批准，擅自动工在学校周围把围墙重修起来，形同设置租界，致使南门外数千亩灌溉沟渠被藏，农民耕耘出入大受干扰，工人往返做工、运输，市民出外谋生都得绕道十余里，严重影响到工农和市民群众的生产生活。这种无视中国主权、危害人民的罪恶行径，再一次激起群众公愤，纷纷起来斗争。成都的工人阶级在中共成华特区的领导下，同全市各界群众，万众一心，发出怒吼：“你们怕洋人，我们不怕！你们不反，我们反！”7 月 6 日，“四川省报界联合会”首先发出抗议：“中外人受中国法律同等保护”“收回华西大学校产及外人在中国一切企业银行”；“反对西人无论假借宗教、学校任何名义购买中国土地”；“誓死反对成都外人在华西大学修筑租界、训练巡捕”。接着，“四川各界反帝大同盟”发出响亮宣言：“……华西坝是中华民国的土地，不是割让地、租借地。照国际法说，我们中华民国的主人，对华西坝有完全的主权，决不许外国任意支配处分”。各界群众和团体纷纷在报刊上发出控诉和抗议，南门外的农民也向省、市政府提出拆除华西大学围墙的要求。

为了统一行动，中共成华特区发动全市各界群众团体于 7 月下旬联合成立了“成都市各界民众反对南台寺筑城大会”。群众斗争情绪极为高昂，特别是直接受害农民，强烈要求动手拆除围墙。7 月 29 日，大会致函华西大学限三日内将围墙自行拆毁，否则将率领全市民众来校代为拆毁。在舆论及群众的压力下，成都市政府市长黄隐才不得不相继向市公安局、工务局发出指令、训令，要求彻查。“该校筑墙隔断对于交通及附近居民担运出入实有妨碍”“华西大学近因苏案发生，竟在该处建筑围墙，对于交通政令诸多不合，请予取缔等情……”。在向省政府的报告中称：“复查成都既非租界，该侨民等寄居本市自应受所在国法律管辖保护，何能以苏案发生借口自卫擅自筑墙，碍及水利交通。政府工务局派员查勘属实……”。但他们又要各群众团体“静候核办，勿任自由行动，滋生事端”，并在此前派了一连军队去校保护。

华西大学校方在这种情况下有恃无恐。很明显，事态已发展到必须立即采取果断措施的地步。大会根据各界群众的强烈要求，决定立即行动。8 月 4 日清晨，工人、学生、市民群众数千人分头开始行动，一部分先在市区游行示威高呼口号，壮大声威。大部分队伍按照部署，以最快速度拆毁围墙，待校方发觉，督促军队干涉鸣枪示警时，所有四周围墙，已被愤怒的群众全部拆毁，一部分砖头也已砸烂。气急败坏的学校当局，急忙向军阀的“军警团联合办事处”求援，待军队开到后，所有爱国群众已无一损伤地安全撤走。这是成都工人阶级在党的领导下，同各界群众齐心协力，继 1926 年华工罢工后在华西坝上取得反帝斗争的又一胜利。

又如，积极参加和支持重庆市反帝国主义大同盟的活动。该同盟是在党的影响和发动下，由重庆一百多个团体组成的。1928 年 10 月 10 日在夫子池召开成立大会，通过简章，选举委员，并发表宣言，要求废除不平等条约，解决外交悬案。重庆工人积极参加和支持该会活动，原重庆猪鬃工会主席、共产党员程仿尧于“三三一”惨案中脱险后，被迫经涪陵转往武汉。1928 年 6 月奉命回渝，继续从事工人运动。反帝大同盟成立时，他和市总工会的钟青云等九人被选为执行委员。他们与其他委员一起，努力推动该同盟的活动。反帝大同盟成立后，一面进行反帝宣传，鼓舞群众的斗争热情；一面率领群众，积极开展反侵略斗争。

综上可见，大革命失败后到 20 世纪 30 年代初，四川地区的工人运动仍在继续开展。特别是 1929 年至 1930 年这一时期，斗争更为频繁。这些斗争是在当时四川军阀政府的白色恐怖之下开展的，有以下特点：

1. 工运斗争在组织形式上，有些是自发的，有些是由行帮工会领导的。但由于工人们曾受到大革命时期轰轰烈烈的革命运动影响，地下党组织在恢复过程中又很重视工人运动，曾派党员深入一些比较集中的地区，或直接进入工厂办夜校，或交朋友，宣传马克思主义，提高工人的觉悟，有力促进了工人运动的发展。

2. 工运斗争的性质，很多是经济斗争，但也有大量的政治斗争和反帝斗争，有时多种斗争融为一体。

3. 斗争方式基本上是局部的、非暴力的、请愿式的罢工斗争，也有规模较大的总同盟罢工。

第二节　九一八事变后的四川工人运动

1931 年 9 月 18 日，日本帝国主义侵占沈阳并随即占领东北全境。九一八事变激起了全国人民的抗日怒潮，上层小资产阶级和民族资产阶级也开始改变政治态度，要求蒋介石国民党停止反共内战政策。由于中日民族矛盾上升，全国人民抗日民主运动迅速高涨，四川各界群众纷纷投入这一轰轰烈烈的反日爱国运动。

一、抗日救亡运动的兴起

1931 年的九一八事变，是日本帝国主义企图变中国为其独占殖民地的严重步骤。面对亡国灭种的危险，激起了四川广大工人和各界人民群众的爱国热情，抗日救亡运动迅速兴起。1931 年 9 月 25 日，重庆各机关法团、各界代表举行集会，筹备成立“四川各界民众反日救国大会”，“以期团结各界民众，集中反日力量”。同日，“成都市反日会”成立，即积极参加了“四川各界民众反日大会”组织的各项抗日活动。全省各地纷纷开展了一系列的反日宣传、请愿、游行、罢工等。其中，重庆又新丝厂的斗争特别激烈，其规模和影响比较大。

在反日高潮中，中共四川省委为了更好地团结教育工人，指导工人运动，于 1932 年春创办了地下刊物《工人之路》周刊。周刊在其宗旨中说，是为“又穷又苦”的工人，“说几句公道话”。因为“成都十几家大报馆，都是军阀、地主、老板的留声机器，老板说工人孬，报纸便说工人该饿死；军阀说工人捣乱，报纸便说工人该枪毙”。工人没有说话的地方，所以创办《工人之路》，“我们要大声呼号宣布，我们要拼命力争，求得我们的利益，要达到工人解放的目的”。《工人之路》第一期便刊出了一篇《工人自动武装起来驱逐日寇》的文章，号召：“我们要解除痛苦，我们要免除失业危险，我们要求得生活保障，我们要享受人的幸福，我们要生存在真正自由平等的新社会里面，我们必须打倒榨取工人血汗的日本，驱逐帝国主义，推翻国民党政府。要达到这一目的，唯一的办法，便是在反日运动中，工人立刻自动武装起来，组织反日义勇军……只有这样干，才能推广反日运动，夺得反日最后胜利……”当时就有外南兵工厂部分工人自动组织起一小队工人义勇军，决心当反日前锋。工人为加薪开展斗争取得胜利后，成立了反日会，积极参加抗日救亡运动。

20 世纪 30 年代中期，成都印刷业已有较大印刷厂 14 家，工人 1000 余名。由于印刷工人经常接触报刊、书籍等印刷品，思想比较活跃。他们关心时局的变化，关心国家和民族的危亡。国难当头，在共产党和进步知识分子的影响下，一些青年工人首先觉悟起来。1937 年春，成都日新印刷厂工人祝孑人（又名祝康龙）参加了“中华民族解放先锋队成都部队”（以下简称“民先”），并同该厂的王志明、巫文质和球新印刷厂的刘万敏、李尚先等编在一个支队。“民先”是中共地下党的外围组织，是推动成都地区抗日救亡运动的骨干力量。祝孑人、王志明等首先在日新厂承头办起了读书会，并推动办读书会之风扩展开来，后来在许多救亡活动中，这批参加读书会的工人多成了积极分子。

四川广大工人群众在国难当头、民族危亡的紧急关头，在中共中央的号召下，反日情绪积极高涨，但当时正值王明“左”倾冒险主义统治时期，重点仍着眼于搞武装暴动，反对国民党的反动统治，未能有效地领导当时的抗日救亡运动，在反动当局的镇压下，使九一八事变后发展起来的有利形势很快丧失，反日斗争遭受挫折。

二、各业工人反军阀混战反压榨争生存

辛亥革命以来，四川军阀为了争夺地盘，抢占防区，长期混战不休。20 余年中，共发生大小战争 470 余次，平均每个月就有两次，20 世纪 20 年代末 30

年代初，战争仍很频繁，四川军阀数百次战争中规模最大，也是最后的一次战争，就是在1932年秋发生的刘湘和刘文辉之间的战争。这次战争中，双方动员的兵力有数十万，战地绵亘千余里，两军死伤约6万人。四川军阀的割据和混战，给四川社会和广大人民带来了无比深重的灾难，不仅摧毁了大量的人力和物力，使人民的生命财产遭受严重损失，而且使民族工商业陷入绝境。因为在军阀割据混战下，苛捐杂税多如牛毛，“名目繁多，征额至巨”，加之帝国主义商品大量向四川各地倾销，致使工厂商店纷纷倒闭，大量工人失业。大批的失业工人及其家属无不在死亡线上挣扎。在业工人的生活也很悲惨。每天十多个小时的繁重体力劳动，恶劣的工作环境，微薄的工资收入，使工人们时刻遭受着饥饿和死亡的威胁。陷入水深火热中的四川工人及其他广大劳动人民，坚决反对军阀混战。

中共四川省委坚决反对军阀混战，通过多种方式进行宣传，广泛动员群众参加反对军阀混战的斗争，采取张贴标语、利用群众集会揭露军阀罪行等方式扩大斗争影响。同时，省委和团省委又联合发表《号召全川民众反对军阀战争参加民族革命战争宣言》，谴责日本帝国主义的侵略罪行和国民政府的“不抵抗”，以及卖国、投降、镇压群众反日斗争的罪行，号召工人“不造一枪一弹”给军阀用来进行混战，不运输军阀混战的武器，组织反战罢工等。

在党推动和影响下，四川人民反对军阀混战的斗争日益达到高潮。比如，重庆铜元局兵工厂工人的斗争、重庆制革厂工人罢工请愿斗争、成都蜀锦工人增资斗争、印刷工人罢工斗争等。其中，重庆制革厂工人罢工请愿斗争是这一时期反压迫反剥削斗争的高潮。

1932年9月，重庆制革帮的资本家为了牟取更大的利润，滥收学徒，把老工人大量解雇，造成制革工人大量失业。制革工会为了维护工人的生存权利，曾于上年12月就有关限制招徒、保持业务等问题与资方达成协议，但资方制造种种纠纷，妄图破坏工会，推翻代理协议。先是中华厂资方无理开除工人，工人依法提出质问后，中华厂资本家又勾结求新厂资本家迫使工人辞工。9月8日，中华厂资方又收买工贼，分化工会力量。顺华厂资方也于8日晚偷偷将制革工会会牌摘下捣毁，抛入厕中，充分表现出资本家对工会的忌恨。次日，工人们发现后，对资本家的挑衅所郁积的怒火终于爆发出来。9 月 12 日，制革工人全体罢工，1000 多名工人集合起来，列队持旗，游行示威，高呼口号，浩浩荡荡地前往市政府机关请愿，要求严惩不法资本家，保护劳工利益。游行队伍所到之处，受到其他工会和市民的热情支持。但是，政府却出动军警，对手无寸铁的制革工人进行镇压，逮捕了多名工人。

四川工人的这些斗争，是在四川军阀割据混战的战火正炽，日本帝国主义对华侵略逐步加深的情况下进行的。虽然斗争的直接要求是保障自身的经济利益、改善生活条件，直接斗争的主要对象是压迫和剥削工人的资本家，但实际上仍然起到了反对帝国主义侵略和军阀割据混战的作用，在一定程度上削弱了封建军阀的统治实力。

三、参加收回王家沱日租界的斗争

1895 年中日《马关条约》签订后，日本帝国主义利用条约中开放重庆为商埠的规定，在四川建立了侵略指挥所——驻重庆领事馆。但是，他们并不以此为满足，又于 1901 年逼迫清王朝的川东兵备道宝秦与日本驻渝领事山畸桂订立了“重庆日本商民专界约书”二十二条，在重庆建立了唯一的外国租界——南岸王家沱日租界。从此，日本帝国主义以此为基地，大大加深了对四川的侵略。他们在王家沱租界内“大胆建筑市街，设置巡捕，添造堆栈、码头，创办学校、工厂，并派遣兵轮游弋江面，常驻保护，俨然一个四川内地的小日本国”。

四川人民反对日本侵略的斗争由来已久。早在 1928 年，在党的影响下，重庆就组织了反帝大同盟，要求收回重庆的王家沱日租界。1929 年 9 月 23 日，重庆市总工会、重庆记者协会等团体发起成立重庆国民废除不平等条约促进会，继续开展废除不平等条约以及收回王家沱日租界的斗争。1931 年 8 月 8 日，各界代表二万余人参加反日救国大会，通过了“要求迅速收回王家沱租界”的提案。9 月 18 日，78 家团体代表 100 余人集会，筹备成立四川各级（界）民众自动收回王家沱日租界运动大会，推举重庆市商会、江北县工联会、重庆市职工俱乐部、市报协会等团体为执行委员，决定“约满之日”举行群众大会。

九一八事变的消息传到四川后，更加激起四川人民的民族义愤。收回王家沱日本租界，拔掉日本帝国主义在重庆的侵略据点，成为四川人民反日救国运动的重要内容。9 月 24 日，正值王家沱日租界租期 30 年届满之时，重庆市各界民众数万人举行四川各界民众自动收回王家沱日租界运动大会，发表《告民众书》，同时呈文四川善后督办公署，要求该署“照会驻渝日领事，迅速交还王家沱，以全领土而维国权”。会后，各界民众举行示威游行，高呼：“各界民众团结起来，收回王家沱租界”“日本强租王家沱，是侵占中国的领土”“收回王家沱，是力争中国主权”等口号。28 日，重庆各界群众二万多人在夫子池举行集会，抗议日本帝国主义侵占东北和屠杀我国同胞的罪行，并宣布成立四川各界民众反日救国大会，提出“对日宣战”“经济绝交”等多项主张。之后，又成立四川各界民众反日救国大会自动收回王家沱租界特组委员会，发布了《告租界内本国民众书》，号召四川人民奋勇斗争，收回王家沦租界；同时还发表了《告日本驻渝侨民书》，督促日本政府将约满失效之王家沱租界交还中国。这些文告反映了全省爱国人民的共同要求，也符合四川工人的心愿，得到了广大工人群众的支持。工人积极参加各种反日救国活动，许多抗日团体都有工人的代表参加，甚至是领导成员。在收回王家沱日租界运动中，也有工贼站在日本侵略者和国民党政府的立场上，对群众运动百般阻挠，认为游行示威会惹出大祸，主张只做暗中宣传，或者选出代表向政府请愿，不必罢工。然而工人代表坚决反对这种妥协主张，提出国民党政府靠不住，只有民众自己起来进行坚决的斗争，才能收回王家沱日租界的正确主张。广大工人群众坚决捍卫国家主权，踊跃参加示威游行等活动。全川人民的反日救国运动，特别是对日经济绝交斗争的开展，给了日本侵略者沉重的打击。

在四川人民的英勇斗争下，10 月 22 日，日本驻渝领事率众及日舰撤离重庆。24 日，刘湘派军警接管了王家沱。1932 年，日本获国民政府同意，以看守财产为名，再次派员回到王家沱。直到 1937 年全面抗战爆发以后，重庆政府才接管了王家沱，日领事馆终降旗撤离。至此，王家沱租界终于回到了祖国的怀抱。四川工人在收回王家沱日租界运动中，同各界民众密切配合，起到了主力军的作用。他们的反帝爱国的光辉业绩将永垂史册！

四、反对日本在成都设立领事馆的斗争

1935年12月爆发的“一二·九”运动，促进了中华民族的觉醒，成为全国抗日救亡运动新高潮的起点。在此影响下，四川的抗日救亡运动也渐次兴起，一些分散隐蔽在四川各地的共产党员积极开展了各项活动。1936年6月上旬，重庆救国会成立，漆鲁鱼为总干事，成为党直接领导的秘密救亡组织。在抗日救国运动不断升温之际，全川各地爆发了以成都“大川饭店事件”为标志的反对日本在成都设领事馆的斗争。这是四川人民在声援北京“一二·九”爱国运动的基础上，在共产党员的推动和爱国上层人士支持下的爱国反日运动。

这段时间，由上海中央局特科派来四川工作的共产党员张曙时，通过地方上层关系，利用蒋介石控制四川引起与刘湘的矛盾，开展统战工作，争取刘湘抗日反蒋。经过反复的工作，刘湘有所幡悟，表示愿与共产党联合，从而使四川的抗日民族统一战线得到发展。

日本侵略四川的野心由来已久。早在1916年，日本外务省曾在成都派出特派员。1918年，日本帝国主义未经当时的北洋政府外交部的同意，擅自在成都金河街开设领事馆。九一八事变后，因成都广大人民的强烈反对，领事馆才自动收摊，销声匿迹。1936年2月，日本驻重庆领事糟谷廉二到成都，重新提出在成都开设领事馆的要求，遭到四川当局的拒绝后，日本转而向南京政府提出此事。国民党政府以“蓉非通商口岸，依约不得设领”为由婉拒。日本政府竟无视中国人民的正义立场，于5月单方面决定在成都设立领事馆，并任命岩井英一为驻成都领事。日本帝国主义这一漠视中国主权的行为，引起了四川人民的极大愤慨。

7月下旬，岩井英一等11人从上海溯长江而上，8月15日，日轮长阳丸号驶抵万县。当岩井英一等在万县参观市容、游览西山公园时，万县各界人民、工商团体立即召开全市民众代表大会，坚决抗议岩井英一等人赴成都设领。8月17日，岩井英一一行抵达重庆，准备赴成都筹备开馆事宜。

日本强行在成都设领的消息传出后，重庆各界民众于8月18日召开反对日

本非法在成都设立领事馆的组织成立大会，大会当即决定分六组分别向党、政、军当局递交请愿书，表达坚决反对日本在成都设领事馆的立场，组织60个宣传队到郊区工厂、农村进行抗日宣传，唤起人民的抗日激情。8月20日，涪陵、江津、永川、合川等县各民众团体先后致电重庆当局，反对日本在成都设领事馆。8月20日，成都工人联合训练班发起组织反对日本非法在蓉设领大会，并发出通告。8月22日，成都各界民众团体代表200多人在中山公园（今提督街与太升路交叉口）召开“反对日本在蓉违法设领筹备会”，决定集中力量，统一意志，坚决制止日本在成都设立领事馆。

23日，田中武夫等四人悄悄进住成都骡马市街的大川饭店。日本设领先遣队到达成都后，成都市广大工人和爱国学生四处奔走联络，积极酝酿一场反日爱国运动。受党影响而积极要求进步的天府中学学生侯方岳（不久后加入共产党），串联一批学生，分头发动群众。共产党员饶孟文始终在群众中活动，并对群众的爱国行动给予巧妙支持。广大的工商群众也在市工商联领导下，筹备反日活动。全市人民的大规模反日群众运动即将展开。

24日一早，市内的主要街道上陆续出现了“反对日本帝国主义在成都设领馆!”“驱逐日寇、还我东北!”等大幅标语。青年学生分散到各个路口向过往群众宣传日本在成都设领的阴谋。24日上午，日本准备设立领事馆的人员住进大川饭店的消息传出。下午，一些民众聚集到骡马市街日人下榻的大川饭店，多人前去询问老板是否住宿有日本人岩井等，当得知确切事实后，就质问饭店为何密留日本人，并向在场日本人声明反对在成都设置领事馆的态度。下午6时许，在成都郊区新都县受训的中央军校成都分校学生及民众数千人，聚集到大川饭店门前，斥责店主留宿日人，发表抗日讲演。饭店经理出面答复，态度生硬，引起群众不满。此时，日本人渡边三郎出来声辩，蛮横无理，出言不逊，加之语言隔阂，更使群众愤然。双方互相辱骂，以致拉扯、殴斗，冲突骤起。混乱中，民众捣毁大川饭店。渡边三郎、深川经二逃至正府街裁缝店和陈兴泰饭店，被追上的愤怒群众当场打死，田中武夫、濑户尚受伤后，被军警救出送到医院治疗。市内贩卖日货的8家商号和省会警察局第4分局亦被捣毁。是夜，省政府、善后督办署调来军队，驱散群众，宣布戒严，秩序恢复正常。25日，又有群众聚集，继续捣毁大川饭店房屋，军警开枪弹压，两天的冲突中，民众、军警均有伤亡。这就是震惊全国的“大川饭店事件”，亦称“蓉案”。

大川饭店事件发生后，日本对国民党政府施加压力，并派调查团到成都调查。南京政府不仅向日本道歉、赔款，还颁布“缉凶令”。蒋介石致电责备刘湘说引起外交，增加政府困难，并谓此次事件，必有共党煽动，而治安当局，事前防范未周，保护日人不力，应予依法惩办，特令缉拿凶手等。刘湘对于此事也深感棘手。张曙时又通过黄慕颜、郭秉彝向刘湘陈述：这个事件是日本侵略中国而引起的，是群众爱国行动，是“偶发事件”，主要责任由日本侵略者承担。政府从维护国家民族尊严出发，当以地方事件来解决。刘湘同意这一处理意见，把被打死的日本人埋葬，对被打伤的日本人给予医疗费后送出川境，然后复电南京当局，了结了这一重大事件。

由于全国和全川人民的强烈反对，日本帝国主义在成都设立领事馆一事，终未实现。鉴于全国抗日形势的发展和全川人民反日怒火的迅猛爆发，加上共产党对刘湘等地方实力派的统战工作，故未造成大规模逮捕镇压群众的局面。大川饭店事件挫败了日本政府的阴谋，使四川人民扬眉吐气，同时进一步激发了人民的抗日救国热情。随着抗日救亡运动的高涨，在重庆、成都和全川地下党的组织和工人运动，也逐步得到恢复和发展。成都的“中华民族解放先锋队”等抗日救国组织纷纷建立。据当时参与大川饭店事件的老干部侯太阶同志回忆说：“从此成都救亡活动由秘密的小组活动逐步走向公开，工人救国会、青年救国会、妇女救国会等许多救亡团体纷纷建立起来。”

第三节　川陕苏区的重要贡献

从 1928 年起，中共四川临时省委在加强城市工人运动的同时，派遣大批优秀分子，包括钟善辅、曾君杰等工运领导人到边远地区建立党的组织，发动工农武装起义。当时与陕西接壤的川北通江县、南江县、巴州区、恩阳区等地，是军阀田颂尧的防区。那里的无产阶级，除传统手工业工人和煤窑工人，还有在军阀、地主残酷压榨下，沦为农村雇工的大批破产农民。他们在中共地下组织领导下，纷纷参加工农游击队，抗捐、抗粮、抗税斗争此起彼伏。附近的南部县，还举行了升保工农武装暴动。1932 年底，红四方面军在总指挥徐向前的率领下，趁田颂尧派兵参加军阀争夺成都之战，进驻这个地区，沿途浴血奋战，如鱼得水，很快建立了以通、南、巴为中心的川陕苏维埃政权，创建了川陕革命根据地，后扩展为方圆 4.2 万平方公里、辖 23 县 1 市 160 多个区、990 多个乡、4300 多个村、600 多万人口的红色苏区。12 万多巴中儿女参加红军，浴血奋战，5 万多将士血洒疆场。数万名来自工厂、雇工、手工作坊的优秀工人、农村雇工踊跃参军，奋勇作战，战功卓著，涌现了大批部队指挥官和苏区领导干部；10 万余名工人参加运输队和担架队，冒着枪林弹雨拼命支援前线作战，为推进川陕苏区的创建巩固与发展壮大，成功粉碎蒋介石精心筹划的“三路围攻”“六路围攻”和“川陕会剿”，为顺利策应中央红军入川会师与北上作出重大贡献，在中国革命史上谱写出可歌可泣的英雄壮歌。

一、掀起工人斗争高潮

川陕苏区工会在党的领导下，全面掀起工人斗争高潮。1925 年，中共四川地方委员会成立后，相继在达县经华丝厂、宣汉铁矿、南部盐业等工厂秘密成立红色工会；1929 年 4 月，李家俊在万源、宣汉等地组织领导铁矿工人起义，建立万宣游击根据地；1929 年 6 月，旷继勋率领川军第七混成旅 4000 余名官兵在蓬溪县牛角沟起义；1932 年 11 月，在红四方面军入川前，中共南充中心县委组织盐业工人发动升堡暴动，组建了数百人的红色游击队；同年，通江、巴中、苍溪等县相继爆发工农运动。与此同时，陕南也相继掀起工人、农民、学生运动高潮……在抗捐、抗税、抗租和反抗军阀豪绅压迫的斗争中，广大铁矿工人、盐业工人、手工业者与劳苦民众，在血与火的艰苦斗争中，深受革命洗礼，提高了阶级觉悟，为川陕苏区工人阶级发展壮大奠定了坚实基础。

1933 年初，川陕省委、省苏维埃政府和红军领导机关指定炮兵营政委赵炳润组织筹建省总工会，委托红军各级政治部建立基层工会。1933 年 3 月，川陕省第一次工人代表大会在通江县城召开，到会代表400余人。会期半月，通过了《川陕省总工会成立告川陕工人群众书》《致全国总工会之通电》，颁布了《工人斗争纲领》《工会章程》《各级工会组织法草案》。大会通过的《会员条例草案》规定了对各行业工人的待遇，明确提出了增加工资、减少劳动时间、反对打骂学徒等口号。大会号召工人阶级讨论、拥护苏维埃政府颁布的《劳动法令》和本次大会通过的各项决议。选举省总工会委员30余名，木工出身的王怀同志为省总工会委员长，船工出身的白文龙同志为副委员长，雇工出身的罗代舟同志为青工部部长，赵建章同志为组织部部长，童养媳出身的赵远清同志为女工部部长，赵炳润同志为秘书长。会议决定编辑出版川陕省总工会机关报《斧头》。川陕省总工会下辖赤江、赤北、红江、巴中、南江5个县总工会，共有会员2万余人。

川陕省总工会成立后，立即在全苏区组织开展革命工作。一是深入农村，领导贫农、中农进行土地革命，铲除封建残余势力，推翻帝国主义、国民党、豪绅、军阀、地主、资产阶级的统治，建立和巩固苏维埃政权。二是发动和领导工人的日常经济斗争与政治斗争。三是建立健全苏区各级工会组织，在大的行业、工厂、作坊单独建立产业工会与作坊工会，直属县工会管理。按每60人选举1名工会代表、每10人选举1名工会小组长领导开展生产。四是大力培养工人干部，健全工会生活，加强共产主义教育。各级工会先后创办了工人干部训练班、工余学校、工人子弟学校、识字班、读报班、讨论会等学习阵地，以提高工人的政治文化水平。五是广泛动员工会会员和工人群众参加红军，切实建立白区的工会组织，领导白区群众斗争，扩大巩固苏维埃政权。六是号召与动员工人群众为武装拥护苏联、武装保卫中国革命而斗争，积极准备和帝国主义作战。七是输送积极勇敢的工人干部到苏维埃和红军、游击队中，加强无产阶级的领导。1933年，阆南县工会配合军区指挥部组建“工人独立营”，南部火烽山战斗结束后，元坝、三合、永定、安坝一带在游击队中抽调1200多人（大多是盐工），组建红二六七团。八是帮助苏维埃收缴地方反动派的枪支、刀矛、梭镖、土炮、鸟枪等来武装工人；帮助工人学习打枪、上操、建立红场等工作，提高消灭敌人、拥护苏维埃的勇气与决心，时时刻刻与敌人作战，扩大革命战争，彻底推翻帝国主义与国民党。九是组织工人直接参加政府企业的经济管理，废除苛捐杂税和高利贷的盘剥，废除旧的学徒工制。在私营企业中成立特别机构监督生产，每个工矿企业都设立劳动保护特别委员会，监督《劳动法令》的贯彻，对工人的工资、工时、劳动保险都作具体规定，同时对女工和青工实行特别保护。

二、工人阶级大力投身革命

川陕省总工会建立后，先后召开了三次全省工人代表大会和三次全省雇工代表大会，组建了23县1市2道160个区工会，建立健全了各乡分会及各行业工会小组，吸收了10多万行业工人到工会组织中，全面促进了苏区工人斗争蓬勃开展。

川陕苏区工人阶级在工会引领下，英勇投身革命战争。苏区军工企业的广大工人夜以继日奋力苦干，有效地保障了军需物资生产运输。兵工厂工人发展到1000多名，有机床138台，努力克服缺少原料、条件艰苦等困难，先后制造子弹、手榴弹各100万发（枚），修好机枪200余挺、迫击炮200余门、山炮20多门，有力地支援了前线作战。1934年10月，红军攻克达县后，缴获了军阀刘存厚的兵工厂、造币厂的全套机器设备和原材料，以及枪械1万多支、子弹1000多万发、金银近百万……重数万吨。部分物资通过船运，大部分物品靠人工运输。各级工会组织数千名运输工人日夜奋战，来往穿行于达县至通江县苦草坝300余里崎岖山路，经过1个多月艰苦运输，终于把战利品全部运回到通江县（川陕苏区首府），很快投入生产。1933年8月，红四方面军为了解决苏区军民食盐紧缺的问题，打破敌人对苏区的经济封锁和军阀田颂尧的反扑企图，集中兵力首先向田颂尧控制的仪陇、南部县发起进攻，使根据地扩大到嘉陵江南岸，夺取了大批盐井，缴获食盐10万余斤，苏区工会组织了3000余名搬运工的运输队，日夜兼程，历尽艰辛，把全部食盐运到通江县、南江县、巴州区、恩阳区等地，有效地解决了苏区军民长期缺盐的严重困难，广大民众无不欢欣鼓舞。1935年初，为了配合中央红军在川滇黔边作战，有力地打击和牵制川陕敌军，红四方面军果断决定强渡嘉陵江。一举粉碎了蒋介石精心策划的“川陕会剿”，有力地策应了中央红军成功战略转移。

三、奋力推进苏区建设发展

苏区工人阶级在工会组织下，奋力推进苏区建设发展。川陕省总工会《红五月工作决议案》要求：各级工会每位工人要种五颗瓜，宣传鼓动苏区全体农民积极地耕种，工人要积极参加代耕班，领导农民帮助红军公田和红军游击队家属代耕，把豪绅地主反动家属组织成生产队。苏区各级工会组织行业工人大力发展工业生产。当时的民用工厂主要分布在陕南及川东北的一些县城和大集镇，如南部县的食盐厂、硝盐厂，江口县的水烟和酒厂，旺苍县的煤矿厂，通江、南江、万源县的煤铁厂、锅罐厂、铧厂，通江、巴中（现巴州区、恩阳区）、宣汉、达县（现达川区）、营山、仪陇、苍溪等县的纺织厂、纸厂、墨厂等，各县还建起木工厂、草鞋厂、缝纫厂、篾工厂、织布厂、脚码子厂等小型工厂，工人总计近万人。这些工厂生产的产品既满足民用，也供给军需。截至1935年1月，苏区公营工厂发展到十多个行业，大型企业达到67个。通江县铁溪河铁厂共有8个分厂，工人2000多名，两年时间生产铁近200万斤；长坪锅厂共有6个分厂，铸锅12300余件。为保障冶炼燃料供给，苏区调运广元县庙儿湾、旺苍坝3个煤矿挖出的煤，从东河用大船航行300多里水路，运到阆中、南部县熬盐，并解决了当地军民的生活燃料。通江县苦草坝被服厂90多名工人，操纵47台大机床加紧生产，日产棉布40多匹，另外还织毛巾、袜子和纱布，有效地保障了部队军备物资及苏区民用物品供给。

川陕省工农银行造币厂有机器数十台，200余名工人艰苦奋战，精细加工，日产银圆700多枚、铜币5000余枚；石印局30多名工人操纵8台石印机，夜以继日，加紧印钞，日产纸、布币7万余张，工会组织带领全体造币工人为促进苏区金融发展与商贸流通作出了重大贡献。1933年，川陕苏区先后在南江、巴中（现巴州区、恩阳区）、江口、苍溪等县建起造船厂，苏区工会组织了以3万石工为主体的治河大军，涉险滩，搏激流，炸石凿滩，战天斗地，历时3个多月，疏通了从巴中到江口，再从江口至通江县苦草坝全长300里的河床；同时整修道路数十条，架设桥梁几十座，全面促进了苏区运输业发展，奋力服务苏区革命战争需要。

苏区各级工会积极响应川陕省委“发展农业生产，开发苏区特产和手工业，发展合作社运动，对外贸易与自由投资，加紧执行统一累进税，节省经济与增加生产”号召，大力提倡“开垦荒地”“改良现有的灌溉制度，创立新的灌溉制度，实行凿井”“不让苏区有一寸土地放荒”，切实帮助民众解决劳力、耕牛、种子、水利等方面的困难；大力提倡合作互助，全面扩大粮食生产，着力培植经济作物，积极发展畜禽养殖……广泛开展轰轰烈烈的大生产运动，全面促进了苏区粮棉丰收，经济发展，到处一派五谷丰登、六畜兴旺的繁荣景象。毛泽东同志在全国第二次苏维埃代表大会上的报告中指出：川陕苏区的农业收成良好。

1935年5月，红四方面军撤离川陕苏区。苏区兵工、被服、造币、印刷、斗笠厂工人全部随军西进，工会还动员近10万人参加运输队、担架队，沿途护送红军。川陕省工会副委员长白文龙率领的由100多名船工组成的水兵连，为红四方面军当开路先锋，他们在嘉陵江东岸花20多天时间，用双手和简单的刀斧造出200多只轻便渡船，架起500公尺长的浮桥，接着又在茂县县城附近架起了横跨岷江的竹索桥，保证红军通过。会宁会师后，水兵连又在清水河边造船30多只，供红军西渡黄河。所有这些艰巨任务，都是在敌人大举追击的枪林弹雨和敌机疯狂拦袭的极端困难条件下进行的，既表现了工人们熟练的技能，又体现了工人阶级高度的革命觉悟和忘我的牺牲精神。到了陕北，这个水兵连除幸存10多人外，都在红军长征路上献出了生命。

四、白区工人群众对苏区建设的支援

白区工人群众把中共地下组织关于拥护红军、建设保卫苏区的要求，作为自己的光荣义务。1933年5月，中共四川省委发出《全川民众动员起来反对国民党军阀战争，参加民族革命战争宣言》，号召“不造一枪一弹来供给国民党进攻红军与军阀混战，不运输国民党进攻红军和军阀混战的武装及辎重”，各地工人积极响应。特别是重庆、成都的兵工厂工人，不顾军阀的严密控制，不断开展以增加工资、发清欠薪、救济失业工人为内容的怠工、罢工，削弱生产，牵制敌人。仅 1933 年 5 月，成都兵工厂工人为配合红四方面军粉碎敌人的“三路围攻”，进行了 7 次索薪罢工和怠工斗争；重庆武器修理厂工人故意制造事故，使敌人在“剿赤”前线不断发生炮筒爆炸事故。运输工人千方百计拒绝为敌人运送军需物资，增加敌人进攻苏区的困难。与此同时，成都失业工人还组织了“红军预备队”，先后有数十人自动典当衣物作路费，秘密潜入苏区，有的参加兵工厂工作，有的参加红军作战。

川陕苏区的工人阶级是第二次国内革命战争时期，中国共产党和红军在川陕边区创建、巩固和扩大革命根据地的领导阶级和骨干力量，既是苏区革命战争的先锋队，又是建设发展的生力军，培养出大批优秀军工技术人才，为中国革命和新中国建设作出了重大贡献，是四川工运史的光辉篇章。

当然，在张国焘错误路线指导下，川陕苏区工会工作不可避免地要受其影响。突出的是工会把白区对待资本家的一套，机械地搬到工农群众已经翻身做了主人的苏区：如不顾落后的经济条件，在私营工商业中，过多强调资方减少工时，增加工资，对生产产生不良影响。在公营工厂赶制军需用品，工会也机械执行 8 小时工作制，引起红军供给部与省工会之间闹意见。这些做法，既不利于苏区全局的利益，同时也损害了工人群众自身的利益。

第三章　全民族抗日战争中的四川工人运动

七七事变以后，全民族抗日战争全面爆发。中共中央于 1937 年 7 月 8 日发布了《中国共产党为日军进攻卢沟桥通电》，8 月 25 日在洛川召开了政治局扩大会议，通过了《抗日救国十大纲领》，作为动员一切力量争取抗战胜利的指导方针，在中国共产党和全国人民的共同努力下，在各界爱国人士的支持下，开创了以抗日为基础的第二次国共合作局面，形成了抗日民族统一战线的新形势。这一时期，国民党政府退驻重庆，四川成了大后方的政治中心和工业中心。四川工人运动同全国一样，又出现了新的高潮。

第一节　战略防御阶段四川工人的抗日救亡运动

全民族抗日战争开始后，四川不仅政治地位发生了显著变化，同时，由于四川地域辽阔，资源丰富，市场广大，且离战区较远，又成了内迁工厂和海内外民族资本投资办企业的经济中心。在党组织的领导下，工人阶级和工人队伍发展壮大，并积极投身抗日救亡运动。

一、工厂内迁高潮和工人队伍的壮大

七七事变之前，中国工业落后，且偏处沿江沿海地区，内地的工业基础十

分薄弱。据抗战前夕国民政府实业部统计，全国仅有的合乎工厂法规定标准的工厂 3935 家，大多分布于沿海城市，上海一地即占总数的近三分之一，整个内地的工厂很少。四川虽然是我国长江上游的重要省份，也是西南地区的水陆交通枢纽、商业贸易中心，但现代工业并不发达。据国民政府统计，1937 年，四川全省符合工厂法规定标准（拥有动力和 30 名工人以上的工厂）的工厂 115 家，共有产业工人 13019 名，占全国工人总数的 2. 85%。

日本侵略者的炮火，使中国工业遭受了严重摧残，为了减少损失和避免资敌，为了建立后方工业基地，增强后方的生产能力，以支援抗战的军需，补给后方民用供给，一些爱国的资本家、工程技术人员和广大职工，坚决主张将临近战区的工厂设备拆迁至后方。国民政府也决定有计划有步骤地将有关国防和民生的主要官办工厂迁到内地，并采取贷款等方式，鼓励和扶持民营工矿业内迁。1937 年 8 月，拆迁工作拉开帷幕。

四川以其地域辽阔，原料、动力比较丰富，又有广阔的市场，且离战区较远，防守较易，加以四川省政府多次派员敦促内迁厂家迁川，并从多方面为工厂内迁提供条件，因而成了内迁工厂的主要落地点，其中尤其以重庆、成都等地为多。比如，国民政府国防部兵工署所辖重庆七个兵工厂，皆系抗战后陆续迁建的。据林继庸所著《民营厂矿内迁纪略》一文记载，经政府有关部门协助内迁的民营厂矿 452 家中，迁入四川者即达 250 家，其中又大多集中在重庆及其附近地区。

迁入四川的工厂，不但数量多，而且大都是规模较大、设备较好、技术力量较强的大机器生产，从而迅速扩大了四川的工业生产能力。有的厂矿迁来四川后，虽已不单独存在，而是与其他厂矿合并了，但其所迁的机器设备等仍发挥了重要作用，如由河南迁川的中福煤矿公司与天府煤矿、北川铁路公司等合并，组成天府矿业股份有限公司，其投资即占了数个公司投资金额的 50%，其中财产作价部分达 71 万余元，而原天府煤矿的全部矿产和设备作价仅 14 万余元，可见其迁入的 2000 余吨机器设备成了四川煤矿生产机械化的主要力量。同时，由于客观上的抗战需要和民族解放战争所激发的爱国热情驱使，在战时工业特殊利润的影响下，四川出现了盛极一时的建厂热潮。这就使得四川的工业生产面貌发生急剧变化。据成都市工商管理机构对拥有资本万元以上、以机动力制造产品、雇用工人30名以上工厂进行登记情况，抗战前仅四五家，至1942年底统计即已增加到180余家。截至1945年3月统计，全市共有各类工厂330家。内迁较有影响的工厂主要有裕华纱厂、申新第四纺织公司成都分厂、宝星纱厂、民康染厂、建成机制面粉厂、建国造纸公司等。全民族抗日战争爆发后，西北制造厂（兵工厂）、大华纱厂等一批企业，先后迁到广元。抗日战争时期，外地先后有中元纸厂、宜宾发电厂、天原化工厂、中国纸厂、宜宾电瓷厂等内迁到宜宾和本地民族资本兴办的工厂，职工人数达3万多人。四川境内工矿企业一度增加到10113家，产业工人扩大到26万余人，商业、运输业和各种服务行业相应得到迅速发展。在这支队伍中，有内迁工业中数以万计的机器工业老技工，他们既有纯熟的工艺技术，又有高度的组织纪律性，其中不少人还亲身参加过“二七”“五卅”斗争，经历过日本侵略者蹂躏的痛苦，有很高的阶级觉悟和丰富的斗争经验。这一时期工人阶级队伍比过去更加集中，仅重庆就集中了20多万人，成都、自贡各有10万人左右，这就为进一步开展工人运动创造了有利条件。

二、党组织的恢复和抗日救亡运动高涨

全民族抗日战争爆发后，在中国共产党的积极努力下，实现了第二次国共合作，建立了抗日民族统一战线，为四川党组织的恢复重建创造了条件。在中共中央的领导下，四川党组织很快得到恢复和重建，并在斗争中不断发展壮大。1937年10月，中共中央派邹风平、廖志高等回四川进行恢复党组织的工作，要求他们在成都建立中共四川省工作委员会。1938年1月10日，省工委在成都成立，标志着四川党组织建设进入一个新的历史时期。新成立的省工委由1937年12月在武汉成立的中共中央长江局直接领导。1938年11月21日至25日，省工委在成都召开扩大会议，根据党的决定结束省工委，撤销重庆市委和成都市委，分别成立川西特委（次年因西康建省，改名为川康特委）和川东特委。1939年1月，党中央撤销长江局，正式在重庆成立中共中央南方局，四川党组织开始在

南方局领导下开展工作。

为了加强四川的抗日救亡工作，中共中央南方局先后成立职工组、青年组、妇女组和经济组，分别负责领导四川工运、农运、青运和妇运。中共中央对工人运动提出了正确的方针："与各抗日党派、各抗日团体的工人运动进行统一战线，在统一运动中把工人组织起来，积极参加战争的各方面的工作，在抗战中去解决工人失业、饥饿的问题与改善工人阶级政治、经济、文化地位，以增加抗战建国力量。"国民党政府 1938 年 3 月公布的《抗战建国纲领》也有允许组织职业团体的条文。在中国共产党坚强领导下的四川工人阶级，成了大后方抗日救国最坚决、最彻底的一支革命力量，在十四年抗战救国斗争中作出了重大贡献。

四川党组织通过创办抗日报刊和发行党报党刊，广泛宣传抗日救亡，阐释中共的全面抗战路线，在抗日救亡运动中，发挥了重要作用。在成都恢复以共产党员为骨干的《大声周刊》，并更名为《图存周刊》，早年在重庆创办的《四川日报》迁到成都后，党组织派了一批党员到报馆当校对工、编辑和经理，并建立了秘密党支部。"七七事变"的消息传到成都，《四川日报》立即发表社论《为二十九军英勇抗战，谨致以民族的敬礼》。成都的《新时代》《蜀话报》《新民报》《时事新刊》《学生新闻》《新新新闻》《华西日报》等，重庆的《新蜀报》《国民公报》副刊《生力军》《青年生活》《商务日报》《齐报》等，自流井（现四川自贡市）的《正确日报》，宜宾的《边疆新闻》《金岷日报》，万县（现重庆万州区）的《万州日报》等，还有全面抗战爆发后新创办的《星芒周刊》《国难三日刊》《妇女呼声》《抗日先锋》《战时学生旬刊》《工作》《国防文艺》《抗敌周刊》《抗战文艺》等，也都在党组织的直接领导或影响下，为推动抗日救亡运动的深入发展，发挥了重要作用。同时，党组织还组织力量深入工厂、农村、学校开展抗日救亡宣传。在重庆，党组织积极深入工矿、银行、商店、航运各业，开展话剧活动，组织"自强读书会""救国会""大众读书会""学谊励进会""信支联谊会""职业青年互助会""青年工人学习写作社""怒吼剧社"等职工团体。党在自贡、犍为等大盐场开展抗日救亡宣传活动，组织"抗敌后援会""星海""怒火"等救亡团体和各种文化夜校、文艺演出队，并出版了不少进步书刊，演出了许多救亡话剧、歌舞。这些抗日报刊和党报党刊以及宣传文艺团体在广大工人中起了相当大的教育、鼓舞作用，培育出大批工人积极分子，使广大工人群众团结起来，积极参加抗日救亡和争取自由解放的斗争。

早在九一八事变后，重庆、成都等地兵工厂工人在反日游行中，就多次呼吁川军各派系停止内战，一致对外。成都一些工厂还组织了“工人义勇军”，待命奔赴抗日前线。1937 年 7 月，全民族抗日战争全面爆发，各地工人在中共地下组织或地下党员发动下，纷纷成立了名称不一的抗日救亡组织。成都有“工人抗敌宣传团”，重庆有“工人救国会”，自贡有“抗敌歌咏话剧团”，他们在工人中积极活动，为争取民主、改善工人生活和动员群众为全民族抗战而斗争。据 1939 年 4 月统计，成都“工抗团”人数有一千二三百人，以厂为单位的有启文、协美、华英、福民、新新新闻等印刷厂社以及南门外机械厂，加上长机帮、服装社、自行车行业、木工行业等“工抗分团”共达 22 个。成都工人生活社和“工抗团”还先后在当时的进步报刊《四川日报》上开辟了《工人园地》和《生活线》专栏。1937 年 12 月，中共四川省工作委员会遵照中央工运方针，培训工运干部，有的到交通、印刷、纺织、航运等企业，公开发动组织工会；有的秘密进入兵工、机器、矿山、邮电等重要企业，建立党的组织。据 1938 年 11 月统计，重庆约 300 名共产党员有 48%在各业工人之中，自贡各业工人中已建立了一些中共支部。他们团结引导广大职工以民族利益为重，消除过去“老工会”“新工会”“赤色工会”“黄色工会”的隔阂，抛开“本地”“外来”等狭隘的地域观念，把本厂、本产业、本地区成千上万的职工群众团结在一起，阅读进步书报，传播胜利消息，激发抗战热忱，努力增加生产，并组织募捐、义卖、写信慰问前线杀敌将士。泸州 23 兵工厂是国民党严密控制、禁止开展抗日活动的单位，中共四川省工委职工委员会秘密派进了徐坚、肖泽宽等 8 名共产党员，他们当小工，干重活，还帮助办好食堂，赢得工人群众的信赖以后，办起了夜校、俱乐部、壁报组，向工人群众宣传抗日救亡道理，激发生产积极性，并从中吸收积极分子入党，在总厂、分厂建立起党的支部。1939 年 5 月 1 日，该厂还破例举行了庆祝五一、宣传坚持抗战的全厂职工大会。

当时出入四川的主要通道长江航道，遭到日机的严密封锁。民生轮船公司7000多名职工不顾生命危险，利用总吨位仅有5万吨的100多条设备陈旧的货轮，一面送川军出川抗日，一面抢运入川兵工器材和民营工厂设备。这些器材设备大多是几吨，甚至20多吨的重件，中转、起卸极不容易，加上敌机疯狂拦袭，更是困难重重。广大海员不辞艰辛，不怕牺牲，夜以继日，来回抢运，加上大批民间木船参加抢运，保证了20多万吨工厂设备内迁。抢运过程中，仅民生公司就有116位职工献出了生命，61人负伤致残。木船逆水而上，全靠人力拉纤，民工们付出的辛劳和承受的牺牲更加沉重。

大批工厂迁入四川以后，建厂和生产的任务更为艰巨。内迁厂从选定厂址、开山填沟到安装设备的全过程，大都在1940年前完成，“其奋发努力，犹如前方战士在战场”，为增产抗战物资，职工们不顾严寒酷暑和敌机轰炸，日夜奋战，不仅劳动时间长，而且由于物价疯涨、生活水平急剧下降，时刻都要准备献出自己的生命。重庆21兵工厂从1938年初复工生产后，不断遭敌机轰炸，仅1941年就遭遇4次，其中，8月13日一次中弹约50发，死伤职工20多人，但生产的武器量却逐年上升，仅轻机枪、重机枪、迫击炮3种产品，1945年年产量就为1938年的5.8倍。当时，海口被封锁，外货无来源，职工们就地取材，自力更生。汽油缺乏，职工们就试用植物油提炼的代汽油、代煤油，还有以桐油、木炭作汽车的燃料，等等。民生造船厂职工以木代钢，8年中造出26只新船，1940年造的10艘“山字级”轮船，无论洪水、枯水季节，都可在川江航行。广元大华纱厂职工积极生产军需物资，1940年底投产时年产棉纱446件，5年中棉纱年产量提高到5319件，纱锭由1236枚发展到1.2768万枚。据国民党政府经济部统计：1940年与1937年相比，后方生铁产量增加3倍，煤16倍，粗钢2.5倍，石油13倍；1940年与1938年相比，酒精增加2.5倍，机制纱1.8倍，面粉2倍，肥皂10倍。从中可见四川工人阶级为夺取抗战胜利付出的巨大劳动和智慧。

第二节　战略相持阶段四川工人的团结抗日

1938 年 10 月，武汉失守以后，抗日战争转入相持阶段。国民党的党政机关迁到重庆后，加强了对四川人民的统治，蒋介石甚至自兼四川省主席，控制四川大权。特别是国民党的特务组织“中央调查统计局”（简称中统）和“国民政府军事委员会调查统计局”（简称军统）迁来四川，进行特务恐怖活动，大肆逮捕迫害共产党员和爱国群众，镇压工人运动和其他爱国运动，给四川人民带来极大的灾难。同时，四川的广大工人和各界人士在中国共产党领导下，与国民党顽固势力展开了针锋相对的斗争，积极支援抗日前线。

一、相持阶段后的工运形势

抗战初期，在抗日民族统一战线的旗帜下，全国各族人民同仇敌忾，奋勇抗日，后方的工人救亡运动也取得了一些合法地位，掀起了热潮。但国民党顽固派、汉奸和一部分亲日恐日的资本家并没有停止破坏团结抗日、破坏国共合作的活动。在大后方的四川，他们更是加紧利用一切时机进行反共反人民的宣传活动，加紧盘剥广大劳苦大众。如 1938 年夏，一些印刷厂就借工人参加抗日救亡活动，无理拖欠工人薪金，开除做救亡工作的工友。1939 年 2 月，人力车老板不管工人生活的艰辛，竟擅自提高车租。

1938 年 12 月，汪精卫叛国投敌。1939 年底，在日本诱降、英美劝降下，国民党顽固派转为消极抗日，积极反共，掀起第一次反共高潮，制定了一整套“溶共、限共、防共、反共”的方针。中共中央针锋相对，提出了“坚持抗战，反对投降；坚持团结，反对分裂；坚持进步，反对倒退”的政治口号，动员全国人民同国民党的投降反共活动进行斗争。

四川各地工人群众多次联合各界群众集会游行，呼吁制止投降倒退，坚持抗战到底。1939 年 8 月，香港《南华》《天演》《自由》三报社工友停工抗议汪逆卖国，四川各地工人纷纷捐款慰问，声援他们的爱国行为。9月，中共参政员董必武等在重庆召开的国民参政会上提出“动员全国政治力量反对妥协投降，扩大反汪运动”案，川江1300多名水手联合致函表示“坚决拥护抗战到底的国策，坚决反对直接破坏统一与团结的行为”，表达了四川工人阶级的共同心愿。

四川工人阶级抗日救国的无私奉献和彻底革命精神，受到中国共产党、各抗日党派和各界人民群众的热烈赞颂。而先前主张片面抗战，后又消极抗战、积极反共的国民党顽固派，却借口“非常时期”，对工人群众实行严密的控制。1939年1月，国民党五中全会制定《限制异党活动办法》后，不仅剥夺了工人参加抗日活动的自由，而且先后以《非常时期工会管制暂行办法》《加强工商团体管制实施办法》等，以所谓“不合法人”“宗旨悖谬”为由，强行解散工人组织，逼迫职工群众加入他们控制的工会，并向工厂、矿山、码头派进大批国民党、“三青团”骨干和“军警宪特”，监督工人言行。与此同时，国民党官僚资本家借抗战之名，通过所谓“统制”“调整”“征购”和通货膨胀等手段，大发国难财，造成物价猛涨，工人实际收入急剧下降。1942年底，重庆零售物价总指数比战前的1937年6月上涨69.5倍，而工人工资总指数只增加13.69倍。1942年以后，物价一月数涨，甚至日日上涨，许多民族企业逐渐倒闭停产，生活艰难的工人群众又大批失业，沦入更加困苦的境地。抗日战争后期，物价高涨使成都大部分工厂濒临危境。1944年，裕华纱厂开工率为66%，申新第四纺织公司成都分厂开工率仅33%。抗战胜利后，国民党政府为支撑内战，实行经济垄断、掠夺政策，造成全面通货膨胀，使成都各业遭到严重摧残，大批工厂倒闭，工人失业。截至1946年6月，机械、染织、卷烟、化学等业有90家工厂倒闭，失业工人逾万名。截至1949年2月，全市三分之二工厂宣告“停止冒烟”，工人面临绝境。

由于国民党顽固派在成都等地大肆查禁抗日救亡报刊，中共四川党组织把巩固宣传阵地的重点转到对《新华日报》的宣传和发行上。1938年1月，长江局和党报委员会在武汉创办《新华日报》和《群众》周刊。武汉失守后，《新华日报》和《群众》周刊迁到重庆出版发行，并在成都设立分馆，向全国人民宣传中国共产党团结抗战的主张，宣传抗日民族统一战线的意义、作用以及爱国主义和马列主义，揭露一切不合理现象，使国统区人民群众呼吸到新鲜空气，成为广大群众的精神食粮。

对于国民党的倒行逆施，中共中央南方局以及中共川康特委、川东特委根据中央“隐蔽精干，长期埋伏，积蓄力量，等待时机”的方针，及时指示各级党组织把共产党员疏散到各地工农群众中，“勤学、勤业、勤交友”，把轰轰烈烈的抗日救亡运动转变为扎扎实实的团结联系群众，把大规模的群众救亡运动改为小型、分散、隐蔽的活动。从而在工矿企业出现了许多小型的经济组织、技术组织、文化娱乐组织和互助团体，同乡会、姐妹会等原有一般群众团体也成了共产党员联系工人群众的形式。重庆工人集中的重点企业，还有南方局青委直接联系的企业出现了以工人积极分子为骨干、三五人一组的许多工运活动据点。这些组织以不违背抗日民族统一战线为原则，为争取工人民主权利，改善工人生活，保护职工抗战积极性，适时发动工人群众同资方、国民党当局进行有理有利有节的斗争。1938 年 9 月至 1939 年底，中共成都市委、川康特委在领导工人参加抗战救亡运动的同时，重建了印刷排字工会，领导印刷排字工人发动了三次加薪斗争，并都获得了胜利。乐山市龙兴绸厂、丝织业手工作坊、保险伞厂、五通桥盐场、永利化学公司等厂矿工人也开展了增加工资、改善工人生活的罢工斗争。

二、四川工人献金、慰问前线将士

献金、慰问前线将士，是四川工人阶级坚持抗战到底的一个重大举动。在米珠薪桂、生活极为艰难的日子里，四川广大职工为鼓励前线将士抗战到底，年年献金、慰问，从不间断。1940 年 2 月 10 日，重庆全市举行春节劳军运动，各业工人获悉后，就 5 角、1 元在车间里凑集礼品代金，届时都派代表到场献金，工人捐款数达 1.58 万元。4 月 4 日出版的《中国工人》杂志第 5 期，以《重庆工人可嘉，出力又出钱》为题，报道这一消息：“大后方的工友，无论过去和现在，无不热烈至诚地参加（抗日），他们除了有力出力加紧生产以外，同时还肯出钱帮助政府抗战。反过来看那些大资本家，他们既不出力又不出钱，专门剥削工人，发国难财，有的甚至贪图百分之四十九，百分之五十一，天天想和敌人妥协。”自贡盐业工人1942年响应《新华日报》号召，捐款献出“盐工号”“盐船号”两架飞机以后，又为该市征集壮丁优待金捐款400万元。1943年11月和1944年7月，爱国将领冯玉祥两次到自贡募捐，盐工们为“把日本鬼子赶出去，子子孙孙免当亡国奴”，又分别献出50万元和1100万元。冯玉祥激动地说：“盐工们将血汗所得挨饿受饥凑集工资给国家，实令人感奋！”1943年至1944年，威远煤矿工人捐献法币159.9万元；隆昌义大煤矿工人献金18万元；资中县造船、挑拣、制鞋、石工等28个行业员工，捐献0.184万元。四川工人阶级对坚持敌后抗战的八路军、新四军更是无限钦佩，情同手足，每逢节日、纪念日和胜利消息传来时，都不顾国民党特务的监视，悄悄集资，写慰问信，秘密送到新华日报社及其在各地的代销处，表示“成千上万的工人作你们的后盾”。

第三节　战略反攻阶段四川工人的斗争

一、奔赴反法西斯战场

中国军队入缅作战以后，为给中国驻印度军队和盟军打通陆路交通线，在缅北举行对日反击战。1943年10月，中国劳动协会受有关方面委托，动员工人到印度担负中国驻军的运输任务。四川工人满怀爱国热情，踊跃报名应征，重庆市仅一、二两批应征出国工人就有机械工、司机、电工、船工等3700多人。10月13日，中国劳动协会理事长朱学范在夫子池新运广场举行的欢送会上致辞：“中国劳动人民支持了六年的对日作战……这次中国劳工出国服务，表现了中国工人不但支持对日作战，还协助盟军服务，这就是我们中国工人对世界和平、对胜利的伟大贡献。”

1944年初，出国工人陆续到达印度，这时中国驻印军在盟军的配合和当地人民支援下反攻缅北的战争正在激烈进行。赴印工人到达目的地后立即被编入中国驻印军的运输团，投入了战斗。反攻缅北，打通中印公路的战争是抗日战争后期的一次重要战役，也是世界反法西斯战争的重要一环，在缅北反攻战中，中国驻印军与盟军相配合，在当地人民支援下，战胜了极其恶劣的气候和艰险的地理环境，痛歼了作恶多端的日本侵略者，取得了一个又一个的胜利，使缅北地区得以从法西斯手中解放出来，为将日寇彻底逐出缅甸打下了基础。同时由于打通了中印公路，恢复了盟国支援中国抗战所需军用物资的主要通道，从此，一批批重装汽车装载着各种物资由中印公路通过缅北地区运到我国内地。这次反攻战的胜利，固然是驻印军将士浴血奋战的结果，但奔驰在运输线上的赴印工人所作出的贡献也是不容忽视的，“他们的功劳与火线上的战士同等重大，因为运输是军队的命脉，战争的胜负……需要运输与军队密切配合”。因此赴印工人的英雄业绩不仅是中国驻印军战史上的重要篇章，也是四川工运史上光辉的一页。

二、胡世合事件

1945 年 2 月，在国民党政府陪都重庆爆发的震惊全国的“胡世合事件”，是四川工人阶级和各界人民群众对国民党独裁统治最集中的一次回击，也是坚持贯彻“十六字方针”的结果。

1945 年初，蒋介石公开拒绝联合政府的主张，激起了国民党统治区各阶层人民的强烈不满。2 月 20 日，电力工人胡世合等人奉命前去重庆邹容路违章用电户——中韩文化协会饮食部执行剪线任务时，遭暴徒毒打，胡世合被特务田凯枪杀，制造了震惊全国的“胡世合事件”。国民党特务草菅人命的累累罪行，本已天怒人怨，胡世合因公惨死，更激起了民众的无比愤怒，当天赶往特务行凶地点支持工人斗争的群众就达 5 万人之多。

惨案发生后，中共中央南方局决定因势利导，发动一场群众运动，打击国民党的黑暗统治。为加强对这场运动的领导，南方局采取了一系列措施。王若飞统一指挥全局；以刘光为首的青年组具体负责组织行动；《新华日报》联络各报广为宣传，并通过报道传达南方局的决策，指导运动发展；其他各部门也密切配合。同时也给川东党组织作了相应布置。为了加强第一线的领导，还在原来由董必武直接领导的地下临时指挥小组，设立了秘密指挥部。这样，一场以重庆电力公司工人为中心，得到全市工人和广大市民积极响应的群众性反特斗争，便有组织、有领导、有计划地开展起来。

在南方局的直接领导和重庆党组织的积极配合下，运动沿着正确的方向发展。《新华日报》联络《国民公报》《商务日报》《新民报》《大公报》等报刊详细报道事件的经过和工人的要求，充分利用合法条件公开引导运动。指挥小组和指挥部广泛组织工人群众采取各种方式，控诉特务分子的法西斯暴行，揭露国民党的专制独裁。在党组织的秘密推动下，电力公司当局和公司的产业工会召开了职工代表紧急会议，组织了“胡世合事件申冤后援会”，向国民党当局提出了立即枪决肇事凶手等 4 项要求；公司全体职工发出了《敬向社会人士吁请主持正义代为申冤启事》；许多工厂、学校、团体和党派发表声明和宣言，声讨特务罪行，声援受害者家属和电力公司工人的合理要求。严惩凶手，保障人权，成为全市人民的一致要求和共同目标，10 天之内，以工人为主的前往吊唁胡世合的市民达 20 多万人次，一场声势浩大的群众性反特抗暴斗争迅速席卷山城。为了缩小事件的影响，国民党当局借口“妨碍交通”“有碍观瞻”为由，强迫工人将胡世合尸体抬出中韩文化协会餐厅收尸掩埋。党组织说服工人群众，将计就计，把胡世合灵柩移到比较偏僻的长安寺，设灵堂悼念，并发动社会各界人士前往致祭，借此扩大影响，向国民党展开更大规模的示威、抗议。灵堂内外，挂满了“特务横行何处去，民主自由几时来”等各种声讨国民党特务统治、要求自由民主的挽联、挽诗、悼词、祭文，道出了人民的心声。

面对势不可当的群众怒潮，国民党当局被迫于 2 月 26 日将凶手田凯枪决，为胡世合举行公祭，抚恤胡世合遗属，斗争取得胜利。以胡世合事件为起因，由南方局直接领导，重庆地区党组织在长期隐蔽之后参与组织开展的这次大规模群众斗争，沉重打击了国民党的特务独裁统治，培养和锻炼了党员、干部，标志着重庆民主运动高潮的到来。胡世合事件后，重庆党组织进一步开展了工人运动。1945 年 5 月下旬，重庆制呢厂工人罢工，抗议军警毒打工人。6 月 1

日，中国毛纺织厂全体工人罢工，抗议厂方无理开除工人。7 月 4 日，中央印制厂工人为取消“便牌”和取消上厕所登记的制度而开展怠工斗争；17 日，重庆南岸复兴猪鬃厂等厂 1000 多名工人因待遇太低，无法维持生活而举行罢工；21 日，民生机器厂工人为遭无故责骂、殴打、开除而举行全厂罢工，并到重庆市政府请愿；月底，川渝猪鬃公司 36 家共 1000 余名工人，反对厂方虐待，举行罢工。

重庆工人为争取合法权益的斗争，提高了工人的觉悟，形成了工人阶级和社会各阶层共同开展反对国民党一党专政的民主运动，推动了抗战胜利前夕重庆人民民主运动的高涨。

第四章　解放战争时期的四川工人运动

抗战胜利以后，美帝国主义支持蒋介石集团，不顾全国人民的和平愿望，悍然发动反共反人民的内战。饱受帝国主义、封建主义和官僚资本主义苦难的四川工人阶级，为了国家的前途和自身的命运，在中共“七大”路线指导下，和各界群众一起，为着新中国的诞生，继续同国民党反动派进行不屈不挠的斗争。

第一节　四川工人争取和平民主与生存权利的斗争

抗日战争胜利以后，国民党政府加紧投靠美帝国主义，四川工人在党的领导下，为争取和平民主和生存权利，进行了艰苦卓绝的斗争。

一、为争取和平民主而斗争

当时，国统区市场几乎为美国独占，美国“剩余物资”大量倾销，民族工商业受到极大打击，国民党政府又从大后方抽走资本，关闭、紧缩国营企业，迫使在抗战时期接受政府加工订货、生产战时物资的大批民族企业停产倒闭。一度繁荣的四川经济，顿时一片萧条，首受其害的是四川工人阶级。到 1946 年 4 月，战时工业最集中的重庆，包括兵工、纺织、机械、化学、被服、印刷、炼油、猪鬃等各业厂家在内，完全停业的约占40%，半停业的约占35%，累计失业工人达9万人之多；成都、自贡的失业工人各有三四万人，像璧山这样的中等县城也有2.7万人失业。不仅如此，由于国民党政府滥发纸币，官僚资本家囤积居奇，导致国统区市场物价暴涨，民不聊生。断了生计的失业工人把仅有的一点衣物卖光，流落街头，不少人被饿死、冻死，有的悬梁、跳河，惨不忍睹。在业工人的生活也受物价暴涨的严重威胁。针对急剧恶化的形势，中共中央南方局指示各级党组织加强工人运动的领导，以反内战反独裁为中心，支持工人的合理要求，把经济斗争和政治斗争结合起来，并且直接领导了重庆工人运动。

1945年8月28日，毛泽东、周恩来、王若飞从延安抵达重庆，和国民党进行和平谈判。消息传开，群情振奋，职工们纷纷投书《新华日报》倾诉衷肠。重庆纱厂女工林华、吴素珍等给毛泽东的信中写道："亲爱的毛泽东——我们人民的领袖：听说你来到重庆，我们高兴得不晓得怎么才好。……我们欢迎你来，我们拥护你提出的主张，这就是我们多年来的希望。"重庆谈判期间，南方局青委在机械、印刷等系统的工人中组织了民主工作队，广泛宣传中国共产党"和平、民主、团结"的政治主张，揭露国民党军队进攻解放区的真相。广大职工对于蒋介石"假和谈、真内战"的反革命两手极为愤慨，不断在《新华日报》《民主报》发表声明，要求国民党停止生产内战武器，停止进攻解放区，真心诚意地谈判，实现国家工业化。然而蓄意发动内战的蒋介石，在《政府与中共代表会议纪要》（《双十协定》）签订的第3天，就向各战区发出"剿共"密令，10月下旬，国民党部队大举进犯晋冀鲁豫解放区。各地工人在"反内战联合会"领导下，集会抗议，发表声明，声讨美蒋破坏和平、挑起内战的罪行。重庆机器、纺织、兵工、化学、印刷等各系统的工人代表，于11月13日联名在《新华日报》发表的紧急呼吁中指出："我们每个兄弟姐妹千辛万苦地在八年抗战中努力生产，供给前方，维持后方……无非是为了早日赶走敌人，使一直吃不饱穿不暖的人民能够过一些安生日子。……但今天为了少数人的野心要使我们继续牺牲和受苦，我们是绝对不容许的。"要求国民党政府"赶快把打内战的军队调回来，进行复员和裁军；赶快把敌伪武装解除；赶快召开政治协商会议，解决国内一切重要问题"。呼吁说："假如政府违背人民的意志和要求，人民是会知道怎么行动的。”号召“全国工人兄弟姐妹，立刻觉醒起来，团结起来，用我们团结的力量制止内战，扑灭内战！”接着，许多机器厂、兵工厂工人发表了停止制造内战武器的声明。

1945年11月，昆明学生因反对内战集会遭到国民党军警的骚扰破坏，发生了3万余名学生参加的罢课斗争。12月1日，昆明国民党当局出动大批军警特务武装镇压，屠杀殴打罢课师生，制造了“一二·一”运动。于是，一个以学生运动为主的反内战运动，在整个国民党统治区广泛展开。在这次斗争中，成都工人也积极参加。12月9日，成都大中学校师生在华西坝举行了追悼大会和数千人的反内战示威游行。成都的部分印刷工人、手工业工人、店员以及工人夜校的全体学员都积极参加集会和示威游行。

1946年1月全国政治协商会议期间，中国劳动协会代表广大职工群众的愿望，在《新华日报》公开发表了反对国民党一党专政、彻底消除内战根源、取消限制工人自由的规定、改善工人福利、从速救济失业工人等23条政治主张。2月10日，重庆各界群众在较场口集会庆祝政协会议成功，国民党反动派又指使特务暴徒公然捣乱破坏，打伤民主人士郭沫若、李公朴、施复亮、章乃器等多人，制造了较场口事件。在场工人群众奋不顾身，一面帮助大会主席团的各民主党派领袖脱险，一面掩护青少年学生撤出会场，并当场揪住凶手、国民党特务谢亚南，劳协干事和工人冉瑞武等3人被打成重伤。为把反内战、争和平的斗争进行到底，重庆各区工人代表即组成“陪都工人较场口血案后援会”，不顾特务跟踪、威胁，公开发表了《告全国人民书》，揭露较场口事件真相，驳斥《扫荡报》散布的谎言，痛斥国民党违背诺言、破坏和平的罪行，呼吁全国工人“提高警觉，团结一致，准备作长期艰难的斗争。”

二、反对迫害、争取生存的斗争

在争取和平民主的同时，四川工人反对迫害、争取生存的斗争也高潮迭起。据国民党政府重庆行辕民事处《重庆区一年来的工潮》称：自抗战胜利到1946年底，重庆发生工潮432起，卷入厂矿457家、工人99696人，“甲于全国”，

“使主管当局应接不暇”。这是工人群众为争取生存，对国民党独裁与内战政策造成的严重生活威胁、失业灾难的必然反抗。

对于失业工人的悲惨遭遇，中共中央南方局通过《新华日报》多次疾呼，要求国民党当局给予紧急救济，而国民党当局不但置之不理，反而以种种莫须有的罪名，驱散、逮捕失业工人。中国劳动协会尽力进行登记、资助，但劳协所能，只是杯水车薪。在这种情况下，南方局指示中共重庆市委发动工人群众为争取失业工人遣散费而斗争。从 1945 年 9 月到 1946 年 5 月，经过长达 9 个月迂回曲折的斗争，才实现发给 3 个月工资的遣散费、分别遣送还乡的要求。

在业工人因物价猛涨，生活受到严重威胁，要求增加工资是合情合理的事，但是与人民为敌的国民党反动派强化工人劳动，不许工人提出任何要求，否则就对赤手空拳的工人施以暴力镇压。工人群众反对镇压、争取生存的斗争接连不断。1946 年 3 月 22 日，重庆大渡口钢铁厂工人要求增加工资，工人群众应厂方要求，派出代表 7 人到厂部谈判，竟被扣押。第二天，愤怒的全厂工人集队高呼“还我代表”口号，向厂部要人，惨遭厂警卫大队事前埋伏在四周高地的机枪扫射，当场打死打伤工人 9 人。事发后，残暴的反动当局派军队把工厂团团围住，宣布戒严，勒令工人复工。但《新华日报》很快披露了惨案真相，在社会舆论的广泛谴责和各厂工人的强大声援下，才迫使厂方释放工人代表，增加工资，抚恤死伤工人的家属。

在反镇压、求生存的斗争浪潮中，《新华日报》于 4 月 2 日发表了《严重的工潮如何解决》的社论，呼吁国民党当局制止屠杀、逮捕工人的恐怖行为，废除虐待工人的厂规，重新调整工资。许多民主党派人士也向国民党当局提出强烈抗议。而国民党当局随着内战升级，继续强化它的法西斯专政，8 月 6 日又制造了武装“接收”劳协事件。中国劳动协会于 1938 年 7 月由武汉迁重庆，劳协领导人朱学范等接受中共抗日民族统一战线的主张，积极从事抗日活动，吸收了一大批包括工人中的共产党员在内的工人群众加入劳协，把世界工联和美国工人的捐款用来救济沦陷区入川的大批爱国技工，并在重庆、成都、西安开设了许多工人福利机构。抗战胜利后，劳协坚持站在工人群众一边，同国民党的独裁、内战政策进行针锋相对的斗争。劳协的正义举动赢得了广大工人群众的信赖，而国民党反动派却把它看成眼中钉，遂于1946年8月6日凌晨派出武装军警，以“重庆市总工会”的名义包围并强占劳协在渝的工人福利机构，逮捕了福利社主任周颖等工作人员38人。重庆、成都等地工人闻讯纷纷集会，历数劳协给工人办的件件好事，痛斥国民党控制的“重庆市总工会”欺压工人的罪行，质问反动政府：“劳协团结工人、为工人办福利，何罪之有?”继朱学范向南京政府交涉以后，全国各地工会以至世界工联和美国工会都发电抗议，社会各界人士也纷纷发表谈话，谴责国民党当局的野蛮行为，使反动政府陷入孤立尴尬的境地，被捕人员据理揭露和驳斥反动当局的诬陷，法院不得不予以无罪释放，但各项福利设施仍被无理强占。10月17日，重庆又发生警察无故枪杀民生机器厂工人栾春生事件，再一次激起全市工人和各界群众的强烈抗议。22日，民生机器厂工会理事长张国雄率全厂工人向重庆警备司令部请愿，要求惩凶，警备司令部竟诬陷工人“妨害治安”，把张国雄逮捕。愤怒的工人群众发出了“如不放出张国雄，就直接到南京请愿”的警告，这时南京正准备召开国民党包办的“国民大会”，害怕引起全国人民更强烈的反对，不得不下令重庆立即放人。

第二节　全面内战爆发后四川工人运动的深入发展

在美帝国主义的支持下，1946年6月26日，国民党蒋介石悍然撕毁停战协定和政协决议，大举进攻中原解放区。7月12日，又向苏皖边区发动猛攻，内战全面爆发。四川工人群众积极投身反帝、反内战的斗争之中。

一、反美抗暴斗争

美帝国主义对我国的侵略，美军的野蛮罪行和国民党反动派的卖国媚外政策，点燃了久已埋藏在人们心中的怒火，广大人民坚决反对国民党的卖国独裁和内战政策，一致要求美军退出中国，反对美国干涉中国内政。在全国人民反美爱国斗争的热潮中，四川人民在中共四川省委领导下，积极开展了反美抗暴斗争。1946年9月下旬，四川的重庆、成都等城市和全国其他城市一样，开展了“美军退出中国周”运动，各阶层人民广泛地举行集会，要求美军退出中国。一些小学教职员还直接给驻华美军写信，警告他们赶快退出中国去，“不然中国人民的怒火又会像烧毁日本法西斯侵略者一样把美帝国主义烧毁掉。”正当全国人民掀起轰轰烈烈的反美斗争高潮时，12月24日又发生了美军强奸北大女生沈崇的暴行，更加激起广大人民的愤怒，反美抗暴的爱国斗争掀起了新高潮。工人们纷纷发表宣言或投书《新华日报》，抗议美军的野蛮暴行，呼吁全国工人和青年学生并肩战斗。1月4日，杨家坟某工人在给《新华日报》的信中说：“工友们对美军暴行极为愤恨”，呼吁：“工友们，起来吧！为北大女生复仇，为上海被害车夫复仇，为我被枪杀的工人报仇……要与无耻的美军算总账。”一些印刷工人在信中呼吁：“全国工人联合起来……作学生们的后盾，把美军赶出去。”江北某机器厂工人在信中说：“有些洋奴在替洋爸爸辩护，什么法律问题呀！非良家妇女呀！这些不要脸的话，每个有良心的中国人听了都很痛恨……为了我们的姐妹不再受美军的蹂躏，全中国有良心的中国人都应该站起来，尤其是我们工人更应该站起来，把美军赶出去。”他们还捐款32800元，以示声援。重庆大、中、小学教职员工，积极与广大青年学生一起，参加反美抗暴斗争。1月初，在重庆大专院校教授联谊会第一次会上，一致决议用教授会名义致电美国各大学教授，呼吁他们声援我国人民的抗暴运动，并致电驻华大使司徒雷登，要其迅速解决美军暴行事件。重庆中等学校教职员联谊会发表宣言，强烈谴责“平时高叫礼义廉耻的人物，在这罪行面前，竟无耻地抱着奴隶的心理不发一言，反故意玩些花招来替罪犯解脱”的可耻行径，呼吁：“有血性的人们，在正义面前站起来”。随后，又有165个中学教师联名发表抗议书，提出美国赔偿北大女生损失、清算美军在华历次暴行、美军立即退出中国等要求。一些小学教师也发表抗议书，指出：“这一次被强奸的虽是一个人，而被污辱的却是整个中华民族的独立与尊严”，号召“全国有血性的中国子孙”立即行动起来，用“罢课、罢工、罢市、罢教、抵制美货、游行示威”等实际行动，“去反对卖国政府”“把无耻的美军赶出中国去！”

二、城市工人运动与支援农村武装斗争相结合

进入 1947 年，国民党军队在内战前线节节溃败，蒋介石政府处在“反饥饿、反内战、反迫害”斗争的全民包围之中，美蒋反动派妄图以法西斯专政维系其统治。在四川，他们用暴力逼迫中共四川省委和《新华日报》撤离以后，又大肆逮捕革命志士和工运领导人，禁止一切罢工、罢课、游行示威活动，并授权各级反动政府“实行紧急处理”。西南绥靖长官公署和重庆市两级党政军警宪特，成立了甲、乙、丙三种“汇报会议”，专施镇压职能。全省各地都成立了由社会局、警察局和宪兵团（队）组成的所谓“工人运动指导委员会”。国民党四川省党部还把抗日战争时期销声匿迹的“四川省工会”拼凑起来，用其名义，把成十、成百的国民党、“三青团”骨干和大批特务派进工厂，胁迫工人编队训练，强制工人加入国民党、“三青团”，秘密培植“红旗特务”、严密防范工人言行，以逮捕、监禁、毒打、屠杀等暴力对付赤手空拳的工人群众。面对国民党反动派的白色恐怖，中共四川地方组织遵照中央上海局指示，为配合解放战争，积蓄力量，把工作重点转向农村，把已暴露身份的工运干部派到农村开展武装斗争，城市工人运动以经济斗争为主，与各界“反饥饿、反内战、反迫害”的群众运动相汇合。

早在 1946 年 5 月，南方局领导人移驻南京前把西南工作移交给中共四川省委时，就作出了派干部到农村开辟工作的决定。1947 年 3 月，中共中央又发出关于开展蒋管区农村游击战争的指示。四川各地中共组织即陆续派遣党员和积极分子到农村工作，在已有工作基础的地区开展武装斗争。到 1947 年底，仅从重庆工运战线派到华蓥山地区的工运干部就有谈剑啸、温静涛、卢光特、刘祟灵等 20 余人，中共重庆市委工运委员许建业（杨青）还兼任武装斗争的人力、物力支援和情报传送工作。这批工运干部从 1946 年下半年起，就在重庆秘密开设机械修理所、转运站，购置车床和零配件，收集武器样品、图纸，赶在农村武装起义前，把它们潜运到广安县（今广安市广安区）代市镇和梁山县（今重

庆市梁平区)，创办小型兵工厂，白天为农民打镰刀、锄头，夜间修造武器弹药。1948 年 8 月，华蓥山武装起义爆发，重庆工人不断为华蓥山提供医疗设备和急救药品，并设置了秘密电台。在这期间，许多县（镇）工人还直接参加了当地中共地下组织领导的游击队、武工队。曾经在土地革命战争时期多次举行过春荒暴动的云阳鱼泉煤矿工人，就有 40 多人组成的“巴北支队”，加入下川东游击队。他们在矿区人民掩护下，就地截击国民党军队，直到 1949 年 11 月四川解放前夕，才回到矿区，执行配合接管、迎接解放的任务。

国民党反动派打内战和官僚资本家的大肆掠夺，导致国民党统治区经济全面崩溃，物资匮乏，物价暴涨，人民生活陷入绝境。靠工资养家糊口的职工群众，每逢拿到工资之日，都奔向拥挤的米市，稍慢一点，不是蚀掉几成，就是买不到。职工们为了活命，普遍开展了要求发给实物工资的斗争。当时乐山县有 9 家丝厂、1700 多名工人，丝业工会于 1948 年 6 月 20 日召集各厂工人代表，讨论“怎么生活下去”。代表们都认为工资跟物价赛跑，再费劲争得多少工资也维持不了生活，不如直接要求发给实物。最后议定向当局提出“缆百两丝给一斗米”的最低要求，若 3 天内不答应就一律罢工。反动当局拒不答复。23 日，各厂工人如期罢工，乐山专署、保安司令部、乐山县政府的军警，四处搜捕工人代表。次日，工人们为营救代表、逼反动政府答应条件，采取化整为零的办法，先是三五成群，陆续进城，最后 1000 多人突然从四面八方齐集在警察局门前高呼：“还我代表！”“百两丝一斗米，不答应就继续罢工！”井研县数百丝厂工人也闻讯罢工声援，迫使警察局释放了代表，由县长出面同工人代表谈判。会上工人代表据理力争，会外工人群众齐声高呼：“要活命，要饭吃！”“不答应就罢工到底！”县长害怕继续罢工，负不起党政要员股份受损失的责任，被迫答应工人的要求，命令各厂按每百两丝一斗米的标准照当日米价计算工资。各地工人、教师、公务人员争取实物工资的斗争，汇入全省人民“反饥饿、求解放”斗争的汪洋大海，直到把反动政府彻底淹没。

第三节　开展护厂斗争和迎接四川解放

国民党反动派节节败退，土崩瓦解，但仍妄图作垂死挣扎，以四川为反共基地死守成都，与我解放大军进行所谓“川西决战”。四川到处都驻有国民党的军队，他们疯狂镇压人民的反抗，实行法西斯恐怖统治。1949 年 10 月 1 日，毛泽东在北京天安门城楼庄严宣布中华人民共和国成立，极大地鼓舞了在白色恐怖下苦斗的四川工人阶级和各界人民群众。

一、解放军神速进军和四川工人运动的发展

1948 年 9 月 12 日至 1949 年 1 月 31 日，中国人民解放军发起了辽沈、淮海、平津三大战役，历时四个月零十九天，歼灭由美帝国主义武装起来的国民党正规军 173 个师，共 154 万余人，解放了东北全境、华北大部，以及长江下游的江北广大地区，基本上消灭了国民党赖以发动反革命内战的精锐部队，大大加速了解放战争在全国的胜利。1949 年 4 月 23 日，解放军占领南京，宣告了国民党反动统治的覆灭。

南京解放以后，人民解放军以秋风扫落叶之势，分路向西北、华南、西南挺进。国民党军队纷纷溃败入川。当时，从全国形势来讲，是我强敌弱，而就国统区，特别是四川来看，仍是敌强我弱。蒋介石集团为了作垂死挣扎，企图以西南为基地，以重庆为指挥中心，进行顽抗，以图苟延残喘。因此，加紧对重庆的革命力量实行镇压，以求“净化”，这就给四川人民带来了更大的灾难。

四川人民并没有在敌人的高压下屈服，而是临危不惧，顽强地进行斗争，特别是在党的领导下，四川工人运动有了新的发展。比如，1949 年 1 月，重庆的中共天府煤矿党支部，领导矿工为提高工资、改善生活举行总罢工。又如，1949 年初，成都宝星纱厂、申新纱厂的广大工人为生存举行罢工，接着，东元盛铁工厂的机械工人因反对资方克扣工人待遇举行了罢工。

二、护厂斗争的巨大胜利

美蒋反动派于1949年9月至12月间，在重庆的渣滓洞、白公馆、松林坡、大坪、电台岚亚和成都的十二桥屠杀了大批共产党员和爱国志士，其中知名的工运领导人和骨干有许建业、张国雄、程仿尧、左绍英（女）、荣增明（女）等近40人。11月20日，国民党反动派逃离重庆前夕，又在蒋介石授意下，制定了破坏计划，以兵工厂、钢铁厂、发电厂为主要目标，以几年内不能恢复生产为目的，按统一规定时间实行强力爆破。28日，国民党政府行政院长阎锡山紧急命令各厂停工，破厂部队把大批炸药运进工厂，装置引爆器材。在人民解放军进逼重庆市郊的11月29日，重庆工人阶级同亡命的敌人展开了惊心动魄的生死搏斗。

这场黎明前的战斗，四川工人阶级是早有准备的。中共川康特委和川东特委在接到“保护城市、配合接管”的指示后，立即布置党员开展护厂护校的斗争。工运系统的党员也立即行动起来，召开会议分析上层动态和群众思想状况，研究部署护厂工作，决定开展以“保护工厂，保护档案材料，防止敌人破坏”为中心的群众运动。针对物价飞涨、失业危机的状况，利用群众害怕失业、强烈要求维持生产和保护工厂的情绪，党组织提出“工厂是我们的家，刀枪来赶也不走”“保住工厂就是保护我们的命根子”等响亮口号，宣传鼓动群众参与护厂斗争。各工厂的共产党员和积极分子团结进步工人和中间群众，根据各工厂的具体情况，采取不同形式来保护工厂，成立了护厂联谊会、工人自卫队、工人纠察队、护厂队、工人自卫队、家属防盗队等护厂组织，同时还利用官办的“应变委员会”“防护团”等组织进行护厂斗争。工人群众在厂区内日夜站岗巡逻，防止敌人破坏。1949年11月29日，国民党国防部保密局局长毛人凤下达破厂命令后，在二十一、二十九兵工厂，广大工人在党员的带领下，面对凶恶的敌人，毫不畏惧，拒绝为敌人抬炸药，拒绝撤离工厂，坚持斗争。国民党用武力驱散工人，强行进入厂区，运进数百包烈性炸药企图一举炸毁这两个兵工厂的生产和动力等要害部门。当敌人刚一撤离现场，工人群众即冒着生命危险上前拆除炸药。二十一兵工厂在敌人引爆前清除了炸药，保护了工厂的安全，只损失了部分发电设备和刘家台炸药库。二十九兵工厂的共产党员刘家彝（工程师）、简国治身先士卒，带领工人拆除炸药，中途不幸发生爆炸，刘家彝、简国治等 18 人光荣牺牲。而对特务闯入厂区准备实施爆破，大溪沟电厂工人设法拖延时间到天黑以后，武装护厂队对敌人连唬带吓，迫使特务狼狈逃走，完好保存了电厂。在党员和广大工人群众的共同努力下，重庆市区 9 个兵工厂除刘家台炸药库、二十一厂电厂、二十九厂电厂、五十厂工具所被严重破坏外，其余基本未受损失。此外，公路运输系统的工人在党的领导下，通过拆除车辆的部分零件，保存了大部分的车辆。电信系统、纺织系统、自来水厂、民生轮船公司、重庆轮渡公司的职工在党的领导下，完整地保存下全市的通信设施、纺织工厂、自来水厂和船舶。护厂斗争取得全面胜利。

护厂斗争在四川其他各地也相继展开。位于合川县的豫丰纱厂，原系国民党官僚资本家宋子文、孔祥熙经营，他们把资本抽走后，丢下一个副厂长和 2000 多名职工。由于该厂地处交通要道，国民党溃军、土匪都想趁机抢劫。厂里中共党员争取了副厂长易启云出面护厂，易启云用一部分棉纱换回一批枪支，武装了工人纠察队。工人们把存纱藏入地道，四面架设电网，修好工事。路过溃军几度想进厂洗劫，但见全副武装的工人日夜在制高点用机枪封锁通道，才不敢亡命进厂。泸县二十三兵工厂工人在中共地下组织领导下，团结了包括代理厂长在内的大多数中上层人员，他们把重要设备、机赘拆卸包装好，藏于防空洞内，把易燃易爆物品转移到安全地方，同时用库存枪支把自己武装起来。负责炸厂的稽查组、警卫营慌忙逃命后，工人护厂队日夜守卫工厂。人民解放军打到长江对岸，工人们又立即找船渡江迎接解放军进厂。成都启明电灯公司技工、中共党员刘自明团结了一批积极分子，并做好大多数厂警的工作，在工厂大门前垒起沙袋，筑好防御工事，机器房外四周架设三层电网。用汽车运进炸药准备炸厂的国民党军见到处都有严密防范，只好溜走。内江汽车工人在中共地下党组织下，于解放前 3 天把 20 多辆汽车的电瓶、轮胎和重要零部件拆掉，并隐藏好。当国民党溃军四处抓司机、要汽车时，工人们都说："老总你看，能用吗?"内江解放的当天晚上，工人们通宵奋战，赶修出 12 辆汽车，满载解放军向资中进发。接着又组织两批、46 辆汽车支援解放乐山，受到二野 10 军 30 师兼乐山军分区的嘉奖，并颁发了光荣证。

与此同时，护校工作顺利进行。党领导的外围组织在学校中的力量相当强大。当“四二一”学生运动胜利结束后，广大师生即转入迎接解放的工作中。重庆各大中学校以党支部或党的秘密外围组织为核心，普遍建立起调查研究组织和护校组织。在党组织的坚强领导下，经过全市师生共同努力，在国民党大溃逃期间，重庆市所有学校得以保全。

第二编

社会主义革命和建设时期

第五章　中华人民共和国成立后的四川工人运动

1949 年 11 月 30 日，山城重庆回到了人民的怀抱。1949 年 12 月 27 日，成都获得解放。随着中华人民共和国的成立和川康的相继解放，天府之国四川的历史翻开了崭新的一页。四川广大职工由过去的被压迫、被剥削的地位变成了新社会的主人，成了社会主义革命与建设的主力军。人民政府取缔并清理了国民党控制的“四川省总工会”及其所属的工会组织，职工组建了自己的工会。随着政权性质和工人阶级地位的根本变化，四川各级工会的主要任务也转变为团结、教育和吸引广大工人群众，为建设新中国而奋斗，四川工人运动和工会工作进入由新民主主义转变到社会主义的新时期。

第一节　四川工会组织的建立和发展

在中国社会主义革命和建设进入改天换地崭新历史时期的激情岁月里，四川工人阶级与党同心同德，以主人翁的姿态、前所未有的劳动热情和奉献精神，在迅速恢复和发展四川地方国民经济、巩固新生人民政权和建立社会主义基本制度、大力发展社会生产力、加快社会主义建设中不断探索前行，创造了光辉的业绩。

一、四川解放和工人阶级队伍状况

为了尽快夺取全国范围内的胜利，中共中央命令刘伯承、邓小平率第二野战军和贺龙率领的华北野战军第十八兵团协同进军大西南。1949年11月1日，解放西南的战役打响。从1949年11月起，刘伯承、邓小平指挥二野主力和四野一部从川东、川南进攻入川；贺龙、李井泉指挥第十八兵团和一野一部由川北方向进攻入川，四川广大地区相继解放。1949年12月27日，千年古都成都解放。1950年2月1日，人民解放军进驻雅安。1950年4月，西昌解放。西昌的解放标志着四川全境的解放，巴山蜀水终于回到了人民手中，四川历史在中国共产党的领导下翻开了崭新的篇章。

旧中国的四川，工业基础十分薄弱，工业布局以重庆为主，重庆全市有大小工厂作坊3800余家，其中249家具有一定规模。千人以上的纺织厂有6个，6个兵工厂均超过千人，有1个多达9000人。现代的钢铁工业基本上在重庆，煤矿亦以北碚的天府矿为最大。其余主要分布在重庆附近和嘉陵江、岷江等沿江一带，南充、三台、遂宁、乐山有部分纺织业；自贡、五通桥有部分化学工业及井盐业；内江、资中为半机制糖业和造纸业；宜宾为电瓷工业；江北、南川、犍为、乐山、威远为采煤业；綦江、威远、彭水为铁矿采掘业。盆地西北广大地区工业甚少，成都仅有纺织、造纸、电线、机械修理、面粉等几家中小型企业，其经济还是以农业、商业和手工业为主；其余地区除有一些传统的手工业外，基本上没有近代工业企业。

四川是国民党政权在大陆经营多年的最后基地。素有天府之国之称的四川，获解放前已是农业凋敝，工业衰败，物资匮乏，民不聊生。到1946年，工业生产已呈全面崩溃之势。全省已经形成的数万吨钢、铁的生产能力，当年只产铁1万吨、钢0.88万吨。曾经年产50万吨的原盐，1949年仅产27.2万吨。电力工业发电设备总容量仅有6.8万千瓦，还被破坏了1/3。国民党溃逃台湾以后，留在四川的是精心埋伏的反革命力量和残破不堪的国民经济。

四川解放初，产业工人较少，手工业行业工人较多。全省以手工业工人为主体的职工约 100 万人，其中公营和集体企业在职职工 38 万余人（主要是产业工人），失业、半失业工人 22 万人，另外还有大量私营工商企业和手工业工人。即使在重庆，手工行业工人比重也不小，全市共有职工 25.6 万余人，产业工人 9.9 万余人，占近 40%；其他手工业工人 15.7 万余人，约占 60%。

省会成都市，解放前是大批地主、军阀、官僚密集的消费城市，只有几个行业的 34 家工业企业和 900 多家手工作坊。刚解放时成都工商企业营业额中，商业占 78%，工业只占 9%，手工业占 13%。全市共有职工 10 万余人，其中，电力、机械、纺织、印刷、被服、邮政等产业工人只占 11%，手工业工人占 16%，建筑工人占 9%，搬运工人占 29%，店员工人占 35%。职工中文盲、半文盲占 70%左右。盐都自贡有盐工 10 万人，实际使用机器生产的人不过数千。著名的南充、乐山丝绸和内江食糖，使用机器生产的比重也不多，其他区县绝大多数是手工业。

解放初的四川，虽然产业工人比重不大，但他们觉悟高，组织纪律性强，特别能战斗，是四川工人阶级队伍中的骨干力量。手工行业工人人数众多，是四川工人阶级的重要组成部分，他们政治上深受官僚、军阀和封建势力的多重压迫，经济上受到特别严重的剥削，终日劳累难得一饱，强烈要求解放。四川的解放使工人阶级成为新社会的主人，刚获翻身解放的四川工人阶级，在共产党的领导下迅速组织起来，以高昂的政治热情，以主人翁的姿态，为清除残余的反动势力，安定社会秩序，克服重重困难恢复和发展国民经济，巩固人民民主政权作出了重要贡献。

二、确立全心全意依靠工人阶级的思想

随着新民主主义革命在全国范围内的胜利和工人阶级成为新中国的领导阶级，为适应全新的形势和任务，党确立了新中国的工运方针。1948 年 8 月，第六次全国劳动大会恢复中华全国总工会，重新实现了工人阶级的大团结和全国工人运动在组织上的统一。1949 年 3 月召开的党的七届二中全会，规定了党在全国胜利后在政治、经济、外交方面应当采取的基本政策，指出了中国由农业

国转变为工业国、由新民主主义社会转变为社会主义社会的发展方向。全会讨论了党的工作重心由乡村转移到城市的问题，指出用乡村包围城市这样一种时期已经完结，从现在起开始了由城市到乡村并由城市领导乡村的时期。必须用极大的努力去学会管理城市和建设城市。在领导城市工作时，党必须全心全意依靠工人阶级，吸收大量工人入党，团结其他劳动群众，争取知识分子，争取尽可能多的能够同共产党合作的民族资产阶级及其代表人物。1949 年 7 月，全国工会工作会议召开，规定了全国各级工会的组织系统和一些规章制度，提出把全国工人阶级首先是产业工人组织起来的任务。动员和组织工人阶级参加生产建设就成为新中国工运方针的基本遵循和中心环节。

人民解放军野战部队党委在南下、南进的进军途中，组织传达学习了党的七届二中全会精神，并联系中共四川地下组织提供的社会调查资料，对进城以后要全心全意依靠工人阶级，搞好城市工作有了一定的思想准备。针对当时有些干部思想认识上，认为四川很多地区产业工人少，多数是手工业工人，不好依靠等糊涂观念，中共中央西南局进行了严肃批评和及时纠正，适时提出“依靠工人，团结职员，搞好生产”的口号，将党的七届二中全会提出的全心全意依靠工人阶级的方针在城市和工厂工作中具体化。

1950 年 12 月，中共中央西南局召开城市工作会议。会议深入贯彻党的七届二中全会精神，联系一年来的工作实际，主要就加强对城市工作的领导，着重解决城市工作中的工厂管理、工会工作和在工人阶级中建党等重大问题进行了研究部署。西南局第一书记邓小平在总结报告提纲中，着重讲了城市工作做什么、依靠谁和如何依靠的问题。邓小平重申了毛泽东主席在党的七届二中全会上，关于在城市斗争中要全心全意依靠工人阶级的教导，对那些“轻视工人阶级的资产阶级和小资产阶级思想”，作了尖锐的批判。如何依靠呢？邓小平讲了四点，他指出：“第一，必须从思想上认识工人阶级的作用，不依靠工人就无法搞好工业生产，就不可能发展到社会主义。”“第二，必须把工人的最大多数组织到工会中去，并依靠工会去教育工人，启发其阶级觉悟，发挥其生产积极性。忽视工会工作，就谈不上依靠工人阶级。”“第三，用高度的热忱去关怀工人阶级的各方面，从政治上、文化上、生活和物质福利上去关心他们，不要忽略有利于工人的‘小事’。”“第四，依靠工人阶级必须成为党的指导思想，必须贯彻到各部门中去。”在讲到工厂管理时，他说：“‘依靠工人，团结职员，搞好生产’的口号，这是管好工厂的关键。”“要管好厂矿，必须实行‘管理民主化’和‘经营企业化’。”“所谓管理民主化，必须具体体现在‘依靠工人团结职员’之中，尤其是具体体现到工会、工厂管理委员会、职工代表会这三种组织形式中，否则就谈不上民主化，就没有民主的内容。”“所谓经营企业化，也只有在管理民主化的基础上才有可能。”他还指出：“城市发展党员主要在工人中。”“我们的干部特别要注意从工人中去选拔。如果我们把工会工作做好了，干部来源的困难就容易解决些了。”对进一步做好工会工作提出了要求。通过西南局城市工作会议精神的传达和深入学习贯彻，进一步提高了广大党员、干部在城市工作中必须全心全意依靠工人阶级的认识，明确了工人阶级和工会工作的任务，确立了职工群众主人翁地位，极大地调动了工人阶级的积极性，同时也推动了工会工作的健康发展和工会自身建设的加强。

三、四川工会组织的筹备和建立

根据党的七届二中全会精神，为了充分发挥工人阶级的主力军作用，把工人阶级组织起来，在人民解放军进军西南时，全国总工会和中共中央西南局就开始筹组西南区和省级工会领导班子。

1949 年 6 月，中共中央决定在四川分设川东、川南、川西、川北四个省级行署区，以及西康省、中央直辖的重庆市，分别组建各区、省、市党委，由即将成立的中共中央西南局统一领导；建立四区一省一市政府机构，由 1952 年正式成立的西南军政委员会统一领导。

四川刚解放时，为贯彻全心全意依靠工人阶级的方针，迅速把职工群众组织起来，各地党委立即组建工会工作团或工会筹备组，派出工作组分赴各地和企业，发动群众，采取自下而上发动群众与自上而下搭架子相结合的方法，迅速组建各级工会组织，工会工作的局面很快打开。1949 年 12 月 2 日，重庆解放第 3 天就成立了市总工会筹备组，27 日正式成立重庆市总工会筹备委员会。成都于1950年1月25日至27日召开职工代表会议，选举产生了成都市总工会筹备委员会。1951年6月10日至15日，成都市第一届工会会员代表大会召开，成都市总工会正式成立。

中华人民共和国成立初期，党派了一批强有力的干部到工会的领导岗位，加强工会工作。四川工会干部队伍主要由以下几个方面人员组成：部队转业干部和老解放区的工会干部、地下党的工运负责人、工人党员，中国劳动协会的部分骨干，二野西南服务团在上海招收的青年工人和青年学生，在中华人民共和国成立后各种斗争中选拔的工人积极分子和各级革命大学培训的青年学生。中共中央西南局委员（后为常委）蔡树藩任全国总工会西南办事处主任。各省、区、市、县一级工会筹委会的主要领导干部都是同级党委的书记、常委或工委负责人兼任。川东区总工会筹委会主任（主席）为谢富治，川西区为宋应，川南区为王捷三，川北区为武毅、李登瀛，重庆市为李震、王维纲、邵子言，西康省为郭锡兰、樊不屈、文儒祥。四川省成立时，省总工会主席是陈刚，后是杨超。

1950年6月，《中华人民共和国工会法》的颁布使工会的发展和建设走上了正轨。至1950年9月，4个行政区和重庆市、西康省都先后建起了省级总工会（筹备委员会），工会主席（主任）都是由同级党委书记、常委、工委书记担任，所属企业特别是产业职工基本上已组织起来。1952年9月，川东、川南、川西、川北4个行政区合并建立四川省，4个区的总工会（筹备委员会）相继撤销。同年10月，在成都成立四川省总工会筹备委员会。1953年4月13日至18日，四川省工会第一次代表大会在成都召开，正式成立四川省总工会。这时全省基层工会已发展到5358个，工会会员48.97万人。1953年9月，四川省总工会更名为四川省工会联合会（1964年10月又还名为四川省总工会）。1954年重庆市改为省属市，9月重庆市工会归四川省工会领导。1955年10月，四川、西康两省合并为四川省，西康省撤销省工会并入四川省工会后，四川省总工会在已有工作的基础上开展全省性的工会工作。

四、四川省首届工人代表会议

1952 年 9 月，四个行政区合并建立四川省后，同年 10 月 23 日至 29 日，四川省首届工人代表会议在成都召开。出席会议的代表 209 名，列席人员 54 名。

会议的主要任务是动员全省职工紧急行动起来，深入开展增产节约运动，贯彻生产改革，保证完成并力争超额完成增产节约任务，努力实现“一五”计划，为迎接大规模经济建设而努力奋斗。会上，中共四川省委书记李井泉作了讲话，指出今后必须进一步加强工人阶级内部团结，使工人的实际经验与技术人员的科学理论紧密结合，以提高生产技术。同时指出必须发扬工人阶级集体主义思想，来克服技术保守的落后思想，为完成并超额完成增产节约任务而努力。省委副书记李大章作了报告，特别号召工人同志应加紧学习苏联先进生产经验。吴子愉作了《关于深入开展爱国主义增产节约运动》的报告，提出今冬明春工会工作的方针与部署是在党的统一领导下，进一步组织与教育广大职工深入开展增产节约运动，协助行政完成生产中的各项改革任务，加强与整顿工会，面向生产，不断积累领导生产运动的经验，以迎接经济建设高潮。

大会选举成立了四川省总工会筹备委员会，选举产生了常委和正、副主任，还选举产生了经费审查委员会和主任。至此，四川省工会在四川省委的领导下逐渐组建起来，四川工人阶级有了团结统一的工会组织。

五、开展职工思想政治教育

四川各地工会在大力进行组织工作的同时，还在职工群众中采取多种形式，普遍开展了社会发展史、中国革命与中国共产党、社会主义与共产主义等唯物史观的教育，并结合抗美援朝、镇压反革命、土地改革、民主改革等，广泛进行了爱国主义、国际主义的教育。1950 年 1 月 9 日，在成都市工人代表座谈会上，中共川西区委员会书记、市军管会主任李井泉作了题为《工人阶级的地位与任务》的讲话，号召全市工人阶级坚决贯彻党的方针政策，以国家主人翁的态度积极恢复生产、巩固人民民主专政。成都工会工作团在发动和组织工人的过程中，广泛对工人群众进行了阶级教育，广大职工以高昂的政治热情，积极投入了恢复生产、肃清匪特、巩固人民民主专政的斗争。中共中央提出党在过渡时期的总路线和总任务后，四川各地工会大张旗鼓地向广大职工和家属进行宣传教育。通过这些教育，广大职工认识到中华人民共和国成立后阶级地位的变化和肩负的历史任务，树立了工人阶级的主人翁思想和新的劳动态度，激发了热爱党、热爱新中国的政治热情，为发挥职工群众的积极性、创造性，顺利进行社会改革，迅速恢复和发展生产，实现“一五”计划奠定了坚实的思想基础。

工会干部思想认识水平的提高，群众路线的贯彻，《中华人民共和国工会法》的执行，特别是西南局城市工作会议精神的贯彻，各地会员发展工作走上了正确的轨道。到1952年10月，即四个行政区撤销、恢复四川省建制，成立四川省总工会时，全省已有基层工会5358个，会员48.97万人，其中有工会积极分子9.74万人。

第二节　组织职工恢复和发展生产

旧中国的四川经济社会本来就极其落后，再加上日本帝国主义侵华战争和国民党反动派反人民战争，更使经济社会遭到严重的破坏。集中力量稳定社会秩序、恢复国民经济成为中华人民共和国成立初期四川面临的紧迫任务。解放了的四川工人阶级，响应党的号召，在各级工会的组织下，迅速组织起来，以主人翁的姿态，积极为恢复和发展国民经济出力，协助政府稳定秩序、恢复生产。各级党政部门认真贯彻中共七届二中全会精神，坚决依靠工人阶级，在各项工作中都坚持走群众路线，从入城接管官僚资本主义企业、恢复生产等工作开始，就注意组织和依靠职工群众协同进行。

一、协助接管，恢复生产

四川刚解放时，土匪特务四处捣乱。针对残余匪特的疯狂破坏，四川各级工会组织发动职工群众按行业或按企业建立起“工人纠察队”“护厂队”“防特队”等协助政府维持社会治安，防止反革命分子破坏和捣乱。军管会派出军事代表接收官僚资本主义企业时，均要求各厂矿成立工人代表会，派出工人代表参加接管、清点器材等工作。工人们为了查对账目、清点物资，他们常废寝忘食，有的甚至搬到厂内住宿，夜以继日地工作，不少账外遗漏的物资都被查找回来，使接管工作顺利完成。通过接管工作，在四川工商业比较集中的重庆市，没收了48个官僚资本主义工业企业成为国营企业，其固定资产占全市工业企业固定资产的79%，另外，还没收了79个企业的官僚资本的股份成为公私合营企业。这些掌握经济命脉的社会主义国营经济的建立，为恢复和发展国民经济，实现从新民主主义向社会主义的过渡奠定了物质基础。

当时，大批受破坏的工矿企业，生产尚未恢复，物价一度暴涨，职工的基本生活都难以维持。特别是已成家的职工，要养家糊口，住在烂棚里面，吃不饱穿不暖，生活更加困难。大批失业和半失业状态的工人，更是处于饥寒交迫之中。而人民政府的处境也极为困难，战争还在进行，支援前线的任务繁重，国民党政府遗留的大批公务员和起义、投诚、被俘的军队（西南有90万人）必须供养和安配，而国家财政收入的主要来源——工厂，却因没有原料、没有销路，大批停工歇业。有些工厂老板在解放前夕给工人乱许愿加薪，更加深了经济的困难。在这种情况下，党和政府一方面号召工人阶级千方百计恢复生产，另一方面动员职工降低工资，克服暂时困难。1949年12月9日，刘伯承就在重庆各业工人代表座谈会上提出“要把三个人的饭匀作五个人吃”。1950年2月6日，他又在重庆军工工人代表会议上，号召军工工人带头降低工资。他详细讲述了国家财政经济的困难状况，讲述了红军长征中吃草根树皮克服困难的精神和解放区农民支援抗日战争、解放战争的情形。蔡树藩在会上着重讲了工资问题，要求大家以领导阶级和国家主人的姿态来讨论自己的家务问题，讨论克服困难的办法。经过讨论，代表们都说，国家的困难就是我们工人阶级的困难，我们一定要回去说服工人们，克服眼前这些困难。会后，各厂普遍传达军工工人代表会精神，由代表们现身说法讲述自己提高认识的经过，并经群众讨论，贯彻落实了本厂实行低工资的具体措施。在军工工业的带动下，各产业都降低了工资。以中华人民共和国成立前后的平均工资作比较，职员一般降了30%~40%，工人一般降了20%~30%。1951年4月，邓小平在重庆市第一届工会会员代表大会上盛赞西南工人阶级的这种降低工资克服困难的伟大气魄。他说，事实证明，只要把道理说通了，工人阶级明了这一政策是符合国家利益及工人阶级长远利益的，他们就勇敢地接受这个号召，并发挥高度的劳动热忱。

“把三个人的饭匀作五个人吃”，还表现在对失业工人的救济工作中。本来，中华人民共和国成立前工商业衰败就遗留下来一支失业大军，四川解放后部分资本家抽走资金造成关门闭店，加以一些对国计民生有害无益的行业如迷信用品等受淘汰，又扩大了失业工人的队伍。据重庆、川东、川南、川西、川北、西康的不完全统计，失业工人共达14万人，加上半失业的，共约22万人。各地工会都参加当地的“失业工人工作委员会”，从1950年4月开始，积极协助政府对失业工人进行登记。按照中央对失业工人“以工代赈为主，以生产自救、转业训练、还乡生产和发救济补助为辅”的方针，及时进行安置和救济。仅重庆市两年多就安置失业工人2万余人，其中以工代赈，组织参加建设成渝铁路、市内公路和市政建设的有1.7万余人，转业训练和生产自救的2000多人，还乡生产的1000多人。对暂时未就业、生活困难的发给救济金和救济粮，先后发放了救济金92万元、救济粮71.5万斤。救济钱粮除大部分由国家拨给外，工会还号召在业职工发扬阶级友爱，开展捐献活动。成都市在业工人半年内就捐献1.2万余元和0.7万公斤大米。在救济安置失业工人中，工会干部经常深入失业工人中了解其生活状况，向政府提出救济安置意见和建议。为尽快给失业工人排忧解难，他们与劳动、民政部门的干部一道，把救济的钱粮物挨家挨户给失业工人送上门，把已安置就业的人一批批地送走。许多失业工人和家属含着泪花满怀深情地说：“你们是雪中送炭，使我们渡过难关。”“旧社会失业无人管，现在共产党和人民政府这样关心我们!”失业工人救济安置工作到1952年基本完成，不仅稳定了社会秩序，而且这种不辞辛劳、为群众服务的精神，温暖着工人和家属的心，激励了他们战胜困难，对建设新社会的满腔热情。

面对国民党留下的烂摊子和原材料严重匮乏等困难，为迅速恢复生产，四川工人阶级积极开展献纳器材和“废铁翻身”的活动，把过去为护厂分散隐藏在工人家中的一批物资器材献出来，并从废铁堆里拣出数十万件可以利用的机器零件，还千方百计寻找代用品以解决原材料的不足。在抢修被破坏的机器设备恢复生产的过程中，许多工人和干部都吃住在现场，日夜奋战，劳动竞赛开始萌芽，到处呈现出你追我赶的动人局面。电信、电力部门的外线工人，在匪特还四处作乱的时候，就冒着生命危险迅速修复被破坏了的通信线路和输电线路。厂矿企业的广大职工，以高度的主人翁责任感，为抢修被破坏的机器设备早日恢复生产，虽只领取微薄的生活维持费，但不叫苦、不怕难，勒紧裤带，夜以继日地干，千方百计突破一个个难关，模范人物大量涌现。如长寿发电厂老技工卢会卿、川西航空站修配厂装配班班长王景文等。1950 年在迎“五一”的竞赛中，西南航空站空军修配厂工人利用废旧材料修好了国民党溃逃时受到严重破坏的美制“弗力特”双翼机一架，并命名为“五一”号飞机。成都汽车修理厂在竞赛中大修汽车 350 余辆，小修汽车 200 余辆，完成了支前修理任务。1950 年初，中国人民解放军第十八军奉命向西藏进发，为配合进军西藏，解放军工程部队和广大民工一道赶修了康藏公路（今川藏公路），“一面进军、一面修路”，在海拔近 5000 米的六座雪山和悬崖深谷之间修筑了通往“世界屋脊”的康藏公路。1954 年 12 月，康藏公路建成通车。在康藏公路的施工过程中，共作土、石方工程 2900 多万立方米，架设桥梁总长 6000 多米，修筑涵洞 3700 多道，越过了海拔 3000 米到 5000 米的 14 座大山，跨过了大渡河、雅砻江、金沙江、澜沧江、怒江和拉萨河等 10 多条有名的河流，创造了世界公路修筑史上的奇迹。甘孜、雅安作为进军西藏的战略要地和主要通道，各族职工肩负起支援解放军的光荣任务。在党的号召和军管会的动员下，新成立的各基层工会发动广大职工积极投入支援解放军的各项工作。邮电工人冒着风雪严寒，在二郎山紧张施工，架通雅安至康定长途线路，筑路工人克服艰难险阻修筑道路，建筑工人沿途日夜为进藏部队抢修兵站、仓库和其他设施，厂矿特别是制茶厂加紧生产进藏需要的生产资料和生活用品，运输工人抢运部队和藏胞必需的各种物资。在一年多时间里，甘孜州各族职工为进藏部队筹粮 200 多万斤，驮运物资 26 万多驮，供应柴草近 2000 万斤，尤其动人的是女运输员曲美巴珍，用自己的两头牛、一匹马，在 120 里的运输线上，驮运物资上百次，德格县授予其

“支前模范”称号。

1950 年 6 月，穿越大西南腹地的成渝铁路开始动工修筑，至 1952 年 7 月建成通车。成渝铁路是清末就筹款准备兴修的川汉铁路的一段，拖了近半个世纪未能完成，中华人民共和国成立后仅用两年就建成通车。在一穷二白的新中国，成渝铁路的建成与全国上下群策群力、万众军民苦干实干密不可分。修建铁路需要大量枕木，全川百姓掀起捐献枕木的热潮，纷纷捐出了修新房娶媳妇的干木料，珍藏多年的樟木、楠木甚至做寿材的木料，共献出枕木 129 万余根。为解决筑路劳动力问题，西南铁路工程局成功动员了 3 万名军工及铁路沿线 10 余万名民工开展筑路，形成了军民共筑的施工图景。筑路大军自力更生、就地取材，沿线许多桥梁、隧道都用当地石料修建，节约了大量资金。筑路军民在缺乏机械设备的困难条件下，凭着铁锤、钢钎、扁担、竹筐等简陋工具，夜以继日挖土方、建涵洞、开隧道、架桥梁。经过 10 万多名军民的努力苦战，全线总长 505 公里、共设 60 余座车站、横贯四川全省中心地区的新中国第一条自行设计建造、完全采用国产建材修建的成渝铁路全线贯通，终于实现了四川人民半个世纪的铁路梦。

中华人民共和国成立初期，四川百废待兴、百业待举。在十分困难的情况下，全省工人阶级以主人翁精神，积极协助政府为消灭残余匪特、维护社会秩序、促进社会恢复发展作出了重要贡献，进而为实施第一个国民经济发展五年计划奠定了良好基础。

二、发动职工支援抗美援朝

1950 年 6 月，朝鲜内战爆发，美帝国主义悍然武装干涉朝鲜内政，扩大朝鲜战争，派遣美第七舰队入侵台湾海峡，企图阻挠中国的统一大业。10 月初，美军又悍然越过“三八”线，将战火烧到了鸭绿江边，严重威胁新中国的安全。为了制止战争，维护和平，党中央果断作出抗美援朝、保家卫国的战略决策。10 月 19 日，志愿军雄赳赳气昂昂跨过鸭绿江，奔赴朝鲜战场，与朝鲜人民并肩战斗。同年 11 月 6 日，全国总工会发表宣言，谴责帝国主义对朝鲜的侵略，庄严号召全国工人积极抗美援朝、保家卫国；11 月 18 日，全国总工会再次发出指令，要求在工人群众中广泛开展国际主义、爱国主义教育，树立仇视、鄙视和蔑视美帝国主义的观点，开展爱国主义增产节约运动，支援抗美援朝。

四川工人阶级和全国人民一道，积极响应党中央的号召，积极报名参加志愿军，分期分批跨过鸭绿江，奔赴朝鲜战场。重庆在一周之内报名参加志愿军的工人就有 3000 多人。川南有 25 名汽车工人自愿组成援朝运输队赴朝工作。

四川各级工会在职工中广泛进行国际主义、爱国主义教育，开展爱国增产节约运动，支援抗美援朝。广大职工群众积极参加集会、游行，抗议美帝国主义侵略，并用增加生产、厉行节约的实际行动，支援志愿军。1951 年 6 月，抗美援朝总会发出了推行爱国公约、捐献飞机大炮、优待烈士军属的号召后，四川各级工会进一步开展宣传教育，发动广大工人开展了爱国增产运动，车间就是另一个战场，生产就是不流血的战斗。川西区在一个多月内，有 207 家单位订立了爱国公约。成都市职工缴纳捐献三十四亿七千多万元（旧币），超额 134%完成捐献飞机一架的任务。川东綦江铁矿的工人 1500 人 3 天内就捐献了 1. 6 万元，还自己规定每月加班两天作为“爱国劳动日”，半年内捐献义务劳动的工资 1. 3 万元。全省职工共捐献 400 多万元。

为了以实际行动支援抗美援朝，四川各行各业迅速掀起爱国主义劳动竞赛，很多厂矿工人提出“工厂就是战场，机器就是武器”的战斗口号。他们说，“多挖一吨煤，就是多杀一个敌人”“多纺一根锭子，就给前方多增加一颗子弹”。1950 年下半年，重庆有 18 家单位，成都有 8 家单位，自贡有 6 家井灶以及邮电的相关单位，开展了劳动竞赛，其他许多厂矿也在部分车间、部分小组开展了劳动竞赛。通过劳动竞赛，生产都有所提高。重庆五十厂二所产量普遍提高 50%以上，二十一厂铸造所压道钉第一道生产过程的产量由过去每组每天 200 件至 400 件，到 11 月底提高到 2000 件。成都宝星纱厂 4 台车由每天产纱 45 锭增加到 60 锭，文殊院被服厂和倒桑树被服厂的产量提高 30%~45%。

1951 年 1 月 28 日，在全国各地的爱国主义劳动竞赛一浪高过一浪，不断掀起新高潮的背景下，黑龙江齐齐哈尔市第二机床厂以全国劳动模范马恒昌命名的著名先进班组“马恒昌小组”，通过《工人日报》向全国厂矿企业的工人兄弟发出了开展爱国主义劳动竞赛的倡议。

“马恒昌小组”的倡议一发出，立即引发了全国工人的热烈响应。四川各行各业广泛组织先进小组应战，并向本地区、本产业的职工挑战，出现了挑战、应战的竞赛热潮，形成四川解放后第一次大规模劳动竞赛。仅川东就有 18 个厂矿、48 个车间、630 个小组、1 万余名职工参加了竞赛。成都市有 347 个小组、4730 人参加了学赶“马恒昌小组”的活动。重庆把小组计划与竞赛条件合而为一，制订爱国竞赛公约，更充实了竞赛内容。全市 4 家钢铁厂、749 个小组中，有 92 个小组订立了爱国竞赛公约。150 家百人以上厂矿、4652 个小组中，有 4341 个小组订立了爱国竞赛公约。1951 年 10 月，毛泽东发出“增加生产，厉行节约，以支持中国人民志愿军”的号召以后，又进一步开展了爱国增产节约运动，全省有 681 家厂矿企业参加竞赛。1952 年，在较大的国营和公私合营企业中推行集体合同制度（私营企业签订劳资合同），以完成生产任务为中心，以及在发展生产的基础上对劳动条件、生活福利的改善，明确规定行政与职工各自的职责。工会代表职工与行政签合同，围绕生产关键组织劳动竞赛。通过订立集体合同，提高了职工的主人翁责任感，生产任务逐级落实，加强了竞赛的组织性和计划性，提高了竞赛的水平。

在爱国主义生产劳动竞赛中，职工以翻身解放后高涨的政治热情和高度的爱国主义精神，积极开展改进技术、提合理化建议和推广先进经验的活动。从 1951 年开始，各行各业更注意有计划地总结、推广先进经验。全省先后推广苏联、外省和本地的先进经验 60 多种，如在纺织系统着重推广郝建秀工作法，在机械行业中推广高速切削法，等等。在推广先进经验中，职工充分发挥创造精神，发展和创造新的经验，使劳动竞赛有力地提高了劳动生产率。陈树兰小组在学习郝建秀工作法的过程中，创新出先进的细纱络纱工作法，这就是以高度的主人翁责任感进行创造性劳动的一个突出典型。陈树兰小组总结形成的“陈树兰络纱工作法”，动作整齐轻快，断头少、络纱快，创造了络纱关车时间 15 秒的全国新纪录，质量达到一级品。陈树兰小组产量成倍增长，一年就为国家增产 141 件纱，成为全国的先进小组。1952 年，全川的纺织系统掀起声势浩大的“学郝建秀，赶超陈树兰”的群众运动，涌现出一批批陈树兰式的小组和先进个人，比如全国劳动模范南充丝二厂的赵柏林等，有些小组和先进个人青出于蓝而胜于蓝。1952 年与 1950 年比，机械工业提高工效 3~9 倍，纺织厂的看锭率提高两倍，看布车能力提高 1~3 倍，落纱时间缩短一半，面粉厂的出粉率提高 15%，自来水厂生产率提高 33%，机制砖坯率提高 33%，印刷厂排字率提高 130%，造纸厂提高工效 3 倍，卷烟厂提高工效 17.5%，建筑业提高工效最高的有 10 倍以上。

在兵工系统中，广大职工在重庆二十兵工厂“张少如小组”的带动下，纷纷向“马恒昌小组”应战，普遍订立“爱国公约”，开展爱国主义劳动竞赛，大力增加武器的产量，提高质量，制造新的产品，直接支援抗美援朝前线。重庆的 8 个兵工厂，1951 年下半年，在爱国主义劳动竞赛中，认真学习推广先进经验，广泛开展合理化建议活动，进一步挖掘发挥了机器设备潜力、充分运用职工群众的智慧，产量一般提高了 50%以上，质量上升，还制造出多种新的产品，为保证抗美援朝的武器供应作出了重要贡献。

四川在你追我赶的劳动竞赛热潮中，涌现出越来越多的先进集体和先进生产者。1952 年，全省评选出先进集体 749 个，先进生产者 10204 名（其中女职工 1561 名），成为广大职工学习的榜样，进一步推动“比学赶帮”群众运动的开展，调动了职工的积极性，促进了生产的大幅提高。仅 1952 年，全省职工提出技术改进、合理化建议 3.9 万条，当年实现 1.3 万条，成倍地提高劳动生产率，产量大增，质量上升，消耗下降，创造了大量财富，为支援抗美援朝斗争，实现国民经济的基本好转作出重大贡献。

第三节　参加镇压反革命运动和实行民主革命

四川长期受反动统治和封建势力的影响，又是大陆除西藏外最后解放的地区，国民党反动派的残余聚集此处。肃清封建势力，实行民主改革的任务较其他省市更为繁重。四川的广大职工在积极支援抗美援朝斗争的同时，相继参加了各项政治运动，特别是工矿企业和分散行业的民主改革，这是中华人民共和国成立初期进行社会改革的重要方面。实行民主改革与镇压反革命运动结合进行，以清除隐藏在企业内部和行业中的反革命分子和封建残余势力，废除企业中旧的官僚管理制度，实行企业管理民主化，加强工人阶级内部团结。

一、民主革命势在必行

中华人民共和国成立前，四川无论官办的，还是民族资本家办的企业，都采取野蛮的管理制度，特别是官办企业，不仅有官僚资本家、工头的层层控制，还有武装军警的严密监视。搬运、建筑、航运等分散行业，无固定雇主，更是在封建把头的统治之下。四川刚解放时，在企业中一般都公开宣布解散国民党、“三青团”、特务机关等反动组织，成员限期登记，严禁任何破坏活动，也着手废除搜身制、门票制、押金制。但是，这个时期没有从根本上消除厂矿中的封建残余势力，旧的管理机构没有被打烂，旧的管理制度没有改革。一些过去骑在工人头上作威作福的封建把头和暗藏的反革命分子，他们变换手法，采取隐蔽的形式继续欺压工人。私营企业特别是一些中小企业仍利用封建把头控制工人。在封建势力长期把持下的一些分散行业，仍被封建把头继续垄断。搬运、建筑、木船水运等行业中，封建把头仍继续控制着工作的分配权、收费的分配权、地盘的占有权。重庆的码头上，要搬运还要向封建把头交“轮子费”，从轮船上搬到码头要交“过档费”，通过封建把头的码头要交“过路费”，这样的陋规有十多种。泸州长航木船业的封建把头，表面“退位”，陆上封建把头窜到船上，船上封建把头窜回所谓“联营社”，幕后操纵，继续作恶。一些大城市建筑业的封建把头，则以一个个空架子甚至光杆“老板”打出数十家私营营造厂、“运输行”的招牌，摇身一变成了“民族资本家”，利用合法名义，继续包揽大小工程。国营、公营建筑公司的工程，因自有工人少，也由这些封建把头承包，再由他们转包下去，层层剥削工人。有的包工头要从他们控制的工人中每天抽出一半工钱归己。他们还采取浮报冒领、偷工减料、粗制滥造等手段坑害国家，甚至卷款潜逃，使国家财产遭受巨大损失。

另一些封建把头及其他反坏分子，伪装进步，混入行政机构，混进共产党、青年团和工会组织，窃取权力，为非作歹。在搬运、建筑、航运等行业中，原有的封建把头未受到打击，潜伏下来的特务、逃亡地主恶霸、被打垮的国民党军队的旧军官、土匪等以这些行业为“防空洞”钻了进来。有的工地从上到下被这些人控制，工人继续受到欺压。一些木船运输“联营社”均为封建把头、暗藏特务和钻进来的惯匪、逃亡地主等所把持，对工人继续进行封建剥削。如果不彻底进行民主改革，要激发起工人群众当家作主的积极性，要巩固刚建立起来的人民政权，要迅速恢复国民经济，是不可能的。

二、民主斗争、民主团结和民主建设

中华人民共和国成立以后，党和政府通过实施一系列制度变革，使工人阶级真实地感受到“翻身做了主人”。1950 年，中共中央对城市工矿的民主改革作出了部署，“号召工人群众分清敌友，整顿自己的队伍，从思想上、组织上提高工人阶级的纯洁性”。

根据中央的有关精神，四川的民主改革与镇压反革命运动相结合进行。从四川解放初开始，在国营企业、私营企业和搬运、建筑、航运等分散行业中逐步展开。这次运动在中共中央西南局和当时的重庆市、川东区、川西区、川南区、川北区、西康省党委统一领导下，各部门密切配合，集中力量、集中时间进行。四川各地工会领导机关都协同政府，派出工作组，深入群众，发动斗争。重庆一开始就重点在码头行业中进行，取得了成功的经验。成都、自贡等地全面铺开。1951 年，成都市民主改革委员会成立，由该市党政领导人担任主任、副主任，下设工厂、分散行业和建筑、搬运 3 个工作委员会，分别领导开展民主改革。从该市总工会、公安局、劳动局等单位抽出大批干部组成工作组，同时铺开。自贡市搬运、建筑、航运等分散行业的民主改革也是同时开展。更多地区的民主改革先在工厂和搬运业中进行，建筑、航运放后一步。民主改革中，一般都先培训干部和积极分子，进行典型示范，然后逐步推广。中共川北区委书记胡耀邦在南充电厂亲自搞民主改革试点，许多地区的主要负责干部都亲自抓。各工厂、行业的民主改革，一般都分为民主斗争、民主团结、民主建设三个阶段进行。

民主斗争阶段，主要是通过发动群众回忆诉苦，提高阶级觉悟，树立当家做主思想；放手发动群众，打倒封建反动势力，解决敌我之间的矛盾。各地建筑、航运等分散行业，都先后召开大会，深受压迫的工人群众用血泪斑斑的事实，揭发、控诉封建把头和反革命分子的种种罪行，政府根据中央的政策，按其罪行轻重、劣迹多少、悔改表现，分别处理，有力地打击了敌人，摧毁了封建反动势力。

民主团结阶段，主要是帮助工人正确认识过去国民党反动派在职工群众身上造成的种种污点，提高觉悟，解除思想包袱；同时通过批评与自我批评，消除工人与工人、工人与职员、工人与干部之间的隔阂，增强团结。从民主斗争开始，对于反革命分子、反动党团和反动会道门中骨干分子、封建把头，也注意区别对待，只打击首恶分子。

民主建设阶段，一方面是纯洁工人阶级队伍，整顿工会和其他组织，撤换一些问题严重的人，把运动中的积极分子提拔到领导岗位；另一方面，废除和改革不合理的压迫工人的管理制度，建立有利于生产和民主管理的制度，并注意把群众的积极性引向生产。

当四川的民主改革正普遍开展的时候，1951 年 11 月，中央发出指示，要求用足够的力量，发动与依靠工人群众，完成民主改革。四川各地特别是重庆、成都等重点地区，对民主改革都分期分批进行大检查，对已进行民主改革，但查处不够彻底的少数企业或行业进行补课；对正在进行民主改革的单位，按中央要求有步骤地进行，推动了民主改革的深入。到 1952 年底，四川绝大多数国营企业，较大的私营企业和主要城市的搬运、建筑等行业，都完成了民主改革，航运业和其他少数单位的民主改革延到 1953 年 6 月基本完成。接着，又进行了以加强计划、技术管理为中心的生产改革。随着四川企业民主改革运动的深入，广大职工群众不仅在政治上翻身了、地位上提高了，而且在生活上也得到了很大的改善。

第四节　职工劳动和生活条件的改善

四川民主改革取得了巨大的胜利，比较彻底地打倒了封建势力，废除了旧的官僚管理制度，开始实行企业管理民主化，使工人阶级真正成为企业的主人，进一步增强了广大职工的主人翁责任感，激发了广大职工战胜困难搞好生产的信心和决心。四川解放的头3年，由于工人阶级和全省人民的艰苦努力，生产迅速恢复并有一定发展，实现了国民经济的基本好转。四川各级党委和政府注重逐步改善职工的物质文化生活。工会按照政府颁布的法律、法令、条例和规章制度，开展工会工作，维护职工权益。

中华人民共和国成立初期，在极其困难情况下迫不得已实行基本生活维持费时，工会一方面教育工人顾全大局、体谅困难，艰苦奋斗、无私奉献，另一方面协助政府适时地调整、提高维持费标准。1950年上半年，由于折实单位对大米的比值下降，政府决定每一折实单位津贴1斤米。1950年7月起，重庆从军工工业开始，实行新的工资标准，工人、技术人员及管理人员的工资均有提高。随着生产的恢复，工资问题更加引起各级党委和政府的注意。1951年以后，按照中央改革不合理工资制度的指示，工会积极提出改革建议方案搞改革试点。

国营企业在增加工资的基础上逐步实行了八级工资制，建立了较为合理的计件工资和奖励制度。合营企业及私营企业也分别调整了工资。据重庆市9个产业对341户职工的调查，实际收入1949年9月为100元，到1952年9月增加到217元。工会协同各级政府用各种办法改善工人的居住条件。重庆、成都等地都新建了工人住宅区。据61家厂矿统计，3年共修建住宅260万平方米。

1951年2月，中央人民政府政务院颁发了《中华人民共和国劳动保险条例》，四川100人以上的企业开始实行这个条例，100人以下的企业大多签订了劳保合同。到1952年底，全省已实行劳动保险的基层单位有400家，职工15.76万人。地方和产业工会办起了3个疗养院，床位330个。实行劳动保险的基层单位，有的开始办起了业余休养所和营养食堂。劳动保险条例的实施，使职工生、老、病、死、伤、残后的生活有了切实保证，深受广大职工的拥护和欢迎，对在旧社会做过苦工的老工人来说更是一个翻天覆地的变化。广大职工加深了对新社会的热爱，进一步激发了生产积极性。

厂矿企业中工人的劳动条件也在不断改善。根据政府颁发的工厂安全卫生条例，厂矿建起了安全生产责任制和技术操作规程，厂矿工会先后建立了劳动保护委员会，督促行政部门和资方执行政府有关劳动保护规定，上级工会和劳动部门进行检查督促。1952 年，成都市 54 家工厂在劳动保护大检查中，及时解决存在的 2914 个问题，增加安全设备 1.2 万多件，改善了劳动条件。各地还注重女工特殊问题的解决，执行了女工怀孕、产假和其他特殊规定，保护女工权益。1952 年，有 53 家厂矿工会协助行政办起了幼儿园、托儿所，收托儿童 2726 人，逐步解除女工的后顾之忧。

为了丰富职工文化生活，各地政府积极支持工会新建工人文化宫、俱乐部。1951 年 8 月，成都市将位于市中心的中山公园改建为劳动人民文化宫，1952 年 5 月 2 日落成揭幕。重庆文化宫由蔡树藩、万里、曹荻秋等共同选址，邓小平题写宫名。到 1952 年底，地方工会建成的文化宫和俱乐部有 17 个，基层工会建成的俱乐部有 138 个，图书室有 546 个。

第六章　社会主义改造时期的四川工人运动

1953 年，在国民经济基本恢复的基础上，中共中央制定了党在过渡时期的总路线和总任务，国家开始执行发展国民经济的第一个五年计划，进行有计划的国民经济建设，同时对农业、手工业和资本主义工商业实行社会主义改造（“三大改造”）。为了胜利完成这个历史任务，四川工人阶级作出了巨大的努力。

第一节　以生产为中心开展工会工作

在进行有计划的国民经济建设中，工会各项工作紧密围绕着发展生产这个中心来进行，工会组织头等重要的任务，就是更好地团结和带领广大职工群众，自觉地、积极地为发展生产、全面完成国家计划而斗争。四川各级工会坚持以生产为中心的指导思想，十分注重总结和推广基层工会工作经验。通过学习和推广沈阳五三工厂工会工作经验，有力推动了企业的生产和发展。

一、推广基层工会工作经验

五三工厂，即沈阳的三二一国防工厂。当时为了保密起见，统称为五三工厂。在国民经济恢复发展时期，该厂紧紧地依靠工人群众，克服各种困难，改造了旧企业，建立了社会主义的经营管理制度，逐年超额完成国家经济计划的各项指标，在发展生产的基础上逐步改善与提高劳动条件和职工群众的物质生活与文化生活。

1952年11月20日至12月2日，全国总工会在北京召开全国工会基层工作会议，会议的中心议题是如何做好工会基层工作，着重讨论和研究推广五三工厂工会工作经验，加强工会基层工作，以适应国家有计划的大规模经济建设需要。五三工厂工会工作的基本特点和经验主要体现在三个方面：一是政治工作与经济工作相结合。党、政、工、团领导有明确的依靠工人阶级的思想和群众路线的工作方法。二是在思想一致的基础上，力量组织得好，有一套正常的工作秩序。三是充分发扬批评与自我批评的精神。12月24日，全国总工会发出了《关于推广五三工厂工会工作经验的决定》。《工人日报》在为会议闭幕发表的社论中明确提出："要把工会基层工作做好，就必须明确以生产为中心的生产、教育、生活三位一体的工会基本任务。"12月27日，中共中央批转了全总党组《关于工会基层工作会议的总结报告》，指出五三工厂的经验是"完全成功的经验，应予推广"。12月28日，《人民日报》发表题为《推广五三工厂的经验》的社论，号召各地厂矿企业中的领导干部，都应该认真学习并参照五三工厂的经验来改进自己的工作。

根据全国总工会会议的精神和决定的要求，1953年1月，省总工会筹委会即制订了推广五三工厂经验的具体计划，开办了推广经验的训练班，组织了全省1800多名党、政、工、团的干部收听了五三工厂工会工作经验报告。在各级党委的重视下，大部分的地区都进行了传达、学习。重庆市举办第一期训练班时，西南局、重庆市委的领导干部都去讲了话。成都市委召开第一季度生产改革会议时，专门安排了传达和讨论，明确要把五三厂工作经验的精神贯彻到生产改革中去。乐山、宜宾等地在地委工矿工作委员会领导下，选择了生产改革重点厂矿，进行试点工作，结合生产改革中心任务，边学边做，由点到面地进行推广工作，取得了较为显著的成绩。

不少基层党、政、工、团的干部明确认识到，工会工作必须在党的统一领导下，与各方面共同协作配合，搞好生产，这是工人阶级的最大使命，从而解决了过去有些企业的党、政、工、团组织步调不够一致，不能很好配合起来完成生产任务的状况。许多行政领导也更重视工会的组织作用，明确指出"要搞好生产，必须依靠工会”。

在学习五三工厂工作经验的过程中，工会干部的思想水平、领导水平和工作方法有了提高，进一步认识了工会的性质、作用、方针和任务，明确工会工作要以生产为中心，把群众生产、思想教育、群众生活三者紧密结合起来进行。工会组织群众搞好生产最基本的方法，就是发动与组织职工群众开展劳动竞赛，充分调动和发挥群众的积极性和创造性，在工作中注意和运用培养典型、树立旗帜、拿出样板，鼓励先进、带动后进，由点到面的工作方法。

在推广五三工厂工作经验的厂矿中，工会一般进行了组织整顿，精简了工作机构，减少了不必要的会议，建立健全了一些必要的制度，特别是抓紧了对小组的培养工作，注意了密切与职工群众的联系。从全省情况看，通过五三工厂工作经验的学习和推广，进一步加强了基层厂矿的工作，整顿和建立了厂矿基层工会的正常秩序，并把各地开展的劳动竞赛向前推进了一步。

二、四川省工会首届会员代表大会

通过四川省总工会筹备委员会紧张有序的筹备，1953 年 4 月 13 日至 18 日，四川省工会第一次代表大会在成都召开。出席大会的代表共 324 名，代表全省基层工会组织 5358 个，职工 92. 6 万人，工会会员 48. 97 万人。大会是在中共中央过渡时期总路线精神指引下，国家开始实施第一个五年计划的时候召开的。

大会的中心议题是总结省总工会筹委会 5 个月来的工作，部署今后工作任务，选举成立四川省总工会。会上，中共四川省委副书记李大章讲话。邓自力代表省总工会筹委会作了筹备工作总结及今后任务的报告。强调工会要贯彻“面向生产”的方针，支援抗美援朝，为实现第一个五年计划而努力。要求各级工会干部要提高对完成国家计划重要意义的认识，明确工会所担负的重大责任，努力改进思想作风和工作作风，把“面向生产”的方针贯彻执行好。大会确定今后工会工作的方针和任务是各级工会必须在党的统一领导下，继续深入生产改革，充分发动职工讨论制订好生产计划，组织职工开展劳动竞赛，保证超额完成国家计划。大会选举产生了四川省总工会第一届委员会；成立了四川省总工会；选举产生了常委和正、副主席，中共四川省委常委、省工委书记陈刚当选为第一任省总工会主席；选举产生了第一届经费审查委员会；还选出了四川省出席第七次全国劳动大会的代表。

这次大会的精神，与同年5月初在北京召开的中国工会七大的精神紧密结合，在全省进行传达贯彻。通过传达，工会干部对建设时期工会工作的总方针及基本任务有了较明确的认识，改进了思想作风和工作作风。广大职工群众明确了新的历史任务和工人阶级在建设时期中所担负的重大责任，从而增强了广大职工群众的政治责任感，激发其生产积极性和创造性，有力地推动了厂矿企业的生产工作。不少厂矿结合学习大会精神，相信群众，依靠群众，发动群众，从检查计划执行的情况入手，讨论参与修订车间、班组、个人的生产计划，建立定期的检查制度，并抓住生产关键，广泛开展合理化建议，推广先进经验，签订集体合同，组织开展劳动竞赛，充分发挥职工群众的积极性与创造性，对完成和超额完成国家的经济建设计划起了重要作用。

但是，就在这一时期，工会工作开始受到“左”倾思想的一定影响。1953年3月召开首届会员代表大会的前夕，省总工会筹委会召开第二次扩大会议，要求按照全国总工会六届二次执委会精神，层层检查所谓“经济主义”“工团主义”。实际上，从中华人民共和国成立以来，四川工会运动一直是在党的领导下，坚持贯彻执行党的路线方针政策，以发展生产为中心，在发展生产基础上适当改善职工生活，根本不存在“经济主义”“工团主义”倾向。这次会后，不少工会干部因怕犯“工团主义”“经济主义”，因而在工作中只注意抓生产，不大关心工人的疾苦和安全，对于按照党的方针、政策独立自主地开展工作，也有很多顾虑，这在一定程度上影响了工会和职工群众的联系，影响了工会组织作用的发挥。

第二节　社会主义劳动竞赛与技术革新运动

从1953年开始，全国开始执行发展国民经济的第一个五年计划，从而开始了有计划的大规模经济建设。在“一五”计划期间，随着形势的发展和群众思想觉悟、技术水平的提高，四川广大职工劳动竞赛开始不断发展与提高。

一、增产节约劳动竞赛

1953年8月，中共中央发出了“增加生产，增加收入，厉行节约，紧缩开支，超额完成国家计划”的号召后，四川广大职工为实现“一五”计划，以更高涨的劳动热情广泛地开展了增产节约劳动竞赛。据1953年9月统计，全省68家主要厂矿中，有48家厂矿、22200多名职工投入了竞赛。在竞赛中，大力推广先进经验和开展合理化建议活动，推动了企业的生产改革，保证了生产任务的完成和超额完成。重庆497厂的广大职工仅在一个多月的时间里，就试验成功了322个先进生产经验，据当时计算，全年可给国家创造133万元财富。西南行政委员会副主席贺龙为此写信向该厂全体职工祝贺，深望广大职工在共产党的领导下，进一步团结互助，继续努力，巩固既得的成就，争取更大的创造，为完成国家经济建设和国防建设任务而奋斗。

当时宝成铁路正在加紧施工。在工地上，全体筑路工人、工程技术人员和干部，发扬艰苦奋斗的革命精神，广泛开展了增产节约劳动竞赛，积极推广先进经验，开展合理化建议活动，取得了巨大成就。铁道部第二工程局工程师吴成三就是其中的先进代表之一。早在修筑成渝铁路的工程中，他就曾同有关技术人员、老工人一道，大胆革新，改变了修桥打桩的施工方法，缩短了工期，为国家节省了大量资金。自此以后，宝成铁路大多数桥梁都采取了这种做法。据不完全统计，在修筑成渝、宝成两条铁路工程中，这一方法共为国家节约170万元。吴成三还特别热心培养青年，他和一些年轻人订立了“师徒合同”，常常牺牲自己的假日，给他们上课，传授科学技术知识，带动群众一道前进。由于他的显著贡献，1954年被评选为成都市特等劳动模范，1956年出席全国先进生产者代表大会。

二、技术革新运动

劳动竞赛的深入发展，推动技术革新运动兴起。1954年4月，在全国总工会执委会主席团第5次会议上，赖若愚作了《劳动竞赛已经开始走上一个新的阶段——技术革新》的报告，会议作出在全国范围内开展技术革新运动的决定，同时发表了工业劳动模范张明山、王崇伦等7人关于开展技术革新运动的建议。决定和建议发表以后，全省广大职工迅速掀起了提高技术、改进技术、学习和掌握新技术的热潮，合理化建议在数量、质量上都有所提高。省属主要厂矿技术革新运动自3月开展以来，到4月共提出合理化建议1665条，采纳862条，与成绩较好的1953年11月相比，分别提高53%和124%。为了更好地学习先进经验，同年7月，四川省组织了包括党、政、工的干部，以及厂矿企业的技术工人、老工人等组成的58人代表团，先后到北京和鞍钢参观学习。每个代表都受到了一次生动、形象的教育，不仅认识了技术革新对于加速国家工业化建设的重大意义，学习了革新者百折不挠的创造精神，而且学到了许多先进经验和先进技术。据代表团统计，能带回全省推广的先进技术有82种。8月，代表团回川后，就分别组织下到基层，向职工群众广泛进行传达，更加推动了全省技术革新运动的开展。

在技术革新运动中，重庆钢铁公司101厂木工黄荣昌把木工房手工操作变成机器生产的事迹，成为全省职工学习的榜样。黄荣昌出身贫农家庭，12岁开始学做木工，1950年10月，进入101厂土木科木工房做“小木工活”。他在党委和工会的支持帮助下，经过8个月的试验，终于装好一部手摇圆锯机，在重钢创造出第一部木工机械。接着，他又带动木工房全体工人，利用废料陆续制作了断料、钻眼、挖槽等共12台机器，把手工操作的木工房改变为机器生产的车间，大大减轻了工人的劳动强度，提高了劳动生产率，为国家创造与节约了大量的财富。据当时估计，这些机器可以提高劳动生产率400倍，每年可节约90万元。到1957年，他先后创造和改进了70多部木工机械，实现了木工全面机械化。

黄荣昌制造木工机器的成功，显示出工人阶级的伟大智慧，同时，他那种带有主人翁责任感的劳动态度，克服困难的革命精神，虚心学习、团结同志的优良品德，更使许许多多的职工受到启发和教育。因而他多次被评为全国先进生产者，成为全国著名的劳动模范，接连几届被选为全国人大代表、全国人大常委会委员。在黄荣昌事迹的带动下，在重庆、成都、自贡等地涌现出了一批技术革新能手。

1955 年 2 月 7 日至 13 日，在成都召开了四川省工会第二次代表大会。根据全省技术革新运动的实践经验，明确指出：各级工会要积极组织全省职工深入开展劳动竞赛，充分发动职工的积极性、创造性，进一步推动全省技术革新运动的发展，不断提高劳动生产率，为全面超额完成国家计划而奋斗。大会提出今后的任务是各级工会要根据各产业特点，继续贯彻增产节约精神。紧密结合计划管理，围绕作业计划，充分发动职工开展技术革新运动，深入开展劳动竞赛，不断提高劳动生产率，保证超额完成国家计划。这次会议精神的传达贯彻，进一步推动了全省技术革新运动的发展。

三、先进生产者运动

1955 年下半年开始，在城乡社会主义改造高潮影响下，广大职工的劳动热情空前高涨起来。根据这种形势，全国总工会决定在全国开展先进生产者运动。1956 年 1 月 13 日，全国总工会七届四次执委会作出决议，号召通过广泛开展同工种竞赛，“在最短时间内，将绝大部分职工、小组和工作队都提高到现有的先进生产者水平上来”；通过开展厂际竞赛，“在最短时间内，把落后企业提高到现有的先进水平上来”。

根据全国总工会要求，省总工会于 1956 年 1 月 27 日召开二届四次执委扩大会议作出决议，提出“争取在一年以内或者更长一些时间内，使 70% 以上的职工和企业接近或达到全省现有的先进水平，中央国营工业争取在今年或更长一些的时间内接近或达到全国现有的先进水平”。为此，要求各产业、各厂矿企业根据自己的特点，对各工种必须学习的先进经验进行排队，对厂矿企业和工人的生产水平进行排队，摸清先进与落后生产水平的差距，找出先进或落后的主要原因，确定先进指标和推广项目，制定推广的措施，规定帮助落后者赶上先进者的具体时间与进度。这一系列要求，以后就简称为“摸水平，订方案，有计划地推广先进经验”。各级工会在职工群众中广泛开展了宣传工作。

通过宣传和教育，在职工中学习先进已成为群众性的活动。据重庆 39 家大型厂矿一、二月份的不完全统计，共总结推广了519项先进经验，提出合理化建议11151条，采纳385条，占35%。职工群众懂得了“社会主义建设是千百万人的事业，一个人突破1000个定额，不如1000个人每人突破2个定额”的道理后，出现了不少先进帮后进，后进赶上先进的动人事例。成都市建筑业中林瑞廷木工小组，在一年内不仅在本组推广了“出料大铇”等37种先进工具，改进了20多种工具，全年平均突破国家统一定额120%，还通过换工留学、混合编队等方式，帮助了8个小组、104个工人学习与掌握新技术，共同提高。在帮助其中一个小组掌握先进技术和先进工具后，使该组在安装窗扇工程时，由每工70扇提高到114扇，并保证在一年内完成两年的工作量；这个小组采取多种方式帮助其他24个小组、38人提高技术，使他们平均突破全国统一定额20%。省煤矿系统的31名劳动模范，着手培养1236人，另外还帮助50个小组、1097人达到先进水平。这种先进帮后进共同提高的做法，在许多行业和厂矿企业中形成了像滚雪球似的群众运动。

为了检阅先进生产者运动的成绩，1956年3月，四川省第一届工业、基本建设、交通运输劳动模范代表大会在成都召开。中共四川省委书记李井泉、李大章到会讲话，副书记阎秀峰代表省委向大会致祝词。大会评选出模范集体和先进集体105个，特等劳动模范12人，二等劳动模范86人，三等劳动模范105人，先进生产（工作）者169人。这些先进模范人物是开展先进生产者运动的骨干和先锋，为广大职工树立了旗帜和榜样，促进了全省先进生产者运动更广泛地开展。

中共中央对先进生产者运动给予了极大的重视。1956年3月12日发出了《关于积极领导先进生产者运动的通知》，4月30日在北京召开了全国先进生产者代表会议。全省有286名先进生产（工作）者代表出席了会议，受到了深刻的教育，学习了许多先进经验。代表们回到生产、工作岗位后，积极贯彻会议精神，有力地推动全省先进生产者运动的发展。在先进生产者运动中，互相学习、互相帮助、取长补短、共同提高的原则深入人心，“比学赶帮超”成为新风尚，广大职工劳动的积极性和创造性空前高涨，学习和推广先进经验、积极提合理化建议成了群众性的活动，全年提出的合理化建议达10.5万条，比上年增加 1.7 倍；当年实现 3 万条，比上年增加 4.2 倍。群众性的先进生产者运动的广泛深入开展，促进了全省“一五”计划工业生产的主要指标于 1956 年提前一年完成。

第三节　积极参加和推动社会主义改造

从中华人民共和国成立到社会主义改造基本完成，这是我国确立社会主义制度的一个过渡时期。党在过渡时期的总路线是社会主义工业化和社会主义改造同时并举，反映了工人阶级和全国人民为建设一个伟大的社会主义国家而奋斗的强烈愿望。从 1953 年开始，全省各地遵照党在过渡时期的总路线，逐步开展对农业、手工业和资本主义工商业的社会主义改造（“三大改造”）。到 1956 年底，“三大改造”的任务基本完成，社会主义的经济基础在四川建立。在开展工作的过程中，各级工会在党委统一领导下，做了大量的工作。

一、宣传过渡时期总路线

1953 年，中共中央向全国提出了党在过渡时期的总路线和总任务，它一公布就受到四川工人阶级和人民的热烈拥护，很快在四川掀起了学习总路线的热潮。在中共四川省委的统一部署下，省总工会于 12 月专门召开了以研究宣传总路线为中心内容的工作会议，并发出了指示。各地方工会和产业工会都订出了具体计划，着手培训干部，并组织工作组下到厂矿企业，在党委领导下，大张旗鼓地向广大职工和家属进行宣传教育。许多单位都以《西南工人日报》连载的《讲讲国家在过渡时期的总路线》为教材，积极组织职工进行系统的学习。重庆有 26 万名职工参加学习。成都市委书记、厂党委书记、厂长向职工共作了 91 次报告，有 5 万多名职工受到教育。

通过总路线的宣传教育，使广大职工群众提高了觉悟，明确了在实现总路线中工人阶级担负的重大责任。在学习宣传总路线中，各级工会普遍加强了工农联盟的宣传教育，特别是在1954年春节，各地广泛地开展了工农互访和联欢活动。春节前，各地工会大都组织职工进行了关于对农业的社会主义改造，加强工农联盟的学习，一些地方的党政负责同志亲自向职工作报告。春节期间，全省不少厂矿派出了工人代表团到农村去，据不完全统计，仅成都、南充、内江等26个市、县，派出58个代表团，共7200多人。许多厂矿还邀请农业生产方面的劳动模范、生产合作社社长、互助组组长等到厂矿参观。《四川工人报》编写了“工农联盟讲话”专栏，工会巡回电影队放映了“丰收”等影片。全省各地举行各种形式的工农联欢会、座谈会，参加的人数在50万人以上。春节期间，回乡的职工还自订回乡纪律，在日常行动上起模范作用，并积极向农民宣传总路线，鼓励他们走合作化道路。

通过学习、访问、座谈、联欢等活动，广大职工进一步明确了加强工农联盟的重大意义和对巩固工农联盟所担负的重大责任。“工人阶级要起模范作用”“保证完成和超额完成国家计划，是巩固工农联盟的实际行动”这两句话深入人心，工会积极克服各种困难，努力生产农业上急需的生产资料和农民日常生活用品，还动员大量的人力物力，下乡帮助改土造田、兴修水利，积极支援农业合作化运动，增强工农之间的团结，进一步巩固了工农联盟。

二、推进对资本主义工商业的社会主义改造

资本主义工商业的大量存在，是过渡时期的一个重要特点。四川解放之初，全省私营企业职工有30多万人，当时，成都私营厂矿职工有8000多人，商业职工3.5万多人。重庆市1950年8月统计，全市私营工业有6958户，商业有1.7万多户。为使有利于国计民生的资本主义工商业有一定的发展，并限制其不利于国计民生的方面，国家对资本主义工商业实行“发展生产、劳资两利”和“利用、限制、改造”的方针。在贯彻这个方针过程中，限制与反限制的斗争是激烈的，一直到对资本主义工商业的社会主义改造胜利完成。

四川刚解放，很多资本家对人民政府的政策不了解，不少人怀疑、观望，有的甚至转移财产，抽走资金，吃光拖垮。重庆80多个行业、3800家工厂作坊

停了60%，普遍发生解雇、欠薪、打骂、虐待职工等问题。党和政府为了帮助资本主义工商业克服困难，通过发放贷款、加工订货、代购代销等方式给予扶持。与此同时，工会组织一方面加强对工人、店员的阶级教育、政策教育、前途教育，动员他们发扬主人翁精神，在物质待遇上作适当的让步，在生产上努力完成政府和国营贸易机构的加工订货任务；另一方面，通过劳资协商会议等形式，合理解决存在的问题，以解除资方思想顾虑，提高经营信心，促使劳资关系的正常化和生产的发展。对于资本家无理解雇、长期欠薪、打骂工人、不顾工人生产安全等行为，工会都代表工人、店员，在劳资协商会上、在政府劳动部门的仲裁会上，甚至在法庭上进行了坚持原则的斗争。对于工人、店员的工资、工时、医疗、学徒制度等切身利益，工会都深入进行调查研究，根据党和国家的政策法令，积极与资方协商解决，受到广大职工的热烈拥护。

在“五反”运动中，工会积极发动和组织广大工人、店员起来检举揭发资本家的行贿、偷税漏税、偷工减料、盗骗国家资财、盗窃国家经济情报等违法行为，据重庆、成都、自贡、泸州，涪陵等10个市、县的不完全统计就有19.5万余件。在群众运动的压力下，违法资本家纷纷交代问题。“五反”运动以后，针对运动中暴露出来的问题，工会教育和组织职工通过劳资协商会、增产节约委员会、签订劳资合同等，对资本家进行团结、教育、改造，对企业加强工人群众监督，促进了生产经营的恢复和发展。

从1953年下半年起，各地大规模地有计划地推广各种形式的国家资本主义，并逐步由初级形式提高到高级形式，实行个别企业的公私合营。1956年春又推进到全行业公私合营。工会组织在“搞好生产，迎接合营”的口号下，积极动员和组织职工开展劳动竞赛，并主动团结教育资方，打消其顾虑，支持资本家积极申请合营，走国家资本主义道路。合营后，工会组织动员职工耐心帮助一些原来不参加劳动、缺乏劳动技能的资方人员学会生产技术，培养劳动习惯，提高工作能力，还欢迎资方人员参加劳动竞赛。

在对资本主义工商业进行社会主义的改造过程中，地方工会和有关产业工会都做了大量的工作。省总工会和市、地工会都设置了专门工作部门或专职干部，他们深入基层，了解情况，研究政策，总结经验，协同有关部门处理日常工作。省总工会还召开过多次私营、公私合营企业的专门会议和全省私营企业职工积极分子大会，并就私营和公私合营企业中的一些政策问题，向省委、省政府和全国总工会写过多次专题报告与情况反映，还多次举办训练班以及印发经验材料，培养和提高基层工会干部的政策水平和业务能力。

三、推进手工业合作化

四川解放初，手工业逐步恢复和发展，全川有个体手工业者约 30 万人，产值约 3 亿元。1951 年到 1952 年，通过典型示范，在成都、重庆、泸州等重点城市的铁、竹、木行业试办了 170 个手工业生产合作社。1953 年之后，手工业合作组织进入了全面发展时期，按照中华全国合作总社确定的“积极发展、稳步前进”的方针，本着自愿、平等、互利的原则，各地积极发展手工业合作组织。

为了贯彻过渡时期总路线，全国总工会书记处于 1953 年 8 月派出工作组，到手工业较集中的成都市，会同四川和成都的党委、政府有关部门和工会，对手工业的现状、内部经济关系、发展前途，以及手工业工会的组织建设等问题，作了详细的调查研究。

调查表明，手工业与人民经济生活的关系十分密切。四川解放以来，成都市手工业逐步发展，1953 年同 1950 年比较，户数增加了 24.7%，从业人员增加了 12.43%，产值增加了 20%~33%，占全市工业总产值的 40.62%。手工业生产在促进工农业发展、帮助克服商品不足及解决社会就业等方面都起着重要作用。据调查组分析，成都市手工业内部的经济关系，由于对生产资料的占有及使用的关系不同，形成了手工业劳动者、手工业资本家、手工业工人三个不同的阶级，在这三个阶级内部，各自又可分为若干不同的阶层。调查组还具体分析了分散落后的个体手工业生产方式所带来的各种困难，说明除走合作化的道路外，别无他途。手工业工人应与手工业劳动者一道，积极变革与自己密切联系的分散落后的手工业生产方式，循着合作化道路前进。对于手工业工会的组织建设问题和有关手工业工人工作的若干政策问题，调查组也作了研究，提出了建议。

在上述调查研究的基础上，全国总工会政策研究室写了《成都市手工业经济情况及手工业工人组织问题的调查报告》。全国总工会党组 1954 年 7 月在报送这个调查报告的同时，向中共中央写了《关于手工业工人中工会工作的请示报告》。报告中提出："手工业工会的基本任务，就是在党的领导下，对手工业工人进行手工业合作化的教育，使他们认识手工业的发展前途；同时，发动手工业工人群众，积极带动手工业者，走合作化的道路。"中共中央于同年 11 月批准了这个报告，并转发各级党委参照执行。

在各级党委和政府的领导、重视下，省工会和各地方工会认真贯彻执行中央对手工业的方针、政策，按照全国总工会的要求，加强了手工业工会的工作，在手工业工人中广泛开展了宣传教育工作，同时注意加强对手工业劳动者的团结、教育和对手工业资本家的教育、改造，并动员大家齐心协力，努力搞好生产，加快手工业合作化的步伐。

到 1954 年底，全省手工业生产合作社已发展到 3000 多个，职工 5 万余人。1955 年下半年，掀起了手工业合作化高潮，至 1956 年，全省 95%以上的城镇手工业者，都参加了按行业组织起来的手工业合作组织。1957 年，全省手工业合作组织已达 12607 个，有职工 391162 人，当年手工业总产值达 6. 8 亿元，比 1950 年增长了 1. 3 倍。

第四节　职工物质文化生活的改善

在"一五"计划时期，四川广大职工发扬主人翁精神，以较快的速度提前完成了第一个五年计划的建设目标。随着"一五"计划的顺利完成，我国社会主义建设事业取得了很大的成就。在党和政府的关怀下，在经济社会发展的同时，四川广大职工的工资收入和福利待遇也有了显著提高，劳动条件有了很大改善，职工文化生活也更加丰富多彩。

一、四川工人阶级为提前完成"一五"计划作出巨大贡献

从 1953 年开始，全国开始执行发展国民经济的第一个五年计划，从而开始

了有计划的大规模经济建设。四川省“一五”计划期间，除从各方面保证国家重点建设外，主要任务是重点发展能源工业和交通事业，大力开展资源普查勘探工作，积极发展农业生产和地方工业，相应地发展文化、教育、卫生事业，以逐步提高人民的物质和文化生活水平。

“一五”期间四川的主要建设项目中，有6个项目列入国家156项重点建设项目，有16个项目列入国家694个限额以上的项目，四川省的地方重点项目71个。5年累计完成基本建设投资26.77亿元，建成了一批现代化的工厂、矿山、交通线路和车站码头。1957年，全省工农业总产值达到108.19亿元，比1952年增长83.1%，平均每年递增12.86%。工业总产值在工农业总产值中的比重，由1952年的27.2%上升到1957年的43.3%。教育、文化、卫生、市政事业也得到相应发展，城乡人民生活显著改善。

工业建设方面。“一五”期间，在广大地质工作者的艰辛努力下，四川共完成了14.8万平方公里的地质普查和1.8万平方公里的地质细测，探明发现了一批新的矿产地和找矿远景。电力工业重点进行了重庆电厂、成都热电厂和狮子滩水电站的建设。煤炭工业国家投资1.15亿元对南桐等一批骨干煤矿进行了改建、扩建，还重点建设了鱼田堡和中梁山煤矿。冶金工业重点对重庆钢铁公司和重庆特殊钢厂进行了扩建，同时扩建、新建了威远、江北等20多个地方铁厂，使1957年全省的生铁产量较中华人民共和国成立初期增加27倍，钢产量增加40倍。以成都为中心的电子工业得到兴建，苏联援建的156项重点工程中，电子工业全国仅有9项，成都就安排了4项——宏明无线电器材厂、新兴仪器厂、锦江电机厂、雷达探照灯厂相继在成都动工，并成立了全国第一个电子技术研究所——二机部电信工业研究所（后更名为西南电子技术研究所）。

交通建设方面。四川在铁路、公路、内河航运等方面进行了重点建设，初步改变了交通落后的状况。1952年7月1日，成渝铁路通车的当天，第一条出川的铁路——宝成铁路破土动工，1957年12月23日交付运营。在修建宝成铁路的同时，内（江）昆（明）铁路也于1952年开始勘测，1956年1月破土施工，1957年通车到自贡。1956年川黔铁路也开始动工，向南打通出川的通道。在公路建设中，川藏公路于1954年12月25日全线建成通车。从成都到阿坝的成阿公路全长506公里，从1951年3月开始修筑，1955年底竣工通车，改变了阿坝藏族羌族自治州没有公路的历史。全长441公里的宜西（宜宾—西昌）公路，横贯大小凉山，于1957年1月建成通车。这几条公路干线的建成，沟通了四川盆地与少数民族地区的联系，改变了四川的公路布局。到1957年，全省公路通车里程达到1.9万公里，比1952年增长61.2%。从1953年起，四川对从宜宾经重庆到湖北宜昌上千公里的川江进行了大规模整治，航道工人分期分批治理险滩，炸除礁石，清理河坝，使航行条件逐年改善，为运输船舶扩大拖载量和日夜航行创造了条件。

同时，在教育、文化、卫生市政建设等方面，在广大职工的共同努力下也取得了显著成绩，高等学校纷纷组建，一批科研成果相继涌现，中小学改革深入实施，文艺成果推陈出新，医疗卫生条件不断改善，逐渐改变了四川的落后面貌。

二、职工生活水平的显著提高和职工队伍的巨大变化

从四川解放到1953年，职工生活水平每年都有显著提高。特别是1956年6月，国务院决定适当提高工资水平，并进一步改革企事业和国家机关的工资制度。主要措施是实行直接用货币规定工资标准的制度，改进工人的工资等级制度，改进企业职员和技术人员的工资制度，改进计件工资制度，改进企业奖励制度和津贴制度。通过这次改革，较大幅度地提高了职工工资水平，全省全民所有制职工人均年工资由上年的411元上升到467元，提高13.6%，扣除物价上升因素，实际工资仍提高10%，一般厂矿都在90%以上。

各级工会组织积极参加工资改革工作。据重庆、成都、自贡市及14个专区的不完全统计，有19个基层工会建立了群众工资工作机构，有工资委员3320名。在开展工作中，工会协同行政举办训练班，培训了1.7万名积极分子。为了支持和帮助积极分子的工作，省总工会工资部直接发出600多封信，了解他们的活动情况和工作中遇到的问题，并对他们的回信进行分析整理，及时处理他们提出的问题和要求。基层工会一般都参加了工资改革方案和工人技术标准的制

定工作，采取多种方式在职工及其家属中开展宣传教育，并广泛听取群众的意见。由于工会在工资改革中认真研究和处理群众的意见和要求，做到条条有交代，件件有着落，大大密切了工会与群众的联系。

党中央、政府和工会还在加强劳动保险和劳动保护、兴办职工文化福利事业等方面做了大量的工作。到 1966 年底，实行劳动保险条例的基层单位已达 2108 个，职工近 45 万人；地方和产业举办的工人疗养院 12 个、床位 1290 张，基层单位举办的休养院（所）有 72 个、床位 2036 张。在改善劳动条件，加强安全、卫生方面也采取了许多措施，仅 1955 年工业厅、交通厅、铁路、煤炭等 8 个部门就拨款 144 万元来改善职工的劳动条件。工会还积极协同劳动部门和产业部门做好建立健全安全、卫生的规程制度，并进行定期或不定期的安全、卫生大检查，使干部和群众受到技术安全教育，推动了群众性的安全生产活动的开展。各地还注意了女职工特殊问题的解决。基层单位举办的幼儿园、托儿所，由 1952 年的 53 个增加到 1956 年的 206 个，收托儿童由 2762 人增加到 10139 人。女职工较多的单位，一般均设有简单妇幼卫生设备和助产士，有的还建立了孕妇保健制度。各级政府和工会组织还采取各种办法，新建和改建了职工的住宅，改善了居住条件。为了丰富职工文化生活，各地政府积极支持工会新建工人文化宫、俱乐部，地方办的由 1952 年的 17 个发展到 1956 年的 40 个，基层办的由 138 个发展到 298 个；工人图书馆（室）也由 546 个发展到 745 个。职工业余教育也有发展。据 1955 年 9 月统计，参加文化学习的职工已有 12 万人以上。

通过物质文化生活的进一步改善，让广大职工更加体会到社会主义制度的优越，从而进一步增强了主人翁责任感，提高了劳动积极性和创造性，积极投入劳动竞赛和先进生产者运动中，为完成和超额完成国家计划努力作出贡献。

三、职工队伍的发展壮大

在这期间，随着一批骨干企业和大量中小企业的陆续兴建、投产，并为“二五”计划大规模经济建设做好准备，四川的职工队伍迅速发展壮大，在好些方面起了巨大的变化。

职工队伍快速壮大。1956 年，全省职工达到 295.1 万人，比 1952 年增长了 2.2 倍，比 1955 年增长了 95%。由于新建、扩建企业大量招工，全民所有制职工达 186.6 万人，仅 1956 年就增加了 51.8 万人。集体所有制职工增长更快，历史悠久的四川手工业，近 40 万独立劳动者都按行业组织起来成了集体所有制职工。1956 年，全省集体所有制职工达 108.5 万人，比 1955 年增长 5.5 倍。职工分布情况也开始发生变化。大中型企业职工开始增多，1000 人以上企业职工人数明显上升，占职工总数的 27.9%，以重庆、成都和交通沿线最多。100 人以下企业职工比重仍很大，占职工总数的 47.8%；全省近 5000 个小型企业，有 83% 都在专县。100 人以上 1000 人以内的企业职工比重小，占职工总数的 24.3%。

在全民所有制职工中，新工人多，老工人少。当时，全省工业、基本建设、地质勘探共有职工 63 万人。在工业中，1949 年以前的老职工只占 27.2%，1950 年以后的新职工占 72.8%；基本建设中，老职工只占 12%，新职工占 88%。地质勘探、森林工业中新职工的比重更大。这些新工人，绝大多数都是来自农村，有一部分来自城市停学待业的高小、初中毕业生，以及技工学校学生，少数是复员转业军人。

职工的文化水平低，技术熟练程度不高。老工人技术水平虽普遍较高，但大多数是文盲、半文盲；青壮年工人文化水平稍高一些，但技术水平低。据工业系统 3.7 万余人的调查，文化程度，中学（主要是初中）占 7.9%，小学占 55.2%，文盲占 36.4%；技术熟练程度，4 级以下工人占 69.7%，5~8 级工人占 15.2%。正确认识和研究职工队伍的这些变化，加强对新工人的教育，注意解决日益突出的内部矛盾，以充分调动广大职工在经济建设中的积极性，成为四川工人运动和工会工作当时的重要任务。

第五节　工会组织建设的加强和工会工作的新探索

随着“三大改造”的基本完成和职工队伍的巨大变化，人民内部矛盾开始突出起来。在这新的形势下，在处理人民内部矛盾中如何发挥工会组织的作用，成了工会干部探索的新课题。

一、积极加强新工人教育

约占职工总数70%的新工人，多数是1956年进厂的。他们是工人中的新鲜血液，有很多长处：一般年纪都很轻，1956年四川工矿企业新增的工人中，青年占79.8%；他们是在党的培养下成长起来的，朝气蓬勃；有一定文化，绝大多数都是小学或初中毕业生，少数还是高中生，接受新事物较快；上进心强，进厂后，积极学习政治、技术、文化，进步较快。但是这些新工人入厂前，多在学校读书，没有经过劳动实践的锻炼，不同程度地轻视体力劳动；在对待国家、集体、个人之间的关系上，较多地计较个人生活待遇，缺乏艰苦奋斗的精神；不习惯严格的组织纪律，有些人旷工、缺勤，不守纪律。加强新工人教育，发扬其长处，克服其弱点，成为当时全社会的一项重要任务。

新工人教育问题作为工会教育工作的重点，持续了两年多时间。从1956年大量招工开始，抓得早的单位就开始注意对新工人的教育。1957年3月，在贯彻毛泽东《关于正确处理人民内部矛盾的问题》的重要讲话时，中共四川省委明确指出，在加强职工的思想教育中，特别是要加强对新工人的教育。从此新工人教育在全省普遍引起重视和加强。省工会将新工人教育作为工会系统的重要任务，通过工会、职代会等的实际活动进行教育，除系统地上政治课外，多采取群众喜闻乐见的形式进行教育。由于老工人经过长时期劳动锻炼和阶级斗争的考验，觉悟较高，主人翁责任感强，要求紧紧依靠老工人，团结教育新工人。当时，在新工人中，集中进行了形势、工人阶级的领导地位和重要使命的教育，使其懂得“三大改造”基本完成后，工人阶级的重要使命就是开始进行全面的社会主义建设，增强主人翁责任感；进行了“劳动创造世界”和革命传统教育，克服轻视体力劳动的思想，积极参加劳动；进行了集体主义、民主与集中关系的教育，使其把个人利益与国家和集体利益正确结合，个人理想与国家需要正确结合，民主与集中正确结合，自觉克服个人主义、自由主义，自觉遵守纪律。通过这段时期的教育，进一步提高了新工人的思想觉悟，激发了他们的劳动热情，对于提前超额完成“一五”计划和积极投入“二五”计划建设，都起了重要作用。

在生产资料所有制的社会主义改造基本完成后，阶级关系发生了新的变化；工人阶级队伍迅速扩大，新工人来自社会各阶层，带来了一些非无产阶级思想；而有的单位领导官僚主义有所滋长。由于这些原因，工人阶级内部矛盾，特别是领导与群众的矛盾开始突出起来，职工罢工闹事逐渐增多。从1956年5月至1957年5月，全省共发生职工闹事事件24件。正确处理这些内部矛盾，是增强工人阶级内部团结，发挥职工群众劳动积极性和创造性，稳定社会秩序，保证社会主义建设顺利进行的重要问题。1957年3月，中共中央发出《关于处理罢工罢课问题的指示》（以下简称《指示》）指出：“为了使人民内部矛盾能够通过团结—批评—团结的正常方式得到解决，必须及时地了解和正确地处理职工群众的要求。”“党委应当领导工会、青年团积极反映群众的意见和要求，并且领导和督促工厂行政部门正确地迅速地处理和给群众以答复。”并要求将企业职工代表会议改为职工代表大会制度，更好地组织职工参加民主管理，依靠群众办好企业。《指示》的附件是全国总工会党组向中共中央写的《关于职工罢工请愿情况的报告》（以下简称《报告》）。《报告》提出：工会在处理人民内部矛盾中应充分发挥调解作用，就是说工会作为职工群众的组织，“应当支持群众的合理要求，通过自己同行政的协商，迅速地解决群众的问题”；同时，工会又是全国统一的组织，应站在全局利益上，“对于群众的过分要求，应加以分析，耐心地进行劝说和说服”，通过工会的调解作用，促使内部矛盾的解决。

四川省工会不仅强调要处理好已发生的职工罢工闹事事件，而且注意分析职工内部当时突出的带普遍性的矛盾，发挥工会的调解作用，主动积极地解决矛盾。1957年6月14日，中共四川省工会党组向省委提出《关于当前工会工作应注意的问题的意见》（以下简称《意见》），经省委批转各地执行。《意见》分析了当时职工中突出的带普遍性的矛盾：去年调资时不少单位宣布今年还要调资，由于物价上涨职工也渴望调资，但国家根据财力决定今年不调资，不能兑现，有些工厂企业原料供应不足，窝工、停工增多，职工工资收入减少；小学毕业生多，学校不能满足，部分职工子女不能升学等。对这些突出的矛盾如不做好工作，容易引起闹事。要求各级工会针对问题，主动向职工讲明我国人口多、底子薄、经济技术落后，生产生活上还有许多实际困难，教育职工体谅国家困难，艰苦奋斗，勤俭建国；认真开好职工代表大会，发扬民主，依靠群众办好企业；对职工的合理要求和子女升学、生活困难等实际问题，凡是能够解决的，要协助和督促行政及时解决，办不到的，要向职工解释清楚。这个《意见》的贯彻，缓解了职工内部矛盾，减少和避免了罢工闹事事件的发生，稳定了职工的生产情绪。

二、工会工作的新探索

“三大改造”基本完成后，在国内经济情况和阶级状况发生深刻变化、人民内部矛盾突出的情况下，工会前一时期已经出现而没有得到解决的问题更尖锐地暴露出来：社会主义条件下工会的任务与作用到底是什么？工会与行政在基本利益一致基础上是否有矛盾？工会是否有保护作用和监督作用？党如何领导工会？工会如何对待群众？这一系列的问题，全国工会在探索，四川的工会干部也在积极探索。

关于工会的任务与作用，有些干部提出：“以生产为中心，生产、生活、教育三位一体的方针太笼统，不能突出工会特点，对工会任务有进一步明确的必要。”有的干部认为：“作为工人阶级的群众组织的工会，应把保护职工群众的物质利益和民主权利作为工会的重要任务。”“工会应当代表职工说话，为职工办事，代表和保护职工利益。”有的认为，“发动、教育广大职工把经济建设搞好，是工会的首要任务。”有的提出，由于人民内部矛盾突出起来，工会主要应当发挥调解作用。有的认为，由于官僚主义的存在，工会的根本作用就是代表职工群众对行政进行民主监督。有些干部则指出：工会的列宁主义观点，即在无产阶级专政条件下，工会是共产党联系职工群众的纽带，是无产阶级政权的坚强支柱、广大职工学习共产主义的学校，应很好结合我国工会的实际情况全面来贯彻。

关于工会与党的关系，许多人都认为，中国共产党是工人阶级的先锋队，工会是党领导下的工人阶级的群众组织，坚持党的领导，是做好工会工作的根本保证，这不仅在理论上完全正确，而且是经过中国几十年革命和建设的历史实践得出的结论。但在过去一段时期批判所谓“工团主义”时，只强调了在党的领导下进行工作，却忽视了工会组织的性质和特点，未能充分开展自己的“独立活动”。有的提出：“现在党委对工会管得过多过死，经常干涉工会的日常工作，妨碍了工会的活动。”“党委对发挥工会的独特作用重视不够，统得太死，好像工会是党委的一个部门。”认为党委应当改善对工会的领导，充分发挥其组织作用，使其当好党的助手。关于工会与行政的关系，工会干部中普遍认为，在我们国家，工会与行政的任务、利益根本上是一致的，都是在党的统一领导下，为实现党提出的任务而共同努力，但由于两者的组织性质不同、活动方式不同，因而是存在一些差别和矛盾的。特别是行政领导上的官僚主义必然侵害职工群众的利益，所以强调工会保护职工群众的利益是对的。有些干部提出，在过去一段时期中，“只强调了工会与行政的一致性，忽视了行政与工会之间的差别和矛盾，没有发挥工会组织的作用，脱离了群众”。有的认为，“要发挥工会组织作用，只有扩大工会权力，代表职工群众对行政进行监督”。有的要求要进一步明确规定工会代表职工群众参加管理和监督的权力，基层工会组织职工代表大会的权力以及工会在处理劳动争议中的权力。

关于工会与群众的关系，工会的不少领导和干部从工作的实践中逐步认识到：“紧密联系群众是做好工会一切工作的基本条件。”但在过去错误批判所谓“经济主义”以后，助长了不关心工人疾苦的官僚主义，抓生产的时候贯彻群众路线很差；在建立工会工作正常秩序时，把有关工人切身利益问题当作非工会业务排除；在工会建设上不注意发扬民主和依靠积极分子，领导作风上普遍存在文牍主义和形式主义。为什么中华人民共和国成立后的工会容易产生脱离群众的现象呢？有的工会干部认为，“工会所处的两重性地位（既是领导阶级的组织，又是群众组织）是产生脱离群众的客观基础”，因而“需要经常强调、特别重视联系群众”。有的则认为，“工会不发挥自己的独特作用，工会领导机关就会脱离基层干部，基层干部就会脱离群众；只有代表群众利益，才能更好地联系群众。”

当时，四川的一些工会干部对中华人民共和国成立后，特别是“三大改造”基本完成以后工会工作遇到的一些新的问题，进行认真的探索，许多基本观点历史证明是正确的，至今仍有现实意义；有些论点虽不很全面，不够确切，但这种勇于探索的精神仍是可贵的。但在后来的反右派斗争中，却把其中不少意见作为“反党罪行”，伤害了一些同志。这是应该吸取的教训。

第七章　开始全面建设社会主义后的四川工人运动

社会主义制度在全国确立后，党的中心工作开始转到把我国逐步建设成为一个具有现代农业、现代工业、现代国防和现代科学技术的社会主义强国，领导人民开展全面的大规模的社会主义建设上。在四川广大工人阶级以前所未有的建设热情让天府之国面貌发生深刻变化的时候，由于党对社会主义建设的客观规律认识不足，导致四川工人运动出现曲折。1957 年 4 月 27 日，中共中央决定在全党开展整风运动。6 月，开始转入全国规模的反右派斗争。反右派斗争的严重扩大化，造成了不幸的后果。四川工会系统把反所谓“工团主义”作为反右派的重要内容，使工会工作受到严重影响。从 1958 年开始的三年“大跃进”，导致在四川的工会运动中，为了“大办工业”“大办钢铁”，职工队伍急剧膨胀。围绕不切实际的高指标，全力以赴组织竞赛，严重地挫伤了群众的生产热情。甚至完全忽视工会工作的特点，一度提出为“工会消亡”而奋斗，工会工作普遍削弱。1960 年 9 月，中共中央提出对国民经济进行“调整、巩固、充实、提高”的方针，工会活动有所恢复，四川广大职工以主人翁精神，积极响应号召，艰苦奋斗，积极投身三线建设，战胜调整中的重重困难，努力增产，厉行节约，促使四川的经济得以迅速恢复，并推动了三线建设的起步。

第一节　党的八大前后的四川工人运动

1951年底，全国总工会党组第一次扩大会议错误地批判当时全国总工会主要负责人李立三的所谓“经济主义”“工团主义”，并在1953年初向全国传达。四川由于地方党委称工会对过去工作坚持了实事求是的态度，所以受到的影响不大。严重的是在反右派斗争中又将四川并不存在的所谓“工团主义”作为工会反右派斗争的重要内容，接着又传达贯彻在“左”倾思想指导下召开的全国总工会党组第三次扩大会议精神，加重了“左”倾错误对四川工会运动的影响。

一、党的八大

1956年9月召开的党的八大，根据我国社会主义改造基本完成后的形势，提出国内主要矛盾已经不再是工人阶级和资产阶级的矛盾，而是人民对于建立先进的工业国的要求同落后的农业国的现实之间的矛盾，人民对于经济文化迅速发展的需要同当前经济文化不能满足人民需要的状况之间的矛盾，党和全国人民的主要任务是集中力量发展社会生产力，实现国家工业化，逐步满足人民日益增长的物质和文化需要。党的八大以后，全省掀起了学习贯彻党的八大精神的热潮。四川广大工人阶级通过学习认识到当前党和国家的主要任务是集中精力进行经济建设，尽快实现从落后的农业国向先进的工业国转变。在省委的统一部署下，各地市州委相继召开了工业、财贸、文教等工作会议，提出在经济建设方面优先发展重工业，同时根据原料、资金的可能和市场的需要，积极发展轻工业。但由于国际国内形势的变化，学习贯彻党的八大精神的热潮很快就中止了，整风运动、反右派斗争随之展开。

二、反“工团主义”斗争在四川

随着全国范围内的反右派斗争迅速展开，从1957年6月开始，四川各级工会组织在当地党委统一领导和部署下，都普遍开展了反右派斗争。由于“左”的思想影响，把一些工会干部平时的一般问题，甚至对工会问题的一些有益探索或意见，当成“反对党的领导”“对社会主义不满”“歪曲工运方针路线”的“右派言论”加以批判。省工会机关的贺天熙等13人被错划为右派分子，占参加运动人数的5.1%。在反右斗争扩大化的形势下，10月15日，省工会党组召开扩大会议，着重传达贯彻全国总工会党组第二次扩大会议精神和全国工会代表会议精神，对四川工会干部中抵制或怀疑全国总工会党组第一次会议的正确意见以及对当前工会工作问题的不同看法，进行了错误的批判。会议指出：目前工会问题的分歧，实际上是工会工作的两条路线斗争，贯彻全国总工会党组第二次扩大会议精神，是当前工会组织迫切而重大的任务。于是，继续反“工团主义”“经济主义”成为工会整风反右斗争的重要内容。

当时还错误认为，工会干部整风中提出的一些问题和意见，不仅攻击了党的领导和社会主义制度，“还集中攻击了工会运动，否定工会的成绩和作用，反对党对工会的领导，妄图篡改党所规定的职工运动的正确路线”。

四川省工会第三次代表大会从1957年11月18日开始，历时13天。在大会的《普遍深入开展整风和社会主义教育运动，迎接第二个五年计划生产建设的新高潮》工作报告中，虽然指出在社会主义改造基本完成的新形势下，人民内部矛盾已提到显著地位，必须根据“团结—批评—团结”的方针去解决职工内部的问题；要发扬社会主义民主，健全职工代表大会；要进一步开展增产节约、先进生产者运动，促进“二五”计划的实现。但又强调在人民内部矛盾中还存在严重的阶级斗争，要对右派分子和城乡反社会主义分子进行坚决斗争，要通过抓阶级斗争掀起生产建设新高潮。会议中，许多代表，特别是工会专职干部代表，在对工会工作及领导作风提出批评和建议的同时，对工会的性质、作用、任务，尤其是工会与党的关系、与行政的关系、与群众的关系，以及对工会以往作用的估价等，提出了不少的问题和不同的看法。会议又把这类“问题”和“看法”错误地认作“工会根本问题上的错误看法”，予以指责，成为这次开展“工会工作两条路线斗争”的开端。

在“左”的错误的发展和影响下，一批工会干部受到错误批判，被错划为

“右派分子”，甚至被打倒。重庆市工会除错划“右派分子”28人，还错定了“工团主义分子”26人。而且，这次斗争还扩展到了基层，厂矿企业中一批工会领导人和专职干部也受到错误批判，有些人被打成“反党分子”“工团主义分子”，长期蒙受不白之冤，工会的组织和作用被严重削弱。基层工会的一些工会干部也受到审查和批判，使工会组织和工作都遭受损害。

三、全国总工会党组第三次扩大会议对四川工运的影响

全国总工会党组第三次扩大会议于1958年5月至8月在北京召开，会议错误地给赖若愚、董昕等扣上了“工团主义”“经济主义”“右倾机会主义”的帽子，在关于社会主义时期工会一系列根本问题上颠倒了是非，“左”的错误更集中、更系统，影响更深、危害更大。

1959年1月15日至2月1日，省工会党组召开扩大会议，正式传达贯彻全国总工会党组第三次扩大会议和正在召开的全国总工会党组第四次扩大会议精神，传达贯彻省委四级干部会议精神，主要任务就是肃清赖若愚等人的“右倾机会主义错误”对四川工会工作的影响，使全省工会工作响应“大跃进”的需要。过去在工会的整风“反右”中，已普遍将反“工团主义”作为重要内容，又召开了以反右为主要内容的全省工会三级干部会，这次会议又在这个基础上“继续和深入”开展“工会系统两条路线斗争”。

错误的批判在根本上歪曲了事实，更加搅乱了工会运动的理论是非，主要有以下几点：一是在工会和党的关系问题上，把工会接受党的领导和发挥工会组织的主动性积极性对立起来，片面强调党对工会的“绝对领导”，要求工会无条件地成为党的“工作部”“工作队”“驯服工具”“陕北毛驴”；否认工会的群众性和组织上应有的独立性，把工会在党的领导下，按照群众组织的特点，主动积极地开展活动说成是否认党的领导，是“工团主义”。二是在工会同国家机关、企业行政的关系问题上，片面强调彼此之间的一致性，否认它们在根本一致基础上的差别和某些具体问题上产生的矛盾，片面强调工会要协助配合行政，维护行政的集中管理和指挥，否认工会在维护职工物质利益和民主权利方面应

有的责任，把工会发挥群众的监督作用和参与制定有关劳动工资、劳动保险、劳动保护等方面的职能，视为“凌驾于政府之上”和“向政府争权夺利”。三是在工会的任务和作用问题上，只强调工会在动员职工发展生产、维护国家利益方面的任务和作用，把工会在发展生产的基础上注意改善职工的生活，在职工同领导发生矛盾的时候应发挥“调解作用”等正确主张，说成是“经济主义”“同党和政府分庭抗礼”。四是在工作方法上，片面强调工会要自上而下地贯彻执行党和政府布置的工作，否认工会应该同时自下而上地按照群众的呼声、要求、意见办事，把主张自上而下的工作与自下而上的工作结合起来的意见，说成是“崇拜自发的工人运动”和“代表落后”。

“左”的错误观点，在四川层层传达，影响全省，广大工会干部在这场工会的“路线斗争”中，怕犯所谓“工团主义”“经济主义”的错误，形成沉重的精神枷锁。长时期中，工会干部谨小慎微，工会本身的事无论大小都要请示才敢办。于是工会脱离群众日渐严重，也削弱了党和本阶级群众的联系。在工会一系列根本问题上的“左”的错误观点，在“文化大革命”中更被无限发挥、步步升级。直到中共十一届三中全会以后，通过拨乱反正，才将颠倒了的是非逐步纠正过来，并给蒙冤的同志彻底平反，恢复名誉。这是一个沉痛的历史教训。

第二节　“大跃进”中的挫折

1958年开始的三年“大跃进”，广大职工从迅速改变四川的落后面貌出发，生产热情很高。由于指导思想上急于求成，生产建设遭受严重挫折。四川工会工作也按“左”的指导思想开展“大跃进”，其间还受到“工会消亡”风的影响，经历了曲折的道路。

一、“大跃进运动”

“大跃进运动”，是在批评“反冒进”和酝酿、制定社会主义建设总路线的过程中发动起来的。1957 年冬，全国各地区、各部门贯彻党的八届三中全会精神，拉开了“大跃进”的序幕，四川也迅速展开。“大跃进”在工业方面的特征是，提出“以钢为纲”的口号，不断提高钢铁产量指标。1958 年，中央政治局扩大会议（“北戴河会议”）号召全党全民为生产 1070 万吨钢而奋斗后，全省迅速掀起了以建小高炉为主要特征的全民炼钢运动。各级党委书记挂帅，动员调集 800 多万个劳动力上山找矿建炉。城市及农村群众献铜献铁、砸锅献铁成为当时社会生活中的奇特现象。省委连续三次召开电话会议，检查钢铁生产情况。到当年底，全省大小冶金企业由 139 家猛增到 689 家。大炼钢铁的群众运动，造成人力物力的巨大浪费，对国民经济的消极影响和对生态环境的巨大破坏，在后来的经济社会发展中逐渐显现。

二、毛泽东来川视察与成都会议

1957 年底，党中央决定 1958 年 3 月在成都召开一次中央有关部门负责人和各省、市、自治区党委第一书记参加的政治局扩大会议（“成都会议”）。

会期决定后，中央领导人开始陆续前往成都。周恩来先沿江实地考察治理长江问题后再到成都参加会议。在考察中他主持讨论了中央关于“如何积极准备兴建三峡枢纽”的问题，并提出了十六字原则，即“统一规划，全面发展，适当分工，分期进行”；主持讨论了为成都会议准备的沿途考察纪要。刘少奇、邓小平来川后分别考察了郫县（现成都市郫都区）国营拖拉机站和内江隆昌天然气矿，并对四川的农业、工业生产进行了调研和指导。

毛泽东于 1958 年 3 月 4 日乘专机到达成都，和与会人员一起住成都西郊省委金牛坝招待所（今金牛宾馆）。毛泽东一到成都就对四川的历史和现状进行了广泛的调查研究。会议期间，毛泽东深入基层，考察了农村、工厂、都江堰水利工程。在郫县红光农业生产合作社，毛泽东深入农户，和农民群众亲切交谈，了解生产和生活情况；他要求合作社干部不要满足于现状，要提出更高的要求，使庄稼长得更好、产量更高。在成都量具刃具厂，毛泽东深入车间，和工人亲切交谈，了解工厂的情况；他强调工厂要实行文明生产，要做到安全、清洁、卫生和生产有序。3 月 21 日在四川省委第一书记李井泉的陪同下，毛泽东考察了已有 2200 多年历史的我国著名水利枢纽工程——都江堰。考察中，毛泽东对都江堰的历史和现状表示出浓厚的兴趣。他要求四川省委的同志要考虑扩大灌溉面积，又要考虑综合利用，更好地发挥这一工程的作用。会议期间毛泽东还参观了成都武侯祠及杜甫草堂。1958 年 3 月 27 日，毛泽东专列离开成都，沿途考察了隆昌气矿、重庆钢铁公司，并顺着长江到武汉。成都会议前后毛泽东在四川的活动，给正在进行社会主义建设的四川人民以巨大的鼓舞。

1958 年 3 月 8 日至 26 日，成都会议在金牛坝招待所召开。会议确定把“鼓足干劲、力争上游、多快好省”的口号作为党的建设社会主义总路线的基本内容，并制定了大幅调高的各项经济指标。成都会议在中国社会主义经济建设史上占有十分重要的地位，会议提出的社会主义建设的总路线，反映了广大人民群众迫切要求改变我国经济文化落后状况的普遍愿望，但忽视了客观经济规律，在经济建设方面带来了负面影响。这主要集中体现在“大跃进”和人民公社化运动中。

三、职工队伍急剧膨胀

1958 年的四川，经过“一五”时期的初步建设和空前规模的地质勘探，已面临全面开展经济建设的任务。这项任务的规划和开始实施，正值“大跃进”运动在全国迅速发展。在中央提出的争取在 15 年或者更短的时间内，在主要工业产品产量方面赶上和超过英国的跃进目标下，四川省要求在“二五”计划期间，地方工业总产值要比 1957 年增长 3 倍以上，远远超过实际的可能。为了实现这个目标，从省到地、县、区、乡，发动各行各业办工业，工业建设规模迅速膨胀，建设队伍急剧增加。

从 1958 年初开始，迅速掀起了“全党办工业”“全民办工业”的运动，钢铁和机械制造工业优先，交通、电力等也都相应开展“全民大办”，全省就有 5600 多个建设项目上马，动员了大量农民和市民参加。在县以下更是“遍地开花”办企业，县、区、乡的小型工业高速发展，全省从年初到 5 月办到 14.8 万个，到7月就超过42万个。9月以后，由“遍地开花”办工业转入“以钢为纲”“大办钢铁”，掀起兴建土高炉的运动，目标从1万座发展到10万座，不仅从厂矿企业、机关团体、文教卫生等单位抽调了大批职工突击，更多的是从农村调动大量青壮年农民参加，人员最多时近1000万人。参加“大办工业”“大办钢铁”的人员主要是农民，他们大批转为正式工人，职工队伍迅速膨胀。1958年与1957年比较，全省职工总数从302.51万人猛增至534.04万人，增长了76.5%。同时，又大搞企业的所有制升级，大量集体所有制企业变为全民所有制企业，大量集体所有制工人转为全民所有制工人。1958年与1957年比较，集体所有制职工由112.59万人减至63.19万人，全民所有制职工由于大量招收新工人和集体转全民，从189.97万人猛增到470.83万人，增长了近1.5倍。

经过一年的“大跃进”，四川经济开始陷于困境。1959年，钢铁指标和基建投资随着全国指标的调减，四川原定的上升幅度有所下降，职工人数也减少了10余万人。原建的小高炉，因质量很差，成本很高，原燃料供应不足，大都停火，从农村来的炼铁人员陆续回去。但整个生产建设仍坚持“以钢为纲，全面跃进”。到8月，全国开展的反右倾运动在四川层层贯彻，厂矿企业开展“以两条道路斗争为纲的社会主义教育运动”，敢于反映经济困难实情的干部和职工受到批判，刚开始的纠“左”中断，盲目冒进加剧，一度压缩的基建项目和职工人数迅速回升，停火的土高炉又恢复一批，新上农民30万人，职工人数随着工业生产建设规模的膨胀，又急剧上升，到1960年达到顶峰。当年全省职工总数增至550.19万人，比1957年增加了29.68万人，其中全民所有制职工增加了296万人。三年“大跃进”中，全民所有制职工平均每年增加近100万人，比1957年前年平均增加职工33万人，高出2倍。集体所有制职工因企业所有制升级大量转为全民所有制，职工人数从1957年的112.54万人减少到1960年的64.22万人，减少了42.9%。

四、生产热情的空前高涨和生产建设的严重挫折

四川广大职工在社会主义改造的胜利和“一五”计划提前实现的鼓舞下，

劳动热情空前高涨，新的群众性生产高潮蓬勃兴起。但是，全省职工以高昂的热情开始的全面建设，由于指导思想上的“左”倾错误受到了严重挫折。

从“大跃进”开始，广大职工满怀迅速改变四川落后面貌的强烈愿望，热火朝天投入各种“大办”之中。但耗费大量人力、物力、财力，当年生产出的钢铁，不仅数量上浮夸，而且质量很差，废次品很多，成本很高，造成很大损失，群众的积极性也受到挫伤，经济建设开始陷于困境。尽管如此，广大职工仍以主人翁的高度责任感，开展以班组为基础的对手赛、同工种赛、厂际竞赛等多种形式的竞赛，尽力克服已经出现的困难，力图促进生产。这些竞赛尽管都取得了一定短期效果，但因它们究竟是在“以钢为纲”的轨道上，不可能扭转经济形势。加以在具体做法上，计划统编，措施统订，作为龙头的制铁指标一再加码，龙身龙尾被迫层层加码，越赛越不切实际，事倍功半，耗费了职工群众高昂的劳动热情。

“大跃进”的三年间，四川广大干部职工克服“左”的影响，经济建设虽有所发展，新建和扩建了四川化工厂、成都飞机制造厂、重庆钢铁公司等一批大型骨干企业，原有工业部门有所加强，也新增石油等一些工业部门，交通、电力还有较大发展。但是，由于“左”的指导思想和工作上的严重错误，片面追求快速工业化，从“全民大办工业”到“以钢为纲，全面跃进”，工农轻重比例更加失调；在“大办工业”中，搞高标，瞎指挥，只追产量，不顾质量，不讲效益，浪费大量人力、物力、财力；片面夸大主观能动作用，只讲冲天干劲，不讲科学精神，不讲安全生产和劳逸结合，拼体力，拼设备，损伤了职工的元气。加之农业严重衰退，依靠农业支持的工业高潮走到尽头，四川工业从 1961 年就全面下降。

五、从工会工作“大跃进”到“工会消亡风”

在全面“大跃进”的形势下，1958 年 5 月，四川省工会也定出实现工会工作“大跃进”的规划：在群众生产工作上，要求市和基层每年都要开一次先代会，各地区、各行业、各单位都要有各种各样的标兵；在文化教育上，要求根据产业的不同情况，在1年、2年或3年内全部扫除青壮年职工以及集中居住的职工家属的文盲；在文艺活动上，要求千人以上厂矿企业周周有演出，千人以下厂矿企业月月有演出；在工会自身建设上，要求工会专职干部2年内做到又红又专、每人每年至少写12篇文章，要求100%的工会积极分子1年内都活跃起来。

三年“大跃进”中，四川广大工会干部为迅速改变四川的落后面貌，不辞辛苦，不怕困难，与群众一起，实干苦干。从“大办钢铁”开始，省工会机关有72%的干部都奔赴钢铁第一线，留机关的人员也在机关搞起土法炼钢。县以上工会的专职干部几乎全力以赴，参加全民炼钢运动。工会干部与工人同吃、同住、同劳动，从备料、修炉到炼铁、炼钢，夜以继日地与工人一道苦战。根据省委关于工会要以主要力量抓竞赛的指示，各级工会集中80%以上力量做竞赛的组织工作。省工会一位副主席带领一批干部组成省竞赛评比委员会办公室，长住重庆，与省钢铁办公室紧密配合，集中抓钢铁的竞赛评比。

在职工业余教育中，要求“大办高办”，快速扫盲。1958年8月，省工会在三台县召开扫盲现场会，提出比原来的“跃进规划”还要高的指标：“奋战1个月，基本扫除职工中的文盲；奋战3个月，全部扫除职工中的文盲。”1960年4月，省工会和教育厅、省高教局、共青团省委、省妇联联合在南充召开了全省职工业余教育现场会，要求在不到3个月的时间内，全省展开扫盲、普及初等教育和丰富职工的文艺体育活动的三大战役，在“七一”以前，入学率90%以上，全部扫除文盲和基本普及初等教育。实际上，上半年的入学率只达到53%，下半年开始，由于经济上的困难日渐突出，职工入学率又普遍下降。在职工文艺体育活动上，也要求人人搞文艺创作，个个参加体育活动，掀起职工文体活动的“大跃进”。

对于“大跃进”中工会工作的问题，四川有些工会干部逐渐有所觉察，实事求是地指出，工会工作不是“大跃进”，而是“马鞍形”，要求及时改正，稳步前进。但是这些意见被指责为“作了右倾估计”。

在“大跃进”、人民公社化运动中，大刮“共产风”对工会的影响也很大。当时，一些人误认为，共产主义已为期不远，工农差别即将消灭，从而否定社会主义工会的特点和作用，提出了“为工会消亡而斗争”的错误主张。四川有些工会干部错误地认为，公社的建立很快就要过渡到共产主义，公社很快就要代替工会，工会开始消亡的条件已经成熟，因而，在工农商学兵大联合和政社合一的公社内，没有必要保留工会这一组织形式。于是，开始提出县及所属工会的消亡和新建企业不建工会的问题。

1958年10月31日，中共四川省委批转成都3个厂的劳动制度试行简章，其中就规定：工会不再吸收固定会员，停收会费，工会活动主要通过职代会进行。12月31日，省工会提出《关于县以下工会消亡问题的意见》（以下简称《意见》）。《意见》认为：农村已普遍建立人民公社，县亦将成立联社，县以下工会消亡的条件已开始成熟。工会的消亡时机应根据不同情况决定，有的县只有很少的工矿企业，工会的工作不多，现在公社已完全代替了它的工作，这类县可以立即消亡；有的县工矿企业较多，工会在职工中有一定影响，工会应在党委领导下，积极做好人民公社的工作，促使消亡条件成熟，再自然消亡；财贸、文教、卫生等部门目前即可由公社进行工作，工会可自然消亡；县工会应在县联社已建立、县以下基层工会基本消亡时再自然消亡。同时，根据省委指示，省工会又发出了《关于县以上新建企业不建立工会问题的意见》，提出用职代会、竞赛评比委员会、生活福利委员会等组织代做群众工作。

这股“工会消亡风”发展很快，对四川的工会组织和工作都造成较大的损失。从提出“县工会消亡”问题不到3个月，县工会已出现几种情况：珙县、长宁县已宣布撤销县工会，牌子摘掉，干部调走；泸州专区所属的县工会都已分别与县劳武部或工业部合并；合川、江北等县工会大部分干部调走，剩下个别干部办理结束手续，还有不少县工会都开始调走工会干部，作工会消亡的准备。县以上工会也受影响，泸州、内江专区工会和自贡市工会都准备与工业部合并，泸州专属以上的厂矿企业及财贸、文卫单位的工会都完全停止了活动。

鉴于县以下工会消亡导致群众工作削弱引起职工的不满，中共四川省委在1959年2月批转了省工会党组《关于县以下工会工作若干问题的处理意见》（以下简称《意见》）。《意见》指出：工会组织“已建立的不撤销，未建立的不建立，已经撤销了的，也不再恢复”。此后，“工会消亡风”有所缓和。6月，全国总工会在省市自治区工会主席会议上，对“工会消亡”问题作了初步检查，但还错误认为“原则上是对的”，只是“对形势的估计快了些，步骤规定急了些”，也提了一些处理意见。7 月底，四川省工会召开工作会议贯彻全国总工会会议精神，提出：专属以上厂矿企业和县属地方国营企业可以建立工会组织，工矿企业和职工人数多的县可以建立或恢复工会。但是，“工会消亡”问题，在干部思想认识上并未彻底解决。

1960 年初，大办城市人民公社化运动开始在全国兴起，中共四川省委决定成立四川省城市人民公社领导小组，省工会主席任副组长兼办公室主任，办公室设在省工会。到 8 月底，全省就建起了城市人民公社 93 个，纳入公社人口 238.9 万人，占全省城市人口总数的 33.05%。在建立城市人民公社的前期，城市中的大小工厂企业都纳入公社，有些还是以大型企业为主体组建城市公社的。这时，全国总工会又提出城市工会“纳入公社”“多谈公社，少谈工会”，四川也搞“脱掉旧棉袄，换上新棉袄”，将工会工作逐步纳入城市公社，对四川部分工会组织作用的发挥产生了不利的影响。直到 1962 年中共中央召开了扩大的工作会议以后，全国总工会和四川省工会才进一步从指导思想上进行检查。再则，实践中厂矿企业办城市人民公社的办法也行不通，才将“工会消亡风”平息了。在“工会消亡风”前后，根据中共中央成都会议通过的《关于工会组织问题的意见》，四川省工会的机构进行大量精简，所属事业单位都先后停办或交出。1958 年 3 月开始，省工会机关由原来的九部一室一科，改组为四部一室一处一委。同时，撤销了省工会干部学校。6 月，省工会所属工人疗养院完全交卫生部门领导和管理。10 月，又决定将劳动保险业务完全交行政管理。12 月 31 日，《四川工人日报》停刊，并入《四川日报》。

第三节　努力促进国民经济调整

1958 年至 1960 年期间“大跃进”的急于求成造成国民经济比例严重失调，再加上三年严重的自然灾害和苏联政府背信弃义地撕毁合同，使新中国面临前所未有的严峻挑战。1960 年 9 月 30 日，中央转发的国家计委党组《关于一九六一年国民经济计划控制数字的报告》，提出对国民经济实行“调整、巩固、充实、提高”的方针。1961 年 1 月 14 日至 18 日，中共八届九中全会讨论批准了这个方针。四川工会认真贯彻落实中央决策部署，着手纠“左”，扎实开展活动。随后，虽然职工队伍与工会组织又一度受到阶级斗争扩大化的“四清”运动的冲击，但广大职工仍以主人翁精神艰苦奋斗，战胜调整中的重重困难，努力增产，厉行节约，使四川经济得以迅速恢复并有较大发展。

一、生产自救，节约度荒

由于三年“大跃进”的严重错误，加以自然灾害的一些影响，不仅企业生产的困难很多，职工生活也遇到严重困难：粮食紧张，蔬菜、肉食供应很少，价格上涨，职工伙食费用增高，生活困难的职工比例增大，职工情绪很不稳定，直接影响生产。1961 年初，中共四川省委发出了“生产自救，节约度荒”的号召，各级工会组织发动和组织职工养猪种菜，大力发展副食品生产，改善职工生活。11 月，成立中共四川省委工业、交通运输、基本建设职工生活领导小组，领导小组办公室设在省工会内，由省工会党组具体负责。各级都相继建立类似的机构或设置专职人员，以加强对职工生活、工作的全面领导。12 月 20 日，召开了全省工业、交通运输、基本建设职工生活工作会议，研究“以菜肉为纲，大力发展副食品生产”的有关政策、措施，着重研究解决土地来源、业余与少量专业队伍组建、经费渠道、分配和奖励办法等问题，进一步推动企业副食品生产的发展。

广大职工积极响应党的号召，以坚韧不拔的精神，上班加紧生产，业余开荒种菜。遇到百日无雨，职工们坚持早晚担水浇灌。涌现出被誉为森林红旗的赵先海伐木小组，重庆利华橡胶厂工人、共产党员孙宝忠等先进典型。在先进典型的影响下，职工中“艰苦奋斗，节约度荒”形成普遍的风尚。

经过广大职工的艰苦努力，厂矿企事业单位的副食品生产有很大发展。1961 年 10 月底，据省里 1000 多家企业单位的统计，种有菜地和饲料地 20 多万亩，平均每个职工种1分地，每人每日自给蔬菜0.8斤，有一半多的单位每人每日可自给蔬菜1斤以上；存栏生猪15万多头，平均13个人一头猪，有30%的单位每人每月可自给肉1斤以上；有73%的职工食堂每月人均伙食费用由15元降到10元以下。全省职工生活工作会议后，落实有关政策和措施，副食品生产更加稳步发展，对于保证职工基本生活需要，降低生活费用开支，稳定职工情绪和促进生产，都发挥了显著的作用。

三年困难时期，由于生活费用增高，生活困难的职工数量增大。特别突出的是家住农村的职工，他们大都进厂时间短、工资低，补贴不起家里的开支；家里劳力弱，做不够基本工分，连口粮都分不回来。过去由公社包起来，影响了农村的生产和分配，其他农民很有意见。1960年年终分配，反对平均主义，公社不能再包下来，要职工家属补交伙食费，一张张账单由农村飞向工厂，职工无钱偿还，终日心挂两头，成为当时影响生产的一个突出问题。根据省委指示，1961年5月上旬，全省工会工作会议研究决定，用工会1960年底累积结余经费，对职工住农村家属欠交公社1960年和1961年一季度伙食费差额进行一次补助，作为解除家住农村职工和家属沉重包袱和大力支援农业、巩固工农联盟的一个重要措施。

全省各级工会共组织了1.3万多名干部和积极分子深入农村，跑遍了职工家属居住的生产大队，和农民同吃、同住、同劳动，边宣传、边核实、边兑现。截至1961年9月，在预计补助的436840人中，已补助120020人，补助金额达1105万元，通过这次大规模地补助职工住农村家属欠交公社的伙食费，不仅解决了职工的实际困难，而且对广大职工进行了一次生动具体的政治思想教育，使他们普遍感到党和国家无微不至的关怀。他们把这次补助誉为“雪中送炭”，纷纷表示要以搞好生产的实际行动来报答党的关怀。一些工作做得好的单位都大幅地提高了生产。搞补助的工作人员，在农村向农民宣传工业的形势和工业支援农业，回工厂又向职工宣讲“一平二调”给农村带来的危害，宣讲贯彻中央“十二条”后农村好转的形势，促进工农之间的相互了解，进一步巩固了工农联盟。

家住城市的职工，由于当时严重的经济困难，副食品少，价格高，开支大增，特别是家庭负担重的职工困难更多。职工中的困难面扩大到10%～15%，严重影响职工的生产情绪。针对这种情况，省工会决定，1961年二季度至三季度，从工会历年结余经费中发出322.5万元，增加职工困难补助的经常费用和充实互助储金会基金。各厂矿企业普遍对家住城镇职工的生活进行了调查，对确有困难的职工特别是老工人进行了补助。同时，进一步改进互助储金会的工作，充实互助基金，依靠群众自己的力量解决职工的临时困难。这对于及时扭转职工的不安情绪，调动生产积极性起了很重要的作用。

1961年冬季来临，为解决职工过冬中的困难，11月1日中共四川省委又批发了省职工生活领导小组关于安排好职工冬季生活的意见，要求继续做好工资奖励、办好食堂、搞好日常的困难补助工作外，着重解决冬季生产工人的棉衣、棉被的供应和补助问题。通过商业部门和各厅局进行专项安排，供应棉衣10.9万余件，棉裤8.9万余条，棉被3万多床。另外，还发动职工翻补棉衣棉裤，仅重庆市就给5万多名职工翻补棉衣棉裤，既满足了职工需要，又节约了棉花棉布。

二、顾全大局，收缩队伍

在“大跃进”中，四川职工队伍急剧膨胀，仅全民所有制职工3年就增加近300万人，超过了农业的负担能力。当时，调整经济的关键就是降低工业发展速度，调整产业结构，大批精简职工和压缩城镇人口，以减轻农业的过重负担。四川从1961年开始，压缩工业、精简职工，缩短基本建设战线，缩减基建投资。1962年的建设项目又比上年减少401个，投资减少60%，基建队伍压缩23.8万人。工业压缩的重点是专县工业和社办企事业，近100万人的专县工业大部分下马，关停了人民公社和生产队办的企事业，劳动力基本上回到农村。大中型企业中，钢铁、机械是压缩的重点，四川先后分三批，共撤、停、并、转企业1233个。通过撤停和生产规模的压缩，全省全民所有制职工到1962年减少到229万人，比1960年底精简了256万人。

四川的各级工会组织按照省工会多次部署，都把协助行政做好精简职工的工作作为当时突出的中心任务，认真做好下面的思想工作，着重解决“丢掉工业搞农业可惜”“搞农业没有前途”“农村生活艰苦”等思想问题。许多职工为国分忧，主动报名，争取下放农村。各单位对离厂人员的口粮、自留地、农具等问题都积极与人民公社及有关部门联系，尽可能大部分预先做好安排。对下放后职工在生产、生活上存在的问题，也注意抓紧处理，继续落实，使大部分精简回乡的职工做到安心生产，成为加强农业战线的一支重要力量。

在大量精简职工支援农业的同时，根据“既压又保”的方针，工会动员组织职工依靠自身力量，克服困难，恢复生产。广大职工以主人翁姿态，开展先进班组、先进生产者竞赛，提合理化建议，搞技术革新，千方百计战胜困难，出现了许多感人的事迹。

成都量具刃具厂当时处于原材料极度困难、生产难以维持的境况。1959 年以革新能手被评为全国劳模的田景琦，当时是该厂一个生产组长。他团结全组职工，群策群力，刻苦钻研技术，攻克生产难关，仅 1961 年就实现了上百条革新建议，改革产品结构，节省原材料和提高工效，做到了月月超额完成计划，指标直线上升。

重庆南桐煤矿夏国泰、鲜斌成等 12 位退休老矿工，在国家处于严重困难的时刻，不顾体弱年迈，决心为国分忧，重新拿起工具，带领青工下井，一起生活，一起劳动，对青工思想上帮、技术上教，凭着无私的奉献精神和多年的丰富经验，终于战胜重重困难，在废井中生产出上万吨煤，全面超额完成国家计划。

广大职工这种奋发图强、艰苦奋斗的精神，形成了战胜困难的重要力量。1961 年至 1962 年，全省职工提出革新建议 251 万多条，当年就实现了 153 万多条。原燃材料奇缺、人力紧张等难题在许多单位都被攻破，劳动生产率结束了“大跃进”以来递减的局面，开始迅速回升，生产逐步好转。

三、工会着手纠“左”，扎实开展活动

在贯彻“调整、巩固、充实、提高”八字方针中，特别是 1962 年 1 月扩大的中央工作会议即“七千人大会”以后，四川省工会根据中央和省委有关指示

精神，注意纠正“大跃进”以来工会工作中“左”的偏差，恢复工会的组织作用，起了积极作用。

1961 年 5 月，中共中央批发了全国总工会关于改进工会基层工作的报告，7 月，全国总工会又召开了省市自治区工会主席会议。四川省各级地方工会和基层工会，都先后召开执委会、工作会传达贯彻，开始检查总结“大跃进”以来的工会工作，消除“工会消亡风”的影响，改变原来部分基层工会特别是县属基层工会的瘫痪或半瘫痪状态，调整和充实工会干部，加强基层工会工作。

从 1962 年开始，工会协同行政以贯彻《国营企业工作条例（草案）》（工业 70 条），纠正和克服由于高指标、瞎指挥造成的企业管理混乱状况。四川各级工会努力按工业 70 条中有关工会和职工代表大会的规定办事，以促进企业管理和生产工作。全国总工会根据工业 70 条精神和工会实际拟订了《国营工业企业基层工会工作条例（草案）》（工会工作 50 条），四川省工会在南桐煤矿试点的基础上逐步推行，要求围绕生产，发挥工会组织作用，从基础工作做起，全面开展工会工作。

1963 年 2 月，四川省工会召开三届三次执委会，检查总结 4 年来的工会工作。会议指出，前几年在贯彻工运方针中，只强调围绕中心，放松了工会的经常工作；只强调与行政通力协作，对职工的民主权利和物质利益维护不够；在群众工作中存在要求过高、过急和“大呼隆”的缺点或错误，工会的民主生活不健全。会议提出了以开展增产节约为中心全面开展各项工会工作的任务，强调加强基层工会工作，进一步调整充实基层工会骨干，推行工会工作 50 条，并注意总结交流县工会工作经验，加强县工会工作。

通过检查总结“大跃进”以来的工会工作，不仅认识上逐步有所提高，在实际工作中，也注意从解决职工群众的切身问题入手，活跃工会工作。除大力发动职工种菜养猪，节约度荒，大量进行职工困难补助，及时解决职工生活困难外，1961 年 11 月，中共四川省委批发了省工会党组和省劳动局分党组提出的关于统一县属以上工业、交通、基本建设系统职工劳动保险待遇的报告，使合乎条件的职工都实行了劳动保险。1962 年初，根据中共四川省委关于劳动保险工作仍由工会按原有办法管理的指示，工会接管了劳动保险工作。7月底，工会原交出的6个工人疗养院由省卫生厅交回省工会管理。

在群众生产工作中，批判了“大呼隆”，强调扎扎实实“精雕细刻”。1963年春，重庆、成都市的一些企业开始出现“五好”企业（政治工作好，计划完成好，企业管理好，生活管理好和干部作风好）和“五好”职工（政治思想好，完成任务好，遵守纪律好，经常学习好，团结互助好）竞赛。这些竞赛，既反映了企业加强思想政治工作的要求，又反映了加强企业管理和全面搞好生产的需要，体现了政治和经济、技术的结合，科学管理和群众运动的结合，生产和生活的结合，领导和群众的结合。10月，中央决定在全国开展“五好”竞赛以后，四川各地的企业都制订规划，更广泛地开展了“五好”竞赛，争当“五好”职工，创“五好”班组，办“五好”企业。1964年2月，毛泽东发出“工业学大庆”的号召以后，以大庆“铁人”王进喜为榜样，发扬“一不怕苦，二不怕死”的精神，与“五好”竞赛紧密结合起来。学先进、帮后进的群众活动更深入扎实地开展起来，苦练基本功，大力推广先进经验，搞革新，提建议成为职工的自觉行动，思想好、技术精、风格高的班组和职工不断增多，促进了生产任务的完成和经济的恢复与发展。

四、社教运动与省工会“四大”

1962年9月中共八届十中全会重提阶级斗争以后，从当年冬起，全省城乡开展了社会主义教育运动。在工交、财贸部门开展的是“以巩固全民所有制和计划经济、巩固社会主义统一市场为中心的社会主义教育运动”，并且被当作解决当前企业各项问题的“纲”。1963年3月以后，根据中央指示，城市社教又以“五反”运动（反贪污盗窃、反投机倒把、反铺张浪费、反分散主义和反官僚主义）的形式，更大规模地开展起来。1963年4月至8月，开展“五反”运动的县以上机关和企事业单位达到9244家，占同类单位总数的71.4%，参加运动的职工人数达到102.7万人，占同类单位职工总数的67.8%。10月起，又大规模地开展了以“四清”（清政治、清经济、清组织、清思想）为内容的农村社会主义教育运动，运动于1964年也在城市逐步开展。

“四清”运动是在对城乡“阶级斗争”形势更加失实的估计基础上进行的。从这种对阶级斗争扩大化的估计出发，在厂矿企业开展起来的“四清”运动，严重地夸大了职工队伍和工会组织的不纯，认为五类分子和不法资本家搞“和平演变”、进行复辟活动的第一步，就是隐瞒身份、伪造历史，混入职工队伍和工会组织，以取得合法身份。四川原对职工队伍的估计，不纯分子占2%~3%，“四清”运动中，夸大到了6%~7%；阶级斗争严重的“典型单位”，不纯分子夸大到占职工总数的一半，占工会会员总数的40%，又认为他们进行复辟活动的第二步就是伪装积极，篡夺领导权，有相当一部分工会组织的领导权已被篡夺。因而在“四清”运动中，要按照以阶级斗争为纲，“重新组织革命阶级队伍”，在部分单位要开展“夺权”斗争。

在“四清”运动正深入进行的形势下，1964年10月29日至11月6日，四川省工会第四次代表大会在成都召开。这次大会的主要任务，就是“通过总结工会工作，揭工会工作中阶级斗争的盖子，提高对阶级斗争新形式、新特点的认识，明确认识工会是阶级斗争的工具。工会工作必须以阶级斗争为纲，放手发动群众，进行阶级斗争，就是工会的基本任务”。大会的工作报告《高举毛泽东思想伟大红旗，促进全省职工革命化》，错误地估计了阶级斗争形势，在报告和大会发言中，都严重地夸大了职工队伍和工会干部队伍的不纯。大会要求全省各级工会组织在社会主义教育运动中彻底整顿工会组织，工会一切工作必须以阶级斗争为纲，使工会业务为无产阶级政治服务。大会的工作报告同时还号召全省职工努力学习毛泽东著作，深入开展以“五好”为目标的“比学赶帮”竞赛，从各方面支援农业，为把我国建设成为具有现代农业、现代工业、现代国防和现代科学技术的社会主义强国而奋斗。

省工会四大的传达贯彻，推动了“四清”运动中对工会组织的整顿和职工队伍的清理。1964年底开始，在开展“四清”运动的厂矿企业，基层工会都结合总结改选整顿了工会组织，清理了职工和会员队伍，对工会会员进行了重新登记，对当时认为的不纯分子都进行了清洗或劝退。基层工会领导班子都在换届中进行调整或改组，被认为“问题严重”的，还新组织工会临时委员会取代。

“四清”运动冲击了一些工会组织，搅乱了职工队伍，伤害了不少职工、工会干部和工会积极分子。分批进行的“四清”和社会主义教育运动，由于“文化大革命”的急速展开，已开展的单位查出的所谓“问题”，不了了之；正在进行的立即停止；未开展的单位也就不开展了。

第八章 “文化大革命”中四川工人运动的曲折前进

1964 年 5 月，中共中央召开工作会议，决定集中力量进行中国的三线建设，要在西南和西北地区（包括湘西、鄂西、豫西）建立一个完整的后方工业体系。四川作为全国三线建设的重点省之一，从 1964 年开始，以军工、冶金、机械、交通为主，进行了十多年的大规模建设，这是四川经济发展的一个重要阶段。在三线建设重点工程奠基初见成效进入全面开展的时候，正遇着“文化大革命”，四川各条战线的职工从多方面抵制“文化大革命”动乱，尽量坚持生产和工作，特别是在动乱中坚持三线建设。在全国人民支援下，四川三线建设者按照中共中央和毛泽东对建设三线的指示，充分发扬了艰苦奋斗的创业精神，为三线拼搏的献身精神，开拓前进的独创精神，团结协作的互助精神，尊重科学的求实精神，战胜重重艰难险阻，在工业基础十分薄弱的四川，建成了 300 多个以国防科技为主的企业单位和科研院所，形成了独立完整、门类齐全的交通、能源、基础工业及国防工业体系，实现了党中央提出的在西部纵深地区建设一个比较完整的战略后方基地的目标。1976 年 10 月粉碎“四人帮”后，四川工人阶级和各级工会，在同级党委的领导下，揭批“四人帮”，积极开展增产节约运动，促进生产的迅速恢复。

第一节　三线建设的艰苦奠基

三线建设是在中国中西部的13个省、自治区进行的一场以战备为指导思想的大规模国防、科技、工业和交通建设。四川因其在历史条件、地理环境、资源等方面的优势，成为三线建设的重点省份。三线建设期间，四川省总投资规模达到393亿元，占1981年前国家对四川省工业总投资526.2亿元的74.7%。新建、扩建、内迁了以重工业为主的项目250多个，加上地方工业的发展，到1982年全省工业企业达到46339个，职工人数达到1033.09万人，工业总产值从1965年的68.8亿元提高到1978年的225.6亿元，年均增长9.6%，诞生了攀钢、长虹、成飞、东方电气等重点工业企业，中国物理研究院等一批科研院所。四川的工业生产能力、生产力布局、生产部类和职工队伍都发生了根本变化。来自五湖四海的三线建设职工，面对极其艰难的建设环境和条件，战天斗地，艰苦创业，创造了一个又一个人间奇迹。

一、响应号召，支援三线

三线建设队伍来自全国各地，特别是沿海地区和东北地区。广大工人、干部和知识分子积极响应党的号召，远离生活较为优越的大城市，告别亲人，不畏艰险，不怕困难，奔赴四川，不少人一直走到边远山区。四川广大工人和干部群众也响应号召，从道路交通、基建材料、三类物资、粮食蔬菜、劳动力、电力供应、通信联络等方面为三线建设的施工提供支援和保障。从1964年至1978年，四川逐步形成的三线企业中，固定职工有84万多人，其中有近20万人是从外省调来的。仅1964年到1965年，从沿海地区迁入四川的工厂和事业单位就有90多个，内迁职工达3.7万人，设备5000多台。新建企事业都是从四面八方调集成千上万的职工组建，中央部属科研机构纷纷内迁或在川新建，军工、冶金、机械、电子、化工、能源、建筑等系统的科技人才和科技装备都成倍增加，其中有不少是肩负我国尖端技术重任的高级科研人员。参加三线建设的职工为数更多，仅成昆铁路由各有关方面组成的筑路大军就有 30 多万人。四川三线建设的重点项目被概括为“两基一线”，分别指的是重庆常规兵器工业基地、攀枝花钢铁工业基地和成昆铁路。常规兵器工业基地总计投资 15.23 亿元，建设项目包括原有的七大老兵工厂的改建扩建和一批机械厂、研究所的新建以及与之配套的液晶、化工、机械等方面重要项目的建设，主要生产各种枪支、高射武器、迫击炮、大口径炮、坦克车辆及其配套的光学仪器、弹药和炸药等轻重型武器装备，新建 14 个机械厂和 2 个研究所。1965 年，常规兵器配套设施建设指挥部成立，对重大项目实行指挥部体制，由建设单位、施工单位、设计单位、物资供应部门、当地党委联合组成项目指挥部，实行党的一元化领导。在指挥部的统一指挥下，采取“搬”“分”“包”的办法，加快基地建设速度。从 1964 年至 1978 年，先后新建、迁建了兵器、船舶、航天、电子、核工业等 30 多个军事工业企业、科研单位和 80 多个与之配套的机械、仪器仪表、冶金、橡胶、化工原料等一批大中型骨干企业，形成了门类较为齐备的以常规兵器制造为主，电子、造船、航天、核工业等相结合的国防工业生产体系。随着四川航天工业基地、西昌卫星发射中心、中国工程物理研究院、中国核动力研究设计院、核工业西南物理研究院等一大批大型基地和科研单位落户四川，一大批科学家和研制人员来到条件十分艰苦的内陆地区四川。他们克服了各种难以想象的艰难险阻，突破了一个又一个技术难关，取得了中华民族为之自豪的伟大成就：1964 年 10 月 16 日，原子弹爆炸成功；1966 年 10 月 27 日，导弹核试验成功；1970 年 4 月 24 日，人造卫星发射成功。

攀枝花地区拥有丰富的矿产资源，尤其以钒钛磁铁矿及其伴生矿最为丰富。三线建设开始后，攀枝花以其储量丰富、配套完整的资源优势和地形险要的地理优势，被确定为三线建设最理想的钢铁工业基地。攀枝花钢铁工业基地是中华人民共和国成立后独立自主进行的第一个特大型钢铁建设项目，也是三线建设第一阶段各方面倾注力量最多的一个重点建设项目。为了支援攀枝花市的开发建设，五湖四海的人才汇聚于此。

1964 年 5 月，中共中央决定开发攀枝花，成立了特区党委和总指挥部，全国有10个部门进行对口支援，按系统成建制调人。9月开始，建设大军从祖国的四面八方奔赴攀枝花。上万名筑路大军从四川各地汇集起来先赴工区开路；1万多名有经验的工程技术人员和职工新组建的第19冶金建设公司从武汉西上；多支煤炭工业建设队伍从东北等地的几个老矿汇集南下；以鞍钢为主，在首钢、武钢、包钢等全国的大钢厂调集了六七千人陆续来到攀枝花；电力、建工、森工、财贸、卫生等队伍也从祖国各地开到攀枝花。短短几个月在现场集结了5万多人，开始了开发攀枝花的战斗。随着建设发展的需要，各系统继续从全国各地调集的各类人员不断充实扩大，又从四川省内招收了大量新工人，职工总数又从5万多人迅速增加到10多万人，以后还不断调入。当时为了国防安全，攀枝花基地并未公开，不少奉调的人离家时尚不知道具体去向，但他们为了国家建设，毫不犹豫地整装出发。

作为三线建设另一重点地重庆市，部署了一批军工和民用的骨干企业，多数都是在郊县靠山修建，人员从全国各地调来。在重庆西彭乡新建的西南铝加工厂，1964年开始，从黑龙江、山东、河南、河北、安徽、四川等省的十多个企业和中央直属建设公司集体调进1100多名干部、工程技术人员、工人开始组建，不少人来自哈尔滨，万里搬迁，支援内地建设。还有的是全厂内迁，重庆的红岩机器厂就是将无锡市动力机器厂全厂迁入的，迁入职工1494人，搬迁物资8500多吨，又从洛阳拖拉机厂迁入职工300多人。这些内迁职工，从动员时起仅用了3个多月，日夜辛劳，就完成了人员和物资的全部搬迁工作。

其他市、地的三线建设项目，也于1965年起从全国各地调人组建。乐山市的内迁企业，1965年开始选点内迁，1966年加快了内迁进度，全地区20多家内迁企业，是从全国50多个城市，动员了200多个厂矿企业和科研、设计单位的领导、工程技术人员和工人共计3万多人，奔赴乐山，投入三线建设。仅东风电机厂，就是由上海、北京、沈阳等8个城市的11家机电厂分十多批抽调职工内迁组建。参加三线建设项目的设计施工人员更是来自四面八方。三线建设开始后，陆续内迁自贡的企事业单位20余家，十年间内迁的各地人员超过一万人，占自贡企业职工总数的将近一半。三线建设期间，从一线地区迁入成都市的工厂企业共计25个；成都还结合“小三线”建设，新建、扩建了很多工厂，涵盖机械、电子仪表、汽车（拖拉机）、冶金、化学等各类产业；三线企业调整期间，有航天062基地、天兴仪表厂等40余家大中型以上企事业单位先后搬迁到成都发展。除重庆、成都、攀枝花、自贡4个当时的省直辖市布有许多大中型骨干企业，形成具有一定规模、各具特点、各有侧重的工业基地外，还在12个专区和阿坝藏族羌族自治州、凉山彝族自治州、70个县、106个点上布局了包括民用工业和国防军工在内的三线建设企业。这种“大分散”“小集中”的项目布局，在促进四川省成都市、重庆市两大中心城市快速发展的同时，也为其他城市及城镇的发展奠定了较为坚实的工业基础。

在三线建设中，四川的职工队伍发生了巨大的变化，不仅从数量上增加80多万名固定职工，更重要的是职工队伍的素质大大提高。突出反映在2个方面：一是科技力量急剧增加。从1964年开始的十多年中，先后新建和迁建近300个重点项目，并随之调入数万名技术人员。同时，中国科学院和中央各部局内迁入川和新建、充实的科研机构80多个，调集的科研人员2万余人，尤其是全省国防科技工业系统，更是科技人才汇集之地，为四川科技事业的发展奠定了基础。二是新建的主要工业部门都调进大批技工。当时，在“好人好马上三线”的口号下，全国从各方面大力支援四川的三线建设，调进川的近20万工人基本上是从各省市的老工业基地、对口的老企业、大企业抽调的有经验、有技术的骨干。这些骨干遍布四川的18个市、地、州，进一步改变了四川以手工业工人为主体的职工队伍结构。他们经验丰富、技术精良，具有现代工业工人的优良传统和思想作风，是三线建设大军中的中坚力量，教育和影响着年轻工人，在极为困难的条件下艰苦创业。

二、战天斗地，艰苦创业

四川三线建设的重要项目，绝大多数都摆在远离大城市的边远山区，环境恶劣，条件艰苦。广大三线建设者，怀着为国家安危而建设的崇高献身精神，不惧艰险，勇挑重担，吃大苦、耐大劳，艰苦创业。在崇山峻岭中建设攀枝花这样的大型钢铁基地真是人间奇迹。那里没有路、没有住房，更没有电，吃水也要下山涧。建设队伍进不来、站不住、展不开，这就是建设开始面临的最大困难。各路先遣队驱车南下到会理县，然后步行几十里到攀枝花。

他们肩负背包，脚蹬草鞋，翻荒山，踏沙丘，攀树藤，越险滩，进入工地后，建设者们“三个石头架口锅，帐篷搭在山窝窝”“天是罗帐地是床，担水下到金沙江”，集中力量展开“三通一住”（通路、通电、通水，住房）为中心的歼灭战。广大职工开展以“五好”为目标，以“三通一住”“四大一促”“三高一低”为内容的劳动竞赛，提前完成了工业区建设大会战的准备工作。他们头顶炎炎烈日，脚踏莽莽丛山，白天杠杠压（挑土、抬石），晚上压杠杠（睡树条做的床），修公路、搭席棚、修水池、装水管。在解决通路、通水问题中，为施工和照明急需，先弄来一台小发电机，撑着雨伞也发电，以后逐步发展。1966年2月18日，建设总指挥部，总指挥部政治部命名“八闯将”“六金花”，为全市男女职工树立学习榜样。攀枝花原定“3年准备”的目标，由于建设者们的英勇拼搏，只用了一年多时间就基本达到，提前为主体工程建设的展开创造了条件。

攻克用普通高炉冶炼高钛型钒钛磁铁矿这个世界尚未解决的难题，是攀枝花开发至关重要的前提。建设者们以科学试验先行。冶金部为此集中了全系统炼铁专家和技术骨干108人组成攻关试验组，从1965年1月开始，先后在承德、西昌和北京等地进行了1200多次试验。攻关试验组负责人之一的原攀枝花钢铁研究院副院长、高级工程师汤乃武，带领科技人员，跋涉万里进行冶炼试验。他白天与大家一起在炉前操作、观察、取样、化验，晚上整理数据，研究冶炼新方案，常深夜不眠。有时试验中炉况失常，渣铁都放不出来，汤乃武与同志们冒着烟熏火烤，连续抢救40多个小时才化险为夷。就这样依靠科学精神、集体力量和专家深入钻研，终于摸索出用普通高炉冶炼高钛型钒钛磁铁矿的新工艺。汤乃武等根据不断的科研实践，撰写出《高炉炼铁辩证法》等重要论文。他在攀枝花钢铁科研事业上不断攀登，倾注了全部心血，当癌症快夺取他的生命时，他仍不忘叮嘱继续坚持冶炼钒钛磁铁矿小高炉解剖试验。

以重庆为中心的常规兵器工业基地的建设共有84个项目，除少数是老厂改造外，绝大多数都是新建和内迁，不少是在郊县靠山修建。为了争时间、抢速度，建设多采取集中各方面力量打歼灭战的办法。重庆浦陵机器厂原来是上海动力机械厂内迁，迁建中干部、工程技术人员和工人密切合作，日夜奋战，战胜重重困难，仅用40天就完成土建工程，并做到未搬迁一户农民，未拆一间民房；需要搬迁的256台设备采取先绘制安装平面图，拆卸的机器部件详细编号，到新址立即对号入座等办法，从拆卸、运输、安装只用了18天，从土建开工到全面投产只用了两个月，成为内迁企业的先进典型。1964年12月，西南三线建委筹备组总结推广浦陵厂的经验后，重庆常规兵器基地的建设进度进一步加快，绝大部分配套项目原计划3年完成，均提前一年于1966年底已基本完成。

成昆铁路的修建是四川三线的一项重要内容。1964年9月，西南铁路建设总指挥部成立，统一领导和指挥成昆铁路的修建工作。施工队伍以铁道兵第一、五、七、八、十师，独立机械团，独立汽车团和铁道部共18万人为主力。铁道部第二工程局、第四工程局、大桥工程局、通信信号公司，加上成都、昆明铁路局一线工人以及沿线民工总共30万人参加工程建设，施工高峰时筑路队伍达34万人。成昆铁路沿线山高谷深，川大流急，地势险峻，地质结构复杂、气候多变，素有“地质博物馆”之称，被外国专家断定为“筑路禁区”。在极端恶劣的条件下，在缺乏现代大型筑路工具的情况下，铁道兵指战员和铁路工程建设人员充分发扬自力更生、艰苦奋斗的创业精神，在人迹罕至的崇山峻岭克服重重困难，30万人劈山架桥，历时12年，不怕艰难险阻，付出巨大牺牲，完成了一系列艰巨而繁重的任务，建成成昆铁路，在中国铁路建设史上写下了光辉的一页，被联合国誉为“象征二十世纪人类征服自然的三大奇迹”之一。为了跨越地形障碍，全线建有991座桥梁、427座隧道及明洞，总长400多公里，占线路总长度的39.4%。其工程之浩大与艰巨，在世界铁路建筑史上也是罕见的。经过铁道兵指战员和筑路员工的艰苦努力，克服艰险复杂的地形、地质条件带来的重重困难，1970年7月1日，成昆铁路正式建成通车。铁路全长1167公里，连接西南两大省会城市成都和昆明，沿线蕴藏着丰富的矿产资源，辐射四川、云南的7个地、市和所属50个县、市，其中多数是相对落后的少数民族地区。成昆铁路的建成通车大大促进了沿线地区经济的发展，对西南地区的开发建设具有重要战略意义。

为了选好线路位置，铁道部第二设计院和大桥工程局的广大铁路勘测设计人员，跋山涉水，经过1.1万多公里的比较勘测，制定300多个大小方案进行比较选择，最后才选定了线路。为了方便成昆铁路施工，四川公路部门职工提前奋战一年新建和修复公路干线780多公里，地方公路1900公里，开辟引入便线、支线和环线约1100公里；电力部门职工在四川境内的三个供电区段，仅用1年零8个月时间，就建起内燃电站27座，火力、水力电站各一座，沿线架设输电线900多公里，加上地方电力，使总电量达到11万千瓦；邮电通信部门职工在沿线架设通信线路14449公里，保证每个新开工点都能立即通上电话；沿线各地还有各种“支铁”服务部，沿途人民组织了许多“支铁”义务队伍到工地义务服务。成昆铁路沿线地质复杂、环境恶劣，在缺乏现代化大型筑路工具的情况下，靠着简单的铁锤、炸药、风枪、翻斗车，铁道兵战士和铁路工人肩挑背扛，以无畏的勇气和战天斗地的决心，跨越一条条河流，凿通一座座高山，征服一个个难题，在勘探、设计、施工的各个环节，创造着可歌可泣的人间奇迹。成昆线桥梁、隧道密集，在同隧道坍方作斗争中，许多职工奋不顾身排除险情，有的致伤致残，有的还为抢险献身。

此外，四川在三线建设期间，建成通车的还有襄渝铁路（东起湖北襄樊，西抵重庆，全长915.6公里，1973年10月建成通车）、川黔铁路（北起重庆，南至贵州贵阳，全长423.6公里，1965年7月建成通车），广大铁路建设者克服重重困难，创造了一个又一个奇迹，这些干线的修筑和同时期建成通车的贵昆（滇黔）铁路、湘黔铁路、焦柳铁路，不仅使川、黔、滇三省铁路连成一体，而且形成了川、黔、滇、鄂、湘五省铁路运输网，从根本上改变了西南地区交通运输的落后状况，为这一地区的矿产资源开发以及工业、国防建设创造了前提条件。

通过三线建设，四川形成以重庆为中心的常规兵器工业基地，以攀枝花为中心的钢铁工业基地，以自贡、泸州为中心的川南盐化工和天然气化工基地，以成都、德阳、绵阳、广元为中心的电子、重型机械、发电设备制造工业基地，成为全国著名的三大电站成套设备生产基地之一、四大电子工业基地之一、五大钢铁基地之一；机械工业，形成了重型矿山和工程机械制造、机床工具制造、汽车、仪器仪表、农业机械等较完整的体系。特别是当年三线建设者在极端困难的经济和自然环境条件下，战胜种种难以想象的困难，创造性开展工作，用自己的汗水和生命谱写出无数动人的爱国主义篇章，铸就了“艰苦创业、无私奉献、团结协作、勇于创新”的伟大三线精神和“热爱祖国、无私奉献，自力更生、艰苦奋斗，大力协同、勇于登攀”的“两弹一星”精神。而三线精神和“两弹一星”精神成为20世纪中国人民自强不息、艰苦奋斗的可贵民族精神，永远激励着后人。

三、激励斗志，关心生活

对每一批参加三线建设的职工，工会在党的领导下，都深入地进行党中央、毛泽东关于三线建设指示的教育，并把它与面临的艰苦条件结合起来，激励职工学习延安精神、学习大庆，逐步培育和锻炼出三线建设队伍的革命精神。毛泽东当时曾说：“我们的工业建设，要有纵深配置，把攀枝花建设起来，建不起来，我睡不好觉。”“建设攀枝花，要有紧迫感。这是和帝国主义争时间的问题。”“建不建攀枝花，不是钢铁问题，是战略问题。”成为激励广大三线建设者为了祖国强盛和国家安全而战胜困难、艰苦创业的重要力量。在描写攀枝花建设的《开拓者之歌》一书中，李荪写的诗《激情燃烧的地方》就有这类反映工人激情的诗句：

辛苦吗？创业者当然少不了艰辛，
困难吗？困难中却有无限的欢欣！
因为，每一个攀枝花人心中，有党，有祖国热切的召唤，
因为，每一个攀枝花人耳畔，响着毛泽东同志洪亮的声音……

党和政府对三线建设者的生活困难问题非常关心，各级领导干部亲临现场注意解决迁移中的问题，重点地区和重大项目都组织专门力量保证三线建设者的生活物资供应。工会干部更是经常深入群众，了解职工疾苦。全国总工会、省总工会和省、市的一些产业工会都先后派出工作组，多次到三线建设重点和条件艰苦地区，专题调查职工的思想和生活等问题，在加强思想教育的同时，

积极协助行政解决职工生活中的实际问题。对物质生活极端困难的攀枝花，在建设初期，不仅四川省总工会拨专款解决职工的困难，全国总工会还直接拨给职工困难补助费30万元。国务院、省政府、全国总工会都先后派出慰问团、演出队到攀枝花慰问和演出，并辅导职工开展业余文艺活动，激励职工建设大三线。

第二节　在动乱中坚持生产建设

1966年，正当我国克服了国民经济的严重困难、完成经济调整任务、三线建设进入高潮的时候，以中共中央发出的“五一六”通知为标志性起点，历时十年之久的“文化大革命”开始了。四川和全国一样，陷入长期动乱中，工业、农业生产受到严重损害，使正全面开展的三线建设项目基本陷于停顿或受到严重破坏，破坏程度之严重为全国罕见。广大职工，特别是三线建设者，怀着高度的责任感和献身精神，抵制干扰破坏，战胜重重困难，在动乱中尽力坚持生产建设。

一、职工队伍被分裂，工会组织被取消

1966年8月中共八届十一中全会以后，四川各主要城市开始受到红卫兵冲击，10月，少数职工成立各种造反组织，和红卫兵一起“杀向社会”。到年底，“文化大革命”的冲击波从大城市扩展到全省各地，全省各地到处举行大游行、大集会，生产、交通陷入瘫痪、半瘫痪状态，社会秩序开始混乱。

面对这一切，广大职工和人民群众都迷惑不解、十分痛心。在工厂，在街头，都有两种不同观点的群众在辩论，贴大字报、冲突、斗殴时有发生，上访、告状与日俱增。从此以后，几乎所有企事业、各级党政机关和群众团体，都先后分裂成不同观点的两派。林彪、江青一伙蓄意制造更大的混乱，把不同观点的群众划为“左派”和“保守组织”，并煽动“左派”组织去分化瓦解，“彻底

砸烂”另一派组织，激化了群众组织之间的矛盾。

在四川，两派之间矛盾错综复杂，派性严重，积怨越来越深，从摩擦发展至武斗，从小规模的武斗发展至大规模的武斗，从使用冷兵器发展到使用枪炮、坦克、舰船等现代化武器，造成了四川比全国其他地方更长时间的混乱、动荡。规模较大的、比较典型的武斗有1967年5月发生在成都132厂的武斗、七八月发生在重庆的炮战，以及从1967年5月到1968年7月发生在宜宾地区的“三次武装支泸”。四川其余各地均发生过规模不等的武斗。大规模、长时间的武斗给四川的工农业生产和人民群众生命财产带来了严重损失。从1966年到1969年，全省各项经济指标连续下滑。三线建设在这一时期也基本上陷于停顿，不少国家重点建设项目因此而拖延工期，损失了大量的资金和宝贵的时间，给四川工人阶级和人民群众造成巨大灾难，国民经济遭到严重破坏。大规模长时间的武斗又一次拉大了四川经济发展水平同全国的距离。

“文化大革命”开始后，江青诬蔑工会“眼里没有毛主席，没有党”“贯穿工会17年的是一条又粗又长的黑线”。王洪文、张春桥、姚文元煽动职工“造反”，“砸烂”工会机关。1967年初，成都一个工人造反组织以所谓“省总工会执行了修正主义工运路线”为由，查抄了省总工会机关，对省总工会负责人进行批斗，一部分人强占了省总工会办公大楼。上海《文汇报》发表的《告上海市人民书》向全国广播后，省总工会1月21日被夺权，原已陷入瘫痪的省总工会从此完全停止了活动。各市、地、县总工会和不少的基层工会也先后被群众组织夺权，有的为一派组织的“工代会”所取代，成了少数人向职工群众发号施令的工具。

工会被夺权后，江青反革命集团又把对刘少奇的诬陷强加在工会头上，捏造所谓“三会一团”（“生产工会”“福利工会”“全民工会”“工团主义”）的“罪名”，说“过去旧工会修正主义工运路线，其要害就是不抓阶级斗争，失去了革命性”“包括劳模制度，全要批判”。当时的《人民日报》先后发表了《是“工运领袖”还是头号工贼?》《彻底批判“三会一团”反革命修正主义工运路线》等大批判文章。这些歪曲历史真相的诬蔑和批判，欺骗性极大，在思想理论是非已被完全颠倒的错误思潮影响下，四川工会运动中正确的东西都受到批判，如把工会在党的领导下独立负责地工作，看作“向党闹独立的‘工团主义’”；把“以生产为中心，生产、生活、教育三位一体”的工运方针，当成是“反对突出无产阶级政治的生产工会”；把组织职工社会主义劳动竞赛，给优胜者以必要的物质奖励，说成是“搞资本主义竞争”“腐蚀工人队伍”的“经济主义”；把工会维护职工利益，关心职工生活，说成“福利工会”；把国家颁发的劳保条例，举办工人疗养事业看作“修正主义物质基础”和“资产阶级生活方式”；甚至还把不分性别、民族、宗教信仰，不分先进、中间、落后，只要是工人阶级成员都可加入工会的一贯规定，也说成是“办全民工会”，“否定了工会的阶级性”“把工会变成资本主义复辟的工具”。这些所谓的“大批判”完全否定了“文化大革命”前中国工会运动路线、方针、任务的正确性，否定了工会组织和工会干部17年来为社会主义事业作出的贡献。

1968年1月，省总工会机关的干部和工人全部被下放到省革委在米易县湾丘原劳改农场场址办的“五七”干校劳动，“接受再教育”，进行“斗、批、改”。省产业工会和各市、地工会的干部也到其他“五七”干校或就地集中进行“斗、批、改”。之后，工会会费停收，工会经费停拨，结余经费被冻结，工会各项事业被接管，全省各级工会组织都被取消。

二、抵制“文化大革命”破坏的艰苦努力

当“文化大革命”席卷全川的时候，广大职工强烈反对乱揪斗各级领导干部、反对挑起武斗、反对破坏生产。财贸系统的职工在十分艰难的条件下，千方百计保证人民生活必需品的供应。邮电职工冒着武斗枪弹，坚守工作岗位，保证了邮电通信。交通系统的职工，克服了种种困难，坚持了旅客和物资的运输。工矿企业职工尽力坚持生产，受武斗威胁停产的企业，职工不顾个人安危维护机器设备，抢救国家财产。

“文化大革命”煽起的“造反”恶浪开始蔓延时，川南石油矿区的32111英雄钻井队，却餐风宿野，争分夺秒，在新构造上打出第一口高产高压大气井。

试压时发生冲天大火，他们又舍生忘死，抢救国家财产。1966 年 6 月 22 日凌晨，在新井试压时，井口旁一根进口无缝钢管突然憋破，喷出的高压天然气流卷起地上的碎石，像子弹击破了钻台下防爆灯泡，引起大火冲天，大气田面临着毁灭的危险。面对冲天大火，钻井队的勇士们完全把生命置之度外，唯一想到的是扑灭大火，保卫国家财产。在这场与烈火的奋战中，有 6 人壮烈牺牲，有 21 人光荣负伤，用鲜血和生命保住了高产高压大气井。这样的英雄行为，与“文化大革命”的干扰破坏形成了鲜明对比，是对当时倒行逆施的有力抗击。32111 钻井队惊天动地的英雄行为，迅速传遍全国城乡，在工人阶级和各界人民中引起强烈反响。

许多科研单位的科研和技术人员，在动乱的困难条件下，为祖国为人民而坚持科研。自学成才的搪瓷专家、重庆市硅酸盐研究所原所长荀文彬，在 20 多年前就开始推导一批计算搪瓷性质的系数和公式，改变国际长期沿用计算玻璃性质来计算搪瓷所造成的误差。“文化大革命”前，课题仅完成 1/3。“文化大革命”开始，他被作为“走资派”而打倒，但他仍在挨斗的空隙，甚至挨打以后，悄悄地进行研究计算，推导出大部分系数和公式。以后，他又被打成“死不悔改的走资派”，仍坚信只要忠心为人民，帽子何所惧，再难也攀登，坚持继续研究。“文化大革命”后不久，终于建立起计算搪瓷性质的系数和公式，共推导出系数 366 个和公式 30 个，达到世界先进水平。

三线建设中新开建的一些重要工业基地，广大建设者大力抵制“文化大革命”的严重困扰，并克服生活与物资供应上的重重困难，在动乱中始终坚持建设。“文化大革命”动乱正严重的时刻，攀枝花弄弄坪地区组织了多单位、多工种的 3 万多人的夺铁大会战。建设者们发出庄严的誓言：“横下一条心，拼上一条命，誓保第一号工程胜利完成!”他们为保证 1970 年“七一”出铁，日夜奋战。有些职工放弃探亲，有些职工推迟婚期，有些领导干部晚上受到“造反派”的批斗，白天仍坚持指挥生产。从北京、辽宁、山东、安徽、河南等省市抽调来的 1500 辆汽车和 4000 多名职工组成的五大车队，在川西南大山区和云贵高原之间建起了一条拖不垮、打不烂的钢铁运输线。他们冒着沿途枪声不断、武斗不停地危险，起早贪黑，多拉快跑，坚持运输，保证铁路未通前攀枝花基地建设物资的需要。炼铁所需的气肥煤，原计划由贵州六盘水供应，由于铁路未通和“文化大革命”的破坏运不来，市里决定组织十多个单位在攀枝花附近龙洞地区进行开发气肥煤的会战。原云南省煤管局副局长亓伟毅然离开四季如春的昆明，只身来到荒凉的宝鼎山上作矿区党委书记，开发炼钢铁所需煤炭。这次会战他亲任现场指挥长，组织在 7 个掘进头夜以继日地同时施工。他身先士卒，深入井下指挥，和工人一起顶着淋头水打眼儿，在水淹巷道里铺轨，奋战 70 多天挖出了气肥煤，保证了炼铁急需。他自知身患癌症后更奋斗不息，临终前还要求：“把我埋在宝鼎山最高的地方，让我能日日夜夜看到攀枝花出铁出钢!”

针对受“文化大革命”严重影响而停顿的许多三线建设项目，广大建设者千方百计尽快复工，减少延误损失。例如正在全面开展建设的德阳第二重型机器厂，1967 年 1 月，建设指挥部被“造反派”夺权，他们大肆煽动所谓“不要为错误路线生产”。但工厂原分管基建的两位负责人，趁未完全靠边之机，同广大职工一起抓紧时机完成 3、4 号平炉和废钢车间厂房的建设，还动工新建机修车间，搞好电炉和两台水压机的安装，直到第二年初，动乱加剧，建设瘫痪。这年四季度，工厂建设者响应中共中央《关于抓革命促生产的通知》，以新“解放”出来的干部领头，主动支援合同安装施工人员，共同安装 60 吨碱性平炉和配套工程。许多老工人、技术人员带领青工日夜战斗，进行立体交叉作业，200 多个收尾配套项目 100 多天就逐个完成，使这家工厂在动乱仍很严重的 1971 年底全面建成投产。

不少内迁企业做了大量工作，避免职工卷入当地“文化大革命”动乱，集中精力安装调试，尽快投入生产。宁江机床厂从南京迁入四川灌县（今都江堰市），1965 年，这个厂当年基建，当年搬迁，当年开始投产。但很快就遇着“文化大革命”的动乱，尽管有帮派头目多次煽动，但是绝大多数厂里职工都未参加派性斗争，从上到下做到坚持四个方面：一是党委一班人坚持团结，在重大问题上思想、步调一致，虽然挨批、挨打、挨斗，仍不放弃原则，重新站出工作时，仍坚持原则，帮派头目要党权、干部任免权，党组织坚持不放，后还撤销了车间“革命领导小组”，恢复了行政机构；二是顶住批判“唯生产力论”的压力，坚持工厂以发展生产为中心，并提出产品质量要赶超世界先进水平；三是顶住把劳动竞赛视为“锦标主义”进行批判的压力，坚持在全厂开展“高产优质红旗竞赛”；四是不顾“制度无用论”的谬说，注意坚持企业管理制度，并狠反无政府主义，共同制订10条规定，加强纪律，建立生产秩序。经多方面努力，这个厂在“十年动乱”中得以逐步提高并有所发展。1970年达到设计水平，1976年逐步形成了五大系列产品，并试制成功我国第一台定位精度达0.002毫米的光学坐标镗床。

四川的三线建设，是继第一个五年计划之后，又一次大规模的、有计划的、成功的经济建设。经过十多年的艰苦努力，在内陆腹地工业基础薄弱的四川，建成三线企事业单位近300个，其中大中型骨干企业就有248个，占全省大中型骨干企业总数的41.4%，大大增强了四川的经济实力。全国38个主要工业部门，四川都有；全国约有160个主要工业行业，四川有其95%。工业主要产品的产量，在全国的位次显著上升。机械、电子、军工、天然气、发电量、生铁、水泥、化肥等均在全国占有重要地位。四川已初步建成能研制和生产多种军工和民用产品的重要基地，并成为全国著名的三大电站成套设备生产基地之一、四大电子工业基地之一、五大钢铁基地之一。三线建设还带动了四川的地方工业、交通运输、科学文教事业的发展。

三线建设的成绩是巨大的。但是，在当时的特殊历史条件下，加上“左”的指导思想的影响，也存在不少问题。建设项目以重工业尤其是制造加工工业为主，轻工业、农业不相适应；部分企业选址不当，进山太深，内部布局也过于分散，信息不灵，交通不便；在“先生产后生活”的口号下，生活福利设施欠账多，子女入学也存在困难。这都影响了三线企事业经济效益的提高，也影响了职工积极性的发挥。针对存在的问题，从1984年开始，四川根据国务院决定，针对三线建设部分企事业进行调整改造，促使其更好地发挥作用。

三、工会组织的整顿与健全

1973年1月1日，《人民日报》、《红旗》杂志、《解放军报》联合发表《新年献词》，明确提出工会、共青团、妇联等群众团体，要经过整顿逐步健全起来的要求。4 月 11 日，中共中央向全国批转北京市委、上海市委关于召开工会代表大会的请示，指出整顿工会要以基层为重点，在实现革命大联合等条件基本具备时，首先召开省、自治区、直辖市和工业集中的大中城市的工会代表大会，将省、自治区、直辖市和工业集中的大中城市的工会组织建立起来。随即，工会组织的整顿和健全工作在四川迅速展开。中共四川省委决定在省革委政治部群众工作部下设工人工作处。

工会组织的整顿和健全，客观上使全省工人运动的混乱局面有所好转，尤其是基层工会的恢复，对团结职工群众，排除干扰，坚持生产建设起了一定的积极作用。但是，由于“文化大革命”的“左”倾错误还在全局中居于支配地位，所以此时的工会组织整顿与健全必然存在很大的局限性。

中共中央文件下达以后，中共四川省委发出了《关于召开省工会第五次代表大会的通知》，成立了大会筹备小组。省工会第五次代表大会于 1973 年 7 月 23 日至 29 日在成都召开。大会的主要任务是认真学习马列主义、毛泽东思想，总结全省工人运动中的两条路线斗争的历史经验，进一步明确认识在无产阶级专政条件下工会的性质、作用和任务；深入开展“工业学大庆”的群众运动，迅速把工业生产建设搞上去，大力支援农业，保证完成和超额完成国家计划，以抓革命、促生产的优异成绩迎接中华人民共和国成立二十四周年和中共第十次代表大会的召开。会上，中共四川省委第一书记刘兴元讲了话。张敏代表筹备小组作了《团结起来，进一步发挥工人阶级的主力军作用，为把四川建成祖国可靠的战略基地而奋斗》的报告。在“左”的错误思想指导下，大会完全否定了“文化大革命”前十七年全省工会工作的成就，突出强调工人运动和工会工作中的“两条路线斗争”。在大会产生的领导班子中，有干部、老劳动模范，也有“文化大革命”中的帮派骨干，以及群众组织的头头。

1975 年 1 月，邓小平主持中央党政日常工作，着手整顿各方面工作、纠正“文化大革命”错误。中共四川省委适时整顿重点企业、领导班子、机关，帮派势力受到一定的打击，各条战线出现了新的转机。省总工会提出 1975 年的工会工作任务是反对派性，反对分裂工人阶级队伍，要求工会做增强革命团结的促进派，发动职工“学大庆，赶宝鼎”，开展“学‘铁人’，做‘铁人’”活动。6月，省总工会派出调查组，调查工人队伍的状况。7月，与省委工交组共同组织工交战线学理论宣讲队，巡回向职工群众宣传毛泽东关于学习理论、安定团结、把国民经济搞上去的指示。九十月，省总工会分别召开了县工会支农座谈会和职工生活座谈会。在职工生活座谈会上，传达讨论了邓小平关于“工会不能只抓阶级斗争，对生产、生活福利还是要抓的，对困难补助、劳保福利、食堂、托儿所、文体活动都要管”的批示。但到1976年初，正当全省职工振作精神，努力把国民经济搞上去的时候，从北京到全国又刮起了批邓、“反击右倾翻案风”的恶浪，不少领导班子被冲击瘫痪，不少企业又被迫陷入停产、半停产状况。

在“反击右倾翻案风”的恶浪冲击全川的时候，有许多基层工会坚决顶住压力，依然积极工作。一些职工群众还公开向“四人帮”进行英勇斗争。早在1973年工会整顿与健全以后，许多基层工会就在党委领导下，做了大量稳定职工队伍的工作，排除干扰，坚持开展“工业学大庆”的群众活动。乐山东风电机厂，于1975年贯彻中央整顿精神，加强企业管理，扭转了上年欠缴利税的被动局面。雅安地区农机厂工会，面对一些人煽动工人“停产闹革命”，甚至聚众殴打工会主席的动乱局面，发动工会积极分子大讲大庆人战天斗地的英雄气概，把职工群众吸引到为社会主义事业多作贡献上，把正在进行的边生产边搞设备改造的任务坚持了下来。正是由于广大职工群众顶住压力，坚持生产，在这灾难最深重的一年，全省仍有不少地区、厂矿完成了生产建设任务。

第三节　揭批“四人帮”和恢复生产

1976年10月粉碎“四人帮”斗争的伟大胜利，结束了“文化大革命”的混乱局面，标志着全国进入了一个新的历史时期。根据党中央和省委部署，全省工人阶级和工会组织面临的重要任务是深入揭批“四人帮”，大力恢复生产，为迅速扭转“四人帮”干扰破坏所造成的国民经济濒于崩溃边缘的局面而努力。

在各级党委领导下，全省工会组织大力加强职工思想政治工作，广泛开展工会活动，并且结合整顿建设工会组织，为实现社会安定团结，努力恢复生产建设，作出了积极的贡献。

一、揭批“四人帮”，纠正冤假错案

1977年中共四川省委确定的中心任务，就是狠抓“两个环节”“一个关键”。“两个环节”即在揭批林彪、“四人帮”的斗争中，一方面清查和粉碎“四人帮”的帮派体系；另一方面打击清除敌人的破坏活动和打击刑事犯罪分子的猖狂进攻。“一个关键”即在斗争中整顿领导班子。根据省委的部署，1977年2月，省总工会提出并经省委批转的全年工作安排，着重要求各级工会认真组织职工学习马列著作和毛泽东著作，结合实际，深入开展揭发批判“四人帮”及其在四川的帮派骨干的斗争。1978年，省委提出的中心任务是进一步深入揭批“四人帮”，整顿企业和领导班子。省总工会又按省委部署，提出1978年工作安排时，进一步要求各级工会在深入揭批“四人帮”中，发动广大职工群众，揭发批判“四人帮”在工运战线和工会工作上所犯下的罪行，消除影响，肃清流毒。

省总工会积极开展揭批“四人帮”的斗争。从1976年底至1977年，由省总工会牵头，省市工青妇贫协、省市总工会、省总工会与省委工交政治部相继联合召开几次上万人甚至数万人揭批“四人帮”及其四川的帮派头目罪行大会。为了深入揭批“四人帮”，省总工会接连办了几期读书班，读马列和毛泽东著作，结合揭发批判“四人帮”在工运战线和工会工作上所犯下的罪行。尤其是1977年9月，有省总工会机关干部和各市、地、州以及省产业工会负责干部参加的第7期读书班，对“四人帮”及其在四川的帮派头目在工运战线和工会工作上的罪行进行了比较系统的揭发批判，比较全面地分清了工运战线和工会工作上的理论是非和路线是非。

各地区、产业和基层工会，在党委统一安排下，通过各种形式，广泛深入地开展了揭批“四人帮”的活动。通过对“四人帮”的揭发批判，广大职工和工会干部进一步认识了“四人帮”的反动面目，并对“文化大革命”前17年工会工作的评估，工会和党的关系，工会的性质、作用、任务，工会和职工群众的关系，工人阶级的团结问题和所担负的历史使命等许多被歪曲的重大思想理论，初步划清了界限，分清了是非，提高了认识。

“文化大革命”中，一大批老工人、劳动模范，被错误地打成保守分子和反革命分子，有的被摧残致死，工会组织协同有关方面，认真作了清查平反落实政策。成都市总工会对全市1463名劳动模范进行了调查，对在“文化大革命”和其他政治运动中受到迫害的106名劳动模范，协同各所在单位，进行了平反昭雪和落实政策，妥善解决了这些劳动模范及其家属的政治、经济待遇问题。

由于“左”倾错误的影响，在“文化大革命”前的多次政治运动中，还有一批工会干部被打成“工团主义分子”右倾机会主义分子、搞“经济主义”等，受到错误的处理，严重挫伤了广大工会干部的积极性。为了纠正过去的冤假错案，1979年9月和1980年3月，中共中央先后为原全国总工会主要负责人赖若愚、李立三平了反。全省各级工会在党委领导下，按照中央指示精神，认真清查了工会在过去错误地进行反“工团主义”“经济主义”斗争中和反右派扩大化中受批判、株连和错误处理的人和事，并且按照党的政策，给予平反、纠正。省总工会经过复查，为被错划为右派的24人、错打成右倾机会主义分子的14人和因历史问题受错误处理的12人平了反，并按政策解决了他们的政治、经济待遇问题。重庆市总工会，从1978年开始，组织专门人员进行了大量调查研究，对原受处分的162人进行了复查，除4人维持原案外，其余一律给予平反，其中，错划右派28人，反“工团主义”“经济主义”、反右倾等运动中受错误批判、处理的45人，其他批判处理错误的65人。为了彻底肃清影响，1983年11月，中共重庆市委发出专门文件，明确指出：中华人民共和国成立以来，重庆市根本不存在“工团主义”的问题，1957年开始，在全市工会系统开展反“工团主义”运动是完全错误的，是“左”的指导思想在工会工作中的反映，是中华人民共和国成立以来全市工人运动和工会工作发展史上的一大错案，给党的事业和工会工作造成了严重的危害，应予彻底平反，并要在党内外清除其影响。

二、开展增产节约运动

粉碎“四人帮”以后，为了尽快恢复生产，把“四人帮”干扰破坏造成的损失夺回来，全省广大职工响应中央、省委的号召，广泛开展增产节约运动，以主人翁的姿态，增加生产，厉行节约，努力提高产品质量，提高劳动生产率，千方百计降低原燃材料消耗，降低产品成本，增加企业盈利，积极为恢复生产作贡献。

为了更好地动员职工把增产节约运动全面开展起来，1977 年 2 月，省委、省政府召开全省工业学大庆会议，来自全省工业、交通、基本建设战线的 3200 名先进企业、先进集体和先进个人代表，在会上介绍了创办大庆式企业，争当铁人式工人，努力增产节约等方面的经验。全省掀起了学大庆、学铁人，比思想、比政治、比风格、比领导艺术、比各项经济技术指标，艰苦奋斗、勤俭节约的社会主义劳动竞赛。4 月，省总工会在组织力量深入调查研究、总结经验的基础上，召开了省级厅局劳动竞赛工作经验交流会。会议针对存在的问题和形势发展的要求，向全省职工发出了把增产节约劳动竞赛推向广泛深入的倡议。广大职工把粉碎“四人帮”迸发出的高昂热情投入学大庆、学铁人活动中，大力增产，厉行节约，夺回“四人帮”造成的损失，创造出了许多感人的英雄业绩。在全省，增产节约劳动竞赛活动发展到各行各业，把各项任务、指标落实到班组、人头，保证任务能切实完成。1977 年，重庆市机械系统 48 家企业，上半年亏损单位 24 家，亏损 400 多万元，经过第三、四季度大抓增产节约劳动竞赛，努力增收节支，全系统亏损单位下降为 7 家，共盈利 2000 多万元，上缴利润 1800 多万元。

1978 年 4 月，全国总工会召开执委扩大会议，研究布置了进一步开展以增产节约为中心的社会主义劳动竞赛。5 月，四川省召开工业学大庆会议，进一步交流了学大庆的经验，表彰先进，部署任务。同月，省总工会又召开了工作会议，传达全国总工会会议精神，研究把以增产节约运动为中心的劳动竞赛进一步推向深入的问题。为了加强全省的竞赛组织领导和评比工作，省委决定成立四川省工业、交通、基本建设劳动竞赛评比委员会，各级工会在党委领导下，同企业行政一道，切实组织竞赛活动，同时发动职工提建议、搞革新，学习推广先进经验，努力实现增产节约计划。大庆式企业重庆南岸皮革厂，“文化大革命”前，就以勤办企业著称，在这次竞赛中，全厂开展了“八个一”节约活动，即千方百计节约一张整皮、一钱底革、一寸线、一颗钉、一厘钱、一分钟、一度电、一滴胶水。仅底革一项通过搞革新、改工艺，降低了11%消耗。上半年全厂提前实现“双过半”（时间过半、完成任务过半），节约的皮革可多生产8000双皮鞋，价值8万多元。全省推广了他们的经验，使“一厘钱”精神得以恢复和发扬。

经过广大职工的积极努力，全省增产节约运动取得了很大的成绩。1978年上半年完成工业总产值105亿元，占年计划的52%，比1977年同期增长41%，实现时间过半，计划完成过半。7月，省竞赛评比委员会专门对上半年竞赛情况进行了检查，并向省委写了情况报告，提出了进一步开展竞赛的意见。省委立即批转了这个报告，要求各级党委加强领导，在深入开展工业学大庆群众运动中，把社会主义劳动竞赛搞得更加轰轰烈烈、扎扎实实。接着，重庆、自贡、攀枝花等市和一些产业厅局也对本地区、本产业的增产节约劳动竞赛进行了检查，针对问题提出了措施，进一步推动了竞赛活动。攀枝花市总工会通过对全市135个企事业进行检查，发现70%的单位才初步抓增产节约劳动竞赛，其中不少单位流于形式。于是，全市分四个片区召开24个重点单位的竞赛座谈会，并在攀钢运输部召开班组、工段的典型经验交流现场会，推动了全市竞赛工作的开展，各单位开展业务对口赛、一条龙赛、样板工程赛、百日高产安全赛等，并普遍抓典型、树标兵，在全市树立勇攀高峰、勇于献身、敢啃“硬骨头”、又红又专、全心全意为人民服务等十大精神，使得增产节约劳动竞赛广泛深入，促进了1978年全年工业计划的超额完成。

第三编

改革开放和社会主义现代化建设新时期

第九章　改革开放初期的四川工运事业和工会工作

“文化大革命”结束以后，在党和国家面临何去何从的重大历史关头，党深刻认识到，只有实行改革开放才是唯一出路，否则我们的现代化事业和社会主义事业就会被葬送。1978 年 12 月，党召开十一届三中全会，果断结束“以阶级斗争为纲”，实现党和国家工作中心战略转移，开启了改革开放和社会主义现代化建设新征程，实现了中华人民共和国成立以来党的历史上具有深远意义的伟大转折。四川省委结合省情，贯彻党的十一届三中全会精神，全面实现拨乱反正，调整国民经济，在农村全面推行联产承包责任制，在城市进一步扩大经济体制改革的试点，克服各种困难，社会各项事业得到全面发展。在这个时期中，全省工人阶级认清形势，肩负重任，同心同德奋勇拼搏，努力为四化建设作贡献。全省各级工会组织贯彻党的十一届三中全会精神，全面开展活动，在改革开放中开拓前进。

第一节　工会工作的新转折

以发展生产为中心，大力推进社会主义建设，是工会组织的重要职责。20 世纪 50 年代，“以生产为中心，生产、生活、教育三位一体”的工会工作方针，工会干部、工会积极分子和广大职工群众都十分明确，在实际工作中也做出了很好的成绩。但是，进入 20 世纪 60 年代，由于强调“突出政治”“以阶级斗争为纲”，工会工作“以生产为中心”就逐渐淡薄了。在“文化大革命”中，“以生产为中心”竟被批判为执行修正主义路线的口号。党的十一届三中全会以后，各级工会按照全党工作重点转移到经济建设上的指导思想，从思想上、组织上、工作上重新明确了以社会主义建设为中心来开展工会活动的指导思想，并且集中精力，全力以赴，组织发动广大职工，努力为发展社会主义建设作贡献。

一、省工会“六大”的召开

1979年2月，省工会召开第六次代表大会，到会代表1601人。这次大会的主要议题是贯彻三中全会、中国工会九大和中共四川省第三次代表大会精神，总结上届工会工作，讨论确定今后任务，动员全省职工为加快全省社会主义现代化建设而奋斗；同时选举产生第六届委员会。全体代表围绕工会工作的重点转移进行了热烈讨论。大会确定今后一段时期工会组织的主要任务是在党的领导下，切实贯彻执行中国工会第九次代表大会制定的方针、任务，以社会主义现代化建设为中心，团结教育职工，全面开展工会工作，当好党的助手，在加快社会主义现代化建设中发挥应有的作用。大会要求全省各级工会要认真做好的工作是大学习、大宣传三中全会精神，提高对重点转移的认识；组织职工努力学习现代化科学技术，掌握现代化建设的过硬本领；组织职工参加企业管理，保障职工民主权利；大搞技术革新、技术革命，把社会主义劳动竞赛提高到一个新水平；关心群众生活，维护职工利益；大力支援农业，进一步加强和巩固工农联盟；切实转变作风，提高工会组织战斗力。

通过省工会“六大”精神的传达贯彻，全省工会工作出现了一个根本性的转变，这就是从“以抓阶级斗争为纲”转变到通过工会的各项活动，组织发动职工群众，调动职工的生产积极性，大力促进社会主义现代化建设；同时加强工会的建设，发挥工会的共产主义学校作用。

二、把职工思想行动统一到党的十一届三中全会精神上来

工会作为群众的组织，工作重点转移中头等重要的任务，是向广大职工宣

传党的十一届三中全会精神，帮助职工群众提高思想认识，及时解决职工中不符合党的路线方针政策的思想倾向，把广大职工的精力真正集中到为四化建设作贡献上。通过揭批“四人帮”明辨是非，职工思想认识有了很大的提高。但少数职工在对待解放思想、民主与法制、整体利益与局部利益、发展生产与改善生活，以及在四化建设中工人阶级的历史使命等方面存在许多模糊认识。针对职工中的这些思想问题，各级工会根据党的十一届三中全会精神，广泛开展宣传、学习、教育活动。

1979 年 3 月，省委宣传部和省总工会在重庆召开厂矿企业宣传工作座谈会，及时研究重点转移后怎样进一步做好职工思想政治工作，及时把职工思想认识统一到党的十一届三中全会精神上来。会议强调在新的历史时期，思想政治工作要为四化建设服务，动员组织广大职工胸怀祖国，献身四化；要理论联系实际，把思想政治工作做到生产过程、科学实验、日常生活和职工家庭中。

根据会议要求，工会利用各种形式，在职工中深入宣传党的十一届三中全会精神，坚持进行四项基本原则教育，宣传“解放思想、实事求是、团结一致向前看”的方针，引导职工把精力倾注在四化建设上；教育职工自力更生、艰苦奋斗、勤俭建国，深入开展增产节约运动；向职工进行热爱共产党、热爱社会主义、热爱祖国的教育和革命传统教育、共产主义道德教育，要求职工既要认真学习国外先进科学技术和企业管理经验，又要防止腐朽思想和文化的侵袭，把职工群众引导到学科学、学技术、学文化、学管理的正确轨道上来。当时，正值国民经济调整阶段。调整开始时，职工思想认识不一，反映问题较多，特别是撤停并转企业职工思想混乱，队伍涣散，普遍担心企业前途、个人出路，害怕影响收入，甚至悲观失望，丧失信心。工会在党委统一领导下，从形势教育入手，大力宣传调整经济的方针，进行识大体、顾大局的教育，进行艰苦奋斗，加强团结和纪律教育；有针对性地算大账、细账，用事实讲明国家、企业、个人的前途，向职工亮国家、企业的家底，动员职工献计献策，齐心协力，共渡难关。与此同时，按照党和国家政策，尽可能地解决好职工的工作安排、生活福利等实际问题。因此，在国民经济调整过程中，全省职工坚决拥护以调整为中心的八字方针，忘我劳动，努力发展生产。任务饱满的单位，职工群众力争超额，多作贡献；任务不足的单位，职工群众为企业出主意，广开生产门路，“找米下锅”，大搞生产自救和增收节支活动；转产、联合的单位，职工群众针对生产薄弱环节，大搞技术革新、技术协作、技术攻关，研制新产品；产品缺乏竞争能力的单位，职工群众齐心协力，挖潜革新，降低成本，争取产品升级换代，努力把国民经济搞上去。

三、工会工作的拨乱反正和全面恢复

全省工会组织在“文化大革命”中被彻底砸烂，停止了一切活动。到1973年，虽在逐渐恢复，但因受“四人帮”及其骨干的影响，思想不纯，组织不纯，参与一些不符合工会性质、任务的活动情况严重存在。粉碎“四人帮”以后，在1977年揭批“四人帮”和1978年全省开展的“一批两整顿”（深入批判林彪、“四人帮”，整党整风、整顿企业）中，结合整顿了基层工会。1978年3月，省总工会派出3个工作组，分别到重庆钢铁公司、泸州化工厂、南充棉纺厂，进行整顿工会组织的试点，历时两个月左右，取得整顿工会组织的经验，并向省委写了报告。省委于7月10日批转试点工作报告，要求各市、地、州和产业局以及县级以上厂矿企事业党委把整顿工会的工作，纳入党委的统一计划，分期分批地整顿好、建设好，主要解决好工会领导班子和工会干部思想、路线、作风和精神状态方面的问题，加强会员的思想教育，提高广大职工对工会性质、作用、任务和会员权利义务方面的认识；同时强调要抓好工会领导班子的调整、充实，特别要配备好一、二把手，建立健全工会的组织制度，更好地发挥工会的组织作用。

各级党委把整顿工会纳入总的“一批两整顿”的范围，与工会研究制订规划，组织力量，分期分批自下而上地进行工会的整顿和建设。1978年12月，省总工会召开整顿工会工作座谈会，检查省委批准省总工会报告的贯彻落实情况，研究工会整顿中的问题，介绍了整顿工会的经验，推动了工会整顿工作的开展。整顿工会工作以揭批“四人帮”为纲，结合宣传新时期的总任务，重点整顿工会领导班子，清理和发展会员，培训工会积极分子，健全工会组织机构，全面开展工会活动。在基层工会大部分进行整顿以后，县以上的地方工会和产业工会，也结合换届改选，清除混进工会领导班子中的帮派骨干，重新建立工会领导班子，确定工会工作的方针任务，使工会工作开始全面活跃起来。

粉碎“四人帮”后的一段时期中，在整个“左”的指导思想未根本扭转的情况下，在工会的实际工作中，虽仍坚持以阶级斗争为纲，但同时也强调组织职工搞好增产节约运动，夺回“四人帮”破坏的损失，在恢复和发展生产的基础上，更注意关心职工生活，为职工办实事。“十年动乱”使职工生活中积存的问题很多：职工收入低，家庭生活困难；食堂办得不好，职工吃饭困难，子女入托、上学、就业困难；住房挤，洗澡、就医难等。国家在百废待兴，财政十分困难的当时，挤出资金调整职工工资，增发职工奖金，新建职工宿舍和福利设施，安排职工子女就业。工会积极协助政府和企业行政做好工作，解决职工生活问题，为职工办实事。同时，还注意抓职工生活服务工作。1978 年 5 月，省总工会召开工作会议，重要内容之一就是研究确定抓好职工食堂的整顿，开展职工食堂竞赛，提高饭菜质量，改善服务态度。不少厂矿企业还发动职工，利用厂区、宅旁空地和水塘，集体开荒种菜种粮、养鸡、养猪、养鱼，为充实职工食堂供应，改善职工生活创造了条件。工会大力恢复做群众生活工作的好形式、好方法，在职工中组织互助储金会，开展生活互助，进行家访，既解决职工生活中的实际问题，又使职工感受到组织的关怀、阶级的友爱，从而进一步激励了职工的劳动热情。

在整顿工会中，各级工会深入揭批“四人帮”，分清工运战线和工会工作上的路线是非，消除错误影响，提高了思想认识。但是，认真清理工运领域的“左”倾错误，实现工运指导思想的拨乱反正，则是在中共十一届三中全会以后。过去，在反“工团主义”、反“经济主义”和“文化大革命”中，不仅伤害了大批工会干部，还强加给工会组织和干部许多莫须有的罪名，影响很深，传播甚广。中共十一届三中全会以后，中央领导同志对新时期工会运动的指导思想、方针、任务和工作方法等问题，多次作了指示。特别是 1979 年中央批准对过去批判赖若愚、董昕等的历史错案予以平反以后，各级工会组织和工会干部、工会积极分子，根据马克思列宁主义的工运理论和党对工会工作的指示精神，结合总结中华人民共和国成立以来工会工作的经验教训，认真分析和纠正了在反“工团主义”、反“经济主义”以及在反右派等斗争中，片面要求工会做“驯服工具”，要求工会无条件同行政“保持一致”，不实指责工会搞“经济主义”“代表落后”等，深刻认识到中国共产党是工人阶级的先锋队，工会毫无疑义的要坚决服从党的领导，在党的路线、方针、政策的指引下，按照群众组织的特点，独立负责地开展工作；认识到工会同行政在社会主义制度下目标完全是一致的，但组织性质有所不同，在共同完成社会主义建设任务中，是平等协商合作的关系；认识到工会是工人阶级的群众组织，代表维护职工合法权益是工会的一个基本职能，在国家、行政的政治生活和制定重大经济政策中，工会有权代表广大职工，维护职工合法权益，监督国家机关工作人员和企业行政的工作，从而提高了广大干部和职工群众的思想认识，解放了工会干部的思想，促进了工会工作的开展。

根据党的十一大和省委指示精神，省总工会于1977年12月召开了整顿工会组织座谈会。会议认为，按照中央和省委有关指示精神，把工会整顿好、建设好，把工人阶级培养成为一支思想红、干劲大、技术精、作风好、纪律严、能打硬仗的队伍，充分发挥工会无产阶级坚强柱石和学校的作用，使工会真正成为党在工人中进行群众工作的有力助手。1978年7月10日，省委批转省总工会党组关于整顿工作试点工作的报告，要求分期分批把工会组织整顿好、建设好。随后，省总工会派出工作组，分别到重庆钢厂、泸州化工厂、南充地区棉纺织厂进行整顿工会组织的试点，取得积极效果和经验。

一是工会财务工作的恢复和加强。1979年11月，省总工会召开第三次工会财务工作会议。会议要求全省各级工会要充分认识恢复工会组织独立管理经费的工作，收好、管好、用好工会经费是工会组织建设中的一件大事，必须切实把这项工作抓好，使工会财务工作真正做到为工会建设服务，为群众服务，为生产服务。随后，全省各级工会财务工作逐渐加强，设置专职或兼职财务干部，工会收入逐年增加，制度逐年健全，效果逐年显著，促进了工会各项工作和活动的开展。

二是地方工人文化宫、俱乐部的恢复发展。从1980年开始，省总工会根据省委和全国总工会的有关指示精神，认真抓恢复发展地方工人文化宫、俱乐部的工作。全省县（市）工人文化宫、俱乐部由1979年底的34个，增加到1981年底的71个，还有35个县（市）正在修建。

三是省工会干部学校的恢复。省工会干部学校因“工会消亡风”“文化大革命”影响而被迫停办。1974年8月起，开始在省总工会机关内部陆续举办各种类型的训练班或读书班。1978年2月28日，省委同意恢复省工会干部学校。当年10月，在成都市方池街正式新修四川省总工会干部学校，1982年底，基本竣工，随后投入使用、开展办学。

四是县工会组织的恢复和发展。到1982年7月，全省179个县、9个专辖市、3个工农区、省属市的21个区已全部建立了县一级的工会组织，县、市、区所属基层工会组织达25308个。这些单位有职工248万人，发展工会会员198万人。到1986年，全省建立工会组织单位职工（简称职工）651.2万人，基层工会组织36590个，工会会员593.7万人。

随着全省各级工会组织和各项工会工作的恢复和发展，全省工会工作在改革开放的春风中得到不断发展，不断开创工会事业发展的新局面。1983年7月，省工会召开第七次代表大会。省委副书记聂荣贵出席大会并致辞。省总工会代主席王振江作题为《团结和带领全省职工为社会主义现代化建设作出新贡献》的工作报告。大会总结上届工会工作，讨论确定今后任务，动员全省职工为加快全省社会主义现代化建设而奋斗；同时选举产生第七届委员会。全体代表围绕工会工作的重点转移进行了热烈讨论。大会深入学习贯彻党的十二大精神和六届全国人大一次会议精神，落实中央书记处关于工会工作的重要指示，进一步明确了新时期四川省工人阶级的历史使命和工会工作的方针任务，振奋了精神，增强了信心，激发了搞好工会工作的光荣感、使命感、责任感。大会号召全省各级工会组织和全体工会干部，在党和上级工会的领导下，以党的十二大精神为指针，认真贯彻落实中央对工会工作的指示，坚持代表工人阶级利益，积极为工人阶级办事，更好地团结和带领全省职工，全面完成国民经济计划，为开创社会主义现代化建设的新局面，为把我国建设成为现代化的、高度文明、高度民主的社会主义国家而奋斗。

第二节　劳动竞赛的新发展

党的十一届三中全会以后，工会组织广大职工参加社会主义现代化建设的主要形式仍然是劳动竞赛。但竞赛的形式和内容，则随着形势和任务的变化，而逐步发展和提高。

一、从小指标百分赛到为四化立功活动

按照中央部署，1979 年开始，全省进行国民经济调整。各级工会组织面对粉碎“四人帮”后严峻的经济形势和国家进行经济调整的任务，根据省工会“六大”的精神，大力发动和组织广大职工开展以增产节约为主要内容的社会主义劳动竞赛。重庆特殊钢厂、自贡大安盐厂等单位，为了把增产节约竞赛内容落实到车间、班组和个人，创造了增产节约小指标为百分制计分计奖赛，就是把每季、每月、每天应当完成的增产节约经济技术指标，分解成若干小指标，落实到车间、班组、个人，并确定各项指标的计分标准，开展竞赛。然后根据各自完成的情况计总分，并按得分多少计算优胜名次和应得奖金，张榜公布。这种小指标百分赛的办法，不仅内容具体，形象生动，简单明了，而且把生产的好坏、利润的多少同职工个人收入结合起来，保证了将完成增产节约指标落到实处。省总工会及时总结并向全省推广了这一经验，使得增产节约劳动竞赛向前发展。在劳动竞赛中，重庆长安机器厂等单位开始出现以增产节约为中心，开展群众性的为四化立功活动，这是全党工作重点转移到社会主义建设上来，广大职工社会主义建设积极性普遍高涨，劳动竞赛深入发展的产物。1979 年 4 月，省总工会在内江召开了增产节约运动工作会议，介绍了长安机器厂等单位的经验，为四化立功的群众活动在重庆、成都等地逐步开展起来。

1980年4月，全国总工会发出《关于动员职工为四化立功，深入开展增产节约运动，迎接党的十二大召开的倡议》。省总工会针对四川的实际情况，提出《关于贯彻全总决议，开展为四化立功活动的意见》，经省委批转，各地各级工会立即组织广大职工，在企业行政、共青团的支持和配合下，把为四化立功活动广泛开展了起来。这一活动，口号响亮，目标明确，办法具体，完成哪项任务立哪等功，得哪等奖，一目了然；先进、中间、后进职工立功机会均等；随时达标随时记功，公开发榜，及时发奖，很有影响力和吸引力，因而得到全省广大职工群众的广泛响应。据重庆市初步统计，1980年底，在工交、基建、国防工业中开展为四化立功活动的单位有330多家，占70%以上。为调整改革立功，为四化建设立功，成为职工群众的自觉行动，收到明显的效果，不仅促进了增产节约和超额完成国家计划，而且促进了企业管理的改善和加强，促进了技术革新、技术攻关和新产品试制，促进了职工文化技术学习。

1980年12月，省总工会召开了为四化立功活动经验交流会，介绍了南充棉纺厂等单位的经验，统一了立功活动同劳动竞赛、加强思想政治工作、贯彻按劳分配、保证安全生产等方面结合的问题，进一步提高了认识，解决了为四化立功活动的组织领导、检查评比、表彰奖励的原则、办法，推动立功活动的深入开展。1981年底，省委、省政府发出《关于在全省职工中开展立功创模活动的通知》，要求各级党委、政府（行政）和工会，进一步发动职工群众，充分调动职工积极性，开展立功创模活动，保证全面完成和超额完成国家计划。省总工会于1982年元旦召开劳动模范座谈会，向全省职工发出了《关于广泛开展立功创模活动的倡议》。3月，省总工会针对有些企业立功创模活动出现的一些问题进行座谈研究，进一步明确立功创模以提高经济效益为中心，创办“六好”企业为目标，具备实现计划经济指标、加强企业管理、建设精神文明等条件，开展学习新技术、新经验活动，努力赶超先进水平，促使立功创模活动更加广泛深入地开展。各条战线的职工普遍掀起了创造新成绩、作出新贡献的立功创模热潮，不仅当年工业总产值比1981年增长9.5%，超过了省委提出的指标，而且涌现了大批的英雄模范。在广泛开展立功创模活动基础上，1984年3月底，省人民政府在成都召开全省职工劳动模范代表大会，1939人被命名为省劳动模范，大会还表彰了先进集体 789 个，先进企业 150 家。这些劳动模范和先进集体，以惊人的智慧和创造力，带领职工为四化建设立下了卓著的功勋，涌现出攀枝花钢铁公司轨梁厂副总工程师林健椿、南充棉纺厂青年纺织女工谈廷凤等先进典型。

二、在经济体制改革中劳动竞赛不断扩充拓展

1984 年，在企业扩权试点的基础上，开始了全面的城市经济体制改革。3 月底，召开的四川省职工劳动模范代表大会上发出倡议，要求全省职工深入开展立功创业活动，在经济体制改革中大显身手，争当全面开创新局面的先锋。社会主义劳动竞赛也逐步在探索新的途径，开拓新的领域，以适应经济体制改革的要求和商品经济的发展。但是，一些干部片面认为，工会是代表工人阶级利益，为职工办事的组织，工会 90%的力量要抓职工生活，劳动竞赛可有可无。在全面地推行以承包为主要形式的多种经济责任制时，一些单位出现“有了承包制可以不要劳动竞赛”的错误看法，使劳动竞赛受到较大冲击。省总工会及时进行调查研究，召开群众生产工作会议，专题解决体制改革中的劳动竞赛问题，认为工会的确应该积极为职工说话办事，但发展生产是职工的最根本利益，是办实事的基础，应把发展生产与维护职工利益很好地结合起来；经济承包责任制是从改进管理体制提高生产力，劳动竞赛是挖掘群众潜力促进生产，两者有联系有区别，不能取代，而应互相补充，互相促进。为适应经济体制改革要求，确定竞赛以提高经济效益为中心，两个文明一齐抓。在承包指标基础上，竞赛突出“超、优、新”内容，以激励职工的积极性和创造性。自贡市广大职工把竞赛与经济责任制、承包制紧密结合，与改进企业管理紧密结合，突出提高质量，降低消耗，提高经济效益，以赛保包，以赛促包，使竞赛与改革同步，效益的增长超过效率的提高。1984 年前 8 个月，全市工业产值增长 17%，而效益提高了 30%。

1986 年，全省开始实行第七个五年计划，年初工业生产有所下降，省计经委、省总工会等 5 家单位联合通知，发动全省职工开展建功立业竞赛，组织

"五个一"的竞赛活动，即树理想，做一件好事；增活力，参加一项改革实践；当主人，提出一条合理化建议；学本领，练好一门基本功；作贡献，增产节约100元。各地区、产业和基层按通知要求进一步组织竞赛，效果显著。成都市组织386家企业参加的两提高（经济效益提高、社会效益提高）、双过半（上半年时间过半、完成任务过半）的建功立业竞赛中，有187家企业实现了双过半，有53家企业提前一个月就实现了双过半。1987年，开始了增产节约增收节支竞赛，结合改革，推动了企业达标、超标、上台阶，全省工业总产值比上年增长13.14%。

在全面改革中，竞赛领域拓宽，从厂内竞赛发展到同行业、同地区的多层次厂际竞赛，把局长、厂长和职工都组织到竞赛中来，形成群众性的上等级争先进的热潮。为了支援农业，从1984年开始，全省小化肥开展"升位杯"竞赛，促使小化肥产量跃居全国第一名。1986年以来，全省开展电炉炼钢厂际竞赛，在20座炼特种钢的电炉中，有14座从等外逐步达到或超过了国家标准。科研、公用事业等也都争先争优地为生产服务。涌现出土壤学专家侯光炯，"宁愿一人脏，换来万人洁"的重庆市政养护管理处下水道疏浚工孙春明等先进典型。

三、深入开展"双增双节"竞赛，推动治理整顿

1988年，中共十三届三中全会作出了治理经济环境、整顿经济秩序的重大决策。全省各级工会组织，把增产节约、增收节支劳动竞赛进一步推向深入，并试行"双保合同"，把经营承包者的责任化为全体劳动者的共同行动，推动"双增双节"目标的实现，推动治理整顿，深化改革。重庆市开展"山城效益杯"厂际竞赛，把提高经济效益放在首位，使承包与竞赛相结合，以123家重点企业为第一层次，各产业系统和区县属企业为第二层次，构成全市性的竞赛网，绝大多数职工都参加了竞赛，促进了生产的发展和经济效益的明显提高。1988年与上年相比，工业总产值增长16.5%，财政收入增长10%，100元产值利润增长3.2元。竞赛中技术革新和合理化建议质量逐步提高，全省1988年实现技术改进和合理化建议27万多条，占提出数35.5%。

1989年1月，四川省劳动竞赛领导小组印发《关于在治理整顿中深入开展劳动竞赛的意见》，号召全省职工深入开展增产节约、增收节支（以下简称“双增双节”）劳动竞赛活动，6月，成都铁路局工会、四川石油管理局工会、西南电力工会、省煤矿工会联合发起以“双增双节”为主要内容的“保目标，争超额”社会主义劳动竞赛，要求每个职工在100天竞赛中，增产100元，节约100元，安全生产100天。10月，省总工会与省机械厅、省劳动厅在全省机械行业职工中开展车工、钳工技术竞赛活动，通过能手竞赛，扭滑促升，“双增双节”。攀枝花市从年初就狠抓“双增双节”百千万竞赛，把竞赛指标层层分解，落实到人，以突破生产关键和薄弱环节为“双增双节”的重点，激发职工主人翁精神，千方百计帮助企业渡过难关。据21个地市州和重点产业的统计，1989年，有320万名职工参加竞赛，创造“双增双节”经济价值14亿多元，人均增产节约价值450余元。

改革开放10年来，不仅劳动竞赛的内容、形式、广度、深度都有发展，而且安全生产、劳动保护大为加强。1980年，省人大常委会制定公布了《四川省厂矿企业劳动安全条例》《四川省厂矿企业劳动安全监察和违章处理办法》。劳动人事厅、省总工会牵头，成立了四川省劳动安全法规领导小组，各级行政加强劳动保护部门，工会系统从省到厂矿的车间普遍建起劳动保护监督检查机构，配备了专兼职人员，工会小组也设有劳动保护检查员，与行政一道多次进行安全大检查，开展安全活动，促进了安全生产。据1986年以来的统计，全省因工死亡和重伤人数逐年减少。

四、适应经济横向联系，广泛开展技术协作

由于经济改革的深入进行，新技术的引进、消化，老产品、老设备的改造和更新，使得行业之间、企业之间以及企业内部工种之间、车间之间和班组之间需要广泛开展技术上的协作配合。为了更好地组织这方面的群众性工作，1983年6月，省总工会决定成立四川省职工技术协作委员会，选派专门力量，一方面指导、推动基层技协在厂内搞好技术攻关、技术改造、技术革新、技术

培训和新技术、新工艺的推广，为提高企业技术水平和经济效益服务；另一方面带领各级技协特别是基层技协，利用职工的工余、业余时间和闲置的设备，开展以贫困地区和小型企业、乡镇企业为主要对象的技术转让、技术咨询、技术服务和技术交流。几年来，全省各级技协组织有了很大发展。到 1987 年底，全省所有市（含县一级市）和 20 多个县（区）工会都已建立技协组织。据 1989 年统计，全省各级技协组织已发展到 2189 个，会员人数为 11.1 万人，开办有偿服务机构共 937 个。为了适应我国社会主义现代化建设的需要，技协组织的发展已由过去单一的工交行业向各行各业全方位转化，一些科研、设计单位以及学校、医院的工会，乡镇企业和部分省级产业工会都相继建立起技协组织，从而使技协队伍的结构进一步向知识型转化，推动了技协活动向高层次发展，增强了攻克重大技术难题的能力和综合服务的本领。1980 年至 1989 年，推广新技术 46716 项，攻克技术关键 58523 项，仅 1989 年，就推广新技术 4284 项，攻克技术关键 7638 项，增创价值 4.08 亿元，实现有偿服务 24463 项，成交额达 1.05 亿元，交税 750 万元。

全省各级技协组织，特别是基层技协和科协组织密切合作，不仅在省内广泛开展厂与厂之间、地区与地区之间的横向技术协作活动，还先后为全国二十几个省、自治区、直辖市的企业解决生产技术关键、改造设备、改进工艺、提高产品质量、改善和加强企业管理、提高经济效益作出了贡献，其中有些企业因此而改变了落后面貌。省技协和成都、重庆市技协还对国际技术交流活动进行了探索，先后同日本、瑞典、意大利、英国、中国香港等 12 个国家和地区的企业界、学术界有关人士进行了技术交流。为了实施“星火计划”和有的放矢地做好扶贫工作，省技协在对一些小企业、乡镇企业进行调查研究的基础上，有成效地为他们进行技术服务。1987 年，省技协对犍为县环卫防腐厂开发了净水设备的生产，为遂宁市引进了触电保安器技术，对贵州的大方县和省内的一些贫困地区开展了扶贫活动。全省各级技协也都有计划、有组织地开展了扶贫、支农、支援中小企业和乡镇企业的活动，取得了良好的效果。由于各级技协在支援中小企业和乡镇企业方面做出了显著成绩，1986 年，在省政府召开的四川省支援中小企业和乡镇企业经验交流和表彰会上，省职工技协、成都市职工技协、自贡职工技协、成都发动机公司职工技协、东方汽轮机厂职工技协和一些技协骨干，分别被省人民政府授予支援中小企业和乡镇企业的先进单位、先进集体、先进个人的光荣称号。参加技术市场活动，建立职工技协经营管理机构，开展技术服务，是技协的一项重要任务。1987 年至 1989 年，全省各级技协技术服务共 56267 项，给国家缴纳税款 2008 万元，部分企业的技协有了一些节余，添置了一些服务设备，为更好地服务社会打下了一定的基础。各级技协组织都把提高职工的科学文化技术素质，作为职工技协活动的一项重要内容。据不完全统计，1980 年至 1989 年，各级技协组织共举办技术培训 22 万余次，有 700 万余人次参加了培训，开展技术表演 15. 9 万余次，有 517 万余人次参加了表演和观摩。通过各种形式的培训活动，对提高职工的技术素质，起到了积极作用。

第三节　建设“四有”职工队伍

随着社会主义经济建设的发展，职工队伍也在不断发展变化，不仅新建企事业单位增加了大批新工人，而且老企业老职工一批一批地离休退休，职工队伍中的年龄、文化、技术结构以及政治思想状况发生了变化，因而不断提高职工的政治、文化、技术素质，培养建设有理想、有道德、有文化、有纪律的职工队伍是一项十分迫切的任务。“文化大革命”以后，特别是党的十一届三中全会以后，各级党委、政府、工会、共青团采取了许多有效措施，大力进行了职工队伍的培养建设。经过培养教育，一代新工人正在茁壮成长。这 10 年来的实践证明，全省职工队伍不仅是社会主义四化建设的主力军，同时也是政治战线、经济战线和与自然灾害作斗争的中流砥柱。

一、新时期职工队伍的状况

在“文化大革命”中，四川仍增加了 134 万名职工。党的十一届三中全会以后，由于改革开放政策的实施，各行各业大发展，职工人数进一步增加。到

1989 年底，全省职工共有 920. 28 万人，比 1976 年增加 55. 02%。1977 年前后，四川对一些企业的调查显示，“文化大革命”期间进厂的职工一般占 30%左右。在轻工、纺织等行业，青年职工占 40%左右。在文化程度上，据在自贡、宜宾等 485215 名职工中的调查结果表明，小学和文盲、半文盲占总调查人数的 53. 9%。在技术水平上，据在南充地区 18746 名技术工人中的调查，三级工和三级工以下的工人占总调查人数的 65%。就是具有初高中文化程度和具有三级工以上技术等级的青年工人中，由于“文化大革命”期间的影响，多数人的实际水平还更低一些。至于在政治思想方面上，由于青年职工都是成长在“文化大革命”时期，又是在“文化大革命”中参加到工人阶级队伍中来的，因而他们的工人阶级的思想观念比较淡薄，无政府主义思潮、各种非无产阶级思想意识表现得比较突出。

“文化大革命”后进厂的职工，多数也受到“文化大革命”的影响，即使到了 1986 年，职工政治、文化、技术水平不适应社会主义建设新时期要求的状况也仍然存在。根据全国总工会的部署，1986 年 4 月，省总工会和各地、市、州工会及产业（局）工会，分别组织人员，对工业、交通、基建、财贸、文教等 20 个行业的 47 家企事业单位的 15 万名职工进行了调查分析。调查结果表明，职工年龄在 35 岁以下的占 53. 3%，1977 年以后，参加工作的占 34. 9%，小学及文盲占 22%，特别在边远地区和矿山、井下、野外作业的职工中，文化程度更是偏低。在技术等级上，据典型调查，低等级工人占技术工人总数的比重较大，如自贡鸿鹤化工厂 4324 名生产工人中，平均技术等级为 3. 67 级，其中 3. 5 级工（一般称为初级工）占总数的 55%。在政治思想上，职工中“向钱看”、不过问政治、不愿干艰苦活等思想倾向反映得比较普遍。因此，不断加强职工教育，大力提高职工素质，才能适应新时期社会主义建设任务的要求。

二、大力提高职工队伍素质

从 1978 年开始，一些地区和大中型企业基层工会，根据职工队伍状况和企业生产发展的要求，在党委、行政的支持下，举办文化、技术培训班，恢复职工业余教育。1979年5月，在省委、省政府领导指示下，由省革委文教组、省总工会联合召开有关部门、业务主管厅（局）和各市、地、州工会、教育局负责同志参加的职工教育座谈会，交流和分析了全省职工教育的形势，研究讨论了今后的工作，提出了大力普及职工中等教育，积极举办职工高等教育等任务，确定建立健全各级职工教育委员会或领导小组，加强力量，大力推进职工业余教育。会议精神传达贯彻以后，在工会和行政以及有关部门的协作配合下，职工业余教育有了很好的恢复和发展。到1980年底，陆续办起了扫盲、小学、初中（初级技校）、高中（中专）、大专、外语等各类班级，职工入学人数达100万人，其中35岁以下青年职工参加“双普”（普及初中文化，普及初等技术）的有46万多人。1981年2月，中央下达《关于加强职工教育工作的决定》，职工教育由行政主管，有效地解决了办学校址、师资、经费等问题，在工会和行政的共同努力下，总结前段工作，表彰优秀教师和学员，制订新的教学规划，调整教学领导和师资，职工教育得到加强和发展。到1983年底，全省完成了230余万名青年职工的“双普”任务，企事业单位办学的达3126个，比1980年增加22.5%，入学职工达150万人，比1980年增加45%。

为提高职工文化程度和适应生产发展的要求，各级工会除按照中央决定积极协助行政办好职工教育外，还本着量力而行，讲求实效的原则，办起职工大学、中专和职工业余学校，进行职工的文化技术业务教育。据1989年底统计，基层和基层以上工会共办职工学校1384所，其中基层工会办的学校1325所、在校学员169280人，县以上地方工会办的学校59所、在校学员23962人。此外，为了提高工人的技术水平，还有3651个基层工会组织岗位练兵、技术比武，有65万多名职工参加。工会举办各类职工学校，对职工进行文化、技术、业务教育，不仅有力地提高了职工的技术文化水平，同时也为国家培养了大批有用人才。重庆市中区工会举办的职工学校，从1979年建校以来，开设了职工中学、中专、电大、函大、自修大学以及各类业务、技术培训班，共30个专业、78个班级，1989年，在校学员4000多人，办学10年来，为国家培养了21200多名应用型人才，其中大多成为生产、工作中的骨干。据统计，职工学校毕业学员共实现革新项目3043项，其中获全国、省、市、区各级科技成果奖的有158项，有500多名毕业学员被提拔为科、处、局、厂长（经理）或取得各类技术职称。

加强职工的政治、文化、技术教育，大力培养“四有”职工队伍，更大量的工作是帮助职工自学成才。1983年6月29日，省工会六届五次全委扩大会，在学习中共中央对全国总工会党组《关于在职工中开展读书活动报告》的批示后，作出了《响应党的号召，在全省职工中开展读书活动的决定》，明确指出，开展读书活动完全符合四川省广大职工特别是青年职工的愿望和要求，对于培养“有理想、有道德、有文化、有纪律”的职工队伍，加速社会主义物质文明和精神文明建设，以及促进社会风气根本好转具有重大意义。要求各级工会组织把开展职工读书活动作为关心职工群众进步，为职工群众办事的重要内容纳入日程，主动和有关单位、部门通力合作，力求把这项工作开展得广泛、经常、扎实。接着，省总工会又同省文联、团省委、省妇联、省科协、文化厅联合向职工群众推荐了一批书目，引导职工从读书活动中树立建设社会主义共同理想，争当改革促进派。基层党委普遍把读书活动作为加强和改善职工思想政治工作的重要内容，纳入议事日程；工会在党委领导下，和团委一起建立了读书活动指导委员会或指导小组，由点到面，迅速展开。在读书活动开展过程中，从基层到地方，紧密结合中心，联系实际，适时举办读书讲演、知识竞赛、辅导报告、知识讲座、征文比赛、学习心得展览等形式多样、内容丰富，思想性、知识性、趣味性有机结合的活动，成为群众性自我教育、互相启迪的有效形式，进一步激发了广大职工读书自学活动的积极性。据南充地区1985年9月统计，全区有5532个读书小组，参加读书活动的职工有8.65万人，占职工总数的30%；两年多来企业和地方举办各种讲演比赛325次，培训讲演员644人，参加读书征文3575人，征集读书心得4100多篇。随着读书活动的深入发展，读书内容越来越广泛，学社会科学、学科学文化知识、学专业技术、学企业管理，读书活动成了新的历史时期学科繁多、内容丰富、因人制宜，能满足广大职工广泛获取知识的群众活动，成了培育各行各业人才的重要途径。从1984年到1988年底，全省坚持读书自学的职工，基本上巩固在100万人左右，约占职工总数的15%。

在开展读书活动的同时，省委决定由省总工会和各级地方工会负责，协同有关部门，在地方、产业和企业党政的支持下，按照《国营企业思想政治工作纲要（试行）》的要求，开展青工政治轮训工作。从 1984 年至 1986 年，组织了全省国营企业里近 300 万名青年职工的脱产政治轮训。广大青工经过《中国近代史》《科学社会主义常识》《中国工人阶级》等 3 本书的系统学习，政治思想素质有了明显的提高。四川石油管理局有 35 岁以下青年工人 45037 人，占全局职工总人数的 48%，从 1983 年底开始到 1986 年底，采取固定单位脱产正规轮训和野外作业工人参加函授的方法，轮训了青工 41434 人，占全局青工总人数的 92%，经过考核，有 82%的青工达到了“三懂得三明确”，即懂得了中国社会发展的过程，明确了“只有社会主义能够救中国”的真理；懂得了中国革命胜利的战斗历程，明确了“没有共产党就没有新中国”的真理；懂得了工人运动的优良传统，明确了工人阶级的历史使命。经过学习，既知道了祖国的过去、现在，又看到了祖国光明的前景，从内心热爱祖国、热爱社会主义、热爱中国共产党，增强了自豪感和自信心，振作了精神。在各矿区、井队，普遍发扬了“乐为祖国献青春”的艰苦奋斗精神和“我们是企业未来”的主人翁责任感。

职工教育的兴起、读书活动的开展、政治轮训的启迪，为广大职工尤其是青年职工开辟了掌握科学文化知识，提高专业技能，多出人才、快出人才的途径。职工队伍中的自学风气日益浓厚。为鼓励更多职工自学成才，省总工会在 1985 年 2 月作出了鼓励职工自学成才的决定，并拨出专款，建立四川职工自学成才奖励基金会，每年对原有文化在普通高中以下，坚守岗位，依靠自学取得优异成绩的在职职工进行评选奖励。决定要求各级工会，把抓好职工自学作为职工教育的一项重要内容，鼓励自学成才。这一决定受到职工群众的热烈欢迎，有的企事业单位以自学达到大专毕业为目标，作出一次性奖励的规定；有的按初中、高中、大学层次奖励。

三、在改革中立新功

广大职工关心改革、支持改革、参加改革，积极为改革献计献策。据 1986 年在 47 家企事业单位的 36210 名职工中的调查显示，70%的职工认为经济体制改革符合马列主义理论，是一条具有中国特色的社会主义道路，是强国富民的必由之路；81.5%的职工赞成搞活企业，扩大企业自主权；97.3%的职工对改革以后我国经济建设出现的新局面感到满意；86%的职工认为搞好改革人人有责。在改革中，一些企业职工还开展了“假如我是厂长”的专题讨论和“我为厂长出主意，不为厂长出难题”的活动，积极参加改革，支持厂长改革，积极为企业经济体制、人事和用工制度、工资分配、企业管理等各个方面提出改革意见。1985 年，重庆开展“我为山城经济腾飞献计策”的活动，参加单位有 260 家，参加职工有 100 余万人，共献计策 25 万余条，已采纳 9 万条。重庆汽车发动机厂在开展“假如我是厂长”的献策活动中，收到职工完整的改革方案 18 套，其中 3 套被采纳后，使该厂由一个几年亏损企业，发展到年盈利 400 万元。

改革的深入，特别是劳动制度、工资奖励、价格政策、生活福利等改革，触及每个人的切身利益，职工中也出现不理解、不支持甚至抵触、不满的情绪。针对这种情况，企业在 10 年改革中，根据不同时期反映的不同问题，采用不同的方法，用党的十一届三中全会精神，及时帮助职工提高认识，使职工正确理解各项改革措施。比如，自贡鸿鹤化工总厂于 1983 年针对部分职工对企业讲求经济效益，进行市场竞争缺乏正确认识，以及缺乏共产主义理想、道德和组织纪律观念淡薄的倾向，采取多种形式，将理想、纪律教育与经济改革结合、与生产工作结合，小型多样、寓教于乐，开展自我教育活动。通过这几方面的宣传教育，改革以来，该厂职工思想情绪一直稳定，对改革的心理承受意识不断增强，改革的各项办法措施贯彻执行得比较顺利，企业生产一直处于不断发展提高的境地。

在逐步深化改革中，广大职工中还涌现出一大批改革家、实干家、革新家，他们为经济改革、四化建设作出了卓越的贡献。比如，重庆中南橡胶厂厂长刘谷音、重庆钢铁公司经理郭代仪、中国人民银行阿坝州分行藏族女行长甲她妹、鱼泉煤矿工会主席陆世才等。

四、在激烈斗争中经受严峻考验

全省广大职工不仅在平凡的岗位上默默奉献，作出不平凡的事迹，而且在各种复杂、激烈的斗争面前表现出崇高的品质和无私无畏的献身精神，经受住严峻的考验。

在特大洪灾面前不畏艰难险阻。1981 年 6 月到 9 月，四川先后出现六次大暴雨，发生了特大洪灾，有 135 个县（市）、2000 万人遭灾。县城 57 座、农田 1700 万亩被淹；3115 家工交企业、10619 所中小学和大批财贸单位被迫停课、停产和停业。全省房屋被毁 154 万多间，113 万人无家可归。各项工程建设、财产物资直接损失有 25 亿元以上，影响粮食产量 150 多万吨。洪灾给广大职工和家庭带来严重损失和困难，据重庆、成都两市，绵阳、南充、永川三地区和内江、资阳、富顺三县（市）不完全统计，受灾职工 126898 户，占这些地区职工总数的 6.8%，仅重庆、成都、内江的职工住房就倒塌 37 万平方米，洪水造成的危房 160 万平方米；职工经济损失仅重庆、内江就达 6625 万元。不少县（市）总工会、基层工会的办公室、俱乐部、业余学校和工会财产、干部宿舍也遭到严重损坏。在这百年不遇的特大洪灾面前，全省广大职工和工会组织在抗洪救灾中，发扬了工人阶级不怕牺牲、英勇顽强的战斗精神，经受了严峻的考验，作出了突出的贡献。

在这场抗洪救灾、恢复生产战斗中，省总工会组织 7 个工作组分赴受灾市、地、县，调查了解灾情和职工受灾后生活困难情况，帮助基层进行救灾工作。8 月上旬，省总工会在成都造纸四厂召开座谈会，总结推广抗洪救灾经验，并同成都市总工会联合召开成都地区劳动模范、先进生产者座谈会，号召全省职工夺取抗洪救灾斗争新胜利。8 月 15 日，省总工会发出拨款补助受灾职工的通知，按受灾轻重给有关地方、产业拨出总数为 250 万元（其中全国总工会补助 200 万元）的专款，各地方、产业工会又加进自己的结余经费层层下拨，补助因受灾造成生活困难的职工。9 月，省总工会起草《关于进一步解决受灾职工生活困难的意见》，由省政府批转各地，指示各级政府统一解决职工因洪灾造成的困难问题。各地方、产业工会，在组织力量帮助基层抗洪救灾后，又同当地政府、企业行政一道，协助企业恢复生产和帮助职工战胜困难，渡过难关，并派工作组下去，检查受灾职工生活情况。广大基层工会干部，在抗洪救灾战斗中与职工群众同命运共呼吸，为抢救国家和职工财产，保护职工生命安全，安排职工生活，恢复企业生产作出了重大贡献。

四川发生特大洪灾，全国各地和省内广大职工对受灾职工和家属热情关怀。全国总工会汇来救灾款，并派慰问团来川，深入灾区 7 个市县、30 多个基层调查慰问。许多工会组织和个人纷纷来信来电表示亲切慰问，并寄来现金、粮票、衣物，支援受灾职工。截至当年 11 月 15 日，省总工会收到北京、上海、天津、山东等 15 省、市和省内的 52 个工会组织和许多职工、解放军战士个人捐献的人民币 51924 元，粮票 7.5 万多斤，布票 4000 尺。还有大量慰问函电，表达了全国职工对四川灾区人民的关怀，情深意切，感人肺腑，充分体现了天下工人是一家。

在政治风波中旗帜鲜明。1989 年春夏之交，北京发生的政治风波波及成都、重庆等城市。在整个政治风波期间，全省职工队伍稳定，广大职工提出“社会乱，我大干”的响亮口号，力排干扰，坚守岗位，坚持正常生产，努力完成生产工作任务。重庆建设机床厂是有 2 万名职工的大厂，地处市郊，当时游行队伍在厂外来来往往，一些人还进厂宣传，动员职工上街声援。但职工们保持清醒头脑，明确表示：“我们工人搞好生产就是最好的爱国行动。”做到不上街游行，不围观支持，坚守生产岗位，保证正常生产秩序，1989 年，全厂上半年产值、产量、利润都超额完成计划，并较上年同期有大幅增长。重庆市公路运输公司、煤建公司、粮食储运公司，在社会动乱、交通受阻的情况下，专门成立运输粮、煤指挥部，坚持 24 小时值班，1000 多名职工守岗、出动车辆 138 台不断地运煤运粮。在“白天不通晚上走，正路不通绕道走”的口号下，驾驶员们白天黑夜赶运粮煤，平均每日坚持运回粮 800 吨、煤 1855 吨，保证市民正常生活需要。在社会动乱交通受阻的情况下，许多职工历尽千辛万苦坚持准时上班。

广大职工就这样顶住干扰，力排万难，坚持生产，保证完成计划任务，1989 年，全省上半年完成工业总产值比上年同期增长 8.21%。省总工会调查了 100 多家企业，除几家企业因原材料缺乏等因素外，95%的企业都实现了“双过半”。

第四节　推进民主管理和维护职工权益

在社会主义制度下，工人阶级是国家的领导阶级，对国家事务和对企业管理享有充分的民主权利。工人阶级的合法权益受宪法和法律的保护。工会作为工人阶级的群众组织，在充分维护国家利益的同时，也要切实维护工人阶级的具体利益，这是工会组织的性质和任务决定的。中共十一届三中全会以来，随着党的改革开放方针的贯彻执行和国家的民主与法制建设的进行，企业民主制度不断健全完善，工会参政议政，工人阶级的民主权利和切身利益得到了有力的维护。

一、建立健全职工代表大会制度

职工代表大会制度，是职工参加民主管理企业的主要形式，这是我国几十年企业管理的重要的成功经验。中华人民共和国成立以后，党中央在强调全心全意依靠工人阶级的同时，多次指示在厂矿企业要建立健全职工代表大会制度，特别是20世纪60年代初，中央提出的《国营工业企业管理暂行条例》（工业70条），专门写了厂矿企业的职工代表大会问题。按照中央的指示，20世纪五六十年代，四川的大中型企业大多数都建立了职工代表大会制度。但是由于“文化大革命”动乱，这项制度被彻底破坏。中共十一届三中全会以后，社会主义民主建设尤其是基层民主建设提到了党的重要议事日程。许多企事业单位在深入揭批“四人帮”，分清路线是非，整顿企业，加强企业管理的同时，在研究如何增强职工的主人翁责任感，调动职工建设社会主义的积极性时，着手进行建立健全民主制度，吸引职工参加企业民主管理。“文化大革命”前曾经建立过职工代表大会制度的自贡大安盐厂、重庆第二棉纺厂、国营长安机器厂、南充炼油厂、四川第一棉纺厂等大中型企业，于1978年，先后恢复了召开职工代表大会，讨论企业生产计划，研究解决企业重大问题，收到了很好的效果。各地区、各产业抓住这些典型，及时总结推广，使得全省企事业单位的职工代表大会开始恢复和建立。据 1979 年，全省地、市属以上 21201 家企业统计，已恢复和建立职工代表大会的有 1690 家企业，占 7.9%。

为了更好地发挥工会在加强企业民主管理中的作用，切实搞好职工代表大会的工作，企事业单位在调整党政领导干部的同时，经过民主程序，挑选了符合干部四化要求的干部和职工，充实工会领导班子，从而加强了基层工会的领导力量。各级工会还多次举办训练班，组织工会干部学习有关民主管理的政策、业务，总结交流职工代表大会工作经验，帮助工会干部抓好职工代表大会的工作。绝大多数企事业工会，都把搞好企业民主管理工作作为重点，建立健全职工代表大会制度，加强职工的思想教育，大力推进企业民主建设，发挥职工代表大会的作用。

1982 年 7 月，中央下达企业职工代表大会暂行条例以后，紧接着又颁发了厂长工作条例、党委工作条例（简称“三个条例”），全省各级党委、政府及时作了传达贯彻，统一部署安排，在企业建立健全厂长工作制度和党委工作制度的同时，大大推进了建立健全职工代表大会制度的发展。到 1983 年，省市属以上企业职工代表大会制度已经基本普及，省总工会于 10 月召开部分县（市）属企事业单位民主管理经验交流会，着手加快小型企事业（包括学校、财贸）建立健全职工代表大会制度的工作。到 1985 年，全省县（市）属以上企事业单位的职工代表大会已恢复和建立达 82.7%，其中学校教工代表大会发展较快，从 1983 年试点，1985 年就上升到学校应建教代会的 87.3%。到 1988 年底，全省企事业单位已建立职工代表大会 29749 个，占应建单位的 95.8%，厂、车间、班组三级民主管理和职工代表大会实施细则的建立，使民主管理的组织体系和工作制度不断完善。与此同时，民主协商、民主接待日、民主咨询会、职工代表视察等民主形式的建立，丰富了职工民主管理的内容。

随着经济体制改革的深入进行，企业改革领导体制，实行厂长负责制和承包、租赁等经济责任制后，厂长处于企业中心地位，负责经营管理和精神文明建设的全面工作，职工代表大会还起不起作用，如何起作用，又成为需从实践和理论上进一步探讨研究的问题。针对当时实行厂长负责制，扩大企业自主权后，厂长有权决定重大问题，一些企业出现重大事情不交职工代表大会讨论，厂长个人说了算的情况。针对这个问题，省委、省政府负责人在有关会议上多次强调实行厂长负责制要注意发挥职工代表大会作用。1984 年，省总工会会同省委组织部、省计经委政治部联合发出《关于贯彻国务院扩权十条规定中加强企业民主管理的意见》，召开全省企业民主管理经验交流会。同年 10 月，又在联合召开厂长负责制试点工作会议上，研究交流实行厂长负责制后，加强民主管理、发挥职工代表大会作用的经验。这些经验都表明，实行厂长负责制后，厂长的担子越重，越要健全完善职工代表大会制度，依靠职工群众，把集中指挥建立在充分民主的基础上，才能把企业搞活、办好。与此同时，省和一些地、市、产业工会，多次召开有企业党政工和有关部门负责人参加的企业民主管理理论讨论会，探讨在社会主义制度下，职工群众在企业中的地位和权利，厂长负责制和职工代表大会制度的性质、职责和任务，以及在实行厂长负责制、扩大企业自主权后，职工代表大会如何发挥作用等问题。明确了进行经济体制改革，在企业里面所有制不能变，职工的主人翁地位不能变，因此，职工参加企业改革的民主权利不能削弱。统一了理论观点，提高了思想认识，使得在新的形势下发挥职工代表大会作用有了理论基础和思想基础。

为了更好发挥职工代表大会在扩大企业自主权、实行厂长负责制中的作用，各企事业工会在认真总结经验的基础上，按照有关规定、指示精神，重新修订了职工代表大会实施细则，明确划分职代会同厂长的职责、权限、任务以及相互关系和各自的工作制度，进一步健全和完善了职工代表大会制度，使职工代表大会从一般侧重讨论决定职工生活福利转到着重审议企业生产经营方面的重大决策上来，使职工代表大会在企业生产经营方面较好地发挥作用。据 1989 年底统计，在全省各企业职工代表大会的提案 210203 件中，属于生产经营方面的有 102949 件，接近一半。

民主评议企业领导干部，是职工在企业作为主人翁的一项民主权利，同时也是职工代表大会的一项重要任务。尤其是在扩大企业自主权、推行厂长负责制和多种经济责任制以后，组织职工行使民主权利、发挥监督作用，就更为必要。从 1984 年开始，企业职工代表大会评议干部工作有了较大发展。据 1989 年底统计，全省民主评议干部的企事业有 16406 个，被评领导干部 110697 人。评议干部一般同对干部的奖惩任免相结合，经过民主评议，有 15697 名干部受奖，有 954 名干部被免职。通过民主评议干部，对坚持企业方向、严格执行政策、改进干部作风、调动职工积极性都起了很好的作用。据 1989 年底统计，全省有 24912 个企事业坚持召开职工代表大会，共开会 69045 次，审议企业重要方案 177052 件，审议同意 132864 件，审议否决 31341 件。

二、工会参与政策的研究和制定

随着经济体制改革的全面、深入进行，一些企业发生侵害职工切身利益的事件。作为工人阶级群众组织的各级工会，有权代表和维护职工利益。1983 年 3 月 14 日，中共中央书记处在讨论工会工作时，明确指出："工会应当是在党的领导下，代表工人阶级利益，为工人阶级办事的群众组织。" 4 月 22 日，中共四川省委书记办公会议在讨论贯彻中央书记处对工会工作的指示时，强调"工会是工人阶级的群众组织，要给工人办事，要为工人说话"。各级工会根据这些指示，做了大量工作。

工会代表维护职工利益，协同政府、行政正确处理职工利益，最好的办法是参与国家立法和议事机关，把可能侵害职工利益的事件处理在政策决定之前。因此，各级工会负责人进入了同级党委、人大常委会、政协常委会和政府、行政的有关机构。1989 年底统计，各级工会负责人经过选举参加同级党委、人大常委会、政协的有 11470 人，其中进入同级党委领导班子的有 5651 人，进入人大常委会的有 69 人，进入同级政协的有 78 人。至于工会负责人参加政府、行政有关工作机构，如工资改革领导小组、企业整顿领导小组、经济体制改革领导小组、住房改革（分配）小组等的就更多。工会负责人参加党委、人大、政协和政府、行政的有关工作机构，不仅及时反映某些危害职工利益的事件，使之求得解决，而且在讨论制定涉及职工切身利益的政策、方案时表达职工的意愿和要求，使政策、方案更加符合实际。例如，1988 年 9 月，重庆市政府起草了《重庆市保护企业厂长、经理依法行使职权的暂行规定》，市总工会研究讨论了这个规定的草稿，认为该文件对厂长、经理进行特殊保护，把职工当成防范对象，这不仅表现了在法律面前不是人人平等，而且将造成厂长、经理同职工的严重对立，不利于干群团结，不利于社会稳定。于是市总工会负责人（人大代表）在市人大会议上及时提出了自己的意见，市人大很重视来自工会方面的反映，没有批准该规定付诸实施。

同政府、行政建立健全民主协商活动，发挥工会的民主渠道作用，是工会代表和维护职工权益的有效形式。据1989年底统计，全省县和县以上地方、产业工会与同级政府、行政建立民主协商的单位有137家，共协商的议题有1842件，其中经过协商解决了的议题、提案有1304件。与同级政府、行政建立联席会议的单位有90家，全年共同研究的议题、专题报告、提案有459件，其中解决和办理了的有416件。与同级政府、行政建立联系会议的单位有237家，全年研究的议题、提案有1069件，其中达成共同协议的有831件。通过民主协商、联席会议、联系会议等形式，工会与政府、行政就涉及职工政治、经济利益的有关政策、方案、制度及其他重大问题，平等交流，共同协商，合理解决了大量问题，既使职工的愿望、要求、建议得到及时反映，又使党和政府的政策得到了及时传达贯彻，情况及时沟通。

价格体系改革是经济体制改革的重要部分，也是涉及广大人民群众最敏感的问题。改革开放以来，在价格体系上进行了一些改革，由于市场变化，物价不稳定，管理一时混乱，广大职工反应很强烈。工会组织十分注意价格改革和物价混乱问题。1984年，国务院发布《关于加强物价管理和监督检查的通知》，要求在发挥物价部门和专业物价检查队伍的作用的同时，要发挥群众监督的作用。1985年6月，全国总工会和国家物价局联合颁发《职工物价监督暂行办法》，指出：职工物价监督是职工参与国家和社会事务管理，支持和协助政府搞好物价管理工作，维护国家和消费者利益的一种群众性的物价监督检查活动，要求有条件的市、县总工会和物价部门选择企、事业单位职工和离退人员担任物价监督员，组成职工物价监督站（组），在市、县总工会和物价部门的领导下进行工作。各级地方工会立即发动职工群众，会同物价部门，组织建立职工物价检查监督站（组），普遍开展物价检查监督。至1989年底，全省县以上工会已建立职工物价监督站（组）1243 个，有专兼职物价监督员 9517 人，出动人员 16.6 万人次，共查出违价案件 345842 件，交由物价部门或由物价部门授权处理 89138 件，罚款 57.2 万元，收缴非法收入 13.8 万元。几年来，全省职工物价监督队伍积极开展各项监督工作，对稳定市场物价，维护国家和消费者利益起到了积极作用。

工资制度改革，既关系到经济体制改革的成败，又直接涉及职工群众的切身利益。省总工会在参加省工资制度改革领导小组办公室的工作期间，及时收集反映了职工对工资制度改革的意见和要求，参与了对机关、事业单位和企业工资制度改革若干具体政策的制定。1985 年，在全省实行统一工资标准时，各级工会认真调查研究，积极反映情况、建议，仅省总工会就收到各地方、各产业工会报来有关工资改革方面的材料 107 件，为上级和有关部门研究制定工资政策、方案提供了依据。1986 年，省总工会通过对几十个企业的调查和一些地、市、州产业工会反映的情况，向省委、省政府和全国总工会写了专题报告和关于工资改革总体方案的建议，提出企业工资改革中的一些重要问题，引起了有关部门和领导的重视。同年，根据一些地、市和基层工会的反映，企业在使用 3%的晋级指标时，一些领导干部以权谋私占用工人指标，为中层以上领导干部升级，引起群众的不满。省总工会及时综合了各地的情况，提出了建议，省政府采纳了省总工会提出的建议，下发了《关于合理使用厂长 3%的晋级权意见》，对 3%的晋级指标如何使用作了明确规定，维护了职工的合法权益。1987 年 4 月，省总工会又综合分析了中华人民共和国成立以来职工工资和市场物价的变化情况，提出了《正确处理工资与物价关系的设想和建议》，引起有关领导机关的重视，省政府立即批转省物价等部门研究，1988 年，全国总工会向中央提出的“工资、物价改革方案”中，也吸收了其中部分建议。对于一些行业、企业特别突出的问题，工会组织也及时调查研究，提出建议，协助政府进行了解决。如 1984 年，针对各地工会反映纺织系统一线工人和地县属企业、轻工、商业职工工资偏低的情况，向省政府作了反映，省政府发出《关于提高我省部分企业偏低工资标准的通知》，使问题得到了解决。

劳动制度改革，对于消除旧的劳动制度弊端，促进生产发展，提高企业经济效益有着极其重要的作用。1986 年，国务院发布了改革劳动制度四个暂行规定的通知，各级工会深入调查研究，及时掌握广大职工对改革劳动制度的意见和建议。根据各地的反映和典型调查，省总工会写出了《关于对国营企业实行劳动合同制反映的调查和建议》，并及时报送省委、省政府，得到了上级有关部门的高度重视，为省上制定贯彻国务院改革劳动制度四个暂行规定的实施意见提供了参考依据。随着劳动制度改革的深化，劳动争议案件随之增多，为了指导基层处理好劳动争议工作，更好地维护企业和广大职工的合法权益，省总工会与劳动人事厅研究制定了《四川省国营企业劳动争议调解委员会工作规则（试行）》。各市、地、州工会也及时同当地劳动部门共同研究制定贯彻这一文件的具体实施意见。1988 年 2 月，省总工会在省劳动制度改革工作座谈会上，对《关于对 1959 年底前参加工作、家居农村的老工人采取灵活措施给予照顾的意见》《关于国营企业对家居农村老工人实行换工的试行办法》《关于解决县办国营企业亦工亦农人员问题的意见》提出了具体修改意见，这些意见大部分被有关部门采纳，较好地维护了这部分职工的具体利益。

各级工会组织积极参与职工医疗制度、劳动保险制度以及职工生活福利待遇方面的改革。1985 年，省总工会分别和成都、攀枝花、乐山、宜宾、泸州等市总工会在 30 多家企业，对职工医药费改革的情况进行了调查，提出了综合治理的意见，并同劳动人事厅、财政厅研究了具体改革办法，以省政府名义下发，在部分市、县试行，逐步修改完善，向全省推开。为了改革劳动保险制度，工会同劳动部门一道，近几年来，在宜宾市试行《国营企业病假和死亡待遇的办法》，在自贡市试行《国营企业退休职工退休费统筹的办法》，在南充市试行《关于集体企业退休职工退休费统筹的办法》，通过试点，为全面改革劳动保险制度提供了初步的经验。1988 年，省总工会针对省政府《四川省国营企业固定职工病假待遇改革试行办法》和《四川省国营企业固定职工死亡待遇改革试行办法》颁发后，广大职工意见较多、反映强烈的情况，及时向省政府和有关部门提出完善病假、死亡待遇改革试行办法的 4 条建议，省政府采纳了部分意见，发布了《四川省全民所有制企业固定职工病假待遇暂行规定》和《四川省全民所有制企业固定职工死亡待遇暂行规定》的通知，省政府原下达文件同时停止使用，使企业职工反映较为突出的几个问题得到了解决。1988 年 2 月，针对四川省部分企业在实行租赁、承包后，有随意降低职工工资、劳动保险待遇的情况，各级工会深入调查研究，及时将情况反映给上级有关部门，省总工会会同劳动人事厅、省体改办联合发出《关于国营企业实行承包租赁以后保障职工保险福利待遇意见的通知》，全国总工会、劳动人事部、国家经委、国家体改委向全国作了转发，较好地保证了职工的具体利益。

三、保护职工的合法权益

由于法制尚不健全和某些领导的官僚主义作风等原因，职工合法权益受到损害的情况时有发生。据成都市总工会 1979 年至 1984 年统计，共接待职工来访、处理职工来信 4208 件，平均每年 700 件，最多的是 1980 年有 919 件。对于职工来信来访反映的问题，除对国家政策规定不明了，反映工资福利待遇等问题，工会及时进行宣传解释外，凡涉及损害职工权益，侵犯职工人身安全的，工会都协同有关部门进行严肃处理。成都东城区环卫所 3 名女清洁工，在某日凌晨扫街时，被一伙人无理围攻、侮辱、打伤，市总工会获悉后，立即同有关部门调查核实后，一面向报界呼吁社会尊重环卫工人的劳动，要求保护环卫工人的人身安全和人格尊严不受侵犯，一面支持环卫工人向公安、司法部门控诉，使得该案主要犯罪分子被收审、劳教。1977 年，德阳某厂废钢车间开水锅炉爆炸，死亡 2 人，受伤 1 人，锅炉工史桂芝被成都西城区人民法院以渎职罪判刑 8 年，史桂芝及其家属不服，多次上诉。1980 年，省总工会派人调查，在弄清事实真相后，会同省劳动部门，组织专门人员进行技术鉴定分析，一致认为发生锅炉爆炸的根本原因是锅炉所用钢材不合规格，焊接不合技术要求，代表史桂芝要求法院重审。1980 年 10 月，经成都中级人民法院批准，撤销原判，宣告史桂芝无罪释放，工厂恢复了史桂芝的工作，补发了工资。多年以来，特别是在“文化大革命”中，有不少学校教师受到严重歧视、打击，“文化大革命”以后，教师遭到侮辱打骂的情况仍然不断发生。为了维护广大教师的人身安全和人格不受侮辱，刹住不尊重知识，不尊重教师的歪风，省教育工会多次向省委、省政府和有关方面反映不少地区发生的侮辱打骂教师的严重情况。1981 年 4 月，省总工会会同省委宣传部、省纪委、教育厅、公安厅、省检察院等，联合向省委、省政府提出关于坚决刹住侮辱、殴打教师歪风的报告，提出了具体措施和要求，省委、省政府当即批转各地、市、州、县执行。

为了更好地保护职工合法权益不受侵犯，1984 年以后，省和各级地方工会先后成立了法律顾问处（室、组）共 87 个，配备专兼职干部 408 人，为职工提供法律咨询，调解民事纠纷，同时协助司法部门处理刑事案件。据成都等 15 个市、地、州不完全统计，到 1989 年，各级工会法律顾问处（室、组）共举办短期法律培训班 801 期，培训法律知识人员 8963 人（次）。仅省总工会法律顾问处就办了 5 期培训班，培训法律骨干 305 人，其中从事兼职律师的有 8 人；开展法治宣传教育活动 1937 次；开展法律知识竞赛 457 次，参加竞赛活动的职工 40 余万人（次）。各级工会法律顾问处（室、组）成立后，积极依法为职工说话办事，到 1990 年 3 月，共接待职工投诉、来访 14944 件，已处理完毕 13355 件。仅成都市总工会法律顾问室就通过劳动和行政企业等部门，帮助纠正 19 起职工被企业错误开除、除名、辞退的案件。各级工会法律顾问处（室、组）受职工委托，为职工代写法律文书、提供法律帮助 1033 件，代理民事诉讼和承担刑事辩护 241 件，深得职工的好评。各级工会法律顾问部门代表同级工会参与地方性法规的制定、修改和讨论意见达 126 件（次），及时向政府反映了来自职工方面的大量意见。1988 年，自贡市政府起草了《自贡市企业职工风险抵押积累基金暂行办法》并征求各方面的意见，市总工会法律顾问室召开了多次座谈会，征求各行业各类人员代表的意见，认为该文件不仅没有立法依据，而且文件内容上只让职工承担风险责任，不让职工享受利益，实际上是利用行政手段变相强行地向职工集资，侵犯了职工的私有财产所有权，如果实施这个办法，全市每个职工月交纳 13 元风险金，会给职工生活带来实际困难，不宜颁布实施。市政府采纳了市总工会的意见，没有下发执行该办法。

工会维护职工合法权益，有时也会遇到阻力，有的工作人员甚至遭到打击报复。1985 年 6 月，綦江县玻璃厂领导在使用职工升级指标时，不经职工代表大会讨论，私自给厂级负责人两次升级，全厂班组长以下职工没有一人升级，职工对此很有意见。厂工会副主席罗昭华向厂领导反映职工对升级的意见，反遭一个副厂长的毒打。重庆市总工会了解此情况后，迅速向省总工会作了汇报，省总工会用《情况反映》上报了省委，省委副书记聂荣贵批示："如果属实，应予处理。"此后，省委大案要案组调查后，由县主管局宣布撤销这个副厂长的职务，回原生产岗位工作，责令他向罗昭华赔礼道歉，还在一定范围内作了检讨。

第五节　工会事业的恢复和发展

随着中共十一届三中全会路线、方针、政策的贯彻落实，在职工队伍扩大和工会组织发展的情况下，工会各项事业也相应地有了很大发展，恢复和新建了大批为职工群众服务，为工运事业服务的文化、娱乐、教育、体育、疗（休）养等设施；同时兴办了一批经济事业，增加了经济效益，为发展工会事业提供了物质条件。

一、工人文化宫、工会俱乐部的恢复和发展

"文化大革命"以前，全省除重庆、成都、自贡三市总工会有工人文化宫和约 1/5 的县总工会有工会俱乐部外，其余的县（市）都没有工人文化宫或工会俱乐部。在"文化大革命"中，所有工人文化宫、工会俱乐部又全部交政府有关部门或者被别的单位占作他用。中共十一届三中全会以后，省总工会一方面积极支持各地方工会收回原有的工人文化宫、工会俱乐部；另一方面从 1980 年起，每年从工会经费中拨出 400 万元左右，分期分批帮助各市（州）和县（市、区）总工会修建文化宫、俱乐部。在地方党委和政府的重视、财政部门的支持下，工人文化宫和工会俱乐部的建设有了显著的进展。据 1988 年底统计，全省县以上已建工人文化宫、工会俱乐部 166 个，扩建 41 个，建筑面积达 37. 5 万平方米。至此，全省各市、州、县（区）绝大多数都建成了规模不等的工人文化宫、工会俱乐部，并且陆续开展了活动。

为了很好地发挥工人文化宫、工会俱乐部的作用，省总工会多次开会研究新时期工人文化宫、工会俱乐部的方针任务和建设发展问题，要求开展各项活动都要面向基层、面向生产、面向群众，利用工人文化宫、工会俱乐部这个阵地，吸引和组织职工特别是青年职工学政治、学文化、学技术、学管理，寓教于乐，把工人文化宫、工会俱乐部办成职工学习和娱乐的乐园，提高职工觉悟，为培养“四有”队伍，实现社会主义现代化建设服务。各地工人文化宫、工会俱乐部依靠热心于职工文化活动、有一定组织能力的大批积极分子，开办政治、文化、技术讲座和多种业余自学辅导站，组织“工人之声”音乐会，诗歌、戏剧、演讲、读书活动等比赛，举办反映新时期职工群众生产、改革精神风貌的摄影、绘画、书法、文艺作品、模范事迹展览，开展业余的球类、棋类、田径、舞蹈、武术等体育活动，举行太极拳、气功、迸斯科、交谊舞、旱冰、保健操等健身活动，开展书评、影评，等等。所有这些丰富多彩、有益于身心健康的活动，吸引了大批职工尤其是青年职工按其所好积极参加，通过这些活动，广大职工接受形势、党的方针政策和社会主义思想、道德、情操的宣传教育，同时也消除了劳动、工作的疲劳，锻炼了身体，为培养职工队伍起了积极的作用。正如职工们称赞的：“俱乐部活动开展好，精力充沛热情高，生机勃勃干‘四化’，邪气歪风大减少。”

在工人文化宫、工会俱乐部的组织和推动下，职工体育活动也比较活跃。仅1984年，全省企事业单位和县以上工会就组织和举办了职工体育比赛11万多次，参赛职工达285万人次；全省职工组织的业余运动队、锻炼小组就有5万多个，参加成员50多万人次。1984年11月，举行了四川省首届工人运动会，开展了9个项目的比赛。1985年9月，举行的全国第二届工人运动会，四川有150名运动员参加，打破4项全国工人运动纪录；获金牌、银牌、铜牌各2枚；职工武术表演赛获一等奖、二等奖各1个，有11家单位被全国总工会、国家体委命名为全国体育先进单位。1986年，全省成立了职工体育基金会，以重庆钢铁公司、攀枝花钢铁公司、成都飞机工业公司、资阳内燃机车厂、东方汽轮机厂、长虹机器厂等35家大中型骨干企业为主，集资120万元，开展群众体育活动，对全省职工体育事业发展起了一定的推进作用。

二、工会疗养事业的恢复和发展

四川工会的职工疗养事业，是中华人民共和国成立后从无到有逐步建立发展起来的。省总工会直属的6所工人疗养院，即成都工人疗养院、自贡工人疗养院、重庆杨家坪工人疗养院、重庆南温泉工人疗养院、重庆五指山工人疗养院、重庆北温泉工人疗养院，均兴办于20世纪50年代初期。主要是接待劳动模范、先进生产者和患有职业病、慢性病以及从事有毒、有害工作的职工疗养。受1958年出现的“工会消亡风”影响，6所工人疗养院交给卫生部门领导管理，1962年1月又收回。“文化大革命”期间，省总工会被迫停止活动，各工人疗养院于1970年8月交省劳动局接管。中共十一届三中全会以后，经过拨乱反正，于1980年前后，6所工人疗养院又先后由省总工会收回。工人疗养院几经改变领导关系，设备、人员以及住地环境都受到一些损失，且大部分设备设施为20世纪50年代至70年代建设和购置，到80年代时，6所疗养院的疗养大楼因年久失修，已相当陈旧，有的遭白蚁严重蛀蚀，有的被列为危房。附属管线设施斑驳腐蚀，安全隐患严重。医疗设备老化落后，如X光机，有5所疗养院还是20世纪60年代老产品，无法满足诊断需要。省总工会对各疗养院进行了整顿建设，调整领导班子，充实业务、干部力量，添置设备。在全国总工会和地方政府的大力支持下，从1987年起，省总工会开始对疗养院设备设施进行大规模更新改造，至1995年，共投入700余万元改建6所疗养院的疗养大楼。重庆南温泉工人疗养院由全国总工会、省政府和省总工会共同投资500余万元，新建8000多平方米疗养综合大楼。成都工人疗养院、重庆杨家坪工人疗养院除改造疗养大楼外，还分别兴建休养楼和康复楼。1996年，省总工会为5所疗养院购置了新型X光机。一些地区、产业和企业单位也开始举办疗养事业。据1988年底统计，全省共有疗养院（所）72所（包括前述6所疗养院），床位6013张，其中基层单位举办的50个，床位2290张；行政主管部门举办的8个，床位922张；基层以上工会举办的14个，床位2801张。职工疗养事业有所改善。

省总工会成都工人疗养院，1953年10月成立；1957年12月与中国公路运输工会全国委员会成都疗养院合并；1962 年 8 月，更名为四川省工会联合会第五工人疗养院；1979 年 11 月，由成都市卫生局管理的成都市职业病防治院移交省总工会管理；1986 年省委组织部、省编制委员会核定为县级事业单位，编制床位 270 张。

省总工会自贡工人疗养院，1954 年 4 月成立，其前身为自贡工人疗养所；1962 年 8 月，明确自贡工人疗养院仍交由省总工会统一管理；1971 年 2 月，更名为四川省第六工人医院；1979 年 11 月，移交省总工会管理；1989 年 5 月，增挂“自贡工人医院”牌子；1986 年，省委组织部、省编制委员会核定为县级事业单位，编制床位 270 张；1999 年，增挂“自贡市第六人民医院”牌子。

省总工会重庆五指山工人疗养院，1954 年 5 月成立，其前身为中国第二机械工会北泉疗养院；1964 年 11 月，更名为四川省总工会第三工人疗养院；1979 年 12 月，更名为四川省总工会重庆五指山工人疗养院，隶属于四川省总工会；1986 年，省委组织部、省编制委员会核定为县级事业单位，编制床位 250 张。

省总工会重庆北温泉工人疗养院，1954 年 12 月成立；1956 年 12 月更名为四川省工会联合会北温泉工人疗养院；1964 年 3 月，更名为四川省总工会第四工人疗养院；1979 年 8 月，更名为四川省总工会重庆北温泉工人疗养院，隶属于四川省总工会。1986 年，省委组织部、省编制委员会核定为县级事业单位，编制床位 160 张。

1997 年，重庆市直辖后，经四川、重庆两省市委、市政府和总工会协商，全国总工会批准，四川省总工会重庆杨家坪工人疗养院和四川省总工会重庆南温泉工人疗养院移交给重庆市总工会管辖。

此外，还有 1985 年动工修建的省总工会峨眉山休养所，占地 30000 平方米，编制床位 300 个，1992 年投入使用。省总工会峨眉山职工休养所主要承担为全省劳动模范、先进生产（工作）者和离退休人员、一线生产职工等提供康复休养、健身护理等服务。1997 年，峨眉山市旅游局确定其为“旅游定点饭店”，同年，增挂“惠园宾馆”牌子。

随着改革开放形势的发展，1984 年，四川省总工会在全国率先实行疗养院院长负责制。1985 年，实施职工疗养事业体制改革，进一步扩大了疗养院经营自主权，完善了院长负责制。各职工疗养院（所）由各自侧重某些方面的疾病疗养，逐步进行综合疗养，扩大服务领域，提高服务质量。疗养院不但收治患心血管、呼吸道、消化、神经、运动等系统的慢性病职工疗养，还收治硅肺、尘肺和铅、汞、苯等化学中毒职工的疗养。与此同时，各院还开展康复、休养、门诊等多项治疗，并且利用各自的优势，开办温泉以及拳剑、体育保健，使职工疗养事业逐步拓宽新的领域，为职工恢复身体健康作出了较大的贡献。

三、《四川工人日报》的恢复和发展

中华人民共和国成立以后，为了开展对职工的宣传教育，工会组织积极筹建举办《工人报》。1949 年 12 月，全国总工会派《工人日报》总编辑冯诗云南下重庆，西南局工委蔡树藩主任要他负责筹办一张工人阶级的报纸——《工人报》，并决定在 1950 年 2 月 7 日出版，以纪念“二七”京汉铁路大罢工。在 1950 年，就先后出版有重庆《工人报》《成都工人报》《川北工人报》；不久，《成都工人报》改为《川西工人报》，重庆《工人报》改为《西南工人日报》。以后，随着行政区划的变更，有的合并，有的改名。1954 年 10 月，《西南工人日报》改为《四川工人日报》；1959 年 12 月，该报与《四川日报》合并。自此以后 22 年，四川工会系统没有出版一份职工的报纸。

党的十一届三中全会召开后，社会主义建设进入了新的历史时期，对广大职工进行宣传教育的任务相当繁重，广大职工和工会干部迫切要求工会出版发行工人报。省总工会根据形势的发展和职工群众的要求，经过较长时期的筹备，报经中共四川省委批准，于 1982 年 7 月 1 日，将《四川工人报》正式复刊。1986 年 7 月 9 日，中共中央总书记胡耀邦为《四川工人日报》题写了报头，1986 年 10 月 1 日开始启用，正式更名为《四川工人日报》，并沿用至今。同年，报社印刷厂全部投产，1993 年，发行量 14 万余份。随着职工和工会干部对报纸的要求增高，报纸由周三刊改为周四刊、周六刊。报社同职工群众保持较广泛的联系，除了有 21 个特约记者组、几十名特约记者、400 多名通信员外，经常为报纸写稿、反映情况的有 2000 多人，基本形成了报社的职工通信网。

在这期间，《重庆工人报》（1987 年改为《现代工人报》）、《成都工人报》《攀枝花工人报》《三峡工人报》（省总工会万县地区办事处办）、《通川工人报》（达县市总工会办）等也先后出版，主要向本地区职工进行宣传教育。工人报纸的出版发行，在宣传党的方针政策，提高职工的思想认识，表彰先进人物和先进集体，介绍科学文化技术知识和管理工作经验，唱响劳模精神、劳动精神、工匠精神，调动职工发挥主人翁积极性等方面起了积极作用。工人报纸宣传工会的性质、作用、任务，及时报道各级工会的活动，介绍工会的工作经验，有力地推动了工会工作的开展。报纸还反映职工的呼声和要求，维护职工权益，密切了党同工会和职工群众的联系，受到了广大职工群众的欢迎。《四川工人日报》于 1994 年刊发的《敬礼，雀儿山五道班》通信，首次提出“雀儿山精神”，得到全社会的认同推崇，反响极大；曾推出的劳动模范蒋辅成、王顺友、陈德华等深入人心；《澄清阳江大案》系列维权报道，先后获四川省好新闻一等奖；《阆中环卫工人遭打》维权报道，获四川省新闻奖一等奖，全国工人报刊好新闻一等奖。

四、工会干部学校的恢复和发展

1949 年底，四川各地相继解放，各级工会组织先后建立，大批从工人中涌现出的积极分子和军队转业、老区来的干部走上了工会工作岗位。为了适应开展工会工作的需要，当时各行政区、市工会都先后成立了工会干部学校或工人政治学校，开办短期训练班，学习马列主义基础理论和工会业务知识，培训工会干部和工会积极分子。1951 年 7 月，重庆市总工会工人政治学校改为西南工会干部学校；1954 年 11 月，西南行政区撤销后，改名为四川省总工会联合会干部学校。刘伯承、邓小平曾去干校视察，1952 年春，干校校址搬迁至重庆杨家坪下石桥。1951 年 7 月至 1954 年 11 月，干校为西南云、贵、川三省共培训工会干部 2096 人。1954 年到 1958 年 6 月，干校共办班 18 期，培训干部和积极分子 2697 人。干校培训的干部除了成为工会组织的骨干力量外，还为厂矿企业党政组织、上级党政部门和上级工会选拔了相当数量的干部，不少干部担任了各方面的负责工作，为党和国家培养输送干部作出了应有的贡献。

受在“大跃进”中刮起“工会消亡风”影响，1959 年 4 月，由重庆杨家坪迁往成都罗家碾但尚未开学的省工会联合会干部学校正式宣布撤销。从此，全省工会干部培训工作受到了严重的影响，使原本制定的培训工会干部的规划无法付诸实施，开始走上了曲折的道路。1973 年 7 月，省委同意在工会干部学校恢复前省工会可举办工会干部读书班。1974 年 8 月至 1978 年 12 月，省工会先后举办了工会干部读书班共 10 期，培训工会干部 594 人。

中国工会九大以后，为了贯彻中共十一届三中全会精神，适应工会工作发展的需要，经省委批准恢复四川省工会干部学校，并在成都方池街新建。1982 年底，工会干校大楼竣工，1983 年 4 月 6 日，第一期工会干部轮训班开学，从此省工会干部学校正式恢复。从 1983 年开学到 1989 年，干校轮训基层工会正副主席、委员和县以上工会专职干部 2163 人。1985 年 9 月起，干校还与四川大学联合举办大专班；1988 年 10 月起、1990 年 6 月起先后与中国工运学院、四川大学、四川师范大学等开展联合办学，开办工会学、劳动法学等大专“专业证书”教学班。除陆续办好轮训班、专业班外，同时办好大专班，使工会干部的培训逐步走向正规化。

由于职工队伍壮大，工会组织发展很快，大批新干部和积极分子走上工作岗位。在这种情况下，仅有一所四川省工会干部学校对工会干部和工会积极分子进行培养训练已经很不适应要求。因而，各市、地、州和省产业（局）工会以及一些县、基层工会采取办短训班、专业班、工会工作讲座等多种形式培训工会干部和工会积极分子。成都、重庆、自贡、攀枝花、万县等市地工会相继成立了干部学校，到 1989 年底，共培训工会干部和工会积极分子 12671 人。不少基层工会也开展了对干部和积极分子的培训，据 1989 年度统计，全省有 835 个基层工会举办训练班，共培训 44. 67 万人，为开展工作创造了条件。

五、工会经济事业的恢复和发展

为了更好地发展工运事业，开展工会活动，为职工多办好事实事，全省各级工会组织根据自身的人力、物力和财力的条件和职工的要求，积极兴办和发展经济实体。到1989年底统计，兴办经济事业的工会有384个，其中基层工会359个；共办经济事业531个，共安置从业人员3539人，有资金1274万元，资产总值2027万元。1989年，这些事业共创产值4166万元，盈利1245万元，上缴税金1321万元，事业积累基金2048万元，上缴主管工会的基金61万元。

工会兴办经济事业，既增加了国家税收和工会收益，又解决了部分人员就业，而且为补充发展社会服务事业起了积极的作用。但是，这项工作仅是开始起步，有许多政策原则和经验都需要经过一段实践后认真进行研究总结和提高，才能把工会的经济事业办好。1994年，省计委、省总工会联合制定《四川省工会企事业发展规划》，将工会企事业发展正式纳入全省国民经济和社会发展规划。全省工会企事业积极调整产业结构，大力发展符合工会职能特点的企事业，如职工互助保险、职工住房合作社、职工消费合作社等直接为职工群众服务的社会福利型经济事业，并将其纳入社会福利事业管理，政府减免各种中间环节收费和税收。一些地方和行业也先后出台了支持工会发展企事业的政策、措施。这些政策和措施的实施，为促进全省工会企事业快速健康发展起到了重要作用。

六、工会财务和经费审查工作的恢复和发展

工会财务和经费审查工作是工会工作的重要组成部分。1952年，省总工会筹委会召开全省工会第一次财务工作会议，明确划分了省、专区、县之间的财务关系，统一各项财务制度及手续。1953年，省工会将各专区办事处划为一级预算单位，专区所辖各市县的财务工作由专区办事处直接领导。1959年，受“工会消亡风”影响，县属各单位停止上解工会经费和会费，省工会专区办事处、省属市工会和省产业工会的预（决）算报同级党委同意，不再由省工会审批。1962年1月，省工会制定《财务管理工作暂行规定》，确定经费管理体制，规定各级工会预决算的编制和审批改为一级管一级的办法。

“文化大革命”开始后，省总工会被迫停止了工作。1969年10月起，四川省各单位组织停止收取工会会费。1973年，省总工会恢复工作，经过工会整建，

基层工会陆续恢复职工的宣传和文体活动费。1978年11月，按全国总工会颁发的《关于收交工会会费的通知》规定，全省各基层工会恢复收交会员会费，会员每月按本人工资收入的0.5%计算交纳会费。1979年1月，全省各级工会恢复独立管理经费的工作。同年，省总工会成立财务管理机构，独立管理工会经费，召开了全省工会财务工作会议，并下发通知，提出收好、管好、用好工会经费是工会组织建设中的一件大事，工会财务工作要为工会工作服务，为职工群众服务，为生产服务，要求各级工会迅速建立和健全财务机构，配备和充实财务干部。截至1979年底，4个省辖市总工会都设立了财务部，14个地、州工会和10个省产业（局）工会配备了专职财务干部，205个县一级工会96%配备了专（兼）职财务干部。

1980年起，根据党中央有关精神，省总工会制定了县以上工会组织的公用经费实行“预算包干”的办法，按照当地财政规定的预算包干指标执行，年终结余留归本单位支配。1986年起，全省工会财务工作遵循“坚持改革、面向基层，收好、管好、用好工会经费，为职工群众服务、为发展工运事业服务”的指导思想，坚持以收好经费为重点的财务改革，促进了行政拨交工会经费持续、稳定的增长。全省各级工会坚持为大局服务、为基层服务、为职工群众服务的财务工作宗旨，坚持“取之于职工群众，用之于职工群众”的经费使用方向，将其主要用于就业培训、送温暖活动、困难职工帮扶、修建职工文化事业活动场所、开展劳动竞赛活动和职工文化、娱乐、教育、体育活动等方面，确保了工会职能的履行和重点工作的开展。

中华人民共和国成立初期，重庆市、川北区、西康省先后正式成立总工会时，都选举成立了工会经费审查委员会。1953年4月，在四川省首届工会会员代表大会上，选举产生了四川省首届工会经费审查委员会（以下简称经审会）。到1990年，四川省工会共召开了8次代表大会，除1973年召开的省工会五大，由于当时还没恢复工会独立管理经费，工会所需经费由地方财政预算拨款，除了没有选举产生第五届经审会外，其余历届省工会代表大会或工会委员会（执行委员会）都选举产生了省工会经审会。1953年至1983年，由于每届经审会其成员都是兼职，没有配备专职干部和建立办事机构，经审会的主要工作就是每年召开一次或两次经审会全委会议，对省工会的年度收支预决算进行审查。

1983 年，省工会七大选举产生第七届经审会后，设立了办公室，配备了专职秘书，开展了经常性的工作。省总工会第七届经审会按规定逐年对省总工会本级 1983 年到 1987 年的年度财务预、决算进行了审查。1988 年 7 月，省总工会第八届经审会制订了“狠抓基础、努力工作、打开局面、争创一流”的工作总体设想。1988 年至 1990 年，省总工会经审会加强了组织建设，建立了经审会办公室，并与成立的审计处合署办公。县以上地方工会经审工作的组织建设也有发展，全省 217 个县（市、区）工会全部建立了经审会。

1990 年，省总工会与省审计局联合下发了《关于在全省工会系统实行内部审计制度的通知》，要求建立工会内部审计制度，对工会内部审计机构的主要职权和任务、审计程序、原则和要求以及建立审计档案等，都作了原则性规定，并明确县（市、区）工会经审会和基层工会经审会行使内部审计职能。这标志着工会内部经济监督机制权威性的增强，使工会经费的民主监督与国家行政监督较好地结合起来，形成了工会内部审查监督工作的特色。

第六节　工会组织的建设和发展

1978 年以来，全省职工队伍迅速发展，企事业单位增多，工会组织也随着会员队伍发展壮大而拓宽工作领域，加强自身建设，以发挥它在整个社会、国家事务和企事业单位的政治经济生活中的重要作用。

一、建设“职工之家”

全省基层工会在 1978 年进行整顿以后，1984 年 5 月，全国总工会决定从 1984 年下半年开始，用 3 年时间把广大基层工会建设成“职工之家”，并规定了基层工会建成“职工之家”的 6 条标准。1984 年，按照全国总工会《关于整顿工会基层组织，开展建设“职工之家”活动的决定》，四川省开始在基层工会开展整顿建家工作。至1986年，全省36590个基层工会中，建成“职工之家”25675个，占70%以上。1986年5月，召开全省工会组织工作会议，总结全省整顿建家工作经验，表彰一批整顿建家先进集体和先进个人。各级工会认真贯彻“抓基层，打基础，促改革”的指导方针，整顿建家活动继续向纵深发展。同年7月，省总工会在全省范围开展争创“模范职工之家”竞赛活动，要求在建家合格的基层工会中，开展创建“三先三模”（“先进职工之家”和“模范职工之家”、“先进职工之友”和“模范职工之友”、“先进工会积极分子”和“模范工会积极分子”）活动。1988年，整顿建家活动基本结束，全省95%的基层工会建成职工之家，基层工会向着群众化、民主化迈出扎实一步，为充分发挥基层工会组织的作用打下良好基础。1990年，全省有28957个基层工会建成“职工之家”，6518个基层工会建成“先进职工之家”，1127个基层工会建成“模范职工之家”。

在开展建设“职工之家”活动中，一些基层工会积极争取本单位党政组织在人、财、物等方面的支持，开展“党政共建一个家”活动。一些企事业单位为职工修建或改造食堂、浴室等生活福利设施，兴建俱乐部、图书馆（室）、体育场、电影院等文化娱乐设施，工会经常组织职工开展各种文化娱乐活动和体育比赛，丰富职工业余生活。通过开展建家活动，职工群众对工会的认可度越来越高，工会地位得到提高，影响越来越大，改变了原来“三类科室”“可有可无”的形象，一些基层工会组织被职工群众誉为“说得起话，办得了事，群众信得过，党政离不开”的“职工之家”。

工会组织经过整顿建家活动，有了很大的发展和加强。1989年底比1978年底，全省建立工会组织的企事业单位职工由435万人增加到719万人，基层工会组织由20408个增加到42904个，工会会员由328万人增加到663万人。全省除工交、财贸、基建、文卫外，科研、机关、乡镇企业等系统也建立了工会组织。与此同时，工会干部和积极分子队伍也得到加强。1989年比1979年，全省工会专职工作人员由13765人增加到32046人，其中基层工会专职工作人员有27077人；基层工会担任工会小组长以上的积极分子由48.22万人增加到119.13万人。

10年来，少数民族职工队伍和工会组织也有很大发展。“文化大革命”前，凉山、阿坝、甘孜3个自治州都没有建立总工会组织，所属县区只有少数几个县建立了总工会。“文化大革命”后特别是党的十一届三中全会以来，3个自治州及其所属县都建立了总工会，少数民族职工也有很大发展。仅阿坝州统计，1983年，少数民族职工7570人，占职工总数的9.44%；1989年，少数民族职工增到16136人，占职工总数的22%，其中主要是藏族、羌族、回族。

二、乡镇企业建立工会组织

改革开放以前，工会组织建设和工会工作基本上是以城市为中心，在国有和集体企业中开展。20世纪80年代，随着农村经济体制改革深入，乡镇企业异军突起，一批农村富余劳动力从田间走进车间，由农民变成企业职工。从1984年起，四川省开始在乡镇企业进行组建工会试点工作。这一时期，“三资”企业逐渐兴起，工会基层组织建设开始涉足非公有制企业。

1984年，四川省在绵阳地区三台县的西平、城郊两个丝厂进行乡镇企业建立工会组织试点工作，后逐步推广。到1986年，全省已建立乡镇企业工会671个，建会单位职工9.7万人，发展会员6.6万人。1987年夏，召开全省乡镇企业工会工作经验交流会。会议充分肯定了各地试点建会成绩，提出扩大试点的具体意见，加快了试点建会步伐。1994年6月，省总工会、省委农村工作委员会、省乡镇企业管理局联合印发《关于乡镇企业组建工会有关问题的意见》。按照“成熟一个，发展一个；发展一个，巩固一个”的要求，各地选择了一批有一定规模、生产经营比较正常、职工队伍比较稳定、管理机构和管理制度比较健全的乡镇企业继续开展试点建会工作。建会重点是具备条件的乡镇办企业和少数骨干村办企业，同时在乡镇企业中的“三资企业”特别是“三来一补”企业开展建会工作。万县（今重庆市万州区）、攀枝花、宜宾、南充等市地工会与党委、政府有关部门联合行文，部署乡镇企业建会和工会工作。乐山、涪陵（今属重庆市）等市地专门成立乡镇企业工会工作指导小组。一些县（市、区）工会也加强领导，积极开展工作。1994年底，全省共建立乡镇企业工会组织1684个，建会单位职工20万人，发展会员17.9万人。

第十章　改革开放中的四川工运事业和工会工作

1992 年春，邓小平发表南方谈话，同年 10 月，党的十四大胜利召开，提出建立社会主义市场经济体制的奋斗目标，开启了建设有中国特色社会主义的新征程。四川全省工人阶级和工会组织在省委和全国总工会的领导下，紧紧围绕全面推进改革开放，加快实现富民兴川目标，积极投身改革和建设主战场，工人阶级主力军作用全面发挥，职工队伍建设不断加强，维护职工权益成效显著，工会自身改革和建设稳步推进，工运事业迎来新的历史发展。

第一节　学习贯彻邓小平南方谈话和党的十四大精神

1992 年初，邓小平在改革开放的关键时刻视察中国南方，并发表重要的南方谈话。随后召开的党的十四大，确立了邓小平建设有中国特色社会主义理论在全党的指导地位，明确了我国经济体制改革的目标是建立社会主义市场经济体制，要求全党抓住机遇，加快发展，集中精力把经济建设搞上去。全省各级工会认真学习贯彻邓小平南方谈话和党的十四大精神，用邓小平南方谈话和党的十四大精神武装全省工会干部和广大职工，团结带领全省职工为全面实现四川省现代化建设第二步战略目标而努力奋斗。

一、学习贯彻邓小平南方谈话和党的十四大精神

1992年1月18日至2月21日，邓小平在我国改革开放和现代化建设的关键时刻，先后视察了南方的武昌、深圳、珠海和上海等地，并发表重要讲话，分析当时的国际国内形势，总结党的十一届三中全会以来改革开放和现代化建设的基本经验，回答实践中出现的经常困扰和束缚人们思想的许多重大认识问题，对于推进改革开放和社会主义现代化建设事业具有十分重要的意义。1992年10月，党的十四大召开，全面总结了改革开放14年来的实践和经验，确定了今后一个时期的战略部署。党的十四大明确提出，经济体制改革的目标是建立社会主义市场经济体制。围绕社会主义市场经济体制的建立，国家开始制定总体规划，有计划、有步骤地进行相应的体制改革和政策调整。

1992年，党的十四大召开之际，为了表达全省930多万名职工的心愿，扩大工会的社会影响，省总工会向党的十四大敬献《四川风光画集》。全国人大常委会委员长万里、副委员长倪志福、陈丕显签字留念。中央电视台、中央人民广播电台、《四川工人日报》予以报道。1992年前后，在邓小平南方谈话和党的十四大精神鼓舞下，四川呈现出深化改革、扩大开放的新热潮。全省各级工会重点抓好学习、宣传和贯彻邓小平南方谈话和党的十四大精神的工作，以多种形式组织和引导职工学习邓小平南方谈话和党的十四大精神。特别是基层工会深入车间，深入班组，组织职工学习文件，及时研究和解决反映出来的问题，不断把学习引向深入。各级工会还充分利用工人文化宫、工会俱乐部、工人报刊等舆论工具和宣传阵地，进行形象生动的宣传，扩大教育面，努力调动职工投身改革、支持改革的积极性。

二、四川省工会第九次、第十次代表大会召开

在深入学习贯彻邓小平南方谈话和党的十四大精神之际，1993年7月8日至12日，四川省工会第九次代表大会在成都召开。中共四川省委书记谢世杰，

省委副书记、省长肖秧，省政协主席聂荣贵，省委副书记宋宝瑞等出席大会开幕式。省委副书记秦玉琴在开幕式上致辞。佟柏芬代表四川省总工会第八届委员会作题为《肩负时代重任，团结带领职工为加快改革开放、促进四川经济建设作出更大贡献》的工作报告。大会要求全省各级工会以建设有中国特色的社会主义理论为指导，坚定不移地贯彻执行党的基本路线，坚持以经济建设为中心，认真履行工会四项职能，在维护全国人民总体利益的同时，更好地代表和维护职工的合法权益，团结带领全省职工为全面实现四川省现代化建设第二步战略目标而努力奋斗。

在深入学习贯彻党的十五大精神之际，1998 年 7 月 13 日至 17 日，四川省工会第十次代表大会在成都召开。中共四川省委书记、省人大常委会主任谢世杰，省委副书记、省长宋宝瑞，省政协主席聂荣贵，省委副书记秦玉琴、张中伟、黄寅逵等出席大会开幕式。省委副书记杨崇汇在开幕式上致辞。甘道明代表四川省总工会第九届委员会作题为《高举邓小平理论伟大旗帜，立足全局，突出维护，团结动员全省职工为实现跨世纪宏伟目标努力奋斗》的工作报告。大会提出今后五年全省各级工会的主要任务是深入贯彻党的十五大精神，坚持用邓小平理论武装工会干部和广大职工；坚持依靠职工办企业，落实全心全意依靠工人阶级方针；团结动员职工立足本职作贡献，为企业改革和发展献计出力；深入开展再就业工程与送温暖工程，努力为职工办好事办实事；以建立平等协商、签订集体合同制度为重点，促进劳动关系协调稳定；加强立法参与和政策参与，维护职工合法权益；加强职工队伍建设，全面提高职工队伍素质。

三、深入开展基本国情与基本路线教育

1990 年至 1992 年，在 20 世纪 80 年代青工政治轮训基础上，在全省职工中开展了基本国情与基本路线教育（简称“双基”教育）。为配合“双基”教育，在全省职工中开展以“爱国、爱党、爱社会主义，我为四川经济发展作贡献”的“三热爱”教育。各级工会通过举办以“社会主义好”“党在我心中”等为主题的职工演讲比赛、文学征文、知识竞赛等活动，让职工通过自己的切身感

受，歌颂社会主义制度优越性和改革开放伟大成就。至1992年，共有365万名职工参加“双基”政治轮训，占应轮训职工的99%。各级工会组织把职工思想政治工作的重点放在基层，让职工思想政治工作“进车间，下班组，到人头”。一些企业工会建立班组职工思想信息反馈制度、疾苦访谈制度、学习考核奖惩制度、班组长培训制度等，让班组长切实感到“眼里有事了，嘴里有话了，心头有底了，工作有章法了”。一些地方工会在企业班组中开展“五分钟讲演”“一日一题解答”等活动，在报刊、电视台、电台开辟“班组论坛”“班组生活”等栏目，使职工思想政治工作形式多样、生动活泼。1994年，省总工会、省委宣传部、省委工交财贸政治部在全省班组职工中开展社会主义市场经济知识竞赛活动，历时五个月，共有26万个班组参加竞赛，占全省班组总数的66%，参赛职工达407.5万人。1994年起，省委、省政府有关部门和省总工会每年在全省开展一次评选“十佳职业道德标兵”和“十佳职业道德先进集体”（简称“双十佳”）活动。通过评选“双十佳”，为全省职工树立了一批具有良好职业道德的先进典型，对精神文明建设起到积极促进作用。全国五一劳动奖状获得者“雀儿山五道班”职工，长年驻守在海拔5000米路段，在极端严寒和严重缺氧环境下从事道路养护工作，甘当“高原铺路石”，为保障川藏线畅通作出了重要贡献。

第二节　全省职工队伍进一步发展壮大

随着社会主义市场经济体制的逐步建立，改革开放和现代化建设进入新阶段。全省职工队伍更加壮大，职工队伍的分布和构成发生重大变化，进城务工人员成为工人阶级的新成员，职工队伍素质明显提高，工会组织建设基本保持平稳发展势头。

一、职工队伍更加壮大

1986年至2000年，社会主义市场经济体制逐步建立，国有企业改革不断深化，国民经济持续快速增长。随着社会主义市场经济的发展，经济结构战略性调整和城镇化进程的加快，全省职工队伍不断发展壮大。大批乡镇企业职工、进城农民工、非公有制企业职工和新兴产业职工等源源不断地加入职工队伍，成为工人阶级的新成员。1991 年，全省有基层工会 45781 个，职工 751 万人，工会会员 696.4 万人。至 1995 年，全省有基层工会 43806 个，建会单位职工 741.9 万人，会员 690.3 万人。1997 年，行政区划调整、重庆市直辖后，全省建会单位职工为 430.37 万人。

这一时期，股份制改革顺利推进，大批股份制企业建立，股份制企业工会组建工作逐步展开。1993 年，全省建立股份制企业基层工会 142 个，建会企业职工 19 万人，发展会员 17.8 万人。1992 年，邓小平发表南方谈话以后，四川省外商投资企业迅速增长。到 1995 年，全省批准立项的外商投资企业有 5200 余家，其中开业投产 2000 余家，职工 23 万余人。全省各地除个别自治州外，都有外商投资企业，其中成渝两市外商投资企业占全省的 60%以上。外商投资企业对推动全省经济发展起到重要作用。大多数外商投资企业都能依法经营，与职工合作共事，企业劳资关系比较协调。但也有一些外商投资企业存在违反劳动法规、侵害职工合法权益的问题。

1993 年起，四川省开始着手在外商投资企业建立工会组织。1993 年至 1994 年，重庆市和成都市相继颁布实施外商投资企业工会条例。1994 年，全省建立外商投资企业工会 32 个，建会企业职工 7700 余人，发展会员 7000 人。全省建立港、澳、台投资企业工会 63 个，建会企业职工 4600 余人，发展会员 4100 余人。1995 年 6 月，四川省八届人大常委会第十五次会议颁布《四川省外商投资企业工会条例》，进一步加快了外商投资企业建会步伐。当年，全省外商投资企业工会达 80 个，建会企业职工 2.5 万人，发展会员 2.4 万人。

二、职工队伍的分布和构成发生重大变化

非公有制单位职工已成为全省职工队伍的重要组成部分。从分布上看，随着国有经济战略性调整，国有企业改组改制和非公有制经济的快速发展，传统

产业中的国有、集体经济职工大量向非公有制经济和城镇个体经济转移。国有、集体经济单位的职工逐年减少，而非公有制经济单位职工则大幅增加。1986年，全省国有（全民）经济职工为542.87万人，集体经济职工为108.27万人，非公有制经济职工只有300多人。1995年，国有（全民）经济职工为614.16万人，集体经济职工为98.63万人，非公有制经济职工上升为29.16万人。

进城务工人员成为工人阶级的新成员。20世纪90年代中后期，随着劳动就业体制的改革和城镇化进程的加快，农村剩余劳动力大量向城镇转移，形成了数以千万计的进城务工人员群体，成为产业工人的重要组成部分。在此期间，全省进城务工人员数量呈逐年上升趋势，特别是进入2000年后增长较快。2002年、2003年、2004年，全省进城务工人员分别达到1300万人、1370万人、1490万人。2005年，全省进城务工人员达到1600万人，约占全国进城务工人员的14%。2005年，全省已建工会的基层单位有职工752.6万人，其中142.2万人为进城务工人员，占18.89%。行业分布以建筑、商贸为主。进城务工人员中，30岁左右为主流人群，多数有5年以上务工经验，文化程度普遍偏低。

第三产业职工快速增加。在此期间，第三产业和服务业在国民经济中的比重不断上升，引起职工总体结构的重大改变。第一产业从业人员和第二产业从业人员增速放缓或呈下降趋势，第三产业从业人员则逐年增加。据省统计局统计，1986年，全省第一产业、第二产业、第三产业从业人员顺次为2885.97万人、539.42万人、460.35万人。1995年，全省第一产业、第二产业、第三产业从业人员顺次为2983.94万人、752.91万人、882.25万人。到2005年，全省第一产业、第二产业、第三产业从业人员顺次为2421.50万人、926.30万人、1354.20万人。第三产业从业增长率1995年比1986年增长91.6%，2005年比1995年增长53.5%，增速高于第一产业、第二产业。

职工队伍素质明显提高。随着改革的深入和产业结构的调整与升级，市场和就业竞争日趋激烈，职工求学、求知，学技术的意识大大增强，各企（事）业单位也更加注重人才的培养，加大了对职工技术技能的培训。1998年至2003年，全省各级工会积极协助政府和企（事）业单位通过开展技术讲座、知识竞赛、工会办学和与社会联合办学等方式，对134万名职工进行了岗位技能培训，全省88%以上的企（事）业单位开展了岗位练兵、技术比武活动，参加的职工达741.2万人次。据省统计局资料：1997年，全省大中型工业企业科技人员仅有10.7万人。到2005年，这个数字已增加到167.9万人，是1997年的15.7倍。到2005年，全省大专及以上文化程度的职工共693833人，全省有技师94649人。

第三节　探索新形势社会主义劳动竞赛新路子

随着经济体制改革的深入、经济发展步伐的加快，全省劳动竞赛工作在实践中积极探索，逐步实现劳动竞赛的转轨变型，深入开展各类主题职工劳动竞赛、合理化建议和技术改进活动，推动各行各业社会主义劳动竞赛在改革中深化发展。

一、扎实推进“双增双节”主题劳动竞赛

1990年2月，省委、省政府发出《关于深入开展“双增双节”劳动竞赛的通知》，同时决定将省劳动竞赛领导小组更名为四川省劳动竞赛委员会，委员会办公室仍设在省总工会。同月，在自贡市召开全省“双增双节”能手表彰及现场经验交流会，表彰“双增双节”能手196名，班组20个。省机械电子冶金工会与省冶金厅在全省冶金行业开展以提质降耗、增加效益、节省电力为重点的电炉炼钢竞赛，受到国家有关部委和全国总工会联合表彰。省轻化纺工会与政府部门联合在全省范围开展行业小氮肥立功竞赛、纺织行业职工技术操作比赛、盐业系统劳动立功竞赛等活动。一些产业工会和基层工会也围绕企业生产经营，开展多种形式的劳动竞赛。为企业扭亏为盈发挥了重要作用。四川化工总厂工会配合行政开展“大战六十天，‘双增双节’比贡献”劳动竞赛，全厂1万多名职工踊跃参赛。到1990年底，全省参加劳动竞赛的企业达2.23万个，参赛职工达459.8万人。通过竞赛，合理化建议活动也广泛开展起来。

1991年，在全省开展百万职工技术练兵比赛和提百万条合理化建议竞赛活动。全省共有205万名职工参加岗位技术练兵比赛活动，42人获“四川省技术标兵”，84人获“四川省技术能手”。1992年至1993年，全省开展“三创一争”劳动竞赛活动，竞赛以合理化建议、技术改进和发明创造为重点。全省共有1.7万个基层单位、374.6万名职工参加竞赛，创造“双增双节”经济效益高达20.86亿元。1994年，在全省职工中开展“三提高两降低扭亏增盈”劳动竞赛活动。至1995年，全省90%以上的企业开展了劳动竞赛，参赛职工300余万人，参加合理化建议活动的职工107万余人。全省各级工会技术协作组织针对亏损企业实际情况，开展群众生产自救、技术扶贫、推广新技术等活动，使一些亏损企业扭亏为盈。“八五”期间，全省职工共提出合理化建议469万余条，采纳234万余条，创造可计算经济价值49亿余元。

二、劳动竞赛如火如荼

1996年，在全省职工中开展“创一流、争先进、奉献在‘九五’”立功竞赛活动。达成铁路、宝成复线、成昆铁路电气化等重点铁路建设工地开展“保质量、保进度、保安全、创先进”的“三保一创”劳动竞赛活动。1997年至1999年，在全省服务窗口开展“为人民服务、树行业新风、争创窗口优质服务单位和服务明星”竞赛活动，成都人民商场（集团）有限公司、西南航空公司成都售票处等119家单位和98名职工获得“窗口优质服务单位”和“窗口优质服务明星”。2000年，省委办公厅和省政府办公厅转发省总工会《关于在全省职工中开展“实施群众性经济技术创新工程，为西部大开发、实现四川新跨越建功立业”竞赛活动的意见》，拉开全省大规模综合性劳动竞赛序幕。全省各级工会组织职工开展提一条合理化建议、参与一项技术攻关、实施一项技术创新、参与一项新产品开发、培育一名徒弟的“五个一”活动。同年12月，在西部大开发标志性工程紫坪铺水利枢纽工程工地开展“保质量、保进度、保安全、创先进”，“争做当代李冰，造就千秋工程”劳动竞赛，对确保工程按期优质完成起到积极促进作用。这一时期，在全省女职工中开展以岗位立功、学习成才、姐妹献爱心、创建文明家庭的“双文明建功立业”竞赛活动，参赛女职工有127万余人，创可计算经济价值24.3亿元。“九五”期间，全省参加各种形式劳动竞赛的企业面达83%，参赛职工1315.9万人次，创造经济价值79.2亿元。

同时，省总工会进一步完善支持职工劳动竞赛、合理化建议和技术改进的激励机制，不断提高组织水平，扩大活动效果。省总工会与省劳动厅联合制发《关于职工参加技术练兵活动应知应会合格者评定技术等级有关事宜的通知》，进一步完善岗位练兵、技术比赛的激励机制，加大了政策支持和物质奖励力度。成都、自贡、绵阳、攀枝花、宜宾、德阳、南充、遂宁、乐山、泸州、内江、资阳、凉山等市地州工会和省石油、省电力、省国防、省交通、成铁局、中铁二局、华西集团公司、西南航空公司等产业工会密切联系企业转制过程中的实际，不断改进劳动竞赛、技术比赛活动的组织方式，采取长期竞赛和短程竞赛相结合，普遍活动与重点竞赛相结合的方法，使各项竞赛活动开展得生机勃勃，产生了显著的经济效益和社会效益。1996年10月，省总工会、省经贸委共同组建四川省合理化建议和技术改进活动工作委员会，加强对这项活动的组织领导，并随后印发《关于进一步广泛深入开展群众性合理化建议技术改进活动的通知》，对企业改革过程中继续完善合理化建议、技术改进活动的机制建设提供了政策支持。省总工会、省经贸委、省财政厅联合出台《关于调整我省合理化建议和技术改进奖励标准的通知》，针对当时物价上涨、原有奖励标准偏低、激励作用弱化等现状，调整提高了奖励标准，进一步调动职工参与合理化建议和技术改进活动的积极性。这些政策措施有效促进了全省合理化建议、技术改进活动深入持久开展。各级工会组织广大职工群众紧紧围绕企业“三改一加强”，为提高产品质量、降低生产成本、增加经济效益、扭亏增盈献计献策。涌现出四川石油局工会、攀钢公司工会、东方电机厂工会、东方汽轮机厂工会、川化公司工会、资阳内燃机车厂工会等一批先进示范单位。据统计，“九五”期间，全省开展各种形式劳动竞赛、技术比赛的企业面达83%，参赛职工1315.9万人次，创造经济价值79.2亿元；全省提出合理化建议和技术改进方案的职工达505.5万人次，提出建议356.8万条，采纳204.9万条，实施162.6万条，节约和创造可计算经济价值52.82亿元。

第四节 维护职工合法权益不断深化

面对改革开放新形势，全省各级工会组织一方面积极支持推进改革，引导职工正确处理国家、集体、个人之间的利益关系，另一方面坚持全心全意依靠工人阶级指导方针，切实维护职工合法权益。

一、职工民主管理取得进展

20世纪90年代初，四川省国有企业开始进行建立现代企业制度试点改革。全省各级工会认真贯彻《企业法》和《中华人民共和国工会法》（简称《工会法》），不断强化职工民主管理。1991年，省总工会和省委组织部等单位联合下发《关于进一步加强企业民主管理的意见》，推动职工代表大会制度健全完善和各项职权落实。1992年，全省有5478家企业在推行第二轮承包中实行共保合同制度，企业承包经营责任制更加完善，调动了广大职工积极性。在扩大企业自主权、实行厂长负责制和承包经营责任制过程中，少数企业一度出现弱化党委领导、淡化职工民主管理倾向。针对这种情况，省委、省政府有关部门和省总工会于1994年先后印发《关于加强股份制企业民主管理工作的意见》和《关于当前现代企业制度试点中工会工作有关问题的意见》，强调要坚持并不断完善以职工代表大会为基本形式的民主管理制度，充分发挥职代会作用。1995年，全省22家先期进行现代企业制度试点的企业工会主席或副主席全部进入监事会，85%以上的试点企业工会主席或副主席进入董事会。全省国有独资和国有控股为主的公司制企业选举一批职工代表进入董事会和监事会，职工董事、监事制度逐步建立。一些基层工会通过建立党政工联席会议制度、职工提案审理制度、职工代表巡视制度、职工投诉管理办法、职代会民主评议干部等多种形式的制度，使职工民主管理工作落到实处。公司制企业在公司章程中写入职工董事、职工监事有关条款，为职工董事和职工监事发挥作用提供了制度保障。一些企业职工董事、职工监事提出的关于职工劳动保护、企业技术改造、职工福利等方面的意见和建议，被董事会采纳并付诸实施。

职工民主管理制度进一步建立健全。1996 年 5 月 9 日，省总工会印发《关于在推行平等协商签订集体合同制度中，充分发挥女职工委员会作用，依法维护女职工合法权益和特殊利益的通知》，要求各级工会重视发挥女职工委员会作用，在推行平等协商签订集体合同制度中，依法维护女职工合法权益和特殊利益。1997 年，省委印发《关于全心全意依靠职工办好企业若干问题的意见》，提出各级党委、政府和企业领导干部要牢固树立依靠职工办企业的思想，建立健全民主管理制度，保证职工当家作主。各级工会积极参与现代企业制度试点和企业改制工作，探索和拓展民主管理新形式。1998 年，全省 90%以上的国有、集体和公有制产权占主导地位的公司制企业建立了职工代表大会制度和平等协商、签订集体合同制度。一些企业通过职代会审议集体合同草案，实行业务招待费向职代会报告和民主评议企业领导干部等制度，使职工民主管理和民主监督进一步得到落实和加强。在中小企业改制中，大多数工会负责人进入地方和企业改制领导机构和工作机构，参与企业改制方案制定和实施，维护职工合法权益。

1998 年，四川省开始在部分企业推行厂务公开制度。1999 年 1 月，省纪委、省委组织部、省经贸委、省总工会联合印发《关于实行厂务公开，加强民主管理、民主监督工作的意见》。同年 5 月至 6 月，四川省推行厂务公开制度工作领导小组成立，省委、省政府下发《关于大力推行厂务公开制度的意见》，厂务公开工作在全省范围全面推开。至年底，全省实行厂务公开的国有、集体及其控股企业 90%以上。在企业实行厂务公开的同时，在全省事业单位中建立职代会，学校实行校务公开，其他事业单位实行内部事务公开。这一阶段厂务公开主要围绕企业改革发展稳定大局，重在“巩固提高、扩面增效、规范运作、突破创新”。厂务公开与深化企业改革、加强企业管理紧密结合，将改革中兼并、改制、职工下岗分流和再就业等重点问题以及企业管理中物资采购供应、大宗资金使用、基建项目招标、设备购置等关键环节纳入厂务公开内容。在坚持职工代表大会、厂务公开栏等基本形式的同时，通过议政会、对话会、接待日、厂情发布会、经济分析会等多种形式，加强事前、事中和事后公开和监督，做到组织规范、制度规范、运作规范、管理规范。

二、参政议政渠道不断拓展

在市场经济新形势下，四川省各级工会认真履行维护职能，多层次、多渠道参政议政，积极参与涉及职工民主权利、劳动权利、社会保障等方面政策法规的制定及前期调查研究工作，从源头上维护职工合法权益。省、市、县级党委、人大、政府、政协及其相关决策机构和管理机构，基本上有各级工会组织进入。1992 年，全省有 1 万余个企事业单位建立厂、车间、班组三级职工民主管理体系。与此同时，各级工会采取各种形式对职工代表进行培训，提高其参政议政能力。1993 年，经省人大同意，四川省总工会成立地方性法规起草领导小组，使工会参与地方性立法工作有了组织保证。这一时期，工会直接参与了四川省关于实行劳动合同制、实施再就业工程等政策制定工作和《四川省〈中华人民共和国工会法〉实施办法》《四川省最低工资保障规定》等地方性法规的起草制定、讨论和修改等工作。

三、推行平等协商和集体合同制度初见成效

1995 年，四川省总工会以贯彻《中华人民共和国劳动法》为突破口，开展建立平等协商和集体合同制度试点工作。成都、重庆、德阳等市选择部分条件成熟的企业签订集体合同。经过试点和广泛宣传，平等协商和集体合同制度得到全省广大职工的积极支持和主动参与。1997 年起，建立平等协商和签订集体合同制度在全省全面展开和推进。针对集体合同“难签、签难、履约难”情况，各级工会坚持数量与质量并重原则，提出“推行重在建制、签约，重在协商、履约，重在监督”的“三重”方针，注重平等协商，注重合同质量和规范。全省现代企业制度试点企业和四川省内全国现代企业制度试点企业全部建制和签约，全国和省级模范（先进）职工之家增加了建立平等协商机制、签订集体合

同的考核指标。企业在签订集体合同的同时，还建立了监督检查制度和集体合同履行情况向职代会报告制度，集体协商内容也不断丰富完善，尤其是职工最为关心的劳动关系，下岗分流、再就业、养老、医疗、工伤、失业保险等问题逐步纳入集体合同范畴。全省初步形成工会代表职工与企业行政平等协商，通过签订集体合同调整规范劳动关系，维护职工合法权益的机制。2000 年，《四川省集体合同条例》颁布实施，标志着四川省企业平等协商和签订集体合同走上法制化轨道。

四、加强职工劳动保护

20 世纪 90 年代初，随着国有企业改革深入和非公有制企业发展，工会劳动保护工作任务和难度不断加大。全省各级工会以贯彻实施《中华人民共和国工会法》和《中华人民共和国劳动法》为契机，充分发挥工会群众性组织优势，重点培养建设一支群防群监的劳动保护监督检查队伍。1990 年，全省共建立基层（车间）工会劳动保护监督检查委员会 29179 个，工会小组劳动保护检查员 18.8 万人，工会劳动保护专职干部 3200 余人，全省群众性监督检查网络基本形成。1991 年，围绕全省安全生产总目标，各级工会组织职工开展“查隐患、反违章、添措施、保安全”的群众性安全生产活动，共查出各类事故隐患 50540 起，落实整改 45200 起，职工围绕安全生产提合理化建议 9900 余条。1992 年，省总工会印发《四川省工会劳动保护监督检查员管理办法》，全省工会劳动保护监督检查组织建设和管理工作走上制度化、规范化轨道。一些地方工会和大中型企业工会的劳动保护监督检查员在监督检查工作中佩牌着装，认真履行职责，涌现出一批勇于监督、敢于监督、善于监督的监督检查员和煤矿安全群众监督员。同年，省总工会、省经济委员会、劳动厅、省安全生产委员会办公室联合下发《关于进一步加强班组安全建设意见》，将企业安全生产落实到每一个班组、每一名职工。一些企业组织开展规范化、制度化、标准化的“三标”班组建设活动，提高了班组安全管理水平。1994 年，省总工会印发《关于上报事故隐患和严重职业危害的建档跟踪工作情况的通知》，全省工会劳动保护工作又向着科学化方向迈出坚实一步。

五、加强女职工权益维护

1987年9月，省总工会下发《关于进一步加强女工工作的通知》，重申全国总工会和全国妇联于1980年联合下发的文件精神，坚持“凡建立工会组织的基层不另建妇联组织”“女工工作仍以工会为主”的分工原则。1988年8月，省总工会制定下发《四川省女职工劳动保护规定实施细则》（以下简称《实施细则》）。该《实施细则》详细规定了女职工在特殊生产工作环境下，以及孕、产、哺乳等特殊生理期间应当给予的特殊保护措施和办法，增大了女职工劳动保护力度，受到广大女职工的欢迎。各市、地、州工会，省产业（局）工会和基层工会女职工组织，也从实际出发，提出各自的贯彻意见或制定了实施细则。1989年初、1990年8月，省总工会先后印发《四川省总工会加强女职工工作意见》《关于加强各级工会女职工委员会组织建设的通知》，要求各级工会都要按照《中国工会章程》规定，设立女职工委员会。1990年12月，四川省总工会女职工委员会成立大会暨女职工工作会议在成都召开，省女职工委员会成立。随后，各市、地、州，省产业（局）工会女职工委员会也相继建立，为开展工会女职工工作、维护女职工合法权益提供了坚强组织保证。1997年，《四川省贯彻实施〈女职工劳动保护规定〉办法》正式颁布实施，有力地促进全省女职工劳动保护工作。同年6月，省劳动厅出台《四川省企业职工生育保险试行办法》，使女职工在生育期间获得经济保障，维护了生育女职工的合法权益。

第五节　深入开展送温暖活动和实施再就业工程

面对经济社会改革发展新形势和广大职工新期盼，四川工会各级坚持深入开展送温暖活动和实施下岗职工再就业工程，引起全社会广泛关注，社会影响日益扩大。

一、深入开展送温暖活动

1991年，四川省150余个县遭受特大洪涝灾害，受灾人数达2900万人，泸州、南充、万县（今重庆市万州区）、宜宾、乐山等沿江市、地部分企业停产，职工生活困难。全国总工会、省总工会和各市、地、州工会积极筹措资金，向受灾企业和职工发放慰问款2349.3万元，同时组织企业和职工抗灾自救，恢复生产。1992年，在省委、省政府和全国总工会统一部署下，全省各级工会开展“进万家门、知万家情、解万家难、暖万家心”的送温暖活动，得到各级党政组织和社会各界大力支持，送温暖活动社会影响进一步扩大。1995年，党和国家领导人江泽民、胡锦涛、邹家华等对送温暖活动作出重要批示，充分肯定送温暖活动产生的社会效果和积极作用。为使每年送温暖活动有一个相对稳定的资金来源，同时也使送温暖活动做到经常化、制度化，省委、省政府和省总工会开始筹划建立四川省送温暖工程基金。1995年12月，在省委、省政府直接领导下，全省开展为送温暖工程募资活动，共有18629家单位和197.6万人捐款，募集资金3000余万元。在送温暖工程募资活动中，全省各级党政工领导带头捐赠，机关、企（事）业单位，广大职工和离退休人员踊跃捐赠，部分生活困难职工也力所能及捐赠，充分体现出“一方有难、八方支援”的社会主义道德风尚。

各级工会坚持开展送温暖活动，引起全社会广泛关注，社会影响日益扩大。1996年，四川省送温暖工程基金正式建立。省委、省政府成立四川省送温暖工程基金募资领导小组，确定每年在全省范围组织一次大型募资活动，为送温暖工程提供资金保障。四川省一批知名民营企业家满怀回报之情，向全省民营企业家发出倡议，响应中共中央总书记江泽民提出的“致富思源、富而思进”号召，积极参与送温暖活动。四川新希望集团、四川禾嘉集团、凤凰集团、蓝光集团、托普集团、四川长城电信、成都国嘉制药、深蓝集团、置信实业公司等民营企业相继向送温暖工程基金捐款。1997年，四川省开始建立领导干部联系职工生活困难户制度。各级党政工领导每年定期走访联系户，帮助困难职工克服悲观情绪、树立信心、自强自立，同时帮助联系户解决实际困难，让特困职工家庭尽快摆脱困境。在开展送温暖活动的同时，全省各级工会还建立特困职工及其家庭生活情况档案制度，对特困职工，各级政府和工会组织根据其困难程度，给予困难补助。各级工会通过结对子、借助社会力量等帮困措施，使大批特困职工家庭摆脱困境，重新燃起生活的信心。

二、助力再就业工程成绩斐然

20 世纪 80 年代末至 90 年代初，国家开始实施经济结构调整和国有企业改革，部分企业停产半停产，大量职工下岗分流。为使下岗职工得到妥善安置，四川省各级工会协助政府做了大量工作。1995 年，省委、省政府印发《关于实施再就业工程的通知》，提出 23 条再就业政策措施，四川省再就业工程正式开始实施。1996 年，全省各级工会协助政府组织 23 万名下岗职工参加再就业工程，为 4.3 万名职工提供转业转岗培训，通过政策引导和就业服务，使 13 万名下岗职工实现再就业。1997 年，全省下岗职工再就业工程取得初步成效，但就业形势依然严峻。1998 年，国有企业改革进入关键时期，下岗职工问题成为全社会关注热点。同年 9 月，四川省工会系统在全国率先开展“开发性再就业十大行动”，以“开发社会资源，创造就业岗位”为目标，全方位帮助下岗职工实现再就业。12 月，全省组织开展“开发性再就业十大行动”宣传月活动，省委副书记、副省长张中伟，省委常委、省总工会主席甘道明，部分市地州和省级厅（局）党政主要领导在媒体发表署名文章，向全社会广泛宣传“开发性再就业十大行动”。

进入 20 世纪 90 年代末，国有企业改革和发展进入关键阶段，国有企业改革成为经济体制改革的重点。1998 年，中央提出用三年左右时间，通过改革、改组、改造和加强管理，使大多数国有大中型亏损企业摆脱困境，力争到 20 世纪末使大多数国有大中型骨干企业初步建立起现代企业制度。为了实现这一目标，按照“抓大（抓好国有大型企业和企业集团）放小（放活国有小企业）”的指导思想，政府对国有企业进行了战略性改组。在国有企业改革过程中，对一批企业实施了兼并、破产、下岗分流、减员增效。与此同时，各级政府开始实施下岗职工再就业工程，推进以建立社会保障制度为重点的各项配套改革。

1999 年 5 月，省总工会与国有企业成商集团和民营企业天巍集团共同举办“四川省万名下岗职工再就业启动仪式”，在全省招聘 1 万余名下岗职工担任企业产品推销员、1000 名下岗职工担任质量监督员。同年 10 月，省委办公厅、省政府办公厅印发《关于鼓励和帮助国有企业下岗职工从事农业开发促进再就业的通知》，鼓励下岗职工走出厂门，上山下乡，发展种植业、养殖业等，为下岗职工再就业提供了一条新途径。在各级政府支持下，一批下岗职工利用荒山、荒坡、荒滩、荒水建起农业开发基地，从事养殖、种植、农副产品加工等生产事业。为了扩大再就业渠道，省总工会、劳动厅等单位联合印发《关于大力开展社区就业服务，促进国有企业下岗职工再就业有关问题的意见》，指导和帮助更多国有企业下岗职工在社区服务，实现再就业。一些地区通过发展社区服务业安置下岗职工，下岗职工进入社区服务领域后又推动社区服务业发展，实现社区服务与再就业工程相互促进。

针对社区特点，各级工会组织重点帮助下岗女职工和“40、50”（女 40 岁左右、男 50 岁左右就业困难群体）人员到社区从事服务工作。成都市总工会建立下岗职工“培训—鉴定—上岗”一条龙服务体系，帮助下岗女职工实现再就业。南充市总工会在开展女职工社区服务行动中，推出“松柏花卉园”“柳萍流动公厕”“吴大姐盒饭”“杨秀琼幼儿园”等一批具有下岗女职工再就业特色的社区服务品牌，成为全国和省、市社区服务先进典型。绵阳、自贡、宜宾、广元等市总工会通过举办下岗女职工编织、缝纫、烹调、理发、财会、礼仪等培训班，使大批下岗女职工掌握一门至两门新技能，顺利转向新的就业岗位。在各级政府和工会组织支持指导下，一批下岗职工通过自主创业成为“小老板”，这些“小老板”又提供新的就业岗位，带动更多下岗职工实现再就业。一些市地州工会建立职业介绍所和职业培训机构，为下岗职工再就业铺路搭桥。各级工会组织通过兴办第三产业、建立解困贸易市场、组织劳务输出等多种途径安置下岗职工，资助下岗职工生产自救。为了帮助下岗职工转变就业观念，自强自立，各级党委、政府和工会组织通过各种形式大力宣传下岗职工再就业先进事迹和先进典型，树立一批再就业明星、创业带头人。省委、省政府和省总工会专门组织一批下岗职工再就业先进人物，组成四川省下岗再就业先进事迹报告团，赴全省各地巡回演讲，历时两个多月，听众有两万余人次。再就业先进人物创业事迹在全省下岗职工中引起强烈反响，大批下岗职工以先进人物为榜样，及时转变就业观念，重新走上新的工作岗位。

第六节　工会组织建设开创新局面

随着社会主义市场经济的不断发展，非公有制经济的不断发展壮大，外商投资企业的迅速增加，工会组织建设面临着一些新问题、新挑战，四川各级工会牢牢把握自身职能定位，按照“哪里有职工，哪里就要建立工会组织”的基本原则，全力以赴开展私营企业、非公有制经济组织、外商投资企业工会组建工作，指导和帮助新建企业工会因地制宜开展工作。

一、工会组织建设面临严峻挑战

20 世纪 90 年代以前，工会工作主要是在国有、集体等公有制单位开展。随着社会主义市场经济体制建立，非公有制经济在全国经济成分中比重逐渐增大，工会工作以公有制经济组织职工为主要对象的格局发生重大变化，面临着向非公有制经济组织扩展的任务。20 世纪 90 年代中后期，随着国有企业改革不断深化，国有、集体企业职工人数逐年减少，工会会员大量流失，工会基层组织呈萎缩之势。1996 年至 1998 年期间，全省基层工会组织从 1995 年的 43800 余个减少到 25600 余个，建会单位职工从 1995 年的 741.9 万人减少到 401.2 万人，工会会员从 1995 年的 690.3 万人减少到 368.5 万人。

非公有制经济组织逐年发展壮大。1999 年，四川省非公有制企业有 10 万余家，职工总数达 500 万人，超过国有单位 467 万人的职工总数，但成立工会组织的仅 4000 余家，工会会员仅 21 万人。非公有制经济组织为四川经济发展作出了积极贡献，但是，也有部分非公有制经济组织存在违反劳动法规、侵害职工合法权益的问题。有的企业忽视安全生产，工人劳动条件恶劣，工作场所有毒、有害和噪声指数严重超标；有的企业劳动保护不配套，工人因工伤、残、亡事故时有发生；有的企业不遵守国家规定的劳动和休假时间，强迫职工加班加点，职工长期超负荷劳动；有的企业劳动合同不规范，将一些不合理条款强加给职工；有的企业不为职工缴纳国家规定的各种社会保险。面对这种形势，在非公有制经济组织组建工会已刻不容缓。

二、私营企业建立工会

1988 年，四川省开始在私营企业建立工会组织。但从 1988 年至 1993 年，私营企业建会工作进展不大。至 1993 年，全省仅建立私营企业工会 11 个，建会单位职工 640 余人，发展会员 470 余人。1994 年，私营企业建会工作有较大进展，全省共建立私营企业工会 56 个，建会单位职工 5100 余人，发展会员 3900 余人。1995 年 12 月，省总工会、省委组织部、省委统战部、劳动厅、省工商行政管理局联合印发《关于加强私营企业工会工作的意见》，对私营企业组建工会和开展工会工作作出具体规定。至 1996 年，全省共建立私营企业和个体经济工会组织 44 个，建会单位职工 8300 余人，发展会员 7300 余人。成都市青羊区有 11 家私营企业建立工会组织。成都三多里百货有限公司成为全省第一家与职工签订全员劳动合同的私营企业，青羊区总工会以此为基础，成立了全省第一家私营企业工会联合会——青羊区私营企业工会联合会。至 1998 年，全省共建立私营企业工会 143 个，建会单位职工 14800 余人，发展会员 10189 人。

三、新经济组织建立工会

1994 年至 1999 年期间，全国总工会将新建的非公有制经济组织统称为“新经济组织”。1994 年至 1999 年，中央领导人江泽民、胡锦涛、尉健行、李岚清、吴邦国、邹家华等分别就在非公有制经济组织中组建工会工作作了重要讲话和批示。由于非公有制经济组织职工队伍构成较为复杂，素质参差不齐，工人阶级意识和自我维权意识不强。因此，适时调整工会组织工作思路和方法，成为各级工会面临的一项新课题和新任务。在中央和省委的领导支持下，四川省各级工会按照“哪里有职工，哪里就要建立工会组织”的基本原则，全力以赴开展非公有制经济组织工会组建工作。

1999 年 12 月，全国总工会十三届二次执委会改提为“新建企业”，主要包括股份合作制企业，外商投资企业，港、澳、台投资企业，乡镇（集体）企业，私营企业，个体经济等。1999 年，四川省在全国率先成立新经济组织工会组建工作领导小组，由省委副书记秦玉琴担任组长，12 个相关省级单位主要负责人为成员，全面领导全省新经济组织工会组建工作。省委、省政府决定，从 2000 年起，用三年左右时间把全省大多数新经济组织工会组建起来，把绝大多数新经济组织职工组织到党领导的工会中来（简称“两个大多数”）。随即，全省 21 个市地州，170 余个县（市、区）成立了新经济组织工会组建工作领导小组。全省各级党政领导把这项工作作为“书记工程”“一把手工程”来抓，省委、省政府领导张中伟、秦玉琴、甘道明、王恒丰和省总工会主要领导胡先春等带头深入基层，专题调研指导建会工作。一些地方党政领导和人大、政协领导深入非公有制企业，通过召开业主座谈会、与业主集体谈话等形式，落实建会工作。

2000 年 8 月，四川省在全国率先召开全省私营企业党的建设暨新建企业工会建设工作会议，把新建企业工会组建工作纳入党建工作重要内容，统一部署、统一安排、统一检查。四川非公有制企业绝大部分规模小、人数少，各级工会在建会时采取灵活多样的形式：知识型、技能型人才集中的写字楼建立“楼宇工会”；商贸、餐饮、服务业集中的商业区建立“一条街工会”；一些大型工程项目建立“工程项目工会”；依托行业协会建立区域性“行业工会”。总之，不论什么行业，企业职工人数多少，是固定还是流动，都有适合职工的工会组织形式。最初是一个一个企业组建，后来转变为“成片组建、整体推进”。一些县（市、区）和乡镇、街道成批建会时，当地党政工组织专门召开隆重的工会成立大会，为新建企业工会揭牌授印，扩大社会影响，营造建会氛围。在全省各级党政组织和工会组织共同努力下，新建企业组建工会工作进展顺利。2000 年 11 月，省委副书记秦玉琴代表省委在全国新建企业工会组建工作会议上介绍四川经验，受到与会领导和代表的高度重视和充分肯定。

全省新建企业组建工会工作取得重大突破。到2001年底，四川省新建企业工会55175家，完成目标任务的126.7%，发展新建企业工会会员247.9万人，完成目标任务的184%。为加强和改善党对工会工作的领导，按照中央和省委要求，四川省从20世纪90年代开始逐步由同级党委常委担任各级工会主席。党委常委担任工会主席，从领导体制上解决了提高工会地位和发挥工会作用的问题。

四、外商投资企业建立工会

20世纪90年代，四川省外商投资企业迅速增加，仅1993年一年，注册登记的外商投资企业就达2368家，相当于1988年至1991年四年的5倍多。1993年，全省各级工会深入基层调查研究，为在外商投资企业组建工会和开展工会工作打基础。省总工会、省人大法制工作委员会、省政府法制局等部门组成联合调研组，到外商投资企业比较集中的重庆、绵阳、德阳、攀枝花等市进行立法调研，并赴上海、福建、浙江、江苏等沿海省市学习考察。在调研考察基础上，起草了《四川省外商投资企业工会条例》。1993年9月和1994年6月，四川省人大常委会分别颁布《重庆市外商投资企业工会条例》和《成都市外商投资企业工会条例》。1995年6月，四川省八届人大常委会第十五次会议通过颁布《四川省外商投资企业工会条例》。

在推进外商投资企业建会工作中，全省主要围绕外商投资企业比较集中的"一线（成、渝线）两翼"各市及有关县（市、区）开展组建工作。成都、重庆等市、地工会，通过与政府有关部门建立制度，共同研究解决外商投资企业建会问题。部分市、地工会与党委、政府有关部门联合下发关于加强外商投资企业建会和工会工作的意见，推动工作开展。1995年，全省开业投产的外商投资企业2000余家，从业职工23万人。一些市、地相继建立了外商投资企业集中的经济技术开发区、高新技术产业开发区、旅游开发区和贸易开发区等。全省除个别地区，各市、地、州基本上有外商投资企业，其中成、渝两市外商投资企业占全省的60%以上。全省开业投产的2000余家外商投资企业中，具备建会条件的有1000余家，组建工会398家，发展会员3.9万人。绵阳市总工会在本市国家级高新技术产业开发区成立了全省第一个开发区工会。

第七节　对外交流不断加强

随着国家对外开放不断扩大，四川省工会对外交流也不断加强。通过开展对外友好访问、选派研修生赴国外学习先进技术和管理经验，接待国外工会来川考察、访问、交流等方式，积极开展对外交流，友好合作扎实推进。1986年至2005年，共有60余个国外工会代表团和20余个港澳台工会代表团到四川进行友好访问，四川省工会共派出（或随同全国总工会）30余个代表团赴国外和港澳台地区进行友好访问。

深化与国外和港澳台工会开展友好往来。四川省总工会与日本广岛县、山梨县工会组织建立了长期友好合作关系，双方工会组织及其领导人通过经常性互访和学习考察，加深相互了解和信任，为增进中日两国人民友谊作出积极贡献。1986年，四川省总工会根据全国总工会关于做好外事工作的要求，在国际部增设四川职工对外交流中心（简称“交流中心”）。其主要职能为开展四川与港澳台工会的交流，接待来访的各国工会和友好人士以及自费来川的友好团体。1986年至1996年，四川职工对外交流中心共接待港澳台工会来川交流、访问团近20个，300余人次，接待日本、法国、德国、瑞士等30多个国家工会来川考察、访问、交流的团体共60多个，600余人次。

与国外和港澳台工会在经济技术和文化领域的交流日益频繁。中国四川工会与日本、新加坡、德国、美国、丹麦等国家和中国香港地区进行了企业生产技术和管理、商业、旅游、体育、文化、新闻等方面的交流与合作。四川1991年开始向日本选派研修生，通过选派优秀青年工人、农民到日本研修，学习现代工业、农业的生产技术和管理经验，培养人才促进地方经济发展。1991年至1996年，四川通过中国职工对外交流中心陆续选送了118名工业研修生赴日研修。1997年后，四川先后与日本茨城县行方农协、旭村农协、常总农协、北筑波农协、牟田町农协等 6 个农协以及麻生町商工会等 3 个团体签订《派遣与接收研修生协议》，直接向日本选派工农业研修生，并于 1998 年分 6 批派出 80 名农业研修生。为抓好管理，四川职工对外交流中心于 1999 年 3 月派遣工作人员到日本研修生工作地点实地考察访问，走访接收研修生的 46 户农家，详细了解研修生的工作生活情况，听取意见和要求，协调解决存在的问题。根据考察中发现的派遣初期管理不严的状况，在后续选派工作中加大审查工作力度，采取与派出地签派遣协议书、集体联保责任书等管理措施。研修生派出前的培训期也由原 60 天延长为 90 天的封闭式军事化培训，并增加思想教育、法纪教育等内容。研修生派出后，交流中心坚持定期跟踪研修生情况，为研修生及家庭做好服务工作，开展帮助管理研修生汇（带）款、借款急用、节日慰问、走访家属等活动。通过努力，赴日农业研修生选派工作质量有较大提高，受到接收方的肯定。四川直派农业研修生的数量也由 1998 年的 80 人，猛增到 2000 年的 238 人，此后继续逐年增长。到 2002 年，四川直派农业研修生已达 300 人。这些研修生与接收单位的日本工人、农家朝夕相处，相互建立了深厚的感情，扩大了中日民间交流，增进了两国人民的了解和友谊。

从 1991 年至 2005 年，四川共选派 1600 多名工业和农业研修生赴日本学习先进技术和管理经验，选派人数居全国工会系统之首。学成回国的工业研修生大部分成为所在企业的生产骨干或高层管理人员。农业研修生不仅学到先进技术和管理经验，而且带回一笔劳务收入，一些人成为当地农村经济发展带头人或担任乡村干部，起到了“送出一人、脱贫一片、带动一方”的积极作用。2003 年 5 月，在成都召开直派研修生工作五周年总结大会，日本旭村农协、常总农协、研修协力机构的负责人应邀出席，省委常委、省总工会主席黄彦蓉到会讲话，对四川赴日研修生工作取得的成绩给予充分肯定。

加强劳动关系领域的国际合作交流。四川省总工会与德国艾伯特基金会从 1997 年起开始建立劳动关系领域的合作交流关系，至 2005 年，双方已在社会保障方面开展多项研讨与交流课题。通过聘请德国专家到四川举办培训班、开展专题讲座等形式，介绍德国相关法律法规和工作方式，开阔工会干部视野，为工会干部在市场经济新形势下开展工作提供了有益借鉴。

第十一章　推进跨世纪发展中的四川工运事业和工会工作

进入21世纪，我国进入了全面建设小康社会、加快推进社会主义现代化建设新的发展阶段。国内外形势发生深刻变化，工人阶级队伍自身也发生了巨大变化。1997年9月，召开的党的十五大，对改革开放和社会主义现代化建设的跨世纪发展作出了全面部署。2002年11月，召开的党的十六大提出了新的历史条件下的奋斗目标。2007年10月，召开的党的十七大对推进小康社会建设作出全面部署。我国经济发展进入一个适度快速增长的新时期，非公有制经济迅速发展，劳动关系呈现复杂多变趋势，工人阶级面临大好机遇也面临崭新挑战。全省各级工会认真贯彻落实中央和省委决策部署，认真贯彻中国工会第十四次、十五次、十六次全国代表大会精神，进一步解放思想，把四川工运事业和工会工作推向前进。

第一节　学习贯彻党的十六大、十七大精神和全国总工会会议精神

面对21世纪的新挑战与新机遇，全省各级工会和广大职工紧紧团结在党中央周围，高举中国特色社会主义伟大旗帜，认真学习贯彻党的十六大、十七大精神和全国总工会会议精神，充分发挥工人阶级主力军作用，在推进四川跨世

纪发展和全面建设小康社会中书写新篇章。

一、以党的十六大、十七大精神和全国总工会会议精神引领工会工作

2001 年，中国共产党成立 80 周年，各级工会按照省总工会下发的文件精神，充分发挥工会的各种宣传舆论阵地的作用，积极组织广大职工群众学习江泽民在庆祝中国共产党成立 80 周年大会上的讲话，并及时收集职工群众的思想动态，向上级工会和同级党政反映。4 月至 9 月，组织职工参加了全国总工会开展的学习《“十五”计划纲要》的知识竞赛活动，参加职工达 70 万人次。

党的十六大召开后，2003 年，省总工会转发全国总工会《关于开展全国职工学习党的十六大精神系列活动的通知》，围绕学习贯彻党的十六大精神开展系列宣传教育活动。动员组织全省职工，参加了由全国总工会宣教部主办、《工人日报》承办的学习党的十六大精神知识竞赛，省总工会宣教部获全国总工会颁发的竞赛组织奖。组织参加全国总工会主办的“十六大精神在我心中”主题演讲比赛。组织全省职工参加由省委宣传部、省总工会等 5 家单位在《精神文明报》上联合开展的党的十六大知识竞赛。以这些活动为载体，在全省工会系统、基层职工中兴起了学习贯彻党的十六大精神和“三个代表”重要思想的热潮。

2003 年 9 月 22 日至 26 日，中国工会第十四次全国代表大会在北京召开。大会召开后，党领导中国工会立足历史方位的变化，深入探索研究新的历史条件下工会工作的特点和规律，形成了中国特色社会主义工会发展道路，确立了“组织起来，切实维权”的工作方针，树立了“以职工为本，主动依法科学维权”的工会维权观，明确了“促进企业发展、维护职工权益”的企业工会工作原则，为推动科学发展、经济结构战略性调整、促进社会和谐、维护社会稳定作出了重要贡献。2004 年，按照省委的统一部署，全省各级工会把学习贯彻“三个代表”重要思想，深入贯彻党的十六大和十六届三中全会精神及中国工会第十四次全国代表大会精神作为首要政治任务来抓。通过组织开展集中学习、专题辅导、座谈讨论、知识竞赛、论文发布等多种形式的活动，使广大职工群众在思想认识上有了新的提高。全省有近百万职工参加了不同层次、不同形式

的学习党的十六大精神系列活动。省总工会、省委宣传部、省委政策研究室、省社科院还共同举办了全省职工“学习十六大精神理论与实践研讨会”，进一步把学习活动引向深入。

党的十七大于2007年10月15日在北京开幕，省总工会组织机关领导和干部职工认真收听收看了胡锦涛代表党的十六届中央委员会向大会所作的题为《高举中国特色社会主义伟大旗帜，为夺取全面建设小康社会新胜利而奋斗》的报告。省总工会随后印发了《四川省总工会关于认真学习贯彻党的十七大精神的通知》，迅速掀起学习贯彻党的十七大精神的热潮。

2008年10月17日至21日，中国工会第十五次全国代表大会在北京召开。正式代表中有农民工代表47名，这是改革开放以来在中国工会代表大会上第一次出现农民工代表，体现了工会在新形势下对农民工工作的重视。大会围绕“建设什么样的工会”“怎样建设工会”这一重大时代课题，认真学习贯彻党的十七大精神，高举中国特色社会主义伟大旗帜，明确了今后五年工会发展的方向和任务。2008年12月，省总工会印发《〈关于中国工会十五大精神宣传工作的实施方案〉的通知》，全省各级工会迅速掀起学习贯彻中国工会第十五次全国代表大会精神的热潮。

二、四川省工会第十一次、十二次代表大会召开

2003年7月9日至11日，四川省工会第十一次代表大会在成都召开。中共四川省委书记、省人大常委会主任张学忠和全国总工会副主席孙宝树分别在开幕式上讲话和致辞。省委副书记、省长张中伟，省政协主席秦玉琴，省委副书记刘鹏、陶武先、蒋巨峰等出席大会开幕式。省委常委、省总工会主席黄彦蓉代表四川省总工会第十届委员会作题为《努力实践“三个代表”重要思想，动员组织全省广大职工为四川全面建设小康社会而奋斗》的工作报告。大会提出全省各级工会今后五年的主要任务是：以“三个代表”重要思想统领工会工作全局，增强做好工会工作的光荣感、使命感和责任感；紧紧围绕全面建设小康社会奋斗目标，动员组织全省职工充分发挥主力军作用；认真履行工会基本职

责，切实维护职工合法权益；努力为广大职工特别是困难职工群体办实事，切实维护职工队伍稳定；进一步加强工会组建工作，不断完善工会组织体系，为做好新形势下工会工作提供坚实的组织保证；大力推进工会自身改革和建设，不断提高工会工作整体水平。

2008 年 7 月 27 日至 29 日，四川省工会第十二次代表大会在成都召开。省委书记、省人大常委会主任刘奇葆出席大会并作重要讲话。省政协主席陶武先出席会议。省委常委、省总工会主席李登菊代表四川省总工会第十一届委员会向大会作工作报告。大会要求，各级工会高举中国特色社会主义伟大旗帜，深入贯彻落实科学发展观，坚持走中国特色社会主义工会发展道路，全面落实党的十七大和省委九届四次、五次全会精神，以促进灾后恢复重建和经济社会发展为首要任务，以维护职工合法权益为基本职责，以构建和谐劳动关系为工作主线，以扩大组织覆盖面、增强工会凝聚力为基本要求，扎实开展各项工作，为推进四川省经济建设、政治建设、文化建设、社会建设作出新的更大贡献。大会号召，全省各级工会和广大职工要紧密地团结在以胡锦涛为总书记的党中央周围，同心同德，奋发进取，为夺取抗震救灾和经济社会发展全面胜利、加快建设西部经济发展高地而努力奋斗！

三、工会宣传文化教育工作成效显著

四川省各级工会充分发挥“大学校”作用，紧紧围绕中心大局，坚持以社会主义核心价值体系教育引导职工，不断创新职工学习载体，搭建职工学习平台，激发、调动广大职工获取知识、更新知识的积极性、主动性和创造性。

2008 年 2 月，省总工会制定了《四川省总工会关于开展工会“职工书屋”建设的实施意见》，明确了“职工书屋”建设总体目标。2009 年，省总工会积极争取，与省发展和改革委员会、文化厅联合下发了《关于把地方工会文化活动阵地纳入公共文化服务体系建设的意见》，要求把地方工会文化活动阵地建设纳入当地经济与社会发展规划和城乡建设规划，充分发挥工会的“大学校”作用，加强全省职工文化建设。截至 2010 年底，全省共建设了 135 个全国“职工书屋”示范点，各市（州）总工会和各行业、企业集团也建立了一批“职工书屋”示范点，各级工会自建“职工书屋”3920个。全省基层工会共有工人文化宫、工会俱乐部1928个，馆藏图书1万册以上的图书馆1261个，体育场、体育馆835个；全省基层以上工会共有工人文化宫、工会俱乐部270个，馆藏图书1万册以上的图书馆146个，体育场、体育馆99个。

2006年，省总工会与省委组织部、省委宣传部等11家省级部门召开了“创争”活动现场会和“创争”活动经验交流表彰大会，对20个省“创争”活动示范单位、29个省“创争”活动先进单位、10名“四川省知识型技能型职工标兵”、100名“四川省知识型技能型职工”进行了表彰。截至2010年9月底，全省已有34396个基层工会组织开展了“创建学习型组织，争做知识型技能型职工”活动。

在应对汶川特大地震灾害和灾后恢复重建过程中，全省各级工会主动加强与主流媒体和工会行业媒体的沟通联系，大力宣传报道广大职工在抢险救灾、灾后恢复重建中的伟大壮举和各级工会组织、企（事）业单位的先进事迹，中央和省级主流媒体共宣传报道近2000篇（条）。四川省总工会在中国工会十五大期间协助全国总工会编辑出版了长篇报告文学《直面地震工会旗帜高高飘扬》，有效地扩大了工会新闻宣传的覆盖面和影响力，工会新闻宣传工作从量和质上都有较大的提升。

四、大力弘扬劳模精神

为弘扬劳模精神，用劳动模范的先进事迹、崇高思想和优秀品质感召和凝聚职工群众，2009年，省总工会与省委宣传部共同开展了新中国成立以来四川省最具影响力劳动模范评选活动，参与者遍及全国各地和社会各阶层，有北京、新疆、广东等14个省（市、区）的公众参与投票，有效票数达220万余张；近40家中央、省、市媒体连续报道300余篇，四川电视台公共频道连续40天播出活动宣传片，连续40天每天播出一位候选人专题片。活动历时3个月，通过推荐、自荐、公众投票、省评审领导小组综合评议，最终评选出了丁一等30名

"新中国成立以来四川省最具影响力劳动模范"，龙涛等10名"新中国成立以来最具影响力劳动模范"入围奖。同时，还深入开展了劳动模范先进事迹宣讲活动，全省各市（州）、产业共举办劳动模范先进事迹报告会520场，听众达400万余人（次）。《四川日报》等主流媒体重点宣传劳模典型157人。

2010年，按照国务院和省委、省政府的部署，省总工会组织开展了五年一次的全国和省劳动模范的推荐评选工作。2005年至2010年，全省有113名同志被表彰为"全国劳动模范（全国先进工作者）"，388名同志被授予"全国五一劳动奖章"，88家单位被授予"全国五一劳动奖状"，表彰了800名"四川省劳动模范"。

第二节　大力维护职工合法权益

随着全省经济体制改革不断深化，国有企业体制改革步伐的加快，非公有制经济的迅速发展，全省各级工会在维护职工合法权益上进一步跟进和增强，更加注重参与相关法律法规制定和健全完善相关制度，建立健全推行平等协商、职工民主管理、依法维权等长效机制，更好维护广大职工合法权益。

一、推行平等协商和集体合同制度

2000年5月9日，省九届人大第十六次常务会议通过《四川省集体合同条例》，于7月1日起实施。19日，省总工会召开《四川省集体合同条例》新闻发布会，省委常委、省总工会主席甘道明，省人大常委会副主任张宗源在新闻发布会上讲话。2000年5月28日，召开四川省贯彻《劳动法》《工会法》，推动集体合同、劳动合同工作电视电话会。省委常委、省总工会主席甘道明就进一步贯彻实施《劳动法》《工会法》，推进集体合同、劳动合同工作作出部署。

2002年，《四川省〈工会法〉实施办法》（以下简称《办法》）经省人大常委会修订通过，并于10月1日起实行。该《办法》结合四川省实际，从工会组织建设、工会干部保护、工会经费收缴、违反工会法的法律责任等方面，作出了明确而具体的规定，具有很强的适用性和操作性，为全省工会工作提供了有力的法律依据和武器。《办法》进一步突出了工会的维护职能。明确规定："工会是职工自愿结合的工人阶级的群众组织，代表和维护职工的合法权益是工会的基本职责。""工会通过平等协商和集体合同制度，协调劳动关系，维护职工劳动权益和经济利益。"《办法》规定，对于在企（事）业单位中发生克扣职工工资、随意延长劳动时间、生产和工作条件存在严重安全隐患、未依法为职工缴纳社保费、虐待女职工和未成年工等严重侵犯职工合法权益的人和事，工会应当代表职工与企（事）业单位交涉，企（事）业单位应予以研究处理、采取措施予以纠正，并在十日之内向工会作出书面答复。逾期不予答复又不纠正的，工会应当提请当地人民政府依法处理。

全省各级工会高度重视集体合同工作，以改制企业和非公有制企业为重点，不断健全完善集体合同工作运行机制和工作方式，促进集体合同工作的制度化、规范化和法制化，努力发挥集体合同制度在协调企业劳动关系、维护职工合法权益中的基础作用，实现了劳资"双赢"。通过各级工会的共同努力，集体合同工作覆盖面进一步扩大，实效性进一步增强，履约率普遍提高。截至 2010 年 9 月底，全省共签订集体合同（不含各类专项集体合同）43382 份，比 2008 年增加 12319 份，增长 39.7%。其中，覆盖企业 93933 家，比 2008 年增加 58652 家，增长 166.2%；覆盖职工 551.8 万人，比 2008 年增加 160.3 万人，增长 40.9%。

2001 年 11 月，省总工会、劳动和社会保障厅、省企业联合会、省企业家协会建立"四川省劳动关系三方协调会议制度"。三方协商机制建立后，先后就国有企业关闭破产和改制、推行劳动合同制度、推进集体合同制度和工资集体协商制度、调整最低工资标准、确定企业工资指导线、解决拖欠农民工工资、劳动争议仲裁等涉及职工切身利益方面的问题深入调研并进行协商，直接促成一系列相关政策出台。与此同时，在全省非公有制企业逐步开展工资集体协商试点工作，近 200 家企业参加试点并取得初步成效。通过试点推进，2004 年 12 月 20 日，召开省劳动关系三方协调第六次会议，会议通报了在全省范围开展集体合同调研评估和交叉检查情况，讨论了国家三方贯彻《集体合同规定》的意见。通过加强劳动关系三方协商机制的建设，各级三方组织围绕企业和职工普遍关心的问题，加强沟通协商，促进了有关政策的制定和劳动关系的和谐稳定。至2005年，全省有25401家非公有制企业签订集体合同、覆盖职工292.3万人，6757家企业签订工资集体协议、覆盖职工67万人，签订行业性、区域性集体合同976份，覆盖企业8038家、职工80.7万人。截至2010年9月底，全省各级地方及产业工会参与建立的劳动关系三方协商机制达858个，比2007年增加428个，增长99.5%。

国际金融危机爆发后，为应对后金融危机时期的复杂环境，促进企业和职工和谐发展，全省各级工会积极按照省协调劳动关系三方联合印发的《关于不断深化"共同约定行动"继续推动工资集体协商工作的通知》要求，深入开展了"共同约定行动"。2010年，省委、省政府召开全省工资集体协商工作电视电话会议并转发《关于进一步推进工资集体协商工作的意见》，强力推动工资集体协商机制建设，全省的工资集体协商工作呈现积极发展态势。截至2010年10月底，全省共签订工资专项集体合同40001份，比2009年增加12290份，增长44.4%；覆盖职工4858974人，比2009年增加1235736人，增长34.1%；区域（行业）性工资专项集体合同2566份，覆盖企业56911家，覆盖职工1498464人。

二、进一步推广和完善职代会制度

四川省各级工会进一步健全和完善基层民主制度，全省国有、国有控股及集体企业、非公企业和事业单位职代会制度建设进一步得到了深化发展，有效保障了广大职工的民主选举、民主决策、民主管理和民主监督权利。截至2004年，全省共有9312家非公有制企业实行职代会制度，占总数的36.7%；8470家非公有制企业推行厂务公开制度，占总数的33.4%；有5500余家非公有制企业实行其他形式民主管理制度。全省实行职工民主管理的非公有制企业占已建工会组织的非公有制企业总数的50%。2006年6月，省总工会在泸州召开全省区域（行业）职代会制度建设现场会，总结推广泸州、成都、宜宾、遂宁等市在小型非公企业比较集中的区域、行业，依托乡镇、街道、村、社区、行业工会，建立区域（行业）和集群职工代表大会制度，签订区域（行业）或集群集体合同和工资集体协议，形成区域、行业和企业的两级维权机制和民主管理网络的经验。2009年1月1日，正式实施《四川省职工代表大会条例》，职工代表大会制度上升为地方法规，为全省职工民主管理奠定了坚实的法律基础。截至2010年9月底，全省建立职工（代表）大会制度的已建工会企（事）业单位达40345家，比2008年增加15770家，增长64.2%。同时，在小型非公企业集中的乡镇(街道)、村（社区）和工业园区，广泛推行建立区域性、行业性职代会制度，有效提高非公企业职代会的建制率和覆盖面，进一步调动了广大职工群众的积极性、主动性和创造性，促进了基层民主政治建设，为构建和谐劳动关系、和谐企业发挥了重要作用。

三、推行厂务公开加强职工民主管理

2002年6月，省委办公厅、省政府办公厅下发《四川省关于贯彻中共中央、国务院〈关于在国有企业、集体企业及其控股企业深入实行厂务公开通知〉的意见》，全省厂务公开工作向深层次延伸。在加强和改善国有和集体企业职工民主管理工作的同时，非公有制企业职工民主管理工作也逐步推进。2002年，省总工会、省纪委、省委组织部、省企业工委、省委宣传部、省经贸委、监察厅、省工商局、省外经委联合下发《关于我省非公有制企业推行厂务公开加强职工民主管理工作试点的意见》，各市、州和部分县（市、区）确定了首批试点企业。宜宾、遂宁、绵阳、自贡等市结合非公有制企业实际，提出或制定本地非公有制企业厂务公开、职工代表大会制度的意见或条例。

2005年，全省基层企事业单位中，97.8%的国有、集体及其控股企业实行了厂务公开和建立了职工代表大会制度，95%的事业单位实行了校务（内部事务）公开和建立了职工代表大会制度。民主评议企（事）业领导干部、企（事）业业务招待费向职代会报告、公司制企业职工董事监事等制度进一步健全完善，非公有制企业职工民主管理工作也稳步推进。2010年3月，省总工会与省纪委、省委组织部等11家单位联合下发《关于开展“民主管理进世界500强在川企业专项行动”的通知》，在全省范围内开展了以“民主管理，保障权利，和谐发展”为主题的民主管理进世界500强在川企业专项行动。随着活动的不断深入，世界500强在川企业广大职工的知情权、参与权、监督权、表达权等民主权利进一步得到了保障。2010年，省总工会与省纪委、省委组织部等11家单位联合开展厂务公开工作专项调研检查，选树了一批厂务公开民主管理工作先进典型，各级厂务公开联席会议制度普遍建立。截至2010年9月底，全省推行厂务公开制度的国有及国有控股企业达77.3%，实行厂务公开的已建工会非公有制企业达22541家，比2005年增加18705家，增长487.6%。2010年，省总工会被评为“全国推动厂务公开民主管理工作先进单位”。

四、群众性经济技术创新活动深入推进

全省劳动竞赛突出体现优质服务和技术创新，民航、铁路、金融、商贸、旅游、公交、卫生、邮政、电信、移动通信等窗口行业开展了“服务知识创新、服务项目创新、服务功能创新、服务规范创新”（简称“四创新”）劳动竞赛，涌现出210余家先进单位和先进集体、130名“创新标兵”和“优质服务能手”、100项“优秀创新成果”。省总工会、省委组织部、省委宣传部、省精神文明办等省级单位联合开展“创建学习型组织，争做知识型技能型职工”活动(简称“创争”活动)，举办天车工、茶艺师、焊工、维修电工、中式烹调、中式面点、餐厅服务、中西式糕点制作、电信网络维护、机关公务员演讲、汽车驾驶等职业技能大赛，全省共有35个行业、2000余家企业的110余万名职工参加竞赛。同时，随着非公有制企业发展，劳动竞赛也从以往主要在国有企业开展逐步扩展到非公有制企业，并结合非公有制企业特点，开展“我为民营经济发展献一策”合理化建议活动，以小建议、小革新、小发明、小创造、小设计等“五小”为主要内容，共有5540家非公有制企业的51.7万名职工参加活动，创造和节约经济价值7.4亿元。

第三节　深入开展扶贫帮困工作和职工法律援助

进入2000年后，四川省工会扶贫帮困和职工法律援助工作在实践中不断创新，规模和深度都有新发展。扶贫帮困工作更加经常化、制度化、社会化，社会影响力不断扩大。全省各级工会大胆探索新的维权手段，职工法律援助、劳动保护和再就业工作进一步扎实推进、纵深发展。

一、扶贫帮困工作深入开展

在各级党委、政府和社会各界支持下，全省送温暖活动已逐步制度化、经常化。2001年，全省共建立送温暖工程基金组织759个，基金总额达8544万元。同年1月，全国总工会、劳动和社会保障部、财政部在北京联合召开实施送温暖工程十周年座谈会，省委常委、省总工会主席甘道明在会上作经验交流，四川省总工会在会上受到表彰。此时，领导干部联系职工生活困难户制度和建立特困职工及其家庭生活情况档案制度进一步健全完善。截至2003年，全省有近2万名县以上领导干部与3.9万户困难职工结成帮扶对子，有7.7万户困难职工家庭经帮扶脱贫。全省已形成四级特困职工家庭建档建卡网络化管理体系，建档特困职工家庭达28.7万户，有95万名困难职工及其家属被纳入政府“低保”救助范围。

2003年，四川省各级地方工会、省产业（局）工会和企业工会开始建立困难职工帮扶中心，部分县（市、区）总工会在街道、社区建立困难职工帮扶站（点）。截至2004年底，全省21个市、州总工会和130个县（市、区）总工会建立了困难职工帮扶中心，共筹集资金1866万元。工会组织通过困难职工帮扶中心，掌握和了解特困职工实际困难情况，对符合条件的特困职工及其家庭成员给予基本生活救助、法律援助、子女入学救助和再就业援助等。2003年至2005年，各级工会困难职工帮扶中心帮扶救助困难职工40余万人次。截至“十一五”末，全省各级工会共筹集资金近2.5亿元，资助困难职工（农民工）子女21.1万人。金秋助学活动已基本实现了经常化、制度化、社会化，发展成为工会组织为困难职工办实事、做好事、解难事的重要载体，成为工会组织关注民生、惠民助民“叫得响、办得好、见实效”的精品工程。

经过省总工会女职工委员会的不懈努力，下岗职工上学子女被列为希望工程救助对象，各级工会将捐资助学纳入送温暖工程或困难职工帮扶中心工作范畴。省总工会《四川省部分职工群众反映大学学费高负担重难以承受》的调查报告，受到中共中央政治局常委、国务院副总理李岚清的重视，并作出重要批示，国家采取多项措施，一定程度上缓解了部分困难职工子女上大学的经济负担。省总工会关于四川部分煤矿病、亡职工家属和遗属生活困难问题的情况报告，受到国务院副总理吴邦国的高度关注，并作出重要批示，在国务院和省政府关心下，问题得到妥善解决。

由省总工会主办的四川省职工保险互助会，先后开办职工安康保险、女职工大病互助保险和职工住院医疗互助保险等险种，为650多名患病职工减轻了医疗负担，帮助患病职工家庭渡过难关，广大职工称赞职工互助保险是一项“实实在在的民心工程”。在开展帮扶工作中，各级工会因地制宜，不断拓展帮扶范围，逐步把困难救助、职业培训、法律援助、信访接待、维权热线等纳入“一站式”服务体系，搭建起为困难职工提供全方位服务的平台。困难职工帮扶中心已成为各级工会的“110”、困难职工的救助站。“有困难，找工会”，成为各级工会对职工群众的庄严承诺，也是困难职工渡过难关的希望和依靠。2010年，参加基层工会开展的职工互助活动人数达851698人，比2005年增加495037人，增长138.9%；2010年，参加基层以上工会开展的职工医疗互助活动人数达1838134人（次），比2005年增加1077741人（次），增长141.7%。

二、职工法律援助卓有成效

四川省工会从20世纪80年代开始开展职工法律援助工作。从20世纪90年代起，每年定期组织一次主题活动，规模和影响逐步扩大。1999年，四川省职工法律援助中心正式成立，为职工和工会组织无偿提供法律援助。2001 年，全省各市、州工会和县（市、区）工会全部建立职工法律援助中心（站）。2002 年，全省工会系统在下岗失业人员中开展法律援助活动，各级工会聘请律师或直接委派工会法律工作者无偿为下岗失业的困难职工提供法律援助，代理参与仲裁、诉讼案件，维护职工合法权益。2003 年，针对极少数企业侵害劳动模范权益问题，省总工会印发《关于对省级以上职工劳模发放特别法律援助卡的通知》，规定全国劳动模范、省级劳动模范、全国五一劳动奖章获得者分别由有关法律援助机构提供特别法律援助，在全国率先为省级以上劳动模范发放“特别法律援助卡”，有效维护了劳动模范的合法权益。

在开展职工法律援助工作中，全省各级工会积极探索维权新手段，创新新机制，着力打破地域界限和职工身份界限，使职工法律援助工作向纵深不断发展。成都市总工会在全国首创“城际间工会维权联动机制”，先后与深圳、杭州、宁波、义乌、乌鲁木齐等城市建立维权联盟，在劳务输出地和输入地之间架起一座互动维权、组织维权的桥梁。在建立维权联盟基础上，职工法律援助工作从最初单一的法律援助合作，逐步发展为包括提供就业信息、组织劳务输出、接转会员关系、指导签订劳动合同等多项合作。

省总工会建立了四川省城际间职工法律援助合作机制，全省 21 个市州总工会签订合作协议，为异地到本地就业人员无偿提供法律咨询、仲裁、诉讼代理等法律援助服务。2004 年，司法部授予四川省职工法律援助中心“全国法律援助先进集体”，四川省职工法律援助中心因此成为全国工会系统第一个荣获这一称号的单位。截至 2010 年 9 月底，全省基层以上工会建立工会法律援助服务机构 681 个，比 2005 年增加 430 个，增长 171.3%。五年来，全省工会法律援助服务机构共受理法律援助案件 11659 件，处理 7034 件，结案率 60.3%；共提供咨询代书等服务 23118 件。

三、劳动保护工作更加扎实深入

全省各级工会组织依法参与重特大事故调查处理工作，参与新、扩、改建生产性工程项目的劳动安全卫生设施建设“三同时”审查竣工验收工作，并在其中提出建设性意见。2002 年至 2005 年，省总工会参加煤矿透水和瓦斯爆炸、工程垮塌、翻车、沉船、火灾等 27 起安全事故调查处理，参与二滩水电站等多项重点工程建设项目的职业安全、卫生设施和技术措施审查验收工作，工会提出的意见和建议绝大部分被政府采纳。为有效遏制煤矿事故，省总工会与四川煤矿安全监察局联合制定《特聘煤矿安全群众监督员实施办法》，在省国有重点煤业（集团）公司、省重点骨干煤矿企业、重点监控县煤矿企业的采掘生产一线职工中特聘 3200 余名煤矿安全群众监督员，授权直接参与煤矿安全生产监督检查工作。全省工会系统基本形成能够全面履行参与职责、承担完成各项工作任务的劳动保护专职机构和人员队伍网络体系，成为全省劳动保护工作中一支重要力量。广大职工称赞工会劳动保护监督检查员是“不脱产的安全卫士”“职工安全健康的保护神”。

四、再就业工作向纵深发展

四川省“开发性再就业十大行动”受到党中央、国务院高度重视和充分肯定。2002 年 9 月，国务院召开全国再就业工作会议，省委常委、省总工会主席黄彦蓉应邀参加会议，并作题为《以开发性再就业十大行动为载体，协助政府实施再就业工程》的经验交流发言。全国再就业工作会议后，“开发性再就业十大行动”进一步深入发展。同年 10 月，省总工会成立再就业工作领导小组，印发《关于进一步做好下岗失业人员再就业工作的意见》《关于建立工会再就业工作检查制度的通知》等文件，进一步从组织上和制度上保障再就业工作深入推进。各级工会通过举办招聘会、招聘周、企业定向招收学员等多种形式，帮助下岗失业人员尽快实现再就业。

2003 年 4 月，省总工会与省企业联合会以及各市、州总工会与企业联合会在全省范围共同举办再就业优惠政策宣传周和下岗失业人员求职招聘会。活动期间，全省共发放再就业政策及相关资料 20 余万份，1100 余户企业提供 25700 余个工作岗位，咨询人数 84800 余人，有 28600 余人与用工单位达成协议，1400

余人当场签订劳动合同。各级工会还通过发放小额借款，为自主创业的下岗失业人员提供启动资金或周转资金。2004年6月，全省工会再就业工作经验交流会召开，一批再就业工作先进单位、再就业明星、创业带头人等受到全国总工会和省总工会表彰。当年，全省各级工会共帮助7万余人实现再就业，为102万人提供职业介绍服务，培训78万名下岗失业人员。2005年，各级工会和政府劳动部门举办“零就业家庭成员就业援助周”活动，共帮助15400余名零就业家庭成员找到就业岗位。2008年“5·12”汶川特大地震后，全省工会针对灾区下岗失业人员、因灾失业困难职工、受灾零就业家庭，采取送技能培训、送小额贷款等方式提供就业创业援助，累计培训灾区失业人员（含农民工）22.8万人(次)，促进了11.2万名受灾失业人员再就业。

第四节　推进农民工入会和维护农民工合法权益

随着劳动就业体制的改革和城镇化进程的加快，农村剩余劳动力大量向城镇转移，形成了数量庞大的进城务工人员群体，成为产业工人的重要组成部分、工人阶级新鲜血液。进入2000年后，四川各级工会进一步加大推进农民工入会工作力度，建立健全农民工权益维护机制，积极实施千万农民工援助行动，切实维护农民工合法权益。

一、推动进城务工人员入会

20世纪90年代至21世纪初，大量农村劳动力转移到城市从事生产劳动。四川是全国劳务输出大省，2005年，分布在全国各地的进城务工人员达1600万人，占全国进城务工人员总数的14%，年劳务收入约700亿元。他们绝大部分从事苦、脏、累、险工作，工作条件和社会保障较差，合法权益受到侵犯的情况较普遍，受到党和政府、工会组织以及全社会的高度关注。按照“组织起来、切实维权”指导方针，全省各级工会把组织进城务工人员加入工会作为工作重点，全力推进。

2004 年 3 月，四川省总工会印发《关于进一步加强新建企业工会工作的意见》，要求凡是与用人单位建立劳动关系或形成事实劳动关系的职工，不论其户籍是否在本地区或工作时间长短，都要将他们组织到工会中来，任何组织和个人不得阻挠和限制。同年，彭州市丹景山镇成立全省第一个乡镇级外出务工人员工会联合会。金堂、苍溪等劳务输出大县相继成立外出务工人员工会联合会。四川华西集团公司、四川移动通信公司、四川电信集团公司等进城务工人员较多的企业也组织进城务工人员加入工会组织。全省各级工会组织通过指导成立商务楼工会、商家工会联合会、劳务市场工会、村企业联合工会等形式，积极推进进城务工人员入会工作。截至 2010 年 9 月底，全省农民工工会会员达 784.2 万人，占全省工会会员总数的比重为 54.6%。

在各级工会努力下，全省各地组建了多种形式的进城务工人员工会组织，如四川新希望集团有限公司工会、成都九眼桥劳务市场工会、四川华西集团希威项目联合工会、平昌县务工人员联合工会、南江县坪河乡劳务产业开发工会工作委员会等。一些地方的工会组织还指导帮助进城务工人员较多的企业建起“民工公寓”，办起“民工夜校”，以提高进城务工人员的生活质量和文化素质。同时，在劳务输入地设立进城务工人员工会联合会联络处，依托当地工会为进城务工人员排忧解难，使进城务工人员亲身体验到加入工会组织给自己带来的好处。

二、建立省际、城际工会联动维护农民工权益机制

在组织进城务工人员加入工会的同时，全省各级工会组织不断加大维权工作力度，运用多种手段开展农民工维权服务和帮扶救助。协调司法机关建立维权通道，开辟农民工权益诉讼案件、劳动争议仲裁案件“绿色通道”，快立、快调、快审、快结、快执，及时处理权益纠纷和劳动争议。发挥各级困难职工帮扶中心作用，把符合困难职工建档条件的失业返乡农民工，及时录入工会困难职工管理系统实施动态帮扶，为其提供生活救助、医疗救助、子女入学救助、

就业援助、法律援助和政策咨询等服务。针对部分用工单位拖欠进城务工人员工资问题，2004年，全省工会系统组织大规模专项检查和追缴工作，共检查用人单位8700余家，追回欠发工资7098万元，涉及进城务工人员12万人。各级工会还在进城务工人员集中的火车站、劳务市场等设立维权窗口，通过发放维权手册、提供政策法律咨询等方式，帮助进城务工人员了解自身合法权益和维权的具体途径。2005年，省总工会在全省进城务工人员流动量最大的成都火车北站建立全国第一家省级工会进城务工人员维权咨询服务站。

从2004年开始，四川各级工会根据四川农民工输出情况，依托和发挥全国工会的力量，探索建立跨省工会农民工联动维权机制，充分发挥输入地、输出地工会作用，加强两地工会组织的协调配合，有效地维护了农民工的合法权益，有效化解了劳动争议和社会矛盾，推动了劳动关系和谐和社会稳定。经过各成员单位的共同努力和协作，省际工会联动维护农民工权益机制得以不断发展，逐步构筑了省、市、县三级联动维权网络。自2005年起，四川与上海、江苏、广东、福建；2006年，与重庆、山西、西藏、新疆、新疆生产建设兵团；2007年，与河北、陕西、湖南、青海；2008年，与云南、内蒙古；2009年，又与江西、甘肃、贵州；2010年，与广西、黑龙江签订省际联动维护农民工权益协议；到2010年10月，该机制的成员单位发展为21家，为全国省际工会联动维权机制中成员最多、涉及面最广、涉及农民工最多的区域性工会维权组织。协议涉及地域700多万平方公里，覆盖出川农民工840多万人，占全部出川农民工的76.4%以上，还覆盖数十万名入川农民工。截至2010年底，已与20个省（自治区、直辖市、新疆生产建设兵团）、133个市（州）和162个县（市、区）建立联动维权机制。据不完全统计，2006年至2010年五年间，全省各级工会直接推动启动省际、城际、县际农民工维权1360件（次），外省（自治区、直辖市、新疆生产建设兵团）工会受托和主动为四川农民工维权，追讨被拖欠工资近7亿元，实施工伤维权2100多件，获得工伤赔偿2150多万元。2006年至2007年间，通过省际、城际工会联动维权案760件，2008年至2009年，直接启动省际、城际联动维权450件，至2010年，为259件，呈逐年下降趋势，省际工会联动维权机制开创了农民工维权工作新局面。同时，推动农民工共享社会公共服务和发展成果，上海、广东、江苏、福建、泉州等省、市逐步赋予外来农民工享有人大代表、劳动模范和五一劳动奖章等的选举和被选举权，就医、廉租房、子女就学等市民待遇的权利，逐步赋予外来农民工享有与市民同等的政治和经济权利。工会农民工联动维权机制的建立，为出川和省内流动农民工搭建起了一个有效的维权保障平台。省际工会联动维护农民工权益机制项目获得2009—2010年第五届“中国地方政府创新奖”提名奖。

三、积极实施千万农民工援助行动

针对“5·12”汶川特大地震和国际金融危机导致农民工大量返乡以及对灾区农民工就业的双重影响，全省各级工会把“千万农民工援助行动”作为工会贯彻落实科学发展观、推动城乡协调发展、促进解决“三农”问题、加快社会主义新农村建设的重要工作，进行统筹安排部署。2009年，省总工会成立了“农民工援助行动领导小组”，制定并实施了为6万名以上农民工开展免费职业技能培训等促进农民工培训就业四大工作目标。全省各级工会采取多种形式开展农民工就业培训，瞄准灾后重建工程和拉动内需项目的实施，以建筑领域各类技术工种为重点，对返乡和因灾失地农民工进行实用技能培训；围绕“家电下乡”“农机下乡”“汽车下乡”，根据省内外龙头企业在农村开设售后服务布点的需要，共同开展家电维修、农村服务业等方面的技能培训；结合四川地方特色，围绕“川妹子”“川厨师”“川建工”“川保安”等传统劳务品牌，进一步发展“川维修”“川美发”“川电子”等地方特色品牌，对农民工开展城市服务业技能培训；开展农村实用技能培训，推动农民工就近就地就业。全省市（州）工会举办的培训项目达198个。工会开展的农民工培训工作得到省委、省政府的充分肯定，省长蒋巨峰给予了“成效明显，非常感谢，希望发挥职能优势，进一步加强供需对接和就业培训，为四川省促进和扩大就业作出更大贡献”的评价和要求。2010年，省总工会保障部被评为全国工会“千万农民工援助行动”先进单位。

采取多种渠道帮助农民工实现就业。以惠民帮扶中心、职业介绍机构为载体，加强与用人单位合作，发挥乡镇、村工会组织优势，大力实施岗位援助，通过组织专场招聘会、就业直通车、乡镇流动招聘等形式，积极提供政策咨询、职业介绍、就业信息等免费服务，促进农民工就业。2008—2010 年三年间，在中华全国总工会的直接支持下，省总工会在成都、德阳、绵阳等重灾区和劳务输出大市承办或主办了多场“情系灾区、促进就业”大型招聘会，提供各类岗位 19 万个，17 万人进场应聘，2.8 万人达成求职意向，外省企业与四川本地职业教育培训机构和就业服务机构之间签订用工订单涉及 7.8 万人。

第五节　全力以赴抗震救灾和参与灾后重建

2008 年 5 月 12 日 14 时 28 分，四川汶川发生里氏 8.0 级特大地震。面对突如其来的重大灾难，在党中央、国务院和中央军委坚强领导下，我国组织开展了历史上救援速度最快、动员范围最广、投入力量最大的抗震救灾斗争，夺取了抗震救灾斗争的重大胜利。在这场气壮山河的抗震救灾斗争中，省总工会和四川各级工会全力以赴投身抗震救灾和灾后重建工作，深入开展“工会救灾互助行动”“工会慰问行动”“重建家园、再献爱心”等行动，为党政分忧，为受灾职工群众解难，号召全省广大职工发扬“一方有难、八方支援”的社会主义互助精神，心系灾区、奉献爱心，积极投身抗震救灾，帮助灾区恢复生产、重建家园，为夺取抗灾斗争的胜利作出了积极贡献。

一、四川工会紧急应对和部署抗震救灾工作

汶川特大地震是新中国成立以来破坏性最强、波及范围最广、灾害损失最重、救灾难度最大的一次地震，受灾总面积 44 万平方公里，也是四川省有史以来人员伤亡和基础设施破坏最为严重的一次灾难，截至 2008 年底，共造成 69227 人遇难、19923 人失踪，直接经济损失 8451 亿多元。其中四川全省遇难 68707 人，失踪 17923 人、受伤 360796 人。

地震发生后，党中央、国务院和全国总工会十分关注四川灾情，非常关心受灾的职工群众，中共中央政治局委员中华全国总工会主席王兆国亲自打电话了解灾情。四川省委召开了紧急会议，省委书记刘奇葆对全省地震后救灾作出了紧急部署，并立即启动全省应急预案。灾情就是命令，时间就是生命。为认真贯彻落实党中央、国务院和省委、省政府关于抗震救灾的工作部署和要求，坚决维护广大职工群众的生命财产安全，省总工会和四川各级工会迅速行动起来，组织全省广大职工和工会干部全力以赴投身抗震救灾行动。

5 月 12 日 15 时，四川省委常委、省总工会主席李登菊按照全国总工会和省委、省政府“5・12”抗震救灾指挥部的安排部署，召集省总工会领导和各相关部门负责人召开会议，对全省工会系统抗震救灾工作作出紧急动员部署。要求各市（州）总工会，省产业（局）、企业（集团）公司工会要高度重视各地受灾情况，积极服从各地党委、政府对救灾工作的安排部署，帮助和指导受灾职工群众抗灾自救，特别要对受灾的困难职工群众和劳动模范及时提供帮助，把党中央、省委、省政府和全国总工会对受灾群众的关心带到广大职工群众中去。赓即，省总工会发出紧急通知，要求全省各级工会：一是高度重视各地灾情情况，动员干部职工参与抗震救灾和维护社会稳定；二是主动服从各地党委、政府对救灾工作的安排部署，及时到位，大力救灾；三是深入受灾严重的企（事）业单位慰问受灾职工，帮助受灾企业恢复生产，特别要对建筑、化工、煤矿工业等做好灾后安全隐患排查，协助企业职工做好安全维稳工作；四是积极行动起来，帮助和指导受灾职工群众抗灾自救。

5 月 12 日下午，省总工会第一时间成立了由党组书记、常务副主席罗林书任组长的抗震救灾指挥领导小组，全面指导全省工会系统抗震救灾工作，并向全省受灾企业和职工发出慰问电。建立了由厅级领导、相关部门负责人和工作人员组成的 24 小时值班制度和工作巡查制度，省总工会在家全体领导 24 小时坚守岗位，现场办公，确保及时了解情况，及时作出部署，一切想着职工，一切为了职工，一切为职工的利益而工作，带领广大职工做好抗震救灾工作。从 5 月 13 日起，省总工会开始实行信息日报制度，要求各市（州）总工会每天将各地工会、企业及职工受灾情况、救灾情况、需要救助的有关事项等上报省总工会办公室，省总工会将情况汇总后分别转呈政府相关部门。

省总工会抗震救灾指挥领导小组对全省工会抗震救灾工作作出紧急动员部署，启动应急预案，迅速组织发动各级工会干部和广大职工投身抗震救灾工作。在全省工会系统重点开展了“工会救灾互助行动”，号召全省工会和广大职工“无灾”支援“有灾”、“轻灾”支援“重灾”，实行市（州）、企业“一帮一”“多帮一”的对口帮扶。由省总工会领导班子成员带队的6个工作组，灾后第2天就深入受灾严重的都江堰、彭州、绵竹、汉源等地和东方汽轮机厂、天池煤矿等重灾企业，了解灾情、听取呼声、反映诉求，看望慰问受灾职工群众和工会干部。各灾区市（州）总工会也迅速启动成立了应急小分队，24小时轮流值班，昼夜巡查，深入受灾最重的地区，全力做好抢险救灾工作。全省各市（州）、产业工会为灾区捐款3414.6万元，捐助各类救灾物资价值1356.4万元，省总工会累计拨付救灾资金8488万元。与此同时，在工会的组织动员下，不少企业主动向灾区伸出援手。据不完全统计，全省企（事）业单位通过工会渠道共捐助641万元的救灾资金和价值超过90万元的救灾物资。

灾情发生后，中华全国总工会迅速动员号召全国各级工会组织和广大职工群众发扬“一方有难、八方支援”的优良传统，积极为灾区献爱心、作贡献，在工会系统形成了大团结、大友爱、大互助的局面。中华全国总工会在地震发生的当天就向省总工会紧急拨款600万元，先后向四川省灾区运送了6批紧缺救灾物资。全国各级工会、企（事）业单位和广大职工积极向四川省灾区捐款捐物。据统计，省总到账救灾资金2.2亿元，其中各省（自治区、直辖市）工会捐赠2566万元，企（事）业单位捐赠1860万元；全国各级工会捐助救灾物资价值约3040万元，其中中华全国总工会捐物价值约1010万元。

二、四川各级工会积极组织开展抢险救灾和慰问帮扶

地震发生后，全省各级工会迅速行动，积极投入抗震救灾主战场，深入一线开展慰问帮扶，为党政分忧、为职工群众解难。省总工会按照地震灾区区域分布情况和震后交通情况，在最短时间内组成第一批5个抗震救灾慰问组分赴

成都市、德阳市、绵阳市、广元市、雅安市等一线灾区了解灾情，指导抗震救灾工作，开展救灾互助行动，灾后第2天省总工会就把首笔600万元抗震救灾资金送到灾区。成都市总工会组成群众工作组，共派出工作人员2000人（次），深入灾区一线，走访1.8万余户，慰问受灾群众7万余人。绵阳市总工会承担全市抗震救灾工作的后勤保障任务，集中全力，克服困难，认真履职，不辱使命，被九洲体育馆受灾群众安置指挥部誉为“撑起了受灾群众安置后勤保障这片天”。广元市总工会干部职工经过一天的艰难跋涉，将10万元慰问金和急需的救灾物资送到青川受灾职工群众手中，成为首批到达青川灾区的援助队伍。全省各级工会坚持物资帮扶抢险救急、资金帮扶解决难题、心理帮扶坚定信心，及时有力地开展抗震救灾专项帮扶行动，有效缓解了受灾职工群众生活的突出困难和不安情绪。在注重物质帮扶基础上，着力开展心理帮扶，专门成立职工群众工作组和心理卫生专家关爱服务队，分赴各重灾区开展受灾职工思想抚慰、心理疏导工作，宣传抗震救灾知识，发放防震知识和心理咨询手册8万多册。

全省各级工会和行业工会联合会认真贯彻落实省委和省总工会工作部署，组织职工闻令而动、迅速行动，通过各种方式开展抢险救灾和慰问帮扶工作。省教科文卫工会组织了6支医疗服务队到灾区开展送医疗服务。在整个抗震救灾期间，四川大学共派出32支医疗救护队、2562人（次）的医务人员和医学生赶赴重灾区，派出13支由爆破和建筑结构、卫生防疫等专家组成的专业突击队共168人，赴绵阳市安县、德阳市绵竹、成都市都江堰等参与抢险。省机电冶煤工会组织人员深入东汽、东电、宁江、都机、川锅、长虹等20多个重灾企业调查灾情，慰问职工。省机电冶煤系统川煤集团组织了115人的职工救援队伍赶赴广元市青川县进行抢险救灾。中冶成工先后组织职工救援小组242人，调集38台吊车、挖掘机、装载机等大型机械设备及4台生活保障车赶赴东汽（德阳市）、剑南春（德阳绵竹市）、都江堰（成都市）等地抢救被困群众，救援小组从废墟中共救出50名受灾群众。四川投资集团公司组织30多支“突击队”“救援队”赶赴重灾企业开展抢险救援。四川物资产业集团总公司接到四川省抗震救灾应急指挥部要求，调拨10吨钢钎送往灾区……

成都市医疗卫生系统、建筑系统、教育系统、机冶交系统等职工救援队伍在各级党政的领导、组织下，纷纷参与到抢险救援行动中。成都市第四人民医院组建了成都市心理救援队，制定《灾后危机心理干预方案》，对医护人员展开专业培训。震后48小时内，以成都市四医院心理卫生专家为骨干的3支小分队赶赴收治重症伤员最多的成都市第一、二、三人民医院开展工作。成都建筑工程集团总公司调集吊车、挖掘机、切割机、发电机等30台机械设备和60多人的抢险救援队赶赴都江堰市，从废墟中挖出40多具遇难者遗体，救出3名幸存者。成都市机冶交工委公司抗震救灾运输突击队，将各种救援物资安全运送到广元市，绵阳市平武县、北川县，成都都江堰市、彭州市等重灾区。德阳市内的工矿、建筑、商贸流通服务等行业，在全力展开自救的同时，纷纷组织人员，出动车辆机械，赶赴绵竹市、什邡市等重灾地区展开抢险救援行动。绵阳市直机关83个党组织、1300余名党员组成救灾突击队深入北川县、平武县等极重灾区，和解放军、武警、消防、公安战士一起搜救被埋群众、运送伤员、清理遇难者遗体、组织灾区群众转移等。阿坝州司法局、人事局，州人民医院、疾控中心组织的职工救援队伍，积极参与到灾区抢险救援行动中。

三、积极参与灾后重建

“5·12”汶川特大地震给四川省造成了严重的人员伤亡和经济损失，企业、职工和工会也遭受重创，据统计，受灾企业1.63万户，经济损失约1823.30亿元，职工死亡和失踪2.47万人，工会系统财产损失13.49亿元。为帮助灾区重建家园，中华全国总工会向全国广大工会会员发出了《关于在工会会员中开展“重建家园　再献爱心”大行动的倡议书》，中共中央政治局委员中华全国总工会主席王兆国多次作出重要指示，并和全国总工会领导深入灾区调查灾情，看望慰问受灾企业和职工。全国工会“重建家园　再献爱心”大行动和“抗震救灾、重建家园”十大帮扶行动迅速开展起来。

2008年5月30日，四川省总工会发出《关于做好受灾地区工会组织重建工作的通知》，要求各级工会做好受灾地区总工会组织重建工作。7月17日，为做好灾区工会对口支援工作，四川省总工会在发出了《关于做好争取有关省（市）

工会对口支援工作的通知》的基础上，又下发《关于进一步做好灾后重建对口支援工作的通知》，要求各级工会进一步做好争取对口支援工作，根据省委、省政府“省内对口支援行动”安排，持续深化全省工会救灾互助行动，建立工会系统对口支援机制，开展省内工会对口支援行动，积极为灾区工会提供人力、物力、财力、智力等多种形式的支援，形成全省工会上下齐心协力、步调一致的抗震救灾工作局面。

省总工会以创建“工人先锋号”为载体，深入开展“灾后重建作贡献，同舟共济保增长”等各类劳动竞赛活动，团结动员灾区广大职工在灾后恢复重建中发挥主力军作用。与省经济和信息化委员会、人力资源和社会保障厅等部门，及时在灾区启动了“灾后重建、再立新功”劳动竞赛；联合交通厅开展映汶高速、都汶高速、广巴高速、绵遂高速等“灾区生命线公路网交通大环线”劳动竞赛；联合省旅游局、省旅游协会启动“振兴天府旅游、重塑熊猫故乡”劳动竞赛；联合省国资委在国有企业职工中开展“增收节支、降本增效”竞赛活动；等等。特别是在灾区开展了群众性安全生产活动，避免“二次受灾”，有力促进了灾区安全生产。同时，积极开展以灾区职工为重点的四川省职工（农民工）技能“大培训、大比武、大提升”行动，最大限度地调动职工群众的创造活力和劳动热情，为恢复生产、重建家园增添力量，参赛职工累计达 700 万人（次）。2008 年至 2011 年，灾区开展各类劳动竞赛的企业达 13349 家，参赛面达 92%以上、参赛职工累计达 1200 万人（次）。

省总工会和灾区工会广泛开展受灾职工困难帮扶，组织交通、电力、建筑等系统“工人先锋号”深入灾区，帮助灾区职工群众解决生活中最迫切的困难。深入开展送温暖活动，累计筹集资金近 4.4 亿元，走访慰问了受灾企业 1.5 万户（次）、受灾职工 69 万人（次），实现了对受灾困难职工送温暖帮扶“全覆盖，不遗漏”。开展灾区“金秋助学”活动，累计筹集助学资金 6500 万元，资助 5.7 万名受灾职工子女就学，实现了受灾困难职工子女就学帮扶全覆盖。组织专兼职法律援助工作人员深入受灾群众集中区域，开展《劳动合同法》等法制宣传教育和法律援助。累计筹集资金 717 万元，帮助省（部）级以上困难劳动模范和先进工作者 2660 人（次）。连续三年联合团省委、省妇联在灾区开展“暖冬”

大行动，筹集专项经费4500万元，帮扶受灾困难职工群众。

深入灾区开展心理抚慰，不断深化职工关爱工作。全省各级工会组织针对受灾职工群众的心理状况，派出工作组、慰问团深入灾区，对50余万名受灾职工群众开展了心理抚慰和心理疏导工作。组织职工文艺团体赴灾区开展慰问演出数十场，开展职工群众喜闻乐见的体育活动，灾区职工参与面达30%以上。全面落实关爱基层干部措施，省总工会组织6个工作组，深入灾区一线看望慰问受灾职工群众和工会干部，并拨出100多万元对10个极重灾区县工会一线工会干部进行了慰问。全省工会连续三年对灾区援建人员“冬送温暖、夏送清凉”，连续两年组织援建职工开展短期疗休养。2009年，省总工会拨出52.1万元专项经费，分7批组织340名极重灾区基层工会干部赴云南、重庆、江苏开展短期休养，促进他们生理和心理健康，激发重建信心和动力。省总工会争取170多万元资金支持，组织600名重灾区伤残职工到省总工会重庆工人疗养院进行疗（休）养，有效地缓解了他们在精神、身体、生活等方面压力，有38%的人员通过疗养得到了彻底康复，有17.4%的人员伤痛得到明显的好转。

全力争取灾区对口支援，稳步推进工会阵地恢复重建。省总工会、灾区工会高度重视对口援建工作，主动向援建省（直辖市）总工会汇报受灾情况，积极争取将困难职工帮扶、工会办公设施、职工培训和文化活动等阵地建设纳入地方政府的重建规划，工会系统对口支援工作取得了显著成效。截至2010年底，18个受援县（市）地方工会共收到对口援助资金13605.9万元，其中困难职工帮扶资金1635.8万元、金秋助学资金420.5万元、工会阵地建设资金11260万元、其他资金289.6万元。省总工会积极推进地震灾区集困难职工帮扶中心、职工培训中心、职工活动中心为一体的县以上地方工会阵地建设，分三批次共安排县以上地方工会阵地地震灾后恢复重建项目69个，总投资52035.5万元，总建筑面积212265.3平方米。全省各级工会严格贯彻落实《关于进一步加强对工会专项资金监管工作的意见》，加强对救灾款物和灾后恢复重建项目资金使用的监察审计，主动接受社会监督，确保了资金使用安全高效。

四、深入开展表彰宣传

在这场气壮山河的抗震救灾斗争中，四川各级工会始终与广大职工心连心、共命运，急职工之所急，应职工之所需，积极参与抢险救灾、受灾群众安置、重建家园。广大职工发扬“一方有难、八方支援”的社会主义互助精神，心系灾区、奉献爱心，积极投身抗震救灾，踊跃向灾区群众捐款捐物；工厂职工加紧生产灾区急需物资，积极参加以“抗震救灾作贡献、重建家园立新功”为主题的“工人先锋号”创建活动，帮助灾区恢复生产、重建家园，为夺取抗灾斗争的胜利作出了重大贡献，涌现出许多可歌可泣的模范人物和英雄事迹。

2008 年 7 月 14 日，省总工会代中华全国总工会命名或现场授予全省 211 个先进集体为“抗震救灾重建家园工人先锋号”。7 月 19 日，四川省总工会下发《关于授予抗震救灾先进集体和先进职工四川省五一劳动奖状、奖章的决定》，表彰 100 个在抗震救灾中作出突出贡献的先进集体和 200 名先进个人，并分别授予抗震救灾四川省五一劳动奖状和奖章、称号。8 月 13 日，受中华全国总工会委托，四川省总工会在泸州市召开抗震救灾先进集体和个人表彰大会，四川省委常委、省总工会主席李登菊出席会议并讲话。全国五一劳动奖章获得者成都市委常委、市总工会主席包惠，志愿者陈岩，全国五一劳动奖状获得单位成都传媒集团等分别代表成都市受表彰的先进个人和集体参加了大会。双流县白家镇民江村一社蘑菇种植户尹春龙等 12 人荣获全国五一劳动奖章，成都人民广播电台等 5 家单位荣获全国五一劳动奖状，成都市总工会群众工作服务队等 29 个集体荣获“抗震救灾重建家园工人先锋号”。

在这一伟大抗灾斗争中，工人阶级以实际行动书写了从灾难走向新生、从恢复重建走向发展振兴的壮丽篇章，充分展现出工人阶级顾全大局、甘于奉献，互助友爱、共克时艰，不畏艰险、敢于胜利的英雄本色。在党的坚强领导下，广大职工与全国人民一道万众一心、众志成城，团结一致、共同行动，互相帮助、互相关心，积极投身这场规模空前、难度空前的伟大斗争，形成了抗震救灾的强大合力，铸就了“万众一心、众志成城，不畏艰险、百折不挠，以人为本、尊重科学”的伟大抗震救灾精神，展示出不可战胜的民族精神和强大的民族凝聚力，在人类抗灾救灾史上写下了无比壮美的精彩华章。

第六节　积极应对国际金融危机

2008年初，美国次贷危机引发了国际金融危机，我国金融业、房地产业、制造业、零售业等受到明显冲击，企业经营普遍不景气，大量企业关闭和裁员。工会协调劳动关系、维护职工合法权益和维护职工队伍稳定任务更加艰巨、繁重。工会面临新形势、新任务和新要求。四川省总工会在省委、省政府和中华全国总工会的正确领导和支持下，带领全省各级工会组织围绕中央和省委工作大局，主动担当，积极作为，全面履行工作职能，充分调动广大职工积极性、创造性，在推动“两个加快”中发挥了积极作用。

一、广泛开展职工劳动竞赛

全省各级工会抓住灾后重建和扩大内需两大机遇，以实施“灾后重建作贡献，同舟共济保增长”劳动竞赛为主线，在产品更新换代、节能减排、提高企业自主创新能力、促进经济发展方式转变等方面开展了全方位、多层次的综合性竞赛，把广大职工的智慧和力量进一步凝聚到“保增长、保民生、保稳定”的目标任务上来，为全省经济平稳较快发展作出了新贡献。2009年以来，全省1.3万多家规模以上企业组织开展劳动竞赛，参与面达90.4%，参赛职工达1336.3万人（次）。重点在锦屏水电站工程、绵遂高速等582个大中型项目中开展了重点工程劳动竞赛，开展了“百万职工提合理化建议、评选‘金点子’”活动和百万职工技术创新、新产品开发技术攻关活动，实施了职工“节能减排”合理化建议推广行动，有效调动和激发了全省职工的创造潜能与创新能动性。

二、深入开展共同约定行动

围绕“止滑提速、爬坡上行、加快发展”的目标，全省各级工会深入开展以“保岗位、保工资、稳员增效”为重点的“共同约定行动”。与省企业联合会、企业家协会联合下发通知，号召全省企业和广大职工扎实开展“同心协力、奋力爬坡、同舟共济、共渡难关‘共同约定行动’”。明确提出因金融危机暂时停产致部分职工无法工作的企业，要及时采取培训、轮休、待岗但保障职工基本生活等多种措施，不把职工推向社会，不把困难留给职工家庭；暂时停产企业要组织职工学习和培训，以储备人才的形式迎接经济回暖；受金融风暴影响不大的企业，要积极腾出岗位，吸纳社会失业人员，减轻社会压力；企业与职工协商确定薪酬，及时发放工资，做到职工工资收入与企业发展相适应。联合省广播电台开展“阳光政务”，向听众和社会介绍开展“共同约定行动”的情况；组织长虹集团公司工会、中铁二局集团工会介绍经验，增强企业社会责任感。截至2009年底，全省参与“共同约定行动”的企业近1.2万家，覆盖法人单位2万多个，覆盖职工300多万人，帮助职工（农民工）稳定就业岗位近80万个，有效构建职工和企业“双赢”局面。

三、大力开展职工技能培训

全省各级工会充分发挥工会“大学校”作用，实施职工素质建设工程，及时启动四川省职工（农民工）技能“大培训、大比武、大提升”行动，为“保增长、保民生、保稳定”提供了人力资源支撑。以“创建学习型组织，争做知识型、技能型职工”活动为主要载体，有针对性地对职工进行各类培训。主办第三届四川省职工职业技能大赛，涉及工种231个，参赛职工达109.2万人（次），职工职业技能晋级2.8万人。在省级决赛的基础上，四川组队参加当年举办的第三届全国职工职业技能大赛，一举夺得全国决赛数控车工团体冠军，首次在全国性职工职业技能大赛中折桂。积极争取把工会职业培训纳入全省职业培训计划，利用社会培训资源和工会培训阵地，加强职工技能培训。

四、切实维护职工合法权益

全省各级工会牢固树立和全面落实中国特色社会主义工会维权观，积极推动平等协商和集体合同制度的建立与完善，大力推进职代会、厂务公开民主管理、职工董（监）事制度的建设，推进了工会维权工作全面、纵深发展。开展以“要约协商，工资共决”为主题的工资集体协商“百日攻坚”行动，其间全省续签、新签工资集体合同的单位达3.1万家，覆盖职工302.1万人。“构建和谐劳动关系企业”活动深入开展，三年行动计划圆满完成。进一步加强厂务公开工作的领导和协调，初步形成了“党委统一领导、党政共同负责、有关方面齐抓共管、工会组织具体运作、职工群众全员参与”的厂务公开民主管理领导体制和运行机制。

五、着力加大职工困难帮扶

全省各级工会积极主动帮助困难职工解决生产生活中的实际困难和问题。重新审核建立的42万名困难职工档案全部录入数据库，做到了困难职工有困必助、动态管理。筹集资金2.4亿多元，开展“送温暖”“送清凉”等活动，走访慰问困难企业1.2万多家、困难职工35.4万多户，实现困难职工走访慰问不遗漏的工作目标。建立网络就业帮扶平台，开展“春风送岗位”“工会就业援助周”等活动，帮助3万多名下岗失业人员实现就业，为11万人（次）下岗失业人员和农民工提供了职业介绍，帮助13.5万名农村劳动力实现转移。扎实开展困难职工家庭大学生就业帮扶，帮助1991名困难职工家庭大学生实现就业。

第四编

中国特色社会主义新时代

第十二章　谱写新时代四川工运事业和工会工作新篇章

第一节　牢牢把握新时代工运事业和工会工作的根本遵循

党的十八大以来，四川各级工会深入学习贯彻习近平新时代中国特色社会主义思想特别是习近平总书记关于工人阶级和工会工作的重要论述，坚决贯彻党中央大政方针，全面落实四川省委、省政府和全国总工会决策部署，坚定不移走中国特色社会主义工会发展道路，牢牢把握为实现中国梦而奋斗的工运时代主题，忠诚党的工运事业，竭诚服务职工群众，团结动员广大职工群众充分发挥主力军作用，在全面建设社会主义现代化国家新征程上奋力谱写四川工运事业和工会工作新篇章。

一、中国特色社会主义进入新时代

党的十八大以来，以习近平同志为核心的党中央坚持和发展中国特色社会主义，统揽伟大斗争、伟大工程、伟大事业、伟大梦想，统筹推进“五位一体”总体布局、协调推进“四个全面”战略布局，提出了一系列治国理政新理念新思想新战略，攻克了许多长期没有解决的难题，办成了许多事关长远的大事要事，推动党和国家事业取得历史性成就、发生历史性变革，中国特色社会主义进入了新时代，中华民族迎来了从站起来、富起来到强起来的伟大飞跃。在党的领导下，全国人民奋发有为，实现全面建成小康社会的宏伟目标，开启了全面建设社会主义现代化国家新征程。

伟大时代需要伟大理论的引领。党的十八大以来，以习近平同志为主要代表的中国共产党人坚持把马克思主义基本原理同中国具体实际相结合、同中华优秀传统文化相结合，从理论和实践结合上系统回答了新时代坚持和发展什么样的中国特色社会主义、怎样坚持和发展中国特色社会主义这个重大时代课题，创立了习近平新时代中国特色社会主义思想。习近平新时代中国特色社会主义思想，是对马克思列宁主义、毛泽东思想、邓小平理论、“三个代表”重要思想、科学发展观的继承和发展，是马克思主义中国化最新成果，是党和人民实践经验和集体智慧的结晶，是中国特色社会主义理论体系的重要组成部分，是全党全国各族人民为实现中华民族伟大复兴而团结奋斗的行动指南。

新时代中国特色社会主义事业之所以取得历史性成就、发生历史性变革，根本在于以习近平同志为核心的党中央坚强领导，在于习近平新时代中国特色社会主义思想的科学指导，也饱含着工人阶级和广大劳动群众拼搏奋斗的智慧和汗水。

二、深入学习贯彻习近平新时代中国特色社会主义思想特别是习近平总书记关于工人阶级和工会工作的重要论述

党的十八大以来，以习近平同志为核心的党中央着眼巩固党长期执政的阶级基础和群众基础，坚持党对工会工作的领导，坚定不移走中国特色社会主义工会发展道路，高度重视和大力推进党的工运事业和工会工作，开创了新时代工运事业和工会工作新局面。习近平总书记围绕二人阶级和工会工作发表的一系列重要论述，立意高远、内涵丰富、思想深刻，贯穿了我们党坚持以人民为中心的发展思想和全心全意依靠工人阶级的方针，充分肯定了工人阶级的主人翁地位和工会组织在党和国家工作大局中的作用，科学回答了新时代工运事业

和工会工作举什么旗、走什么路、达到什么目标等一系列方向性、根本性、战略性问题，闪耀着党的工运理论的真理光辉，凝结着当代工运实践的时代精华，丰富了马克思主义工人阶级和工运学说，把我们党对工运事业和工会工作的规律性认识提升到一个新高度，为我们推进工运事业、工会工作提供了根本遵循。

四川省总工会按照省委和全国总工会要求，认真组织全省各级工会和广大职工，按照学懂、弄通、做实的要求，推动学习贯彻习近平新时代中国特色社会主义思想特别是习近平总书记关于工人阶级和工会工作的重要论述不断走深走实。

2012 年 11 月 8 日上午，党的十八大在北京开幕。省总工会和全省各级工会组织党员干部职工集中收看了党的十八大开幕式盛况。省总工会迅速作出部署，在全省各级工会和广大干部职工中掀起了学习宣传贯彻党的十八大精神的热潮。11 月 16 日，中华全国总工会召开全国工会学习贯彻党的十八大精神电视电话会议，省委常委、省总工会主席李登菊在四川分会场上作了题为《深刻领会党的十八大精神实质努力开创四川工会工作新局面》的发言，表示四川各级工会将把认真学习贯彻党的十八大精神作为工会干部和广大职工的首要政治任务抓紧抓好，用党的十八大精神统一广大干部职工的思想和行动，为建设富裕民主文明和谐的新四川作出积极贡献。11 月 19 日上午，四川省总工会召开学习党的十八大精神会议，省委常委、省总工会主席李登菊出席会议并结合四川省工会实际工作作出安排，要求各级工会积极发挥工会组织在参与社会管理中的重要作用，努力开创四川省工会工作新局面。

2013 年 4 月 30 日上午，省总工会召开党组理论学习中心组（扩大）会议，认真学习了习近平总书记在全国劳动模范代表座谈会上的重要讲话精神，畅谈学习感想，研究贯彻举措。大家一致认为，习近平总书记的重要讲话高度评价了劳动模范的历史功绩和卓越贡献，突出强调了必须充分发挥工人阶级主力军作用，深入阐述了必须紧紧依靠工人阶级发展中国特色社会主义，深刻指出了必须坚持崇尚劳动、造福劳动者，明确要求必须大力弘扬劳模精神、发挥劳动模范作用，亲切勉励各级工会组织和工会干部要全心全意为职工服务。省总工会党组就进一步学习贯彻习近平总书记重要讲话精神提出要求。

2013年10月25日，省总工会召开机关干部和在蓉直属单位负责人会议，传达学习贯彻中国工会十六大精神。会议深入学习习近平总书记在与中华全国总工会新一届领导班子集体谈话时所作的重要讲话精神、传达学习刘云山代表党中央所致祝词、李克强总理所作经济形势报告和李建国同志代表中国工会十五届执委会所作报告的主要精神。会议就认真贯彻落实中国工会十六大精神提出三点要求：一要认真学习、深刻领会。二要迅速传达、广泛宣传。三要结合实际、推进工作。

2014年11月5日，省总工会举行全体干部职工学习会，学习贯彻党的十八届四中全会精神。会议对党的十八届四中全会作出的《中共中央关于全面推进依法治国若干重大问题的决定》进行了深入学习解读，要求全省工会要深入学习领会贯彻党的十八届四中全会精神，认真践行落实“三严三实”要求，坚持作风建设永无止境，把“三严三实”要求贯彻到建立健全作风建设长效机制之中去。

2015年11月2日，省总工会党组理论学习中心组召开学习会，学习党的十八届五中全会精神。会议全文学习了《中共十八届五中全会公报》，并进行了热烈讨论。大家一致认为，党的十八届五中全会强调，实现“十三五”时期发展目标，破解发展难题，厚植发展优势，必须牢固树立并切实贯彻创新发展、协调发展、绿色发展、开放发展、共享发展的理念，这是关系我国发展全局的一场深刻变革，工会要主动融入发展大局，当好改革推进者，引领职工群众理解、支持和参与全省改革发展，为全面深化改革积聚正能量。会议提出，要按照习近平总书记的要求，切实保持和增强工会工作的政治性、工会组织的先进性、群众性。

2016年10月31日，省总工会党组召开会议，传达学习党的十八届六中全会精神。省总工会党组成员认真学习了党的十八届六中全会精神，认真研读了《关于新形势下党内政治生活的若干准则》《中国共产党党内监督条例》，结合实际谈体会。大家一致表示，要把学习贯彻党的十八届六中全会精神作为当前和今后一个时期的重要政治任务，要把全省广大干部的思想和行动统一到党的十八届六中全会精神上来，全面落实党中央和省委关于全面从严治党的各项部署要求，巩固发展全省工会系统良好的政治生态，不断推进四川工会工作创新发展。

2017 年 10 月 18 日上午，党的十九大在北京隆重开幕，省总工会和全省各级工会组织党员干部职工认真收听收看党的十九大开幕盛况。党员干部职工满怀激情聆听了习近平总书记代表第十八届中央委员会所作的《决胜全面建成小康社会夺取新时代中国特色社会主义伟大胜利》报告。大家一致认为，党的十九大是全面建成小康社会决胜阶段、中国特色社会主义发展关键时期召开的一次十分重要的大会，习近平总书记的报告全面深入总结了党的十八大以来我党取得的伟大成就，为党今后的发展指明了正确方向。10 月 31 日下午，省总工会召开党组理论学习中心组（扩大）会议，集中学习党的十九大精神，带动引领全省工会迅速掀起学习宣传贯彻党的十九大精神热潮。11 月 2 日，省总工会机关召开学习贯彻党的十九大精神大会，学习宣传贯彻党的十九大精神，部署下一阶段学习宣传贯彻党的十九大精神工作。会议要求，全省各级工会组织要切实提高政治站位，紧密结合工会实际，坚持用习近平新时代中国特色社会主义思想精神武装头脑、指导实践、推动工作，确保党的十九大各项部署在工会工作中落到实处。

2018 年 2 月 23 日，省总工会党组理论学习中心组举行专题学习会议，学习贯彻习近平总书记来川视察调研期间重要讲话精神、省委书记王东明在全省领导干部大会上的讲话和省委理论学习中心组专题学习会精神。会上，省总工会党组成员就学习贯彻习近平总书记来川视察调研期间重要讲话精神，结合工会实际，进行了热烈讨论，一致认为，习近平总书记来川视察指导并发表重要讲话，充分体现了习近平总书记对四川工作高度重视，深切关怀，寄予厚望，为四川工作指明了前进方向，提供了根本遵循；一定要按照省委部署，带头认真抓好习近平总书记重要讲话精神的学习宣传贯彻工作，认真落实省委书记王东明在全省领导干部大会提出的具体要求，切实把习近平总书记来川视察重要讲话精神落实到工会工作的具体行动中，在谱写好中国梦四川篇章中更好地发挥工人阶级和工会组织作用，推动四川经济社会不断发展。

2018 年 4 月 16 日，省总工会召开党组会议，学习传达省委书记彭清华在全省市厅级主要领导干部学习贯彻习近平新时代中国特色社会主义思想和习近平总书记对四川工作重要指示精神读书班上的讲话精神。会议指出彭清华的讲话围绕“十个指明”，深入解析了习近平新时代中国特色社会主义思想“四川篇”的丰富内涵；紧扣六个问题，系统阐述了新时代四川发展面临的机遇与挑战；强化五点要求，鞭策和激励全省领导干部坚定理想信念，强化政治担当，为推动治蜀兴川再上新台阶作出更大贡献。会议强调，全省工会系统要深入学习贯彻彭清华书记讲话精神，紧紧围绕中心、服务大局，努力提升工会工作在服务高质量发展中的贡献率。

2018 年 10 月 31 日下午，省总工会召开全体机关干部职工大会，专题传达学习贯彻习近平总书记在同中华全国总工会新一届领导班子集体谈话时的重要讲话精神、李克强总理所作经济形势报告、王沪宁同志代表党中央所致祝词的主要精神和中国工会十七大精神以及大会基本情况。会议就学习贯彻习近平总书记重要讲话精神和中国工会十七大精神提出三点意见：一是认真学习，深刻领会，要把中国工会十七大精神特别是习近平总书记重要讲话精神纳入重点培训内容，促进全省工会干部用讲话精神武装头脑、指导实践、推动工作。二是迅速传达，广泛宣传。三是结合实际，推进工作。随后，省总工会举办学习贯彻中国工会十七大精神培训班，省委常委、省总工会主席田向利作专题辅导报告，全省近 400 名基层工会主席参加培训。

2019 年 4 月 27 日，省总工会召开全省工会学习贯彻习近平总书记关于工人阶级和工会工作的重要论述理论研讨会，省直机关工会、攀枝花市总工会等 8 家单位作现场发言，省委常委、省总工会主席田向利出席并讲话。会议指出，要统一思想，充分认识习近平总书记关于工人阶级和工会工作的重要论述重大意义；领会精神，准确把握习近平总书记关于工人阶级和工会工作的重要论述科学内涵；结合实际，着力推动习近平总书记关于工人阶级和工会工作的重要论述落地生根；强化责任，切实推动全省工会学习宣传贯彻重要论述的各项工作不断取得新成效。

2019 年 5 月 13 日，中共中央决定从 2019 年 6 月开始，在全党自上而下分两批开展“不忘初心、牢记使命”主题教育。6 月 10 日，省总工会召开“不忘初心、牢记使命”主题教育工作会议，深入学习贯彻习近平总书记在“不忘初心、牢记使命”主题教育工作会议上的重要讲话精神，落实省委十一届五次全会暨全省“不忘初心、牢记使命”主题教育工作会议精神，对省总工会开展主题教育进行动员部署。会议强调，省总工会开展主题教育，是深入学习贯彻习近平新时代中国特色社会主义思想，贯彻落实习近平总书记关于工人阶级和工会工作的重要论述的重大举措。要把开展主题教育作为推动省总工会以及全省工会工作的重要契机和强大动力，正确处理开展主题教育和做好当前各项工作的关系，统筹兼顾、合理安排，深入推进工会各项重点工作，深化全省工会改革创新和产业工人队伍建设改革，加强工会维权服务工作，维护劳动领域政治安全，做到两手抓、两不误、两促进。

2019 年 11 月 7 日，省总工会召开党组理论学习中心组集体学习会，专题传达学习党的十九届四中全会精神，研究全省工会贯彻落实意见。会议认真学习《中国共产党第十九届中央委员会第四次全体会议公报》，传达学习《中共中央关于坚持和完善中国特色社会主义制度、推进国家治理体系和治理能力现代化若干重大问题的决定》（以下简称《决定》）的说明，传达学习《人民日报》评论员文章《在守正创新中坚定制度自信——论深入学习贯彻党的十九届四中全会精神》。会议指出，党的十九届四中全会，是在关键历史时期召开的一次具有开创性、里程碑意义的重要会议。全会重点研究坚持和完善中国特色社会主义制度、推进国家治理体系和治理能力现代化问题并作出《决定》。会议强调，全省各级工会一要认真组织广大党员干部学习；二要切实发挥好工会组织直接联系职工、服务职工的自身优势，抓好贯彻落实；三要深入企业、农村、学校、社区进行全会精神宣讲，引导全省广大职工群众把思想和行动统一到全会精神上来，为实现中华民族伟大复兴的中国梦共同奋进。

2020 年 11 月 5 日，省总工会召开党组理论学习中心组学习会，认真学习贯彻党的十九届五中全会精神，部署贯彻落实意见。会议强调，各级工会组织和广大工会干部要深刻认识全会提出的远景规划，切实抓好贯彻落实。要带头深入学习，进一步把思想和认识统一到党中央对国际国内形势的分析判断上来和重大决策部署上来。要加强职工思想政治引领，引导职工增强信心、凝聚力量，坚定不移听党话、矢志不渝跟党走。要聚力助力高质量发展，组织动员广大职工为推动高质量发展、构建新发展格局建功立业。要贯彻以人民为中心的发展思想，扎实做好维权服务和困难职工解困脱困工作。要高标准完成年度目标任务，为明年实现“十四五”良好开局奠定坚实基础。

2021 年 7 月 5 日，四川工会学习贯彻习近平总书记在庆祝中国共产党成立 100 周年大会上的重要讲话精神座谈会在蓉召开，会议深入学习领会和贯彻落实习近平总书记“七一”重要讲话精神，从百年党史中汲取智慧力量，团结动员广大职工为建设社会主义现代化四川不懈奋斗。省委常委、省总工会主席田向利出席并讲话。会议指出，要高举思想旗帜，深刻把握“七一”重要讲话精神丰富内涵。会议强调，要奋进伟大征程，坚定推动“七一”重要讲话精神落地生根。全省各级工会要在深学笃行中感悟党的坚强领导力，更加坚定地做到“两个维护”，切实承担起引导职工群众听党话、跟党走的政治责任。

2021 年 11 月 16 日，省总工会党组理论学习中心组召开集体学习（扩大）会议，专题传达学习党的十九届六中全会精神，并对学习宣传贯彻全会精神作安排部署。会前，省委常委、省总工会主席田向利明确强调，要深入学习贯彻党的十九届六中全会精神，深刻把握蕴含的重大意义和精神实质，以史为鉴、砥砺前行，把全会精神转化为指导实践、推动工作的强大动力。会上，原文学习了党的十九届六中全会公报。会议指出，党的十九届六中全会是在我们党百年华诞的重要时刻，在“两个一百年”奋斗目标历史交汇关键节点上召开的一次具有里程碑意义的重要会议。全会审议通过的《中共中央关于党的百年奋斗重大成就和历史经验的决议》，是一篇光辉的马克思主义纲领性文献。会议强调，学习贯彻党的十九届六中全会精神，要深刻把握全会的重大历史意义和重要历史地位，深刻把握党百年奋斗的重大成就和历史经验，深刻把握“两个确立”的决定性意义。要引导广大职工把思想和行动统一到中央、省委、全国总工会决策部署上来，迅速掀起学习宣传贯彻的热潮。

2022 年 5 月 16 日，省总工会召开学习贯彻习近平总书记致首届大国工匠创新交流大会贺信精神座谈会，成都市总工会等 6 家单位主要负责同志和 2 名劳动模范工匠代表作了发言，省总工会党组书记、副主席宋开慧出席并讲话，会议指出，要深化认识，提高站位，切实把握贺信精神的丰富内涵和核心要义；找准切入，把准关键，坚定自觉把贺信精神贯彻落实到工会工作全过程和各方面；精心组织，着力推进贺信精神在四川工会落地生根、开花结果。

2022 年 6 月 13 日，省总工会召开电视电话会议，专题传达学习习近平总书记来川视察重要指示精神。会议强调，全省各级工会要主动对标对表习近平总书记来川视察重要指示精神和省委部署要求，忠诚拥护“两个确立”、坚决做到“两个维护”，不折不扣推动习近平总书记来川视察重要指示精神在全省工会系统落地见效。6 月 20 日，省总工会召开党组理论学习中心组会议，深入学习贯彻习近平总书记来川视察重要指示精神。会议指出，当前，全省工会系统已掀起学习宣传贯彻习近平总书记来川视察重要指示精神和省第十二次党代会精神的热潮，接下来要再接再厉，充分认识习近平总书记来川视察指导的重大意义，深刻领会习近平总书记来川视察重要指示精神的丰富内涵和核心要义。会议要求，要坚定推动习近平总书记来川视察重要指示精神落地落实。全省各级工会要深刻领会抓学习，切实把习近平总书记的殷殷嘱托和深切关怀转化为做好四川工会工作的强大动力。

2022 年 10 月 16 日，中国共产党第二十次全国代表大会在北京隆重开幕。全省各级工会组织党员干部职工收看了大会盛况，认真聆听了习近平总书记代表十九届中央委员会向大会作的报告。10 月 17 日，省总工会召开党组（扩大）会议，集中传达学习习近平总书记在中国共产党第二十次全国代表大会上的报告精神。大家一致认为，党的二十大是在全党全国各族人民迈上全面建设社会主义现代化国家新征程、向第二个百年奋斗目标进军的关键时刻召开的一次十分重要的大会，也是全省广大职工和工会干部翘首以盼的盛会，习近平总书记所作的报告，高屋建瓴、催人奋进，深刻阐释了新时代坚持和发展中国特色社会主义的一系列重大理论和实践问题，描绘了全面建设社会主义现代化国家、全面推进中华民族伟大复兴的宏伟蓝图，为新时代新征程党和国家事业发展、实现第二个百年奋斗目标指明了前进方向，确立了行动指南。全省各级工会持续把深入学习宣传贯彻党的二十大精神作为工作主线，引导全省广大职工和工会干部准确把握党的二十大精神实质，引领广大职工和工会干部自觉把思想和行动统一到党的二十大精神上来，团结动员全省广大职工为全面建设社会主义现代化四川而努力奋斗。10 月 25 日，省总工会党组召开专题会，传达学习全国工会学习贯彻党的二十大精神专题会议精神和省委学习贯彻党的二十大精神专题会议精神。11 月 4 日，省总工会印发《关于学习宣传贯彻党的二十大精神的通知》，要求全省各级工会要把认真学习宣传贯彻党的二十大精神作为当前和今后一个时期的首要政治任务，全省各级工会干部和广大职工要把思想统一到党的二十大精神上来，把力量凝聚到党的二十大确定的各项任务上来，奋力开创全面建设社会主义现代化四川新局面。

2022 年 11 月 9 日，四川省工会系统学习贯彻党的二十大精神宣讲会以电视电话会议形式召开。省委常委、省总工会主席赵俊民出席会议并讲话，强调全省各级工会要牢记“国之大者”，不断提高政治判断力、政治领悟力、政治执行力，切实以党的二十大精神统领工会工作、指导工会工作。11 月 16 日，省总工会召开全省新就业形态劳动者学习贯彻党的二十大精神座谈会，省委常委、省总工会主席赵俊民出席会议并强调，要深入学习领会党的二十大精神，在以中国式现代化引领四川现代化建设的新征程上建功立业，工会要认真做好新就业形态劳动者建会入会和权益维护工作。12 月 7 日，省总工会召开四川省劳动模范学习贯彻党的二十大精神和省委十二届二次全会精神座谈会，省委常委、省总工会主席赵俊民出席会议并强调，要提高政治站位，深刻把握党的二十大精神实质和核心要义，大力弘扬劳模精神，充分发挥劳动模范示范引领作用，工会要切实履职尽责，为广大职工群众建功立业搭建平台。12 月 13 日，省总工会召开四川省工匠学习贯彻党的二十大精神和省委十二届二次全会精神座谈会，省委常委、省总工会主席赵俊民出席会议并强调，要深刻把握党的二十大精神实质和核心要义，大力弘扬工匠精神，充分发挥各级工匠人才示范引领作用。工会要积极搭建平台，为更多能工巧匠营造良好的社会环境。2023 年 1 月 4 日，省总工会召开省总工会机关离退休干部学习贯彻党的二十大精神暨情况通报会，省委常委、省总工会主席赵俊民出席会议并强调，要提高政治站位，深入学习贯彻党的二十大精神，希望老干部们退休不褪色、离岗不离责，为党和人民事业增添正能量，工会要竭诚为老干部服务好。

2023年8月17日，省总工会党组理论学习中心组召开专题会议学习贯彻习近平总书记来川视察重要指示精神，会议指出，党的十八大以来习近平总书记多次亲临四川视察指导。时隔一年多，习近平总书记再次来川视察，专门听取四川工作情况汇报并发表重要讲话，出席成都大运会开幕式，并在蓉举行一系列重要外事活动，这是四川改革发展历程中具有里程碑意义的一件大事。会议强调，要以更高站位深刻理解习近平总书记来川视察的重大意义，以更深层次加强对习近平总书记来川视察重要指示精神的学习领会，以更大力度推动习近平总书记来川视察重要指示精神在四川工会系统落地落实。

2023年9月15日，省总工会党组召开扩大会议，认真学习《习近平关于工人阶级和工会工作论述摘编》，并就抓好学习宣传贯彻作出安排部署。会议指出，《习近平关于工人阶级和工会工作论述摘编》是学习宣传贯彻习近平总书记关于工人阶级和工会工作的重要论述的权威读本和最新教材，全省各级工会要深刻理解《习近平关于工人阶级和工会工作论述摘编》出版发行的重大政治意义、理论意义、实践意义，把学习宣传贯彻《习近平关于工人阶级和工会工作论述摘编》与学习贯彻习近平新时代中国特色社会主义思想、党的二十大精神、习近平总书记来川视察重要指示精神结合起来，坚持工会领导带头学，工会干部主动学，职工群众积极学，强化学习培训，在通读、精读、研读上下功夫，充分发挥劳模工匠宣讲团作用，广泛开展宣传宣讲，把学习成效切实转化为谋划推动工会工作创新发展的思路举措，推动重要论述在工会系统落地生根，形成新的生动实践，以实际行动迎接中国工会十八大和四川省工会十五大胜利召开。

2023年10月25日，省总工会召开党组（扩大）会议，学习传达习近平总书记在同中华全国总工会新一届领导班子成员集体谈话时的重要讲话精神。会议指出，习近平总书记的重要讲话立意高远、内涵丰富、思想深刻，对于新时代工运事业和工会工作创新发展，团结广大职工为全面建设社会主义现代化国家、全面推进中华民族伟大复兴贡献智慧和力量，具有十分重要的意义。全省各级工会要统一思想认识、提高政治站位，把学习宣传贯彻习近平总书记重要讲话精神作为当前和今后一个时期的重大政治任务，坚定不移用习近平新时代中国特色社会主义思想武装头脑、指导实践、推动工作。要结合《习近平关于工人阶级和工会工作论述摘编》的学习宣传贯彻，通过党组理论学习中心组、“三会一课”等方式专题学习研讨，全面领会、准确把握习近平总书记重要讲话的核心要义和精神实质，领导干部要示范带动广大党员干部学思践悟、融会贯通。要谋划推出一批有声有色、喜闻乐见的宣传宣讲活动，发挥劳模工匠宣讲团和工会各级宣传阵地作用，推动重要讲话精神走向基层、走进企业、走近职工，筑牢职工群众团结奋斗的共同思想基础。要把贯彻习近平总书记重要讲话精神与贯彻中国工会十八大和省委十二届二次、三次全会的决策部署结合起来，与圆满完成全年各项目标任务结合起来，创新推出贯彻举措，体现四川工会的特色，要对标对表中国工会十八大的新要求，系统谋划四川省未来五年工会工作，进一步增强工作的主动性和前瞻性，更好地服务大局、服务职工。

2023 年 10 月 27 日，四川省工会系统学习贯彻《习近平关于工人阶级和工会工作论述摘编》暨中国工会十八大精神座谈会在蓉召开。省委常委、省总工会主席赵俊民主持会议并讲话。会议指出，党的十八大以来，以习近平同志为核心的党中央始终坚持全心全意依靠工人阶级方针，为推进党的工运事业和工会工作领航定向。要深切感悟以习近平同志为核心的党中央对工人阶级和工会工作的关怀重视，深入学习、深刻把握习近平总书记同全国总工会新一届领导班子成员集体谈话时的重要讲话精神、《习近平关于工人阶级和工会工作论述摘编》和中国工会十八大精神的丰富内涵和核心要义，将其与主题教育结合起来，着力在深化内化转化上下功夫，使党的工运理论在实践中展现出更强大、更有说服力的真理力量。会议强调，全省各级工会要深入推进习近平总书记关于工人阶级和工会工作的重要论述和中国工会十八大重要部署在四川落地生根、开花结果。要强化职工思想政治引领，在凝心铸魂上展现更大作为；组织动员职工群众践行使命任务，在服务高质量发展上展现更大作为；全面贯彻以人民为中心发展思想，在提升维权服务质量上展现更大作为：发扬斗争精神、增强斗争本领，在维护劳动领域政治安全上展现更大作为；坚持开拓创新、强基固本，在深化工会改革和建设上展现更大作为，以强有力的落实跑出四川工会工作发展“加速度”，当好新时代工会工作“答卷人”，组织动员全省广大职工为谱写中国式现代化四川新篇章而团结奋斗，以实际行动迎接四川省工会十五大胜利召开。

三、四川省工会第十三次、十四次、十五次代表大会召开

党的十八大以来，四川先后召开了四川省工会第十三次代表大会、第十四次代表大会、第十五次代表大会，三次代表大会认真贯彻习近平总书记关于工人阶级和工会工作的重要论述、省委和全国总工会决策部署，对做好四川工会工作提出了目标和要求。

2013 年 7 月 8 日至 10 日，四川省工会第十三次代表大会在成都召开。省委书记、省人大常委会主任王东明，中华全国总工会副主席段敦厚出席大会开幕式并讲话。省委副书记柯尊平等省领导出席。省委常委、省总工会主席李登菊作《坚持走中国特色社会主义工会发展道路　团结动员广大职工为谱写中国梦四川篇章而努力奋斗》的工作报告。王东明强调，希望广大职工坚持以服务中心大局为己任，做谱写中国梦四川篇章的践行者；自觉立足岗位敬业奉献，做促进四川科学发展、加快发展的推动者；积极支持和参与改革创新，做弘扬时代精神的先行者；倍加珍惜稳定局面，做构建和谐社会的促进者。大会强调，全省各级工会要深入学习贯彻党的十八大和省第十一次党代会精神，团结带领职工群众适应新常态、践行新理念、展现新作为，坚持问题导向，锐意改革创新，不断增强工会组织的政治性、先进性、群众性，以职工为本，以服务为要，切实保障和维护职工权益，努力开创四川工运事业的新局面，为谱写中国梦四川篇章而努力奋斗。

2018 年 7 月 27 日至 29 日，四川省工会第十四次代表大会在成都召开。省委书记彭清华出席开幕式并讲话，中华全国总工会副主席、书记处书记阎京华出席开幕式并讲话。省委副书记邓小刚出席。省委常委、省总工会主席田向利作《以习近平新时代中国特色社会主义思想为统领　团结动员广大职工为推动治蜀兴川再上新台阶而努力奋斗》的工作报告。彭清华强调，要永葆工人阶级政治本色，做听党话跟党走的时代先锋；要牢记工人阶级使命担当，做推动高质量发展的时代先锋；要弘扬工人阶级优良传统，做维护社会和谐稳定的时代先锋；要传承工人阶级精神品格，做爱岗敬业无私奉献的时代先锋。大会指出，

要切实担负起巩固党执政基础的重任，深刻领会党对工会工作的新要求，明确新时代工会工作的着力点；要切实担负起推动高质量发展的大任，紧紧围绕省委治蜀兴川的新部署，找准服务中心大局的结合点；要切实担负起不忘初心、牢记使命的己任，着眼职工群众对美好生活的新期待，把牢维护服务职工群众的落脚点；要切实担负起持续深化改革的责任，清醒认识工会工作面临的新挑战，抓好工会改革创新的关键点。大会强调，全省各级工会和广大职工要坚定以习近平新时代中国特色社会主义思想为指导，深入学习贯彻习近平总书记对四川工作系列重要指示精神，全面落实省委十一届三次全会决策部署，积极投身决胜全面小康、建设经济强省的生动实践，推动党的十九大部署和习近平总书记对四川工作系列重要指示精神在巴蜀大地落地生根、开花结果，以推动治蜀兴川再上新台阶的新业绩新成就彰显工人阶级的时代担当。

2023 年 11 月 21 日至 23 日，四川省工会第十五次代表大会在成都召开。省委书记、省人大常委会主任王晓晖，中华全国总工会党组书记、副主席、书记处第一书记徐留平出席开幕式并讲话。省委常委、省总工会主席赵俊民作《高举旗帜担使命　感恩奋进续华章　组织动员全省广大职工为全面建设社会主义现代化四川团结奋斗》的工作报告。王晓晖在讲话中充分肯定过去五年全省工运事业和工会工作取得的成绩。他指出，党的十八大以来，习近平总书记高度重视工人阶级和工会工作，作出一系列重要论述，深刻回答了新时代为什么要全心全意依靠工人阶级、怎样全心全意依靠工人阶级，建设什么样的工会、怎样建设工会等方向性、根本性、战略性重大问题，为新时代党的工运事业发展和做好工会工作提供了根本遵循。当前，全省上下正深入学习贯彻党的二十大精神，全面落实习近平总书记对四川工作系列重要指示精神，奋力谱写中国式现代化四川新篇章。全省广大职工要赓续工人阶级政治本色，始终铸牢政治忠诚；牢记工人阶级使命任务，充分展现实干担当；彰显工人阶级时代风采，练就过硬实践本领；秉持工人阶级崇高品格，弘扬团结奋斗精神。王晓晖指出，全省各级工会要紧紧围绕建机制、强功能、增实效，不断增强工会组织引领力、组织力、服务力，在团结引导职工群众始终保持正确政治方向、组织动员职工群众建功立业、切实提高维权服务质量、有效发挥桥梁纽带作用上展现更大作为。全省各级党委要加强和改进对工会工作的领导，各级政府要发挥好政府和工会联席会议作用，为工会履行职责、发挥作用创造良好条件。徐留平对四川省各级工会工作取得的积极进展和明显成效给予肯定。他强调，要坚持不懈用习近平新时代中国特色社会主义思想凝心铸魂，强化思想政治引领，构建工会大宣传格局，在全社会营造起劳动最光荣、劳动最崇高、劳动最伟大、劳动最美丽的良好氛围和时代风尚。要深入开展劳动和技能竞赛，深化产业工人队伍建设改革，积极开展“劳模工匠进校园”等活动，持续发挥劳模工匠示范引领作用。要突出基层工会正规化建设，实现好、维护好、发展好职工群众根本利益。要锲而不舍深化工会改革和建设，全面提升工会工作的总能力和总水平，团结带领全省广大职工群众和工会工作者，为谱写中国式现代化的四川篇章作出新的更大贡献。

回首党的十八大以来，四川工会工作取得的成绩，蕴含了丰富而宝贵的经验。在前进道路上，最根本的保证是自觉运用习近平新时代中国特色社会主义思想指导工作，牢牢把握工会工作正确政治方向，坚持走中国特色社会主义工会发展道路。最重要的任务是围绕治蜀兴川事业团结引领全省广大职工与党同心、跟党奋斗，凝聚起工人阶级磅礴力量，诠释出新时代主力军蓬勃生命力。最鲜明的导向是在践行“人民至上”中领悟工会初心使命，以忠诚履职、竭诚服务站稳工会立场，做到“职工有所呼、工会有所应”。最不竭的动力是立足整体性、系统性、前瞻性谋划推进工会改革和建设，始终保持和增强政治性、先进性、群众性，统筹考量可能可行，不断夯实基层基础，持续激发活力动力。最可贵的品质是全省广大职工和各界群众一道感恩奋进、实干争先，用辛勤劳动创造出幸福安逸生活，是全省各级工会和工会干部上下一盘棋、拧成一股绳，勠力同心、守正创新，用团结拼搏、艰苦奋斗续写新辉煌。

第二节　引领职工群众坚定不移听党话、跟党走

引领职工群众听党话、跟党走，巩固党执政的阶级基础和群众基础，是工会组织的政治责任。党的十八大以来，全省各级工会提高政治站位，保持政治

定力，把正前进方向，深入细致做好职工思想政治工作，切实担负起引领职工群众听党话、跟党走的政治责任，采取多种形式持续推动新时代党的创新理论进企业、进车间、进班组，职工群众对“两个确立”的政治认同、思想认同、理论认同、情感认同明显增强，自觉做到“两个维护”。

一、强化职工政治引领

（一）深化党的创新理论学习宣传宣讲

聚焦学习宣传贯彻习近平新时代中国特色社会主义思想和党的十八大、十九大、二十大精神，习近平总书记关于工人阶级和工会工作的重要论述，习近平总书记来川视察重要指示精神，习近平总书记有关重要讲话、指示、批示、贺信精神等，持续抓好党的创新理论学习宣传宣讲，引导职工坚定拥护“两个确立”，坚决做到“两个维护”。突出抓学习，通过省总工会主席办公会、党组会、党组理论学习中心组学习、专题学习会、集中轮训、演讲比赛、征文比赛、知识竞赛等多种方式，在推进党的创新理论大众化、通俗化上下功夫，引导广大职工和工会干部用习近平新时代中国特色社会主义思想武装头脑、指导实践、推动工作，切实把广大职工群众最广泛、最紧密地团结在党的周围，不断增强职工群众对党的创新理论的政治认同、思想认同、理论认同、情感认同。突出抓宣传，在省总工会融媒体平台开设四川工会系统学习贯彻党的二十大精神、习近平新时代中国特色社会主义思想主题教育等专题，联动中央在川主流媒体和省级新闻单位，加强对省总工会开展党的创新理论学习贯彻的宣传。突出抓宣讲，发挥全省各级劳模工匠宣讲团作用，聚焦党的创新理论，深入开展对象化、互动化、分众化宣讲。2022 年，四川省劳模工匠宣讲团首次纳入省第十二次党代会精神、党的二十大精神省委宣讲团特别分团，先后开展“四讲六进”“千人千进”等宣传宣讲，推动党的创新理论“飞入寻常百姓家”。

（二）始终把握正确政治方向

始终坚持党对工会工作的领导，健全省总工会党组向省委、各级工会党组织向同级党委请示报告工作制度，积极争取党委加强对工会工作的领导和支持。教育引导职工增强政治敏锐性和政治鉴别力，坚决维护职工队伍稳定和工会组织的团结统一。党的十八大以来，四川各级工会先后开展党的群众路线教育实践活动、“三严三实”专题教育、“两学一做”学习教育、“不忘初心、牢记使命”主题教育、党史学习教育和学习贯彻习近平新时代中国特色社会主义思想主题教育，深入开展形势任务教育、法治宣传教育、劳模精神教育，开展“中国梦·劳动美”“与共和国同成长、与新时代齐奋进——决胜小康奋斗有我”“永远跟党走、奋进新征程”“喜迎二十大、建功新时代”等系列宣传教育活动，团结引领广大职工听党话、跟党走，立足本职工作岗位，凝聚和激发为实现中华民族伟大复兴的中国梦而奋斗的信心和热情。按照中共中央、国务院印发《关于新时代加强和改进思想政治工作的意见》，四川省总工会制定出台《关于深化职工思想政治工作的意见》《关于加强和改进新时代高校教职工思想政治引领工作的实施意见》。四川省各级工会认真落实全国总工会和省委部署，充分发挥思想政治工作的传家宝和生命线作用，努力承担起引领广大职工听党话、跟党走的职责使命，深入细致做好职工思想政治工作，确保党中央决策部署在工会系统落地生根。

（三）严格落实意识形态责任

意识形态工作是为国家立心、为民族立魂的工作。习近平总书记指出，要加强党对宣传思想工作的全面领导，旗帜鲜明坚持党管宣传、党管意识形态。意识形态工作本质上是政治工作，党性原则是意识形态工作的根本原则。省总工会高度重视党的意识形态工作，严格落实《党委（党组）意识形态工作责任制实施办法》，坚持高位抓部署，省总工会党组每年开展意识形态相关工作研究近 10 次，每年按时向省委报告意识形态工作；压紧压实责任，明确意识形态工作的分管领导、业务部门、新闻发言人等，党组班子成员、其他厅级领导年度述责述廉、民主生活会等必述意识形态工作。坚持细处抓落实，坚持强化职工思想政治引领，唱响主旋律，坚决落实上级决策部署要求，激发正能量，不断完善工会宣传工作格局，提振精气神，切实维护劳动领域政治安全，守牢安全线。坚持严格管阵地，分管领导和业务部门定期听取《四川工人日报》社工作汇报，每年到《四川工人日报》社、省总融媒体中心等意识形态阵地调研2次以上，建设省总工会融媒体中心，建成“一报、一端、两网、四微、川工+”的省总工会融媒体新格局，集中统一发声。

二、强化职工思想引领

（一）开展主题教育活动

2012年11月29日，习近平总书记在参观《复兴之路》展览时首次提出并阐述实现中华民族伟大复兴的中国梦：“实现中华民族伟大复兴，就是中华民族近代以来最伟大的梦想。这个梦想，凝聚了几代中国人的夙愿，体现了中华民族和中国人民的整体利益，是每一个中华儿女的共同期盼。”2013年4月1日，中华全国总工会决定在广大职工中开展“中国梦·劳动美”主题教育活动，要求各级工会通过宣讲报告、媒体宣传、文化活动等方式，面向基层、面向职工，全方位、多层次、多角度地深入开展中国梦的宣传教育活动，激发广大职工立足岗位、凝聚力量，自觉做中国道路的实践者、中国精神的承载者、中国力量的主力军，为实现伟大的中国梦努力奋斗。根据全国总工会的这一要求，四川省总工会迅速研究部署在全省广大职工中开展“中国梦·劳动美”主题宣传活动。广泛开展“中国梦·劳动美”主题宣传以及庆祝“五一”国际劳动节活动，深入学习贯彻党的十八大、十九大、二十大精神，准确把握中国梦的本质是国家富强、民族振兴、人民幸福，大力弘扬新时代劳模精神、劳动精神、工匠精神和工人阶级伟大品格，积极构建和谐劳动关系，切实维护职工合法权益，不断提升职工队伍素质，丰富职工精神文化生活，进一步振奋精神、凝聚力量，团结动员全省广大职工为实现伟大的中国梦建功立业。四川各级工会组织开展的“中国梦·劳动美”主题宣传活动内容丰富、形式多样。包括深入学习宣传贯彻党的十八大、十九大、二十大精神，紧密联系工会工作实际和广大职工以及工会干部的思想实际，通过丰富多彩的宣传教育活动，切实把党的会议精神贯彻到职工群众中去，切实用党的十八大、十九大、二十大精神武装头脑、指导实践、推动工作，引导广大职工把思想和行动统一到中央的决策部署上来。

从2013年4月起，“中国梦·劳动美”主题宣传活动在四川广大职工中全面铺开。通过开展“中国梦·劳动美”主题宣传活动，大力倡导劳动美，大力激发广大职工把个人梦想与成就伟大中国梦有机结合起来，“中国梦·劳动美”的价值引领深入基层，极大地提高了广大职工的劳动热情。2021年，被省委通报表扬为庆祝建党100周年群众性主题教育活动突出贡献单位。

（二）深化革命传统教育

在中国共产党百年奋斗历程中，党领导的波澜壮阔的中国工人运动史是党的历史的重要组成部分，留下了丰富厚重的红色工运资源，铭刻着中国工运的光辉历程，蕴含着宝贵的精神财富，熔铸于以伟大建党精神为源头的党的精神谱系之中，是开展党史学习教育和爱国主义教育、加强职工思想政治引领的鲜活教材。为加强红色工运资源的保护挖掘和宣传利用，团结引导广大职工群众更好传承红色基因、赓续红色血脉、汲取奋进力量，2021年，全国总工会决定按照具备红色基因、具有典型代表性、具有丰富的展陈内容、具备开放条件、具有一定荣誉基础等遴选标准，从工运历史遗迹和现有展馆中，分批次遴选红色工运资源命名全国职工爱国主义教育基地。2022年，攀枝花中国三线建设博物馆被全国总工会命名为全国职工爱国主义教育基地。按照全国总工会这一决定和标准，2022年，四川省总工会启动全省工会职工思想教育基地命名建设工作，截至2023年底，已命名20家单位为全省工会职工思想教育基地。

三、强化职工精神引领

（一）选树宣传先进典型

大力发掘宣传职工职业道德典型，每年推荐全国职工职业道德建设“标兵单位”“标兵个人”“先进单位”“先进个人”，每一届次评选，四川平均4家单位或个人次获得全国职工职业道德建设先进。巩固提升“关爱在身边　职工在行动”职工志愿服务品牌，连续多年开展“点亮工会蓝　创造新奇迹”四川省优秀职工志愿服务项目评选展示活动，每届评选展示志愿服务项目15个。连续

3年开展四川省最美职工宣传活动，前两年分别为“寻找最美小蜜蜂”主题活动、“寻找最美新就业形态劳动者”主题活动。2023年，省总工会首次联合省委宣传部开展“寻找最美职工”主题活动，向全社会发布年度最美职工10名。承办做好由全国总工会和央视联合主办的2023年大国工匠年度人物发布仪式，首次设计大国工匠年度人物吉祥物工匠熊猫“工宝”，首次创作大国工匠年度人物主题曲《非凡之光》。

（二）弘扬社会主义核心价值观

充分利用工会宣传教育阵地，大力加强职工“四德”建设，持续开展职工文化年“阅读经典好书、争当时代工匠”职工主题阅读活动、“玫瑰书香”职工家庭文化建设活动、“网聚职工正能量　争做四川好网民”活动，深入开展中国特色社会主义核心价值体系教育，大力弘扬以爱国主义为核心的民族精神和以改革创新为核心的时代精神，倡导社会主义核心价值观，引导广大职工自觉把个人命运与国家和民族的前途命运紧密联系在一起，大力培育和践行社会主义核心价值观。

（三）加强职业道德建设

坚持用职工职业道德的崇高追求引领和影响社会道德价值，大力发掘宣传职工职业道德典型，营造劳动光荣的社会风尚和精益求精的敬业风气，一批优秀企业（公司）和职工获全国职工职业道德建设标兵单位、全国职工职业道德建设标兵个人等荣誉称号。

（四）强化心理健康服务

省总工会注重研究新时代职工心理健康服务工作新特点、新规律、新要求，制发了《四川省工会职工心理健康工作规划（2021—2025年）》《四川省总工会优化职工心理健康服务工作方案》《四川省工会职工心灵驿站标准（试行）》等文件，不断增添措施、规范流程、提高效能。充分发挥省级职工心理健康指导中心作用，引导各级工会协同政府精神卫生主管部门建立职工心理健康指导中心，不断建立“省级—市（州）级—县（市、区）级”职工心理健康服务网络工作格局。广泛推动规模较大、职工较多的党政机关、企事业单位、新就业形态劳动者集中的基层单位工会建设标准化职工心灵驿站，全省已建成各级各类职工心灵驿站 1300 余家、覆盖职工 150 万余人，其中命名省级职工心灵驿站 359 家，不断为广大职工提供更多心理健康服务场所。各级工会开展各类各种规模服务活动 9000 余场次，直接参与职工 70 万余人次，各级工会通过文字、图片和视频等形式进行线上线下心理健康知识科普宣传 8 万余次，帮助职工思想解惑、精神解忧、心理解压。充分利用“互联网+”，在川工之家 App 不断完善全省工会职工心灵驿站地图，在川工之家 App 上线集电话心理咨询、心理知识科普、工作动态展示等一体的四川省职工心理健康服务平台，在 12351 四川省总工会服务职工热线专门设置职工心理咨询座席，进一步为广大职工提供心理热线服务，截至 2023 年底，各级工会在搭建的各级职工心理援助热线、平台接听职工心理咨询 26 万余次。

四、强化职工文化引领

（一）加强新时代职工文化建设

职工文化是中国特色社会主义文化的重要组成部分，是强化思想政治引领、凝聚职工奋斗力量的重要内容。为深入贯彻落实习近平总书记关于新时代中国特色社会主义文化建设、习近平总书记关于工人阶级和工会工作的重要论述，打造健康文明、昂扬向上、全员参与的职工文化，推动新时代职工文化繁荣发展，助力实现 2035 年建成文化强国的奋斗目标，四川省总工会认真贯彻落实《全国总工会关于加强新时代职工文化建设的指导意见》《四川省“十四五”全民健身重点工作任务分工》，以“中国梦 · 劳动美”“强国复兴有我”等为主题，连续举办 3 届职工文化年系列活动，持续开展四川省职工微电影（影视）大赛、书画摄影比赛、诵读比赛、演讲比赛、合唱比赛、征文比赛等参与度高、接受度广的职工文化活动 48 场，为广大职工精心打造一道道文化大餐。持续深入推进职工体育活动，组织开展四川省职工乒乓球、羽毛球、气排球、网球、游泳、排舞等体育比赛 30 场，十年来，各级工会组织开展职工文化体育活动 1.3 万余场，覆盖职工群众超 8000 万人次，充分展现职工健康积极向上的精神风貌。坚持面向基层、服务群众，关心关爱基层一线职工对精神文化生活的需求，积极开展送演出、送电影、送书籍、送健康等形式的“送文化到基层”活动138场，打通文化惠民服务职工的“最后一公里”，不断满足职工群众美好精神文化生活新期待。示范带动各级工会广泛、常态开展职工群众性文体活动每年3000场以上，覆盖职工累计逾2亿人次。贯彻落实《川渝工会推动成渝地区双城经济圈建设战略协作框架协议》，与重庆市总工会联合举办劳模工匠宣讲、书画摄影展、诵读比赛、舞蹈大赛、诗词大赛、羽毛球比赛、马拉松比赛等川渝两地职工文化交流互鉴活动8场，促进两地工会干部、职工群众切磋技艺、交流思想、增进友谊。广泛宣传组织职工参加全国、省级各项比赛、展示活动，在全国、全省职工群众宣讲、演讲、知识竞赛、工间操比赛、太极拳展演、短视频征集等活动中累计获得金奖（一等奖）16个、银奖（二等奖）28个、铜奖（三等奖）50余个、优秀奖若干，四川省总工会多次荣获优秀组织奖。

（二）引导打造职工文艺精品

习近平总书记强调，“坚持以人民为中心的创作导向，努力创作更多无愧于时代的优秀作品”。全省各级工会深入学习贯彻习近平文化思想和习近平总书记关于工人阶级和工会工作的重要论述，围绕贯彻党的二十大关于文化建设的战略部署，聚焦政治性、先进性和群众性，高度重视发现、挖掘、培养职工文艺人才，鼓励引导职工文艺工作者广泛聚焦产业工人、新就业形态劳动者、一线职工等群体，围绕他们的成长足迹、奋斗历程、精神风貌，创作出一大批歌颂工人阶级伟大品格、反映职工群众生产生活的书画、摄影、微影视、歌曲、舞蹈、曲艺小品等优秀作品，多次斩获国家级、省级殊荣，充分展现四川省职工健康积极向上的精神风貌。2023年11月，以职工原创文艺作品展示为主题的“中国梦·劳动美——凝心铸魂跟党走　团结奋斗新征程”四川省职工主题文艺会演成功举办，出席四川省工会十五大的近1000名代表现场欣赏了一场精彩的文化盛宴，在线观看职工超1100万人次，抒唱了奋斗之志，展现了劳动风采，凝聚了时代正能量。同时期，由文化和旅游部主办的全国第十九届群星奖优秀作品展演活动在国家大剧院举行，四川省总工会推荐的职工原创文艺作品《铁道边的格桑花》作为全国工会系统唯一入围第十九届群星奖决赛的作品代表全国工会参加展演，充分体现了四川职工高超的文艺水平和精神风貌。

（三）打造“工”字号职工阅读品牌

党的十八大以来，以习近平同志为核心的党中央高度重视全民阅读，“全民阅读”连续10年写入政府工作报告，全国总工会连续多年开展“阅读经典好书　争当时代工匠”全国工会职工书屋主题阅读交流活动，省委宣传部、省语委、省委教育工委、教育厅连续多年组织开展四川省中华经典诵写讲演系列活动。为深入贯彻落实党中央、省委关于开展全民阅读的重要部署，推动形成爱读书、读好书、善读书的浓厚氛围，加大国家通用语言文字推广力度，四川省总工会依托职工思想教育基地、工人文化宫、职工之家、职工书屋、工会驿站、最美阅读点、工会爱心托管班和电子职工书屋等工会服务阵地，常态化开展职工读书会、职工阅读月、职工亲子共读、“玫瑰书香”女职工阅读、全民阅读进企业等主题活动，组织开展职工书法作品展、读书心得分享、经典诵读、读书知识竞赛等阅读赛事，引领带动全省各级工会大力培育读书会、阅读俱乐部等职工读书组织，线上线下职工参与人数累计超1000万人次，累计收到职工阅读作品2万余件，形成了一批品牌化、群众化的“工”字号特色系列职工阅读活动。四川省总工会先后被评为全国职工读书知识竞赛优秀组织单位、全国职工主题阅读活动优秀组织单位、全国职工党史知识竞赛优秀组织单位。连续两年成功举办“阅读经典好书　争当时代工匠”全国工会职工书屋示范性主题阅读交流活动。2023年，四川省总工会宣传教育部被国家通用语言文字推广普及工作表彰领导小组办公室评为国家通用语言文字推广普及先进集体。

（四）做好职工书屋建设

职工书屋是全国总工会和各级工会组织为保障职工群众的文化权益，在全国开展的一项重要文化工程。自2008年全国总工会启动职工书屋建设工作以来，四川省总工会把职工书屋建设作为职工思想政治引领和实施职工素质提升工程的重要工作内容，着力建好、管好、用好职工书屋，为建设一支有理想守信念、懂技术会创新、敢担当讲奉献的宏大产业工人队伍提供强大的智力支持。截至2023年底，全省建成职工书屋20000余家，其中全国工会职工书屋示范点852

家，命名省级职工书屋 320 家。2019 年，在四川成都承办全国工会职工书屋品牌建设交流会。省总工会将数字化思维和数字化工具逐步贯穿和体现到工会宣传教育工作的各方面全过程，2017 年，开始通过向基层工会和一线职工赠送全国工会电子职工书屋阅读卡账号、数字化阅读一体机等方式，逐步推进四川地区全国工会电子职工书屋建设推广使用工作。2020 年，全国工会电子职工书屋在省总工会网上平台上线，截至 2023 年底，累计访问使用职工人次超 267 万人次，成为职工思想政治引领的“主战场”。2018 年至今，省总工会 5 次被全国总工会、全国职工书屋领导小组授予“电子职工书屋应用示范单位”称号，努力为职工打造可知可感、可达可得的网上精神家园。

第三节　激发职工群众劳动热情和创造活力

劳动改造世界、劳动开创未来，劳动人民始终是推进历史车轮前进的动力，工人阶级始终是四川经济建设和社会发展的主力军。党的十八大以来，全省各级工会鼓励、支持、广泛开展主题劳动和技能竞赛，大力推进创新创造，广大职工群众踊跃投身经济社会发展主战场，在考验中强素质，在学习中强技能，在实践中创造劳动价值，职工群众劳动热情和创造活力显著增强。

一、广泛深入开展劳动和技能竞赛

工会组织职工开展劳动竞赛和技能竞赛，是引领广大职工提升职业能力，参与我国社会主义建设的优良传统，不但可以促进职工生产积极性，推动技术创新，提高劳动生产率，还能培养职工强烈的竞争意识、主人翁意识，凝聚起职工团队的向心力。党的十八大以来，省总工会紧紧围绕省委、省政府不同阶段工作重心和重点工程、重大项目、重要活动，充分发挥工会组织参加劳动竞赛和技能竞赛的优势，精心谋划活动重心和主题，全方位、多维度布局劳动竞赛，广泛开展劳动竞赛和技能竞赛活动。

省总工会聚焦“十三五”规划重大基础设施建设和产业转型升级省级重点项目，制定《四川省总工会2016—2020年“践行新理念，建功‘十三五’”劳动竞赛规划》，进一步提高劳动竞赛知识含量和科技含量，深入开展“中国梦·劳动美·立新功”“建功西部枢纽，助推跨越发展”“争当排头兵·建功大车都”“展主力军时代风采，建跨越式精品工程”系列劳动竞赛。此外，促进产业发展劳动竞赛也提上日程，助力战略性新兴产业、高端成长型产业、现代能源产业、先导型服务业等。“十三五”期间，四川省广泛开展各类劳动竞赛活动，囊括了公路、铁路、水运、航空、轨交等交通枢纽和金沙江、雅砻江、大渡河等几大流域水电能源基础设施重点项目，涉及装备制造、汽车等多个重点行业，参与职工数达到2000万人（次），规模以上企业参赛面超过90%。

“十四五”以来，省总工会充分发挥全国引领性劳动和技能竞赛项目辐射带动作用，不断拓展和丰富竞赛的领域、内涵、方式、机制，全省劳动和技能竞赛广泛深入持久开展。

高标准健全推进机制，筑牢竞赛体系“四梁八柱”。加强组织领导，成立领导小组，从省级层面夯实工作基础。注重规划引领，发布《四川省“建功‘十四五’ 奋进新征程”劳动和技能竞赛规划》，从完善体系、服务发展、激发活力、选育工匠等多个方面进行系统部署。规范制度运行，制发《四川省劳动竞赛和职工职业技能比赛管理办法》，明确竞赛申报和奖励办法，将省五一劳动奖章（奖状）和“工人先锋号”指标落实到竞赛项目，对竞赛涌现的先进典型进行专项表扬。

从点、线、面多元素完善工作布局，擦亮劳动竞赛的“金字招牌”。多“点”开花，加快推进重大项目、重点工程劳动竞赛，推动“出川大通道”重大交通项目竞赛纳入全国引领性竞赛，充分发挥四川水电行业、产业优势，在金沙江等五大流域20多个水电站开展劳动竞赛。多“线”并进，深入开展重点行业、重大产业劳动竞赛，推动建设“气大庆”劳动竞赛纳入全国引领性竞赛，推进雅砻江流域水风光互补绿色清洁可再生能源示范基地建设和“中国绿色硅谷”建设劳动竞赛，开展全省六大优势产业劳动竞赛，覆盖电子信息、装备制造等重点产业。全“面”覆盖，全域布局川渝地区、五大片区劳动竞赛，推动

“建好双城经济圈　打造西部新高地”劳动竞赛纳入全国引领性竞赛，做优做强成都平原经济区、川南、攀西、川东北和川西北等区域性劳动竞赛，形成多点支撑、五区共兴的竞赛格局。

多维度拓展覆盖领域，打造技能大赛“练兵高地”。常规赛全业态开展，每年在装备制造、川字号、数字经济等10大板块开展省级大赛不少于100项，带动全省百万职工参与岗位练兵和技能比武。精品赛影响力扩大，创新开展“DOU出天府范儿”抖音大赛，创纪录获得3.3亿次点播；举办“天府有好货我来当主播”首届互联网营销师大赛，吸引8.6万名网络主播参与。持续办好全省高校和中小学青年教师教学竞赛，在国赛中荣获4个一等奖，青教赛品牌进一步做强。小工种赛精准推进，在国之重器“歼-20”生产线开展铆装钳工比赛，在“华龙一号”核电站建设中开展重点材料操作工技能比赛，着力为国防科工事业创新发展贡献力量。

10年来，省总工会聚焦“一带一路”、长江经济带、全面创新改革试验区建设等发展战略，编制四川省“十三五”“十四五”劳动和技能竞赛规划，围绕国家、省重大战略、重大工程、重大项目、重点产业，广泛深入持久开展劳动和技能竞赛、“川字号”技能大赛，四川省规上企业参赛面达90%以上，参与单位达47.3万家，参与职工超3000万人次。川渝合作开展“建好双城经济圈，打造西部新高地”系列劳动竞赛，四川省创新开展互联网营销师、新媒体应用、“12345政务服务便民热线”等技能大赛，持续开展“我学、我练、我能”女职工劳动和技能竞赛，圆满承办第七届全国职工职业技能大赛并取得历史最佳参赛成绩，两个工种获得团体总分第一名，总成绩全国排名第三。

二、不断深化群众性技术创新活动

创新是引领发展的第一动力。四川工会充分发挥各级工匠创新成果的辐射作用，以劳模和工匠人才创新工作室创建为抓手，激励广大一线职工广泛开展发明创造、技术革新、技术攻关、合理化建议等群众性技术创新活动，将思想和行动与创新驱动发展战略有机融合。持续深化劳模和工匠人才创新工作室

“双升行动”，扎实开展职工“五小”活动，健全和完善创新工作体系。同时，积极搭建各行业各层次的创新成果交流平台，推进省级行业创新工作室联盟建设，与重庆市总工会协同推进创新工作室创建和交流工作，扩大创新“朋友圈”。

多领域开展职业技能竞赛培训“强练兵”。省总工会不断优化四川省职工技能培训网上平台“工匠学院”，2021 年，围绕全省工业“5+1”、服务业“4+6”、农业“10+3”产业体系，举办了以“川字号”劳务品牌、助力“双碳”战略、成渝地区双城经济圈建设等 12 大板块为主要内容的全省职工职业技能比赛，共计 125 个工种、超 1.3 万人参与省级决赛，带动超过 100 万人次参与岗位练兵和技能比武活动。绵阳市总工会支持企业高技能人才到职业院校任教，推进院校与京东方、汉能、惠科等高科技军民融合企业合作，鼓励开展“订单”式人才培养。攀枝花市总工会依托三线精神劳模（工匠）研修学院，打造“短期培训+学历教育、职业技能培训+高等教育、集中培训+研学”融合的多元化成长平台，按照培训费用“市总工会承担 70%+企业或县区工会配套 30%”模式，培训职工 1000 余人。泸州老窖集团工会立足不同职工成长阶段，针对性实施青苗、战狼、帅才“三大工程”，健全完善职工从入职到骨干再到领军人才的全过程、全链条培养体系。国网四川省电力公司工会坚持“培育”与“考评”两手抓，策划“师课双螺旋”主题兼职培训师培养与课程开发联动实施方案，加强电网调控运行、输电运检、电力营销、送变电施工、信息通信运维等 8 个专业 41 个工种培养及技能竞赛。东方锅炉公司工会持续开展年度公司“十佳工匠”“十佳劳务员工”推荐评比，举办电焊工、钻工、焊接机器人编程及操作等技能大赛运动会，择优选拔 20 名青年电焊工进行青工锻造计划、青工专项技能培训。

多渠道推进职工创新创效“搭平台”。省总工会发布省级“十佳”创新工作室创建标准，对新命名的省级“十佳”劳动模范和工匠人才创新工作室、省级劳动模范和工匠人才创新工作室分别给予 10 万元、2 万元补助，并在全省机电冶煤系统、建筑行业、电力行业指导成立了三个省级行业创新工作室联盟，为技能人才发挥作用搭建平台。截至 2023 年底，全省累计创建各类劳动模范和工匠人才创新工作室 5000 余个，年均创新课题近 2000 项，创新成果近 1700 项，创新成果转化应用节创经济效益超 50 亿元。如赵洪波劳模和工匠人才创新工作室自成立以来，带领团队成员开展创新攻关、排疑解难、技能培训等，累计完成创新成果56项、专利43项，创新成果转化节创经济效益约1.5亿元。全省各级工会根据省委工作部署，每年确定相应“五小”活动主题，2022年，围绕水电、风光发电、天然气等清洁能源产业，晶硅光伏、能源装备等清洁能源支撑产业，动力电池、新能源汽车、大数据、钒钛资源综合开发利用等清洁能源应用产业，深入开展全省职工“五小”活动，引导广大职工积极投身绿色低碳创新实践，着力推动绿色低碳优势产业高质量发展。同时，通过召开现场会、开展交流学习、成果推广转化等方式，建立健全参与广泛、形式多样、渠道通畅的职工创新创效体系，推动形成基础广泛、人才集聚、成果丰硕的创新创造局面。

10年来，职工队伍创新创造活力显著提升。广泛开展“五小”等群众性技术创新活动，5个项目获得第六届全国职工优秀技术成果奖；累计提出合理化建议612.5万条，开展技术革新173.6万项，完成发明创造10.6万项，推广先进操作法5.8万项。

三、大力提升职工技术技能素质

四川省总工会把提高全省职工队伍整体素质作为一项战略任务来抓，认真贯彻落实《新时期产业工人队伍建设改革方案》和全国总工会有关要求，充分发挥工会“大学校”作用，以培育和践行社会主义核心价值观为主线，以培养职工职业精神和提高职工技术技能素质为重点，深入实施全省职工素质建设工程，加快培养高素质劳动者，为实现“两个一百年”奋斗目标、实现中华民族伟大复兴的中国梦和谱写中国梦四川篇章提供坚实的高素质人才保障。

（一）实施职工素质工程

实施职工素质建设工程，提高职工整体素质，是党和国家赋予工会组织的一项长期战略任务，具有重大的现实意义和深远的历史意义。为在全面推动经济发展和社会进步中充分发挥工会组织作用，四川省总工会先后出台《四川省职工素质建设工程五年规划（2011—2015年）》《四川省职工素质建设工程五年规划（2016—2020 年）》《四川省职工素质建设工程五年规划（2021—2025 年）》，把提高全省职工队伍整体素质作为一项战略任务抓紧抓好，为劳动者成才创造良好条件，形成推进创新驱动引领四川高质量发展的强大力量。推进职工（农民工）文化驿站、职工教育培训阵地和贫困县农民工文化驿站建设工作，不断加大建设力度，增强职工宣传教育阵地覆盖面，为职工素质提升打造良好的基础条件，截至 2020 年，累计建成全国职工教育培训示范点 192 个、全国职工教育培训优秀示范点 54 个、省级职工教育培训示范点（基地）100 个；建成省级职工（农民工）文化驿站 150 个、贫困县农民工文化驿站 88 个；充分发挥职工宣传教育阵地服务职工、凝聚职工、组织职工的阵地作用，深入开展职工素质提升活动，促进职工思想提升、能力提升、素质提升，真正成为职工汲取知识、岗位成才的加油站。

（二）推进求学圆梦行动

在广大职工中倡导终身学习的理念，营造浓厚的学习氛围和有利于职工成才的机制和环境。自 2016 年全国实施“求学圆梦行动”以来，省总通过制定政策、建设阵地、发放补贴等方式，逐步推进实施“求学圆梦行动”，将“求学圆梦行动”纳入重点工作，联合省教育厅等共同制定《四川省农民工学历与能力提升行动计划——“求学圆梦行动”实施方案》，联合省教育厅等 9 部门印发了《四川省 2021 年高职扩招专项工作方案》，投入 700 万元帮助农民工、新就业形态劳动者、专业技术职工等一线职工 7000 名提升学历，引导各级工会帮助广大一线职工提升自身素质、增强技能、全面发展。

（三）深化全省“安康杯”竞赛活动

四川省各级工会深入学习习近平总书记关于工人阶级和工会工作的重要论述，以及习近平总书记关于安全生产的重要指示精神，深入开展“安康杯”竞赛活动，努力助推企业安全生产和职业健康主体责任落实，努力服务全省安全生产和职业健康大局。“安康杯”竞赛活动企业参赛数、职工参赛数实现稳步增长。2022 年，全省共 28731 家单位、200502 个班组、4402059 名职工报名参加了“安康杯”竞赛活动。2020—2021 年度，获评全国“安康杯”竞赛表彰优胜单位25家，优胜班组30个，优秀组织单位5家，优秀个人5名；评选全省优胜单位130家，优胜班组120个，优秀组织单位110家，优秀个人120名。近年来，每年推荐5~8家“安康杯”竞赛事迹特别突出的单位评选“四川省五一劳动奖状”。

（四）深入开展职工职业技能竞赛

2021年10月14日至16日，由中华全国总工会、人力资源和社会保障部、科学技术部、工业和信息化部、公安部、四川省人民政府共同主办，中国职工技术协会、四川省总工会、成都市政府承办的第七届全国职工职业技能大赛决赛在四川省成都市西部博览城举行，旨在充分发挥职业技能竞赛在构建产业工人技能形成体系和创新产业工人发展制度方面的积极作用。来自全国各地的32支代表队、529名选手在钳工、焊工、数控机床装调维修工、工业机器人操作调整工、网络与信息安全管理员、砌筑工等6个工种一决高下。经过激烈角逐，四川省代表队获得钳工、工业机器人操作调整工2个团体第一名，数控机床装调维修工团体第二名，总成绩全国排名第三并获大赛最佳组织奖；吴俊宏获得工业机器人操作调整工决赛第一名，黄蕾获得钳工决赛第二名，岳书豪获得数控机床装调维修工决赛第三名，黄泽金获得钳工决赛第五名，盛鹏飞获得数控机床装调维修工决赛第五名。成都市以第七届全国职工职业技能大赛决赛在蓉举办为契机，推进大赛决赛承办与“成都工匠”培育评选等品牌工作相融合，在制定出台全国首个工匠人才礼遇政策的基础上突出大赛参赛选手，打造礼遇措施“升级版”，对18名优胜选手，现场授予“成都荣誉工匠”称号，推出五年内定点场所免费疗（休）养一周、五年内政府投资景区免费、特聘为成都工匠学院产业导师等5条礼遇措施，进一步唱响做实“尊崇礼遇工匠、关爱技能人才”的城市气度，取得了良好社会效益。2023年10月31日至11月3日，首届全国家政服务业职业技能竞赛决赛在绵阳举行。本次决赛以“巧手铸匠心　建功新时代”为主题，由中国财贸轻纺烟草工会、中国家庭服务业协会、全国总工会权益保障部、全国总工会女职工部、四川省总工会、绵阳市人民政府共同主办，来自全国31个省、市、自治区代表队的260余名选手现场“秀”出家政真功夫，展现服务业风采。通过以赛促产、以赛促创，促进了四川省家政服务行业的发展和“苏小妹”“酒都阿嫂”“巴山妹子”“绵州巧姐妹”等区域公共品牌的培育。此外，从2019年以来，省总工会已推动连续举办五届全省茶行业职工职业技能大赛。

四、服务成渝地区双城经济圈建设

2020年1月3日，中央财经委员会第六次会议决定大力推动成渝地区双城经济圈建设，标志着成渝地区双城经济圈建设上升为国家战略。围绕中央部署，聚焦“一极一源、两中心两地”的发展定位，突出高质量发展导向和高水平协作联动，高位统筹，系统谋划，一条心、一盘棋，扎实推进双方议定事项落地实施，推动重点任务加快落地，四川重庆两省市不断推动成渝地区双城经济圈建设成势见效。

在唱好“双城记”、建好“经济圈”中发挥工人阶级主力军作用，进一步强化川渝工会深层次、高水平合作交流是两地工会的重大政治责任。2020年5月14日，四川省总工会、重庆市总工会协作推动成渝地区双城经济圈建设第一次联席会议以视频方式召开，经四川省总工会、重庆市总工会友好协商，双方签订了川渝工会推动成渝地区双城经济圈建设战略协作框架协议。根据协议，川渝工会在联合建立协作发展机制、联合开展建功立业活动、联合搭建维权服务平台、联合加强职工思想政治引领、联合拓宽信息交流渠道、联合促进工会干部素质提升等六大领域开展协同合作，为加快建设“两中心两地”，推动成渝地区双城经济圈高质量发展体现工会责任担当、贡献工会智慧力量。

2021年12月8日，四川省总工会、重庆市总工会在重庆綦江区召开协作推动成渝地区双城经济圈建设第二次联席会议，双方就贯彻落实2021年10月中共中央、国务院印发的《成渝地区双城经济圈建设规划纲要》以及进一步推动《川渝工会推动成渝地区双城经济圈建设战略协作框架协议》落地落实进行了充分交流。2023年2月22日，重庆市总工会、四川省总工会召开协作推动成渝地区双城经济圈建设第三次联席会议。会议深入学习贯彻党的二十大精神和两地党政决策部署、全国总工会十七届七次执委会精神，总结回顾《川渝工会推动成渝地区双城经济圈建设战略协作框架协议》推进情况，交流工作经验，研究深化合作事宜。

川渝工会聚焦重点领域，重点在职工思想政治引领、动员职工建功立业、维护服务职工上加强协同联动。一是在职工思想政治引领上加强协同联动。建立协同联动机制，共同加强与中央新闻媒体的沟通协调，联合推出更多反映川渝两地工会合作和职工群众交流互动的重要报道，引领川渝职工强化“一盘棋”思想、贯彻“一体化”理念。围绕学习共抓、平台共建、文化共享，构建全媒体时代川渝两地网上网下一体、主流媒体和工会宣传阵地联动的新机制，引领川渝广大职工积极投身“双城记”、建设“经济圈”。二是在动员职工建功立业上加强协同联动。围绕成渝地区双城经济圈建设引领性、带动性、标志性重大项目、重大产业布局，联合开展具有时代特征、工会特色的主题劳动和技能竞赛、川渝地区职工职业技能大赛，合力打造具有国内、国际重要影响力的行业技能大赛品牌。围绕川渝两地职工技能提升，协力开展“产业工人队伍建设改革深化年”行动，鼓励“天府工匠”“巴渝工匠”开展交流互访，建立完善互通互信互用的产业工人培养、评价、使用等机制，建立优势互补、协作融合的产业工人队伍培育机制，加强产业工人合作培养力度。围绕弘扬劳模精神、劳动精神、工匠精神，共同打造劳模和工匠人才创新创效平台，促进创新成果转化，为推动成渝地区双城经济圈高质量发展贡献力量。三是在维护服务职工上加强协同联动。建立跨区域就业促进机制，联合开展川渝地区工会就业创业服务系列活动，做好川渝两地职工群众求职招聘、创新创业、跨域就业等各项就业服务工作，为促进区域协同发展、服务地区就业稳定发挥作用。深化川渝地区联动维权机制，以联合调查、案件共办、课题研究等形式开展省（城）际联动维权交流合作，更好地维护两地职工合法权益。积极整合川渝两地工会相关资源，构建整体联动、无缝对接的农民工关爱服务机制，不断拓展农民工平安返乡、探望慰问、维权服务、留守关爱等合作空间。

2020年以来，两地工会通力协作，让合作交流的机制逐步完善，川渝职工团结奋斗的思想基础不断夯实，两地职工建功立业的内生动力有效激发，职工高品质生活的共同追求更有保障。两地工会牢固树立“一盘棋”思想，组建工作专班，搭建合作平台，凝聚推进合力，形成了川渝工会同心促发展的浓厚氛围，川渝两地省级层面合作机制持续健全，省级以下各层级工会合作平台广泛建立，跨区域交流互访活动常态开展；主流舆论力量不断壮大，职工文化交流不断深化。劳动竞赛作为工会组织职工建功立业的有力抓手，三年间，两地工会紧盯川渝产业发展方向、重大建设工程，采取统筹确定竞赛重点、多地组织承办，分头预赛、集中决赛的方式，打造了大数据、工业设计、汽车机电一体化等一批川渝示范性区域劳动和技能竞赛品牌。

2020 年以来，川渝两地工会已成功组织联合竞赛 40 余场，参赛职工近万人次，覆盖职工 100 万人以上，挖掘出包括康养护理人员技能大赛、蜀绣大师技能交流赛、川渝柠檬技能大赛、成渝地区双城经济圈餐饮行业劳动和技能大赛、荣昌—泸州畜牧兽医技能大赛、川渝卫生执法大赛在内的一系列具有地方特色的劳动竞赛和职业技能大赛。两地工会两地常态化开展联合调查、案件共办、课题研究等职工维权合作交流，帮助两地职工调解劳动纠纷、维护合法权益近 1000 人次，并携手打造“川渝送岗·双圈有我”就业服务系列活动品牌，在遂宁、广安等地组织线下专场招聘会，吸引川渝两地 1000 余家企业投放工作岗位上万个。与此同时，两地工会还以联合调研、业务交流、课题研究等为主要形式，在农民工平安返乡、探望慰问、维权服务、留守关爱等方面展开广泛深入合作。

第四节　大力弘扬劳模精神、劳动精神、工匠精神

在长期实践中，我国工人阶级和广大劳动群众培育形成了爱岗敬业、争创一流、艰苦奋斗、勇于创新、淡泊名利、甘于奉献的劳模精神，崇尚劳动、热爱劳动、辛勤劳动、诚实劳动的劳动精神，执着专注、精益求精、一丝不苟、追求卓越的工匠精神。劳模精神、劳动精神、工匠精神是以爱国主义为核心的民族精神和以改革创新为核心的时代精神的生动体现，是鼓舞全党全国各族人民风雨无阻、勇敢前进的强大精神动力，具有丰富深刻内涵。四川省各级工会肩负新时代的使命担当，大力弘扬劳模精神、劳动精神、工匠精神，进一步激

发全社会创新创业创造活力，广泛凝聚新时代社会主义的强大正能量。

一、召开四川省劳动模范和先进工作者表彰大会

2015 年 4 月 27 日，四川省第七届劳动模范和先进工作者表彰大会召开，对 2010 年以来为全省改革开放和现代化建设作出突出贡献的 800 名省劳动模范和先进工作者进行表彰。省委书记、省人大常委会主任王东明出席表彰大会并发表讲话。他强调，要在全社会营造尊重劳动、尊重知识、尊重人才、尊重创造的良好氛围，把维护劳动者权益放在更加重要的位置，积极解决好劳动群众在就业、社保、教育、医疗、住房等方面的实际困难，使改革成果更多更公平惠及劳动者。要广泛宣传劳动模范先进事迹，以劳动模范优秀品质和高尚情操引领社会风尚，形成崇尚劳模、学习劳模、争当劳模、关爱劳模的生动局面。会议宣读《四川省人民政府关于表彰四川省第七届劳动模范和先进工作者的决定》。省政协主席柯尊平，省委副书记尹力出席。王东明、柯尊平、尹力等领导，向省劳动模范、先进工作者代表颁奖。劳动模范代表宣读《倡议书》。

2020 年 12 月 2 日，四川省第八届劳动模范和先进工作者表彰大会召开，对 2015 年以来为全省改革开放和现代化建设作出突出贡献的 798 名省劳动模范和先进工作者进行表彰。省委书记、省人大常委会主任彭清华出席会议并讲话。他强调，要认真学习贯彻习近平总书记在全国劳动模范和先进工作者表彰大会上的重要讲话精神，大力弘扬劳模精神、劳动精神、工匠精神，一张蓝图绘到底，撸起袖子加油干，不断汇聚开启新征程、迈向新目标、续写新篇章的磅礴力量。省委副书记黄强、省政协主席柯尊平出席会议，省委副书记邓小刚主持会议。会上，省委常委、统战部部长、省总工会主席田向利宣读《四川省人民政府关于表彰四川省第八届劳动模范和先进工作者的决定》，省政府决定授予王从亮等 519 人“四川省劳动模范”称号，授予李晓静等 279 人“四川省先进工作者”称号，彭清华、黄强、柯尊平、邓小刚等向受表彰代表颁发荣誉证书。省劳动模范和先进工作者代表冯攀龙宣读《倡议书》。

四川省累计获得全国劳模表彰 207 人，全国五一劳动奖状 60 个、全国五一

劳动奖章301个和全国“工人先锋号”272个，全国五一巾帼标兵岗104个、标兵105人，表彰省五一劳动奖状582个、省五一劳动奖章1698个和命名省“工人先锋号”1382个。

无论时代如何改变，一代又一代的劳模精神历久弥新。可敬、可爱的劳动者在各自的岗位上创造了非凡业绩，他们是推动发展的实践者，也是成就梦想的实干家。光荣的劳动模范称号背后，是他们默默无闻的奉献、岁岁年年的坚守。受到表彰的劳动模范和先进工作者，是千千万万奋斗在各行各业劳动者中的杰出代表。有的坚守一线默默奉献，冒着生命危险高空检修线路，数十年如一日清洁街道、养护路段，驾驶邮政车辗转往返高原牧区，在平凡的岗位上创造了不平凡的业绩；有的志存高远追求卓越，以车间厂房为家潜心铸造“大国重器”，不图名利勇攀科技高峰，成为引领行业之先的翘楚标杆；有的一心为民干在实处，无怨无悔扎根基层，独守三尺讲台为山区孩子传道授业，在全心全意为人民服务中践行初心使命、绽放人生华彩；有的面对危难义无反顾，在民航客机遭遇千钧一发险情时上演“史诗级备降”，疫情防控最紧要关头踏上援鄂征程，彰显了越是艰险越向前的大无畏精神；有的敢于担当奋勇争先，带领老牌企业改革创新焕发生机，带着资金技术返乡创业成为脱贫奔康领头人，在苦干实干中创造幸福美好明天。他们以实际行动诠释了中国人民的伟大创造精神、伟大奋斗精神、伟大团结精神、伟大梦想精神，充分彰显了四川人民勤劳勇敢、自强不息的优秀品质，不愧为新时代最美奋斗者。

二、寻找“四川工匠”

为深入学习贯彻党的十九大精神，深入贯彻落实《中国制造2025四川行动计划》战略部署，大力培育、弘扬精益求精的工匠精神，发挥优秀技能人才的创新引领作用，激发广大职工学习技术、提升技能的积极性和主动性，营造“大众创业、万众创新”的良好氛围，四川省总工会、省互联网信息办公室、省经济和信息化委员会、省人力资源和社会保障厅、省政府国有资产监督管理委员会等5部门，于2017年9月，在全省范围内启动开展了寻找“四川工匠”活动。活动旨在以增强企业核心竞争力和提高职工创新创造能力为导向，从长期（3 年以上）在四川省工作与生活的各类企（事）业单位一线职工中，寻找一批敬业专注、品质至上、技艺超群、传承创新的“四川工匠”，通过大众参与、命名奖励、典型示范，大力弘扬工匠精神，厚植工匠文化，激发广大职工恪尽职业操守、崇尚精益求精，为四川实现“两个跨越”提供重要的技术保障、智力支撑和舆论引领。四川省总工会精心策划打造的“四川工匠”品牌，是承担弘扬劳模精神、劳动精神和工匠精神使命的生动实践。

省总工会等 5 部门共同印发《关于在全省开展“寻找四川工匠”活动的通知》，对选树条件和程序做了明确要求。“四川工匠”选树条件要求：1. 具有良好的职业精神，热爱工作，敬业专注，坚持创新，对质量精益求精，对制造一丝不苟，对产品精雕细琢，对完美极致追求。2. 具有高超的技能技艺，处于行业顶尖水平或具有不可替代、独一无二的地位，能够打造本行业的最优质产品。3. 具有突出的领军作用，善于运用个人技能、技艺带领工作团队解决技术上的疑难杂症，乐于传教带动身边职工，传承技能技艺，帮助更多职工成长为技能骨干、技术能手。4. 作出突出贡献，在推动企业实现新技术、新产业、新业态、新模式的转型升级、先进工艺改造、技术革新、质量攻关、大幅提高生产效率等方面作用突出或取得重要成果。对评选出的工匠人选，将授予“四川工匠”称号，给予一次性奖励 2 万元/人，并颁发证书，将同时授予四川省五一劳动奖章。邀请全国重点新闻媒体，重点选择具有浓厚行业特色、代表四川水平的“四川工匠”，通过多种形式的报道宣传，面向全国着重推介四川“匠人”的面貌与精神，突出展示工匠型技能型人才为四川决胜全面小康、建设经济强省所发挥的积极作用。

首届“四川工匠”认定工作启动后，历经层层申报、资格审查、专家首轮评审、网络公众投票、专家综合评审、面向社会公示等多个评审环节，再经过公开公平公正严格评定，最终评选产生出了众望所归、广泛认可的 30 名“四川工匠”人选。同时，18 人获得“四川工匠”提名奖。2018 年 1 月 16 日晚，由省总工会主办的“匠心筑梦、技能兴川”首届“四川工匠”命名仪式在成都举行，省人大常委会副主任刘道平，省政协副主席、省总工会主席李登菊为首届

“四川工匠”代表颁发证书和奖杯。

评选出的30名“四川工匠”个个身怀绝技，他们当中有不用测量工具，用手一摸，就能知道零件尺寸的资深采气工；有在生产一线专注于无线电焊接，获得“军工绣娘”美誉的女技师；有用普通大型数控卧车，加工出相当于人头发丝1/100精准度“刀工一绝”的车工技师；有三十载如一日，缔造传世酒香的酿酒大师；有10年排查故障800项，专为航空设备“巡诊”的维修技师；有参加过北京奥运文化展演，将羌秀文化推出国门、走向世界的省级非物质文化传承人。

此后，2019年9月，在开展第二届“寻找四川工匠”活动中，50位能工巧匠获第二届“四川工匠”殊荣。2019年9月24日晚，由省总工会主办的庆祝中华人民共和国成立70周年全省职工文艺会演暨第二届四川工匠发布仪式——《匠心共筑中国梦》在成都举行，刁建兵等来自四川省各行业的50位能工巧匠在仪式上被授予第二届“四川工匠”称号。省委常委、组织部部长王正谱，省人大常委会副主任包惠，副省长杨洪波，省政协副主席赵振铣出席仪式。2021年6月，在开展第三届“寻找四川工匠”活动中，100位能工巧匠获第二届“四川工匠”殊荣。由省总工会、省经济和信息化厅、省人力资源和社会保障厅主办的第三届“四川工匠”命名仪式在中国西部国际博览城举行。主办方发布100名“四川工匠”，宣传和点赞他们的先进典型事迹和高超技艺水平，在全社会大力弘扬执着专注、精益求精、一丝不苟、追求卓越的工匠精神，激发凝聚全省广大职工力量，奋力推动新时代治蜀兴川再上新台阶。

三、创建劳模和工匠人才创新工作室

为深入贯彻国家创新驱动发展战略，省总工会围绕经济高质量发展要求，积极构建职工全员创新、班组团队创新、劳模创新工作室示范创新体系，打造梯次发展态势，充分发挥劳模和工匠人才创新工作室在技术创新和人才培养方面的优势，培育高技能知识型创新团队，打造企业创新发展新引擎。

加强制度建设，规范管理考核。省总工会出台《四川省总工会关于进一步深化职工技能人才（劳模）创新工作室创建活动的意见》《四川省劳模和工匠人才创新工作室管理办法》《四川省五一巾帼创新工室创建和管理办法（试行）》，明确创新工作室的目标任务、创建标准、考核管理和激励机制，从制度层面保证创新工作室工作持续有效开展。对标全国标准，在坚持年度考评基础上，每两年组织创新工作室间交叉检查，采取实地查看、晒业绩成果等方式，考察创新工作室团队协作、工作开展、创新业绩、人才培养、示范效应，并命名省级“十佳”创新工作室，每家一次性给予10万元经费补助。

树立创新示范标杆，做强创新工作室品牌。按照“分类指导、强化保障，以点带面、示范引领，加强管理、突出实效”原则，全省大力开展创新工作室创建工作。截至2023年底，全省已建成各级创新工作室5000余家，省级创新工作室464家，省级“十佳”创新工作室30家。创新工作室已成为企业攻坚克难、技术革新的重要阵地，2019年，全省省级创新工作室开展各类创新课题项目1875余项，取得创新成果近1474项，完成传承性技能培训62168人次，实现创效约57亿元，为推动全省经济高质量发展发挥了突出作用。

创建创新工作室联盟，打破行业、区域藩篱。充分发挥创新工作室人才优势和品牌效应，指导创新工作室联盟工作，探索课题攻关、人才培养、技术交流、成果转化新途径，发展行业、区域共享新模式。其中，内江市总工会牵头成立内江市装备行业创新工作室联盟，集合优势人才、技术资源破解企业技术难题，实现优势互补、共同发展。省机电冶煤工会按照“创新业务相通、创新目标相近、创新愿望相同”原则，组建四川省机电冶煤系统创新工作室联盟，为企业提供知识产权保护等专业服务，促进创新项目孵化和成果转化，定期开展技能培训、岗位练兵、技术比武活动，培养和造就了一大批工匠人才。省教科文卫工会充分发挥系统高端人才聚集、智力成果丰硕的优势，创新开展“引智助企”项目，先后在眉山、自贡市启动，有力促进了校企合作和科技成果转化。聚焦数字经济时代女职工创新创造和数智赋能，成立四川省“人工智能+”女职工创新工作室联盟，带动全省女职工创新工作室运用人工智能、大数据、互联网等新技术赋能自身发展。聚焦成渝双城经济圈建设国家战略，省教科文卫工会联合重庆市教科文卫体工会成立川渝教科文卫体系统劳模和工匠创新工作室联盟，联智聚力，共促高质量发展。

聚焦产业目标，打造创新发展增长极。创新工作室创建过程中，依托重大基础设施建设及重大科技项目攻关，瞄准科技前沿、聚焦技术难点，突出劳模和工匠人才示范带动作用，形成以科技创新为特色的高质量发展新趋势。特别是“5+1”现代产业体系相关的行业从促进经济高质量发展出发，聚焦科技创新，先后成立相关行业创新工作室2000余个，直接参与生产建设，解决技术难题，创造经济效益。创新工作室贴近生产、扎根一线，形成自上而下、统筹分工的创新模式，已成为企业科技创新的先锋队、高技能人才的成长平台和改革发展的动力源。

强化宣传引领，在全社会营造创新氛围。将创新工作室作为宣传劳模精神的阵地、培养技能人才的营地、开展创新创效的基地、创新成果的孵化地、传承传授创新文化的集散地。充分展示创新工作室创新风采，在四川工会职工服务网和川工之家App开辟创新工作室专栏，利用传统媒体与新媒体相结合，广泛宣传创新工作室在人才培养、技术攻关、成果转化等方面的创新做法、先进经验、突出成绩，实现了劳模精神、劳动精神、工匠精神宣传的常态化、有形化、可视化，营造了支持创新、参与创新、敢于创新和争做创新先锋、争当先进的良好氛围，有力推动企业创新发展。

四、广泛开展宣传宣讲活动

全面贯彻习近平总书记关于弘扬劳模精神、劳动精神、工匠精神系列重要指示，特别是习近平总书记致首届大国工匠创新交流大会的贺信精神，大力弘扬劳模精神、劳动精神、工匠精神。做好“五一”国际劳动节主题宣传月，每年“五一”国际劳动节前后，聚焦劳动模范和先进工作者表彰大会、庆祝“五一”国际劳动节大会，通过联动中央在川新闻单位和省级主流媒体，发挥省总工会融媒体作用，撬动地标媒体、户外大屏、公交站牌、机场地铁电视等社会媒体，联动全省各级工会职工阵地等社会媒体，大力宣传习近平总书记关于工人阶级和工会工作的重要论述，宣传四川各级劳动模范、工匠、“最美职工”等先进典型，在全社会营造劳动最光荣、劳动最崇高、劳动最伟大、劳动最美丽的浓厚氛围。仅2022年，“五一”国际劳动节宣传月期间，中央电视台、《工人日报》、人民网、央广网、国际在线、《四川日报》、四川电视台、四川新闻网等20多家主流媒体、客户端和全省工会宣传矩阵发布、转载宣传稿件600余篇，宣传先进典型个人（集体）120余人（个），金融城天府双塔等地标媒体、宽窄巷子等户外大屏、双流机场、成都地铁电视屏、公交候车厅等社会媒体展播主题标语、海报、短视频等近300万次。省总工会联合经济和信息化厅、人力资源和社会保障厅举办“四川工匠”命名仪式，大力弘扬“执着专注、精益求精、一丝不苟、追求卓越”的工匠精神。有效开展“劳动光荣、创造伟大”专题宣传活动。通过媒体宣传、巡回宣讲等大张旗鼓地歌颂劳动、歌颂劳动者风采，大张旗鼓地宣传先进集体和个人，大力弘扬工人阶级伟大品格，弘扬新时代劳模精神，全力营造尊重劳动、尊重人才、尊重创造的社会氛围，唱响“劳动光荣、创造伟大”的时代主旋律，引导广大职工为建设美丽四川贡献智慧和力量。

开展“劳模工匠进校园”行动。2023年7月，全国总工会、教育部联合下发《关于大力弘扬劳模精神、劳动精神、工匠精神　深入开展“劳模工匠进校园”行动的通知》，要求充分发挥广大劳模工匠以及各行各业先进人物的榜样引领作用，不断创新劳动教育形式，增强劳动教育实效，推动习近平总书记关于工人阶级和工会工作的重要论述、马克思主义劳动观，以及劳模精神、劳动精神、工匠精神融入劳动教育全过程，为全面贯彻党的教育方针，落实立德树人根本任务，培养德智体美劳全面发展的社会主义建设者和接班人贡献工会力量。四川省总工会迅速反应，及时联合省教育厅制定印发《四川省“劳模工匠进校园”行动实施方案》，引导全省各级工会通过组织劳模工匠兼职辅导员、兼职导师为学生讲授“劳动教育第一课”“劳动教育思政课”，组织各级各类劳模工匠走进各类学校开展“劳模工匠大宣讲”，组织学生走进工厂车间、种植基地、劳模创新工作室等劳动教育实践场所，推出“匠心筑梦大讲堂”线上专题扩大活动覆盖面等形式，大力开展“劳模工匠进校园”行动500余场，实现“劳模工匠进校园”行动在全省大、中、小学全贯通，在基础教育、职业教育、高等教育、继续教育全覆盖，宣传触达学生100万人次。

多角度讲好劳模工匠故事“展风采”。省总工会实施工匠培育“百千万”计划，开展以“匠心筑梦、技能兴川”为主题的“四川工匠选树命名”活动，先后 4 届选树四川工匠 380 人，示范带动各地开展“成都工匠”“甜城工匠”“酒城工匠”等各级工匠型技能人才培育选树活动，并围绕“五年产改路　四川看亮点”“匠星耀巴蜀　共筑中国梦”等主题，通过传统媒体、新媒体、社会宣传等形式，大力讲好劳模故事、工匠故事。成都市总工会出台《礼遇“成都工匠”十条政策措施》，牵头主办《天府工匠》技能挑战大型融媒体节目，将从近 1 万人的省级劳模工匠及高技能人才标兵库中筛选推荐优秀技能人才参与录制，在全社会营造尊重劳动、崇尚技能、鼓励创新、激发奋斗的浓厚氛围。德阳市总工会成立劳模宣讲队，按照教育、卫生、农业、工业制造等不同类别，通过召开经验交流座谈会、专题培训会和劳模分享会等形式，弘扬劳模精神、劳动精神、工匠精神，引导广大职工从先进典型身上汲取精神营养，提振建功立业的精气神。

五、组建省劳模工匠宣讲团

习近平总书记强调：“必须加强传播手段和话语方式创新，让党的创新理论‘飞入寻常百姓家’。”为深入学习贯彻习近平新时代中国特色社会主义思想，贯彻落实习近平总书记关于工人阶级和工会工作的重要论述，进一步弘扬劳模精神、劳动精神、工匠精神，用工人阶级的先进思想和模范行为影响和带动全社会。2019 年，四川省总工会出台《四川省劳模工匠宣讲团组建方案》，成立四川省劳模工匠宣讲团（以下简称“宣讲团”），在各级工会层层选拔推荐的基础上，严格审核筛选宣讲员并逐年增加，目前宣讲团有包括“英雄机长”刘传健、“雪路信使”其美多吉、“军工绣娘”潘玉华、“大国工匠”陈行行等在内的全国、省级劳动模范和先进工作者，全国、省级五一劳动奖章获得者，全国、省级五一巾帼先进标兵，大国工匠、四川工匠、行业专家、新就业形态劳动者等优秀职工代表 70 名。同时，邀请了一批在政治理论、语言艺术、形象展示等领域卓有建树的专家，组成宣讲团专家指导组，加强宣讲稿件打磨、演讲技巧培训、形体语言提升等多方面的跟踪指导。宣讲团着力用小环境说明大形势，用身边事说明大政策，以小切口讲明大方向，以微故事讲明大前景，唱响主旋律、壮大正能量，在凝聚广大职工为推动治蜀兴川再上新台阶而团结奋斗中彰显工会组织积极作为。成立以来，宣讲团根据形势与任务的要求，精准把握理论宣讲与职工需求的契合度，以“劳动托起中国梦”“劳动创造幸福——永远跟党走　奋进新征程”“匠心致初心”“匠心报国——永远跟党走　奋进新征程”“中国梦·劳动美——凝心铸魂跟党走　团结奋斗新征程”“强国复兴有我”等为主题，结合脱贫攻坚、成渝地区双城经济圈建设、党的二十大精神宣传、党史学习教育、庆祝中国共产党成立100周年等主题主线，线上线下广泛开展对象化、分众化、互动化宣讲活动150余场，宣讲时长超过10000分钟，现场聆听超过55000人次，辐射影响人群1000余万人。一场接一场的高质量宣讲在广大职工中掀起一波又一波学习劳模工匠的热潮，宣讲团品牌影响力不断提升和扩大，得到了全国总工会、省委的高度重视。2021年4月，宣讲团成员刘传健、其美多吉被获邀加入全国总工会劳模工匠宣讲团，参加了在全国总工会机关举办的全国工会劳模工匠宣讲活动首场报告会。2022年，省劳模工匠宣讲团首次被纳入学习贯彻省第十二次党代会精神省委宣讲团特别分团。宣讲团的成立和运行，在全省工会中形成示范效应和带动作用，结合全国总工会“万名劳模工匠宣讲党的创新理论”活动，全省21个市州总工会相继组建劳模工匠宣讲团，进机关、进企（事）业单位、进车间班组、进校园、进新经济组织和新社会组织、进网站云端，上下联动开展党的创新理论、劳模工匠精神宣传宣讲6000余场，线上线下触达职工上亿人次，持续让党的创新理论在职工群众中入脑入心，在全社会掀起了崇尚劳动模范、尊重工匠的“追星”新风尚。2023年，全国总工会组织开展“中国梦·劳动美——凝心铸魂跟党走　团结奋斗新征程”全国职工宣讲比赛，四川省总工会广泛组织职工积极参与，报送“云宣讲”作品113部，总点赞量45241人次，总播放量845956人次，推荐的两名选手参加现场决赛和总决赛，获铜奖和优秀奖各一枚，四川省总工会获优秀组织奖。2023年12月，四川省总工会《坚持提升“四度”推动党的创新理论宣传宣讲“飞入寻常百姓家”》入选全国职工思想政治引领经典案例。

第五节　维护职工合法权益和构建和谐劳动关系

维护职工合法权益竭诚服务职工群众是工会的基本职责，是工会一切工作的出发点和落脚点。党的十八大以来，四川各级工会坚持以人民为中心的发展思想，高举维护职工合法权益旗帜，认真贯彻省委和全国总工会部署要求，坚持以法治思维和法治方式维护职工合法权益，推动解决职工群众反映强烈的突出问题，进一步提升了职工群众的获得感、幸福感、安全感。

一、切实维护职工权益

党的十八大以来，以习近平同志为核心的党中央高度重视工会维权服务工作，习近平总书记多次作出重要指示，提出明确要求，强调要把竭诚为职工群众服务作为工会一切工作的出发点和落脚点，全心全意为广大职工群众服务，认真倾听职工群众呼声，维护好广大职工群众包括农民工合法权益，扎扎实实为职工群众做好事、办实事、解难事，不断促进社会主义和谐劳动关系。四川各级党委和政府认真贯彻落实习近平总书记系列重要讲话精神和中央工作部署，扎实推进构建中国特色和谐劳动关系工作，全省劳动关系总体保持和谐稳定。

随着经济社会的发展，职工在民主政治、劳动经济、安全健康上的权利意识不断增强。2015 年，为有效解决维护职工（农民工）权益沟通不畅等问题，省人社厅、住建厅、公安厅、司法厅和省总工会等 10 个部门，决定建立维护职工权益部门联动机制，加强部门协调和配合，及时妥善处理重大职工维权案件，尤其是农民工工资拖欠案件。2018 年，四川省人民政府办公厅印发《关于支持工会参与制定涉及职工权益的政府规范性文件的通知》。

在维护职工民主政治权利方面。一是积极推进创新企（事）业单位民主管理制度改革。2015 年，省委、省政府出台了《四川省创新企事业单位民主管理制度改革方案》（以下简称《改革方案》），将此项改革纳入四川省全面深化改革战略部署，省总工会作为责任部门，加强与省级有关部门协调配合，将《改革方案》中明确的目标任务纳入全省《关于构建和谐劳动关系的实施意见》等涉及职工民主政治权利的多个政策文件中，2018年初此项改革已全面完成，为保障职工民主政治权益奠定了制度基础。二是健全完善民主管理制度体系。先后制定出台了《四川省区域（行业）职工代表大会工作规范》《四川省职工代表大会提案工作暂行办法》《关于加强企事业单位工会组织和民主管理制度建设监督工作的通知》《四川省公司制企业职工董事制度、职工监事制度建设管理办法》《关于加强企业集团多级职工代表大会制度建设的意见》等系列指导性文件，不断健全完善民主管理制度体系。三是巩固提升厂务公开民主管理建制率和覆盖面。近年来，省总工会大力推行区域性、行业性职代会制度，积极破解小微非公有制企业民主管理制度建设难题，不断巩固提升厂务公开民主管理建制率和覆盖面。确保全省已建工会的公有制企（事）业单位职代会、厂务公开制度建制率动态保持在95%左右，已建工会的非公有制企业职代会、厂务公开制度建制率动态保持在90%以上，公司制企业职工董事、职工监事制度建制率持续巩固。四是持续深化“聚焦基层促民主、共建共享双维护”主题活动。广泛开展“厂务公开民主管理宣传”“创建厂务公开民主管理示范单位”“优秀职工代表提案评选”等活动，着力提高企（事）业单位和广大职工对企（事）业单位民主管理的知晓度、参与度和满意度。五是充分发挥厂务公开民主管理制度的重要作用。充分发挥民主管理制度在凝聚人心、群策群力方面的重要作用，团结动员广大职工为供给侧改革、疫情防控、复工复产献计献策。

在维护职工劳动经济权益方面。一是深入推进集体协商。制定实施《四川省集体协商操作规程（试行）》，连续8年开展集体协商“集中要约月”活动，推动企业劳资双方协商内容由工资薪酬分配向涉及职工切身利益的技能培训、社保缴纳、劳动保护等各个领域延伸，实现“单一协商”向“多元化协商”转变。2023年，四川共签订综合集体合同6.3万份，覆盖人数825万人，重点企业单独签订集体合同率动态保持在85%以上。二是促进职工工资增长。积极推动政府建立完善工资正常增长机制、支付保障机制，参与各地最低工资标准调整。2022年，省总工会提出的适当提高最低工资上涨幅度的建议被采纳，四川的最低工资上涨幅度超过了全国平均水平。三是推动解决工资拖欠问题。10 年来，累计组织线上线下招聘会万余场次，培训超过 40 万人次。着力构建“省（城）际联动、部门互动、上下齐动”维权服务体系，加大推动根治拖欠农民工工资问题力度，与人社厅、住建厅、公安厅等部门联合开展“农民工工资支付专项检查”，2012 年至 2023 年底，全省工会办理职工（农民工）维权案件 40692 件，帮助解决拖欠工资、工伤工亡赔偿金等 39. 85 亿元。针对四川省常年出省务工人员超千万的实际情况，四川省总工会首创省（城）际工会维权联动机制，充分发挥输入地、输出地工会作用，有效地维护外出务工人员合法权益。自 2015 年起，省总工会先后在川籍务工人员集中的京津冀（北京）、珠三角（广东广州）、长三角（浙江杭州）及中西部地区（新疆乌鲁木齐）建立四川省总工会驻外法律援助站，就近、就地为外出川籍务工人员提供法律援助服务。2023 年，川渝两地工会签订《川渝工会流动务工人员维权服务合作协议》，共建高度融合、高度衔接的维权服务体系，助推成渝地区双城经济圈建设发展。近三年来，全省各级工会通过跨区域联动机制累计为 12949 名职工成功追回工资和各类赔偿资金 2. 89 亿余元。

推进建立职工劳动安全卫生维权机制。建立劳动安全卫生平等协商集体合同制度。2012 年，省总工会、省安监局等联合在四川省煤矿、非煤矿山、危化、建材等 4 个职业病危害严重的行业推行职业病防治专项集体合同，随后又实施了专项集体合同提质扩面行动。2018 年，省总工会抓住国家、省政府安全生产委员会关于“管安全生产必须管职业健康”的要求，起草了《关于加强劳动安全卫生平等协商工作的通知》，并由省安全生产委员会办公室印发，推进企业普遍建立劳动安全卫生平等协商机制，指导职业病防治专项集体合同向劳动安全卫生专项集体合同过渡，同时争取省安全生产委员会支持，将劳动安全卫生平等协商集体合同工作情况纳入安全检查、督察和巡查的范围，借助党政资源手段推进企业普遍开展劳动安全卫生平等协商签订集体合同工作。截至 2022 年，全省单独签订劳动安全卫生专项集体合同的企业有 4. 5 万家，涵盖职工 433 万人。

在维护职工安全健康权益方面。一方面，大力推进职业病防治工作。积极探索工会参与职业病防治工作新机制，分步骤、分阶段推进职业病防治专项集体合同工作从突出重点行业向强化全行业推广转变、从突出程序规范向强化执行落实转变。省总工会连续12年安排专项资金对患尘肺病等困难职业病职工群体开展救助和慰问，经过三次调整，专项资金从2016年增至每年400万元，每年慰问患病困难职工近6000人；2020年，制定了《四川省总工会患职业病职工（农民工）特殊困难群体专项送温暖资金管理办法》，加强常态化帮扶管理，在缓解患病职工生活困难和维护稳定方面发挥了重要作用。另一方面，督促企业隐患排查治理。促进企业落实隐患排查治理制度和重大隐患治理情况“双报告”制度，同时在全省重点产煤县建立煤矿群众安全监督员制度，共聘各级群监员3000余名，仅2017年，就开展安全监督1500多次，查出事故隐患和职业危害9.09万件，督促改进7.5万件。

二、深化工会源头参与和职工法律服务

四川省各级工会深化源头参与，积极参与《四川省工伤保险条例》《四川省安全生产条例》《四川省“十三五”安全生产规划》《四川省人民政府安全生产委员会关于进一步落实企业全员岗位安全生产责任制的指导意见》等地方性法规规章和文件的制定，加快推动《四川省工会劳动法律监督条例》立法，紧紧围绕安全生产、职业病防治等关系职工群众安全健康的热点、难点问题，深入调查研究，积极参与，积极反映职工群众的呼声和诉求，切实表达工会的建议和主张，从源头维护了职工的安全健康权益。

针对劳动争议案件增多的实际情况，党的十八大以来各级工会加大了工会法律援助的力度。四川省进一步健全工会法律援助工作机构，不断深化工会法律援助工作。2013年1月，四川省19家单位被全国总工会命名为全国工会职工法律援助维权服务示范单位，是获得全国工会系统命名单位最多的四个省（市、区）之一。

2013年12月，中华全国总工会、司法部印发了《关于进一步加强工会公职律师试点工作的意见》。根据这个意见，四川结合实际，2014年8月，四川省总

工会、四川省司法厅制定了《关于进一步加强工会公职律师试点工作的意见》（以下简称《意见》）。《意见》指出，工会公职律师制度是发挥工会法律人才专业优势、提升工会服务职工能力的有效平台，是切实维护职工和工会组织合法权益、推进工会工作法制化的重要举措。要求市（州）、县级总工会要把工会公职律师试点工作作为一项重要的基础性工作，作为市场经济条件下有效维护职工合法权益的重要手段和保障机制，不断完善，稳步推进。切实做好工会公职律师组织管理，加强工会公职律师队伍建设，截至2016年底，全省县级以上地方、产业（局）工会具有法律职业资格（律师）的人员不少于20名，市（州）总工会原则上都要配有一名公职律师；经济较发达、职工（农民工）人数较多的县（市、区）总工会也要采取有效措施力争配备公职律师。

四川不断健全完善工会公职律师制度，积极为律师参与协调劳动关系、维护职工合法权益创造良好条件、提供有力保障，及时研究解决律师在维护职工合法权益中遇到的问题和困难，充分发挥律师在维护职工权益、促进劳动关系和谐和社会稳定中的独特作用，深入开展职工法律援助维权服务，为构建社会主义和谐社会作出了积极贡献，并涌现出一批维护职工权益的杰出律师。2010年以来，省总工会、司法厅和省律师协会已经连续表扬了七届“四川省维护职工权益杰出律师”，共有70名律师受到表彰，4名律师获得“全国维护职工权益杰出律师”称号，3名律师荣获全国五一劳动奖章。同时，一批基层工会被全国总工会命名为“全国工会职工法律援助维权服务示范单位”。

2016年7月26日，《华西都市报》刊登“成都荣兴公司孕妇上班地点被改37公里外，公司被疑逼其辞职”的报道，引起社会广泛关注。省总工会获悉此事件后，7月26日上午，第一时间联系华西都市报记者及当事人了解核实相关情况，为当事人提供法律援助。《华西都市报》《四川工人日报》等媒体也对工会主动快速介入维权进行报道，“四川工会法律援助”微博、微信公众号也在第一时间发布了工会维权动向，及时回应社会关切，取得了良好的法律援助效果和社会效果。

积极推进工会法律援助信息化建设，持续提升法律援助服务效能。2011年1月5日，“四川工会法律援助”微博在新浪网注册开通，并获得新浪网官方认证，成为全国工会系统首家开通的工会工作微博。2011 年 1 月 27 日至 30 日，省总工会通过微博，全程跟进帮助在滇川籍农民工追讨被拖欠工资一事，引起川、滇、湘三省相关部门和广大网友广泛关注，对及时帮助 70 余名川籍农民工讨回被拖欠工资起到了积极作用。2012 年 3 月，国家行政学院电子政务研究中心在北京发布了《2011 年中国政务微博客评估报告》，“四川工会法律援助”微博跻身全国党政机构微博百强，是全国工会系统唯一一家。“四川工会法律援助”微博名列“2014 年四川政务微博十强”榜首。仅 2014 年，“四川工会法律援助”微博发布普法信息和图片 5600 余条（张）。截至 2022 年底，“四川工会法律援助”共发布微博（图片）3.5 万余条（张），拥有全国 32 个省（市、自治区）、港澳台及部分海外地区“粉丝”41 万余名。累计处理微博讨薪、微博维权等案件共 200 件，为 2532 名职工（农民工）讨回工资、工伤补偿、经济补偿金等 5873.85 万元，促进了职工队伍及社会和谐稳定。自微博开通以来，“四川工会法律援助”微博坚持通过原创或转播与职二密切相关的法律法规知识、受理维权投诉举报、提供免费咨询服务、发布青春励志和心理健康等内容，赢得广大粉丝信任与支持，关注度和互动性也不断提升。“四川工会法律援助”微博逐步成为畅通职工和网友诉求和建议的渠道，在主动化解社会矛盾，影响社会舆论，扩大工会依法维权的影响力等方面成效明显，已成为工会与职工、网友互动的重要平台，为工会应用新媒体创新宣传积累了宝贵经验。

为推进全面依法治会创新试点，提升全省各级工会专（兼）职劳动争议调解员、法律援助工作者的专业化能力和工作热情，四川省总工会组织开展了“争当优秀调解员、争做优秀法律援助工作者”的“双争”竞赛活动。“双争”竞赛于 2016 年，由省总工会法律工作部和经济技术部联袂开启，每两年一届。自“双争”竞赛活动开展以来，时刻维护着职工群众的合法权益，持续促进劳动关系的和谐发展，长期孕育着天南地北的先进典型，为全省经济社会发展作出了积极贡献。截至 2023 年底，已成功开展四届，在“双争”竞赛中，平均每位参赛者办理案件 26 件、远远高于 6 件的指标，办案成功率和当事人履行率达 94.6%，均在 85%的指标以上，平均每位参赛者服务职工群众 270 人，涉及资金 600 万元。8 年来，仅全省 80 多位参赛代表就办理案件 2288 件，服务职工群众

23760 人次，涉及资金 5. 28 亿元，有效地维护了全省职工队伍的稳定和经济社会的发展。同时，育人成就显著，涌现出一批先进典型人物，塑造了宝贵的精神。第一届“双争”活动全省涌现了伍伦才等 30 名先进个人，其中宋祥勇等 5 人被授予 2017 年四川省五一劳动奖章，方秀莲等 2 人荣获第五届四川省维护职工权益杰出律师并于 2018 年被授予四川省五一劳动奖章。第二届“双争”活动全省涌现了伍明军等 29 名先进个人，其中安思洁等 5 人被授予 2019 年四川省五一劳动奖章，陈素芳等 2 人荣获第六届“四川省维护职工权益杰出律师”称号，并于 2020 年被授予四川省五一劳动奖章。第三届“双争”活动全省涌现了张珊等 29 名先进个人，其中向之兰等 5 人被授予 2021 年四川省五一劳动奖章。

同时，通过深入开展用人单位遵守劳动用工和社会保险法律法规情况专项检查，持续开展农民工维权活动和“节后返工　法律相伴”“情系女职工，法在你身边”等女职工普法宣传活动，不断增强了用人单位依法用工意识，增强劳动者依法维权意识和能力，切实维护了劳动者的合法权益。《四川工人日报》社从 2012 年起，与四川省总工会联合推出了“讨薪 · 回家”大型维权活动，为广大被欠薪农民工鼓与呼，每年一季，截至 2023 年底，已开展了 12 季，共为 4000 多名农民工讨回欠薪近 7000 万元。

三、制定《四川省〈中华人民共和国工会法〉实施办法》

2013 年 3 月，四川省工会法律工作会召开。《四川省〈中华人民共和国工会法〉实施办法》（以下简称《工会法》）公布施行。2021 年 12 月，全国人大常委会对《中华人民共和国工会法》进行了修改。为贯彻习近平总书记关于工人阶级和工会工作的重要论述，落实好党中央、省委对工会工作的决策部署，维护法制统一，促进四川省工会工作高质量发展，省总工会积极与省人大沟通，及时提出修订《四川省〈中华人民共和国工会法〉实施办法》。2023 年 7 月 25 日，四川省第十四届人民代表大会常务委员会第五次会议通过了《关于修改〈四川省《中华人民共和国工会法》实施办法〉的决定》。该实施办法于 1995 年制定，分别在 2002 年、2015 年、2021 年、2023 年进行了四次修改，为四川省各级工会开展工作进一步提供了有力法治保障，在工会依法行使权利和履行义务、发挥党联系职工群众的桥梁纽带作用、维护职工合法权益等方面，起到了有力的推动作用。

四、推进新《工会法》学习宣传

新修改的《工会法》颁布实施以来，全省各级工会高度重视，精心组织，持续推动学习宣传工作走深走实，确保新《工会法》学习宣传力度不降，热度不减，为进一步提升工会工作法治化建设水平提供坚强支撑和强大动力。

（一）坚持高位推动，形成上下联动学习宣传格局

把学习宣传贯彻《工会法》放在突出位置，由党组书记负总责，分管领导具体抓，形成“一级抓一级、层层抓落实”的良好格局。邀请全国总工会法律工作部黄龙副部长对新修改的《工会法》进行专题辅导和权威解读，为全省各级工会全面把握、准确理解提供指导帮助。各级工会领导干部发挥“头雁效应”，带头学好、带头宣讲《工会法》，以“关键少数”带动“绝大多数”。省总工会及时制定印发《四川工会学习宣传贯彻〈中华人民共和国工会法〉实施方案》，各市（州）总工会制订工作计划，设定工作目标，建立责任清单和督查机制。遂宁、达州等市委召开常委会议，专题学习《工会法》，进一步增强工会依法建会、依法管会、依法履职、依法维权的能力。德阳市政府召开常务会议，会前学法通过专题讲座学习《工会法》，并要求相关部门加强学习，充分维护职工合法权益。

（二）坚持创新载体，构建多维立体学习宣传体系

各级工会组织主动向党委、人大、政府汇报《工会法》学习宣传贯彻工作，加强与相关部门沟通协作，推动形成协同配合宣传贯彻《工会法》的工作格局。充分发挥工人文化宫、职工服务中心、户外劳动者服务站点和职工之家等平台作用，利用“报、网、端、微、屏”和工会新媒体矩阵，通过开设专题专栏、系列评论、互动交流等，结合培训授课、知识竞赛、劳模工匠宣讲等线上线下

多维度宣传，带动职工学习《工会法》，推动企业学习《工会法》，发动社会学习《工会法》。乐山市总工会构建“1+11+N”《工会法》宣传体系，进一步提升宣传合力与传播力。攀枝花市总工会积极协调市委党校将《工会法》专题学习纳入全市领导干部培训班、青年干部递进培训班学习范围。截至 2023 年底，共组织各级党政干部《工会法》专题学习班 40 余场。

（三）坚持实践探索，采取形式多样学习宣传手段

各级工会主动作为，广泛深入开展各类学习宣传活动，切实提高学习宣传质效。省总工会线上线下同时用力，举办全省百万职工学习宣传贯彻《工会法》有奖知识竞赛，在川工之家 App、“四川工会法律援助”微博和《四川工人日报》等平台开展有奖知识竞答。活动期间，线上注册总用户近 15 万人，答题次数超过 135 万次，线下订购近 90 万份报纸参与答题竞赛。巴中市总工会将新修改《工会法》创新编制成“快板”节目，深入企业、深入基层、深入职工群众，用喜闻乐见的方式开展专题宣讲活动，努力提高职工群众对《工会法》的知晓率。泸州市总工会拍摄制作 9 期“酒城益哥微法课”短视频，以通俗易懂、新颖有趣的形式向广大职工普及宣传法律知识。

（四）坚持走深走实，形成广泛深入学习宣传效果

各级工会紧紧围绕党政中心工作，发挥工会职能作用，把《工会法》作为工会系统“八五”普法重点内容，结合工会“尊法守法·携手筑梦”“送文化”等活动，推动《工会法》进园区、进企业、进车间，让《工会法》在用人单位和职工群众中落地生根。不断扩大宣传范围，精准服务重点群体，结合新就业形态劳动者建会入会集中行动，发布《工会法》学习内容，把《工会法》送到平台企业和快递小哥、网约车司机、货车司机等新就业形态劳动者手中，让法治宣传教育贯穿到法律服务行动各方面、各阶段、全过程。截至 2023 年底，全省各级工会举办《工会法》培训班 6600 余个、培训职工群众 150 余万人次，培训工会干部超 13 万人次，工会干部受训率 93%以上。

五、推动构建和谐劳动关系

为深入贯彻中共中央、国务院印发《关于构建和谐劳动关系的意见》的文件精神，2016年，省委、省政府印发《关于构建和谐劳动关系的实施意见》。全省各级工会，持续召开全省劳动争议多元化解工作推进会，积极推动企业劳动争议调解组织和区域性、行业性劳动争议调解组织建设。推进劳动关系“和谐同行”能力提升三年行动计划，持续推进企业集团公司多级职工代表大会、区域（行业）职工代表大会制度建设。10年来，开展劳动关系状况综合评估，推进落实全省企（事）业单位民主管理制度改革试点，健全以职代会为基本形式的民主管理制度，完善集体协商和协调劳动关系三方机制，四川省签订综合集体合同6.79万份，覆盖职工891.2万人。推动职工群众“急难愁盼”问题解决，2023年9月，省总工会建成并上线“12351四川省总工会服务职工热线”，7×24小时为全省职工群众提供工会服务、法律咨询、心理咨询等服务。截至2023年底，累计接听职工群众来电7890个，职工群众满意率99.35%。健全落实“五个坚决”要求长效机制，制定《四川省总工会深入学习贯彻总体国家安全观　构建落实“五个坚决”要求长效机制实施细则》。建立由省委国安办、省总工会“双牵头”的省维护劳动领域政治安全专项工作专班，在全国范围内率先实现省、市、县三级地方联动机制全覆盖。持续深入开展职工队伍稳定风险隐患专项排查化解工作。坚决防止敌对势力借所谓“维权”插手煽动、渗透破坏，坚决防止所谓“独立工会”“民间工会”的出现，坚决维护职工队伍和工会组织的团结统一，坚决维护企业和社会大局和谐稳定，坚决捍卫中国共产党领导和我国社会主义制度，筑牢党长期执政的阶级基础和群众基础。四川省总工会2021—2023年连续三年荣获全国工会维护劳动领域政治安全工作考核优秀等次。

在新型冠状病毒肺炎疫情防控工作中，全省各级工会妥善应对和处理疫情防控期间劳动关系问题，积极维护职工合法权益，发挥了工会组织在维护疫情防控期间劳动关系和谐稳定中的重要作用。一是完善政策强指引。先后出台了

《关于积极维护新型冠状病毒感染肺炎疫情防控期间劳动关系和谐稳定有关问题的说明》《新冠肺炎疫情防控期间50个常见的劳动法律问题解析》等，对疫情防控期间职工工资发放、职工被安排加班加点、被隔离和确诊职工劳动合同解除和终止、疫情期间女职工特殊权益保护等劳动关系问题进行了详细说明，加强劳动关系领域政策法规宣传解读，为职工与企业协商处理劳动关系问题提供及时有效的政策支撑。二是精心组织重实效。以省协调劳动关系三方名义出台了《关于认真做好新冠肺炎疫情防控期间集体协商工作的通知》，从3月中旬至5月中旬，在全省范围内组织开展以“同舟共济、共渡难关”为主题、为期2个月的专项集体协商集中要约行动，促进企业平稳有序复工复产，维护职工合法权益，推动劳动关系矛盾隐患早发现、早协商、早化解。三是精准施策强服务。积极抽调工会集体协商专（兼）职指导员、社会化工会工作者、工会法律援助律师团、职工志愿者等精干力量，分层级、分行业、分区域组建集体协商指导工作队130余支，深入园区、企业一线开展集体协商指导服务。同时，各级工会主动受理职工协商申请，采取“上代下、上参下”等多种方式，及早介入、及时帮助职工与企业协商化解劳动关系矛盾纠纷。

全省各级工会坚持和发展新时代“枫桥经验”，因地制宜，结合实际，推动建立“工会+法院+人社+司法+N”劳动争议多元化解机制，为当事人提供“协商、调解、仲裁、司法确认、法律援助”等一站式便民服务，将大量劳动纠纷化解在仲裁和诉讼前端，在构建和谐劳动关系方面实践探索出四川经验。

六、加强新就业形态劳动者权益保护

随着平台经济、共享经济、数字经济的快速发展，用工形式在悄然发生变化，新领域、新业态、新组织不断发展壮大，以货车司机、快递员、网络送餐员、网约车司机等为代表的新就业形态劳动者大量涌现，已成为我国劳动力大军的重要组成部分。新就业形态劳动者权益维护问题越发受到关注，这给劳动关系和工会工作带来了新的挑战。全省各级工会组织认真贯彻落实习近平总书记关于新就业形态、平台经济的重要讲话和重要指示精神，把新领域、新业态、新组织的工会建设摆在工会工作重要位置，坚持组织覆盖和工作覆盖一起抓，认真做好新就业形态劳动者建会入会和权益维护工作，不断提升新就业形态劳动者的获得感、幸福感、安全感。

随着以新产业、新业态、新商业模式为核心的“三新”经济蓬勃发展，新就业形态就业容量大、灵活性强，成为吸纳就业的重要渠道，在促进就业中发挥着积极作用。特别是货车司机、快递员等以网络、平台为媒介的新型从业群体大量出现。与传统意义上的职工相比，新就业形态劳动者具有组织方式平台化、工作机会互联网化、工作时间碎片化、就业契约去劳动关系化及流动性强、组织程度偏低等特点。“三新”领域职工队伍规模之大、发展变化之快且权益维护需求之强烈，对工会组织服务国家大局、服务职工群众提出了迫切要求。

全省各级工会认真贯彻落实全国总工会关于推进新就业形态劳动者建会入会工作方案等有关要求，切实将新就业形态劳动者建会入会摆在全局工作中的突出位置，先后组织开展了推进货车司机等八大群体入会、新就业形态劳动者入会集中行动、新就业形态劳动者建会入会“组织覆盖提增量　奋力冲刺一百天”、新就业形态劳动者工会工作巩固提升等建会入会专项行动，聚焦头部（重点）企业建会攻坚、行业工会建设提质扩面和灵活零散人员兜底入会等建会入会方式，织密组织网络、创新方法手段、强化服务保障，广泛吸纳新就业形态劳动者加入工会组织。

四川省总工会健全入会项目制、建立目标任务责任制、实行通报制、建立专项经费补助制“四项机制”，制定《全省新就业形态劳动者建会入会项目制建设管理办法》《全省新就业形态劳动者建会入会工作量化考评细则》，完善项目申报、审核立项、过程监督、绩效评价等制度机制，采取“项目制+清单制+责任制”管理方式，确保新就业形态劳动者建会入会蹄疾步稳、纵深发展。全省各级总工会已经逐级设立新就业形态劳动者建会入会专项经费，列入每年度工会经费预算保障。截至2023年底，省、市（州）、县（市、区）级总工会已累计筹集落实新就业形态劳动者建会入会专项经费1.44亿元；全省已累计建立新就业形态劳动者工会组织1.23万个，累计成立新业态行业工会联合会792个、联合工会2085个，累计发展新就业形态劳动者工会会员170.9万人。其中，货车司机、快递员、网约送餐员、网约车司机 4 个重点群体工会会员数达 88.9 万人，约占新就业形态劳动者工会会员总数的 52%。

为切实维护新就业形态劳动者劳动权益。2021 年，省总工会印发了《四川省总工会关于切实维护新就业形态劳动者劳动保障权益的实施意见》，召开了四川省工会新就业形态劳动者劳动权益维护工作会议，着力推进新就业形态劳动者所在重点企业特别是头部企业建会，提出以行业重点企业集体协商、行业性集体协商为重点，推动集体协商制度向新就业形态劳动者延伸覆盖；推动行业商（协）会组织和工会组织健全完善的行业，开展新就业形态行业性职工代表大会制度建设试点；建立健全并落实全员安全生产责任制，加强新就业形态劳动者安全生产教育和培训；推动健全劳动保障法律制度，夯实依法维权的法治基础，加强对新就业形态劳动者法治宣传教育，建立和完善劳动争议多元化解机制，积极推进工会劳动法律监督工作，积极推动平台企业依法规范用工，配合推进职业伤害保障试点工作，积极开展职工法律援助，开辟新就业形态劳动者劳动争议案件“绿色通道”；探索普惠服务新就业形态劳动者的路径方法，深化“会、站、家”一体化建设，创新服务方式，提升网上服务水平，加强新就业形态劳动者素质能力建设，做好特殊保障和延伸服务工作；大力建设新就业形态劳动者“共享职工之家”“司机之家”等 3380 余个，工会驿站 8205 个，切实提供热可纳凉、冷可取暖、雨可栖身、渴可饮水、累可歇脚等贴心暖心服务，被广大职工称为“爱心驿站”“温暖港湾”；省困难职工帮扶基金会积极开展关爱新就业形态劳动者清凉包（温暖包）、一瓶水传递爱等公益项目，发放清凉包（温暖包）6700 个、矿泉水超百万瓶，价值逾 335 万元，关爱新就业形态劳动者等职工超 30 万人次。

四川省各级工会通过开展各种活动，引导广大新就业形态劳动者听党话、跟党走，自觉把个人梦与中国梦联系起来，不负新时代提供的舞台和机会，不负党和政府的关心关怀，在平凡的岗位上努力创造不平凡的业绩。近年来，四川省经济社会的发展充分说明，新就业形态在扩大就业容量、缓解就业压力、增加就业收入等方面发挥着重要作用，已成为吸纳就业的“蓄水池”、经济发展的“助推器”，新就业形态前景广阔。四川省总工会和相关部门积极为劳动者排忧解难、竭诚服务，引导广大新就业形态劳动者弘扬劳模精神、劳动精神、工匠精神，传播新风尚、传递正能量，干一行、爱一行、专一行，积极参与和推进科技创新、管理创新、产品创新，在各自行业、各自领域争当排头兵。

第六节　竭诚服务职工群众和提升职工生活品质

全力抓好困难职工救助和职工生活品质提升，让职工在共建共享中有更多获得感，让职工的底气更足、笑脸更多、生活品质更高，这不仅是对“以人民为中心”发展思想的生动诠释，更是对工会忠诚党的事业、竭诚服务职工重要使命的忠实践行。10 年来，四川各级工会高效能做优帮扶服务，工会促进共同富裕的举措更加扎实。

一、突出抓好服务职工和城市困难职工解困脱困工作

全省各级工会坚决落实党中央打赢脱贫攻坚战要求，围绕“确保到 2020 年困难职工同步迈入小康社会”目标，主动承担起城市困难职工脱困解困任务，认真谋划、周密部署、精准施策、分类帮扶，加大对供给侧结构性改革中转岗安置职工、困难职工等重点群体的帮扶力度，得到上级组织和社会各界的充分肯定和广大职工群众特别是困难职工的认可。

为加大城镇困难职工解困脱困的帮扶和保障力度，确保聚焦问题、厘清思路、夯实责任、强化举措，如期完成解困脱困目标任务，2018 年 8 月，省总工会印发《城镇困难职工解困脱困工作大调研方案》，决定于 9 月开始组成 8 个调研组，分赴全省 21 个市（州）及各县（市、区），对全省工会城镇困难职工解困脱困工作开展集中调研督查。调研主要围绕四个方面开展。一是城镇困难职工基本状况。二是各级党委政府及相关部门对困难群众解困脱困工作的举措和效果。三是各级工会落实全国总工会、省总工会关于城镇困难职工解困脱困工作要求的措施和效果。四是城镇困难职工解困脱困工作中存在的主要问题、困

难及对策建议。调研后形成的《关于我省城镇困难职工解困脱困工作的调研报告》，得到省长尹力、省委副书记邓小刚等领导同志的肯定性批示。省政府工作报告将“推进城镇困难职工解困脱困”列入重点内容。

2018年，省政府办公厅印发《关于进一步做好城镇困难职工解困脱困工作的实施意见》，争取到省财政预算4965万元专项用于困难职工解困脱困工作。2018年，省总工会下拨城镇困难职工解困脱困专项补助共计5000万元。按照“分级建档、分类施策、精准帮扶”的原则，帮扶资金主要用于各市（州）中纳入省级及以上档案管理，没有享受中央财政帮扶的困难职工家庭。2013年以来，四川在接受5.146亿元中央财政专项帮扶资金的同时，省财政投入2.95亿元，省总工会投入2.9亿元用于城镇困难职工帮扶工作。

围绕解决困难职工的迫切需求，因地制宜开展各项帮扶工作，打响“四季送”等活动品牌。2019年，全省工会深入开展送温暖活动，筹集送温暖资金2.28亿元，走访企业8428家，召开农民工、八大群体座谈会278场次，慰问困难职工（困难农民工）、一线职工、困难劳动模范共35.26万户。2019年2月至3月，在开展的就业创业服务月活动中，为满足多元的就业需求，省总工会创新工作方式，线上线下同步进行，通过购买社会服务，利用网络平台精准定制“订单式”专业化服务，举办了“四川省总工会就业创业服务月线上主题招聘”活动，共吸引8000多家企业参加，提供就业岗位3.7万余个。线下活动也取得显著成效，全省工会共组织线下招聘会907场，服务67.5万人，职业技能培训1.6万人，创业扶持1766人。

四川省总工会积极引导社会力量参与城镇困难职工解困脱困工作，为四川省困难职工帮扶工作补充重要力量。四川省职工保障互助会作为社会多层次保障体系的重要组成部分，截至2019年，通过女职工大病互助保障计划和住院医疗互助保障计划吸引包括困难职工在内的653.8万余名职工参保，累计赔付27.8万余人次，赔付资金4.35亿余元，有效缓解职工特别是困难职工看病住院经济压力。四川省困难职工帮扶基金会积极拓宽资金募集渠道，开通了腾讯公益、支付宝在线捐赠端口，共募集善款1.71亿元，还联合轻松筹、轻松公益开展公益项目，实施了“大病帮扶”“生活救助”“捐资助学”等12个系列1100

个公益项目，累计为28万余名困难职工发放救助金1.29亿余元。

2020年底，全省21个市级总工会已全部完成解困脱困目标任务，工会建档立卡的25.4万户困难职工家庭全部如期实现解困脱困。有效构建困难职工帮扶体系和长效帮扶机制，统筹发挥全省204个县级以上帮扶中心和2609个基层帮扶站点的作用，2015年以来，共投入帮扶资金24.5亿元，开展专项帮扶78.7万人次。与此同时，全省各级工会对口联系帮扶655个贫困村，累计投入帮扶资金1.8亿元，组织实施1420个帮扶项目。全面完成城镇困难职工解困脱困目标任务，四川省困难职工帮扶基金会被全国总工会通报表扬为“城市困难职工解困脱困工作中作出重要贡献集体”。5年来，全省工会综合运用财政帮扶、社会保障、就业创业、社会救助等政策措施，构建起困难职工帮扶多重保障线。全省城镇困难职工总体家庭经济改善率达到96.4%，困难职工对党委政府和工会组织满意度不断提高。

二、推进工会服务职工普惠化常态化长效化

建立完善全省工会常态化就业服务平台，有序开展就业服务等系列活动，2021年，运行以来发布优质岗位4.6万余个、用工需求75万余个。持续推进以“公交地铁五折”“川工带川货”为代表的“普惠出行”“普惠生活”“普惠健康”等全省性工会普惠服务项目，全省普惠服务累计服务职工会员3.68亿人次。

2021年9月，全国总工会下发了《关于开展提升职工生活品质试点工作的通知》，四川省总工会迅速行动，持续发力，全力推进，下发了四川省实施方案，全面启动了四川省工会提升职工生活品质试点工作。三年来，确定了122家省级试点单位，获评全国总工会试点单位11家。同时，省总工会党组将提升职工生活品质试点作为《“十四五”发展规划》的重要内容进行安排，并确定为2022年和2023年的重点工作项目。制定提升职工生活品质专项规划，主动对接省发改委，推动将提升职工生活品质试点工作融入全省“推动生活性服务业补短板上水平提高人民生活品质行动”中，统筹安排，一体推进。在广泛调研基

础上，指导全部省级试点单位根据自身实际，科学编制三年发展规划和年度实施方案。

自 2017 年开展工会普惠性服务工作以来，全省各级工会组织紧紧围绕党政中心大局，以职工会员需求为导向，构建了一套行之有效的三方联动工会会员普惠性服务机制。特别是近年来省总工会大力实施“关爱职工公益伙伴纽带计划”，明确以具有工会特色的会员普惠服务项目为重要内容，提升职工生活品质。统筹开展了“普惠出行”“普惠生活”“普惠健康”等省级项目，打造了“公交地铁出行”“加油满减”“川工带川货”等广受职工会员欢迎的品牌，截至 2023 年，已累计服务职工会员 3.2 亿人次。

省总工会深入相关市（州）和试点企业开展提升职工生活品质试点工作调研，研究制定试点工作评价指标体系，全力推进提升职工生活品质四川试点工作。在开展“关爱职工公益伙伴纽带计划”中，联合省邮政公司、省邮储银行，将工会普惠性服务作为提升职工生活品质重要内容，并探索与工行、建行等其他银行和社会组织建立合作关系，扩大普惠服务职工会员覆盖面。2022 年，全省工会采取了职工“点菜”、社会资源“做菜”的方式，已调动公益伙伴投入 2500 余万元，持续推进“普惠出行”“普惠生活”“普惠健康”等全省性工会普惠服务项目，全年服务职工会员 16587.98 万余人次。

深化职工婚恋交友服务，打造“会聚良缘 · 51 情缘”四川工会职工婚恋服务品牌，开展活动 3300 余场，努力打通服务单身职工婚恋需求“最后一公里”。

三、扎实推进职工志愿服务

四川省总工会推进职工志愿服务“五化”建设，引导广大职工践行社会主义核心价值观、传承雷锋精神，为全省精神文明建设注入强大活力。

扎实推进职工志愿服务制度化建设。2015 年，制定《四川职工志愿服务管理办法（试行）》，对职工志愿服务工作从定位与组织建设、服务内容与对象、招募与注册、权利与义务、管理与服务、表彰与激励等方面进行制度化管理。

扎实推进职工志愿服务标准化建设。全省统一职工志愿服务组织标识、活动主题、队伍旗帜，建立统一调度联系机制，规范各类队伍职能和活动内容、范围、方式，有效推进职工志愿服务工作标准化管理和建设。

扎实推进职工志愿服务专业化建设。2015 年以来，全省各级工会在文化、教育、医疗、法律、交通等 10 余个部门和行业分类分级建立专业（行业）志愿服务队伍，开展专项性和专业化志愿服务活动。各级工会利用媒体渠道广泛开展职工志愿服务项目征集活动，逐步建立职工需求档案和志愿服务项目库，把空巢老人、留守儿童、残疾人作为服务重点，开发灵活多样、社会认同的职工志愿服务项目，以项目化推动专业化。截至 2023 年底，全省注册职工志愿者超过 100 万名，职工志愿服务组织近 1 万个，服务站点 5000 余个。

扎实推进职工志愿服务常态化建设。省总工会每年春秋两季开展两次大型的全省职工志愿服务现场展示活动，相继走进各市（州），现场参与职工志愿者累计达 2 万余人次。市（州）总工会每年以“四季送”活动为重点，组织职工志愿者开展季节性惠民志愿服务。各产业、企业工会职工志愿服务队伍开展各具特色的扶贫助困、权益维护、技能培训、情感关怀等职工志愿服务活动。积极组织职工志愿者在中国传统节日、重要时间节点，开展“立足岗位学雷锋·志愿服务展风采”“帮扶困难职工”“走访慰问空巢老人”“农民工平安返乡”“送文化到基层”“绿色出行”等活动。2018 年，3 月 5 日“学雷锋日”和 12 月 5 日“国际志愿者日”，省总工会号召各级工会开展经常性职工志愿服务活动，并于 3 月和 11 月集中开展了两次大型的全省职工志愿服务展示活动，分别走进达州和凉山。2023 年 10 月，省教科文卫工会联合甘孜州总工会开展“送医送教送科技进高原”活动，走进甘孜州石渠县、炉霍县，受益教师、群众 400 余人。

扎实推进职工志愿服务品牌化建设。定期为精品职工志愿服务团队授旗、授牌，推荐参加上级组织评选，2018 年，绵阳市总工会职工志愿者服务支队被推选为“四川省十佳志愿服务组织”，“天珠之窗”藏区及偏远地区远程教育帮扶志愿服务项目被推选为“四川省十佳志愿服务项目”，胡剑、曾焰被推选为“四川省百名优秀志愿者”。

四、擦亮工会服务品牌

不断深化拓展“春送岗位、夏送清凉、秋送助学、冬送温暖”“四季送”服务品牌，构建起常态化梯度帮扶长效机制。10 年来，筹集送温暖资金 29.49 亿元，走访企业 9.3 万家，慰问一线职工和困难职工 462.78 万人次。深入实施“女职工关爱行动”，全省共建设女职工休息哺乳室 5.2 万个，做亮叫响“会聚良缘·51 情缘”“温暖冬日·亲情相聚”“放飞希望·绽放微笑”等女职工服务品牌。连续举办劳动领域社会组织公益创投活动，“关爱环卫职工免费爱心早餐”等 4 个项目荣获全国优秀项目。大力发展职工慈善事业，积极发挥省困难职工帮扶基金会全省性职工慈善平台作用，累计募集慈善资金 2.86 亿元，慈善活动支出 2.32 亿元，帮扶服务职工 117 万人次，不断擦亮工会慈善品牌，蝉联省政府第二届、第三届、第四届“四川慈善奖”最具影响力慈善组织，针对患癌职工打造的“关‘癌’行动重大疾病救助”项目荣获省政府第四届“四川慈善奖”最具影响力慈善项目，并获得省民政厅首批全省社会组织品牌项目。

第七节　深入推进工会改革创新

与改革同行，与时代同步。根据党中央、省委党的群团工作会议精神及省委全面深化改革总体部署，省总工会把工会改革摆在突出位置。自 2015 年底着手谋划，在深入调研、学习借鉴、反复论证和广泛征求各方面意见的基础上，编制《四川省总工会改革方案》。按照“增‘三性’、去‘四化’、强基层、促创新”的改革总体思路，以创新工作载体机制为切入点，将改革触角深入工会工作的各个领域，有力推进省总工会各项改革任务的落地见效，彻底激活全省工会工作的“神经末梢”，新变化、新气象、新成效层出不穷。

一、工会改革的背景和总体要求

2015年7月6日至7日，中共中央在北京召开党的群团工作会议。中共中央总书记、国家主席、中央军委主席习近平出席会议并发表重要讲话。习近平强调，中国特色社会主义事业是亿万人民的事业，党的群团工作肩负着庄严使命。工会、共青团、妇联等群团组织一定要坚持解放思想、改革创新、锐意进取、扎实苦干，切实保持和增强党的群团工作和群团组织的政治性、先进性、群众性，组织动员广大人民群众更加紧密地团结在党的周围，把广大人民群众对美好生活的追求汇聚成强大动力，共同谱写实现“两个一百年”奋斗目标、实现中华民族伟大复兴中国梦的新篇章。

随后，省委党的群团工作会议于2015年9月2日在成都召开。会议贯彻落实中央党的群团工作会议和习近平总书记重要讲话精神，对新形势下做好四川省群团工作作出部署，省委书记王东明出席会议并讲话，要求深入学习贯彻习近平总书记系列重要讲话精神，牢牢把握全省工作主题，以密切党同人民群众血肉联系为核心，以改革创新为动力，切实保持和增强群团工作的政治性、先进性、群众性，更好发挥组织群众、动员群众、团结群众作用，进一步汇聚起推进“四个全面”战略布局落实、谱写中国梦四川篇章的强大正能量。

四川省各级工会认真学习贯彻习近平总书记关于党的群团工作的重要指示精神，全面落实党中央和省委关于群团改革和推进工会改革的部署要求。于2017年初，编制完成《四川省总工会改革实施方案》；2017年2月18日，由省委办公厅下发《关于印发省总工会、团省委、省妇联、省侨联、省科协系统等5个改革方案的通知》正式印发。四川省各级工会根据实施方案，扎实推进工会改革各项工作，以奋斗者的姿态勇当群团改革的排头兵、先行者，在工会机关改革、基层工会改革、运行机制和活动方式创新、工会干部队伍建设等多个方面卓有成效。

按照《四川省总工会改革实施方案》，省总工会和全省各级工会组织强化问题意识、改革意识、责任意识，着力推动破解制约工会工作创新发展的制度性障碍，以保持和增强政治性、先进性、群众性为根本，以聚焦问题、提升效能、夯实基层、服务职工为导向，以健全组织体系、转变工作职能、完善运行机制、创新方式方法为内容，推进工会工作改革创新，着力克服“机关化、行政化、贵族化、娱乐化”现象，切实打造品牌工会、维权工会、帮扶工会、效能工会，不断增强工会组织的吸引力、凝聚力、号召力。到2017年底，省总工会改革任务基本完成；到2018年底，各市（州）、县（市、区）总工会改革任务基本完成，工会组织和工会工作的政治性、先进性、群众性显著增强，服务大局、服务职工的能力显著增强，工会组织自我发展的活力显著增强。

二、推动工会改革创新向纵深发展

改革组织机构设置。增强工会领导机构代表性，省总工会常委会、委员会、代表大会中一线职工代表和劳动模范先进比例分别不低于20%、30%、60%；各市（州）、县（市、区）总工会根据当地实际，参照省总工会做法，合理确定相关比例。按照专职、兼职、挂职相结合的原则，优化省总工会领导班子结构，设置兼（挂）职副主席2名至3名。推进省总工会机构编制设置改革，整合工会网络、信息、舆情、维稳等职能，设立网络和社会工作部；整合民主管理部职能和组织部基层组织建设职能，设立基层工作部；将国际联络部并入办公室；按照纪检体制改革要求，纪检组作为省纪委派驻机构；实行省总工会编制“减上补下”，省总工会将精简机关编制5%和直属事业单位事业编制20%，充实到任务繁重、力量薄弱的县级工会。加强市（州）、县（市、区）总工会和乡镇（街道）、开发区（产业园区）、产业、行业工会建设。完善工会机关干部选拔任用及教育培训机制。各级党委选好配强工会领导班子。市（州）、县（市、区）保持了由同级党委常委担（兼）任工会主席的良好格局。省、市（州）、县（市、区）三级总工会和省级产业工会均在领导班子中配备了兼职副主席1名至3名，并注重从基层工会负责人代表、劳动模范或一线职工代表中选任。

改进经费资产监管。完善工会经费收缴机制，加大工会经费向基层、向职工倾斜力度，坚持基层工会经费分成比例不低于60%、工会会员个人所缴会费全部用于基层，省总工会本级用于直接服务职工和对下补助的经费支出不低于年度总支出的70%；省、市、县三级总工会从县属单位拨缴的2%工会经费中共同筹集9%的经费，专项用于乡镇（街道）、开发区（产业园区）工会开展工作。提升工会财务管理规范化水平，健全和完善工会经费内部控制、决策审批、财会监督和责任追究等制度。加强工会资产监督管理，建立健全统一、科学、有效的工会资产监督管理体制。强化工会经费审计监督，推进经审工作制度化、规范化，强化审计整改，注重成果运用。

强化工会基层基础。扩大工会组织有效覆盖，依法推动非公经济组织和社会组织普遍建立工会组织。在有条件的地方探索非公经济组织和社会组织工会主席直选。切实纠正企（事）业单位改革改制中撤销工会或将工会合并到党群工作部门的现象。改进会员发展和会籍管理工作，开辟网上申请入会等途径，拓宽职工便捷入会渠道，推进会员实名制管理，建立会员组织关系随劳动关系流动接转机制。联合省委组织部、民政厅、人力资源和社会保障厅制定《关于加强社会化工会工作者职业发展机制建设的通知》要求，着力打通社会化工会工作者职业发展通道，增强社会化工会工作者岗位吸引力。指导各地完善社会化工会工作者的聘用、考核、培养、使用和激励机制，加大社会化工会工作者选聘力度，在全省范围内选聘社会化工会工作者2944人，工会基层工作队伍力量不断壮大。指导各地完善兼（挂）职基层工会主席履职尽责考核机制，评优评先向基层一线倾斜，充分调动工作积极性。

创新工作方式方法。积极推进“互联网+”工会工作新模式，将工会工作拓展到网上和移动终端。探索职工“会员卡”服务新形式，以“会员卡”集成职工普惠化服务项目，实现供需对路、精准服务。平台化方面主要是加强“大群团”工作平台建设，加强惠民帮扶中心（站、点）规范化、标准化、制度化建设，积极参与群团组织社会服务中心（站、点）以及群团工作中心建设，建设一批扎根在基层、在职工身边的工会服务平台、维权平台和活动平台。社会化方面主要是加强对职工服务类社会组织联系和引导，在一些关键领域、重要群体中，培育扶持一批合法、合规的职工服务类社会组织，拓展职工服务载体。

建立完善购买社会服务工作机制，逐步形成“党政支持、社会协同、公众参与”的工会工作社会化模式，群众化方面主要是建立完善联系职工群众长效机制、建立完善适应职工需求的工作方式、建立完善科学分类评价体系。

推动完善党建带工建制度。完善向同级党委常委会定期汇报工作制度，每年至少汇报一次。推动由党委常委担（兼）任同级工会主席。推动把工会工作纳入党委党建工作总体格局，同部署、同落实、同督导，提高工会工作在党建工作考核中的比重。推动完善政府与工会联席会议制度，每年专题研究解决工会组织反映的事关职工群众切身利益的重要问题。推动符合条件的工会组织党员负责人提名同级党委委员候选人。推动县（市、区）级以上工会主要负责人参加或列席党委、政府有关工作会议，乡镇（街道）工会主要负责人列席同级党委有关会议。坚持工会受同级党委和上级工会双重领导体制，建立省总工会定期向全国总工会汇报重要工作制度，上级工会建立定期听取下级工会工作汇报和意见建议的制度，加强对下级工会领导班子和工作绩效的评价与考核。发挥省总工会党组的领导核心作用，全面落实党工共建工作责任制。深入推进党风廉政建设，认真落实党组织的主体责任和纪检组织的监督责任，健全完善工会系统党风廉政建设常态化、长效化工作机制，努力营造风清气正的良好环境和氛围。

通过扎实深入推进，四川省各级工会按照中央群团改革要求有序推进，如期完成改革任务。制定《四川省总工会改革实施方案》，增强工会团结教育、维护权益、服务职工功能，健全联系广泛、服务职工的工会工作体系，截至2018年底，方案明确的38个具体改革事项全部完成。制定《贯彻落实全总〈深化工会改革创新实施方案〉的责任分工方案》，从7个方面明确了30条落实举措，进一步拓展全省工会改革广度和深度。着眼增强改革的系统性、整体性、协同性，对标制定《〈中国工运事业和工会工作“十四五”发展规划〉四川实施方案》。健全完善全省工会财务管理制度体系，强化工会重点领域的审查审计监督。加强工会资产公益性服务性建设，持续推进工人文化宫、工人疗（休）养院等工会阵地建设和清理整改。

通过大力实施工会改革，全省各级工会的机关职能和干部队伍进一步优化，服务维护职工的能力和水平不断提升，工会组织实现对新领域新业态和农民工群体的有效覆盖，基层工作活力进一步激发，紧贴职工需求、网上网下联动的活动机制进一步健全，工会工作保障更加有力，社会资源得到充分调动，工会组织动员力、引导力、影响力明显提升。推进工会改革以来，四川不断探索、扎实推进，全面打通联系服务职工的“最后一公里”，努力做到让党政更加满意、职工更加拥戴、社会更加欢迎，走出了一条富有时代特点、四川特色的工会提质增效之路，为四川各级工会注入了新的生机与活力，促进了四川工会事业新的发展。

三、不断夯实工会基层基础

基层工会直接联系和服务职工群众，加强工会组织自身建设，是构建联系广泛、服务职工的工会工作体系的固本之策。基层工会离职工最近，联系职工最直接，服务职工最具体，是工会工作的基础和关键。党的十八大以来，四川各级工会高度重视加强基层组织建设，认真贯彻落实 2014 年习近平总书记“三个着力”重要批示精神，坚持以增“三性”、去“四化”、强基层、促创新为主题，以打造“建会、建制、建家”三位一体、协调联动、同步推进、全面提升的工会基层工作新格局为目标，聚精会神、全力以赴、扎实开展各项工作，推动工会改革向基层延伸，真正使基层工会建起来、转起来、活起来。

2014 年四川省总工会出台了《关于新形势下加强基层工会建设的实施意见》。2015 年 4 月，四川省总工会专门发文，对农民工入会工作进行统一部署，并将非公有制经济组织、劳务派遣企业、快递公司、农业合作社等新经济组织四大模块作为农民工入会重点。四川各级工会连续开展基层工会建设年、落实年活动和“强基层、补短板、增活力”行动，系统推进百人以上企业建会、百人以下 25 人以上企业建会、社会组织建会“三大专项行动”，巩固扩大工会组织覆盖，四川省已建基层工会组织 14. 1 万家、工会会员 1860 万人，百人以上企业建会率超过 97%，百人以下 25 人以上企业建会率超过 92%。完善“小三级”工会组织体系，探索社区网格工会、城市综合体工会等建会方式，实现对小微非公企业的有效覆盖。在组建模式上，通过建立联合基层工会、基层工会联合会、社区工会或本地区域性、行业性工会等方式，把难以单独建会单位的职工组织到工会中来；同时通过组建楼宇工会、市场工会、施工项目工会等方式，把大量分散、流动的职工组织起来。在会籍管理上，将固定管理模式转变为动态式管理，通过建立会员实名制管理数据库、畅通网上申请入会通道等方式，建立简便、职工易接受的入会方式和流动会员管理制度，努力实现“源头入会、持证接转、属地管理”，确保工会会员不流失。在经费支出上，省总工会坚持重心下移、力量下沉、经费下倾，省总工会本级每年补助下级支出均占总支出70%以上。特别是省总工会逐年加大县以上工会职工活动阵地建设资金支持力度。10年来，省总工会本级安排专项资金4.75亿元，支持县以上工会建设职工活动阵地147个，撬动各类资金16.19亿元，工会活动阵地不断壮大，服务职工的能力显著增强，更好地适应了新时代工会工作发展需要，满足了广大职工群众多样化、多层次服务需求。在职工之家建设上，出台《四川省模范职工之家建设管理办法》，指导各地对照“规范型、和谐型、服务型、创新型、学习型、安康型”“六型”职工之家建设标准，广泛开展职工之家建设；出台《四川省基层工会职工之家阵地建设工作规划（2020—2024年）》，组织各级工会围绕政治引领、建功立业、维护权益、帮扶服务、基层组建等五大职能，加大投入、整合资源，深入推进职工之家阵地建设，已累计建设省级职工之家阵地400个、“雪域高原职工之家”77个。为深化工会改革创新，加强县级工会工作，根据《中华全国总工会办公厅关于印发〈“县级工会加强年”专项工作方案〉的通知》要求，四川省总工会决定自2022年9月至2023年9月，在全省工会系统集中开展“县级工会加强年”专项工作。

做实做深“我为群众办实事”实践活动，2021年5月，省总工会印发《四川省工会系统“植根基层办实事　蹲点服务开新局”机关干部赴基层蹲点活动实施方案》，全面启动全省工会系统“植根基层办实事　蹲点服务开新局”机关干部赴基层蹲点活动。本次蹲点活动以全心全意为职工群众办实事解难题为出发点和落脚点，聚焦职工群众“急难愁盼”问题和基层工会建设短板弱项，选派优秀干部赴基层蹲点，重点做好职工思想政治引领、维护职工合法权益、化解劳动关系矛盾纠纷、建强做实基层工会等重点工作，切实为基层工会和职工群众办实事解难题。活动启动后，省总工会机关克服人少事多困难，带头选派10名年轻干部，分赴5个职工相对集中、劳动关系情况较为复杂、工会工作基础相对薄弱的街道、开发区工会，开展蹲点活动。从全省各级工会领导机关抽调380名机关干部到劳动关系情况复杂、工会工作薄弱的基层工会蹲点工作3个月，为职工群众办实事解难题达到1000件次以上。

为保证赴基层蹲点活动取得实效，达到“蹲点补短板、强弱项、夯基础”的基本目的，省总工会制定《四川省工会常态化开展“守初心、解难题、办实事、开新局”工会干部赴基层蹲点工作的实施方案》，建立健全蹲点干部包干负责、定期汇报、履职台账、考核管理等制度机制，督促蹲点干部深入基层、深入一线，与职工群众同学习、同劳动、同生活，掌握真实情况、开展调查研究、解决突出问题，以实实在在的蹲点工作成效取信基层职工，充分发挥联系职工群众的桥梁纽带作用。各地蹲点单位将首选工会组建难点多、劳动关系较为复杂、工会工作基础相对薄弱的乡镇（街道）、开发区（工业园区）工会和县级以下区域性、行业性工会联合会。同时结合“新就业形态劳动者工会工作巩固提升行动”、开发区（产业园区）工会建设、“县级工会加强年”、户外劳动者驿站建设等重点工作，选择重点打造的先进典型作为蹲点单位。坚持组织覆盖和工作覆盖一起抓，在继续清扫建会盲区的基础上，重点促进建起来的1.14万家新就业形态工会组织转起来、活起来。

2022年，四川各级工会选派了1185名机关干部赴690个基层工会开展蹲点工作，紧紧围绕实现解决一批问题、办成一批实事、形成一批成果、锻炼一批干部的“四个一批”目标要求，以植根基层的决心、“解剖麻雀”的耐心、攻坚克难的信心，回应职工群众的利益诉求和热切期盼，并高质量完成各项任务，取得丰硕成果。其中，各级工会蹲点工作组把工会组建和会员发展作为重中之重，以新就业形态劳动者为重点工作对象，累计指导推动新建企业（行业）工会组织3263个、新就业形态工会组织1769个，新发展新就业形态劳动者会员达27.27万人。

2023年，四川继续常态化开展蹲点工作，全省各级工会共选派1211名机关干部赴662个基层工会开展蹲点工作，推动工会干部走出机关、走下基层、走进职工，收集好、反馈好、解决好职工群众的困难诉求，更加有效地发挥桥梁纽带作用。同时，将蹲点作为工会调查研究的重要载体，突出问题导向和目标导向，推动工会干部向职工群众学习、向基层实践学习，聚焦县级工会加强年、新就业形态劳动者建会入会、产业园区（开发区）工会建设、职工维权帮扶、提升职工生活品质等重点工作开展调查研究，推动党中央、省委对工会工作的重要要求和全国总工会、省总工会的工作部署落实到基层、落实到职工群众。

工会机关干部到基层“淬火”、到一线“蹲苗”，在急难险重任务中经风雨、在服务职工最前沿长本领，切实发挥宣传员、组织员、办事员、联络员作用，当好职工群众“娘家人”，取得良好效果。

四、全面加强工会系统党的建设

党的十八大以来，四川省总工会坚持严的主基调不动摇，将管党治党主体责任贯穿全省工会系统党的建设全过程各方面，做到对标看齐、知责明责、守土尽责“三个坚持”。严格落实党组会“第一议题”制度，深刻把握“两个确立”，坚决做到“两个维护”。建立党组成员联系基层党支部工作制度，落实“五个坚决”要求，严格落实意识形态工作责任制。突出管大局、抓班子、强基层“三个重点”。把全面从严治党与业务工作同谋划、同部署、同推进、同考核。加强干部教育管理，建立完善廉政风险防控机制，扎实推进党支部标准化规范化建设。抓好主体责任与监督责任、巡视整改与建章立制、纠治“四风”与锤炼作风“三个结合”。认真抓好巡视整改，完成阶段性整改任务，进一步织密制度笼子。严格执行中央八项规定精神和省委、省政府十项规定及其实施细则，坚决整治“四风”特别是形式主义、官僚主义。常态化开展工会干部赴基层蹲点工作，示范带动全省工会干部能力作风建设持续向好、走深走实。

牵住责任“牛鼻子”，层层压紧压实主体责任。全面从严治党必须“责”字当头，扭住责任制这个“牛鼻子”，抓住党委（党组）这个关键主体，推动各级党组织和党员领导干部严格落实全面从严治党主体责任。省总工会党组认真落实主体责任，研究制定《中共四川省总工会党组履行全面从严治党主体责任清单》，细化落实全面从严治党主体责任的年度任务安排，明确责任分工和完成时限，建立完善党组书记负总责、分管领导分工负责、机关党委推进落实、党支部书记“一岗双责”的党建责任体系。党组把全面从严治党工作列入重要议事日程、纳入部门目标考核重要内容，每年至少2次专题研究全面从严治党工作，分析研判形势，研究解决瓶颈和短板；每年召开全省工会党建、党风廉政建设工作会议和省总机关述责述廉会议，印发省总机关年度党建工作和纪检工作要点，将责任压力传导到基层党组织，形成上下贯通、层层负责的工作格局。同时，将落实全面从严治党主体责任情况作为年度民主生活会对照检查内容，深入查摆存在的问题，开展严肃认真的批评和自我批评，提出务实管用的整改措施，特别是加强对全面从严治党主体责任落实情况的检查考核，将考核结果作为基层党组织和干部评先评优、选拔任用的重要依据，促使责任落实可量化、可操作、可检查、可追责。

拧紧思想“总开关”，坚持不懈强化理论武装。思想是行为的先导，理论是实践的指南，注重从思想上建党，是我们党的光荣传统和政治优势，也是我们党加强自身建设的基本原则和重要法宝。省总工会党组坚持把学习贯彻习近平新时代中国特色社会主义思想作为首要政治任务抓细抓实，教育引导机关党员干部牢固树立“四个意识”，坚决做到“两个维护”，自觉把旗帜鲜明讲政治贯穿工运事业发展各方面。通过党组理论中心组学习、党支部学习、青年理论学习小组学习等形式，坚持集体学习研讨与个人自学相结合、线上学习与线下学习相结合、“走出去”学习与“请进来”学习相结合，深入学习贯彻习近平新时代中国特色社会主义思想和习近平总书记对四川工作系列重要指示精神、习近平总书记关于工人阶级和工会工作的重要论述，深入学习贯彻党的十九大、二十大和历次省党代会、省委全会精神，及时跟进学习党中央、省委新的决策部署和其他重要内容，持续推动学习宣传贯彻往深里走、往实里走、往心里走。从严从实推进“两学一做”学习教育常态化制度化和“不忘初心、牢记使命”主题教育，深入开展学习贯彻习近平新时代中国特色社会主义思想主题教育，扎实开展“学用新思想、建功新时代”“做阅读党员，建书香机关”主题读书活动，引导机关党员干部不断增强用党的创新理论武装头脑、指导实践、推动工作的思想自觉和行动自觉，省总工会党组被评为省直机关“四好一强”活动先进班子，省总工会被评为省直部门党组理论学习中心组学习先进单位，省总青年理论学习小组被评为省直机关青年学习标兵（集体）。加强思想道德和党纪国法教育，持续推进严重违纪违法案“以案促改”工作，组织机关党员干部赴锦江、金堂监狱开展警示教育活动，观看廉政警示教育影片和书籍，撰写读后感言，在节假日重要时间节点制发转发廉政提醒短信，教育引导党员干部知敬畏、存戒惧、守底线，始终把纪律和规矩挺在前面，时刻绷紧廉洁自律之弦。

构筑制度“防火墙”，健全完善监督制约机制。制度建设是加强党的长期执政能力建设、先进性和纯洁性建设的根本要求，全面从严治党必须把制度建设贯穿始终。省总工会党组始终坚持思想建党和制度治党紧密结合、目标导向和问题导向紧密结合，高度重视建章立制、制定与实施并重，努力把制度优势更好转化为治理效能，推动全面从严治党主体责任落到实处。坚持源头防治，紧盯重点领域、重点岗位和权力运行全过程，健全完善执行监督制度机制，做到靠制度机制管人管事。修订完善并严格执行《中共四川省总工会党组工作规则》，切实做到重大项目安排、大额资金使用、大额资产处置、预算安排等党组会议集体研究决策。坚持民主集中制，严格执行“三重一大”决策制度，出台《四川省总工会机关经济合同管理规定》《四川省总工会采购管理暂行办法》等文件，推动了工会经济活动规范运行和健康发展。坚持内部审计，先后修订和出台《四川省总工会关于加强县级工会审计监督的意见》《省纪委驻省总工会纪检组　省总工会经费审查委员会共同建立联席会议和联动监督制度》等20多个办法规定，形成了以经审管理、审计质量控制、审计结果运用为重点的经审制度体系。严格落实领导干部述职述责述廉、民主测评、个人重大事项报告、任前廉政谈话等制度，加强对党内法规制度执行情况的跟踪问效，制度执行力得到不断强化。

建强支部“桥头堡”，夯实从严治党基层基础。党的基层组织是党的全部工作和战斗力的基础，推进全面从严治党，基层基础是“最后一公里”，也是最重要的环节。省总工会党组高度重视基层党组织建设，坚持不懈夯实基层基础，推动机关基层党组织全面进步、全面过硬。深入推进“五好”党支部建设，认真贯彻落实《中国共产党支部工作条例（试行）》，严格落实“三会一课”、组织生活会、民主评议党员等制度，扎实开展“三级书记讲党课”“不忘初心、不负韶华”主题党日活动等，有力推进了党支部标准化规范化建设。着力培育宣传一批“五好”党支部先进典型，坚持每年“七一”评选表彰一批先进基层党组织和优秀共产党员，省总工会女职工部党支部、机关党委党支部被评为省直机关先进党组织。指导打造的省困难职工帮扶基金会党建活动阵地被省直机关工委列为省级社会组织党建活动阵地示范点。加强党员教育管理，认真贯彻落实《中国共产党党员教育管理工作条例》，不断完善党员积分制管理，印发《关于省总工会继续推行党员积分制管理的通知》，改进优化了党员积分制管理分值设定参考标准。加强督促检查，狠抓责任落实，着力查找和整改全面从严治党中存在的突出问题，进一步提升了党建工作和业务工作质效。

树好作风“风向标”，营造风清气正政治生态。作风建设是全面从严治党的永恒课题。省总工会党组坚持把严守纪律、严明规矩放到重要位置来抓，以作风建设永远在路上的韧劲，驰而不息正风肃纪，推进全面从严治党向纵深发展。结合“不忘初心、牢记使命”主题教育，制定专项整治方案19个，组织党员干部严格对照检查、整改落实，坚决整治工作作风上的“懒、庸、散、怕、慢”等问题。主动接受省委巡视并全力抓好整改，深入推进严重违纪违法案“以案促改”，加强工会经费和工会资产管理，对全省119家工人文化宫、6家疗（休）养院进行了清理整改。严格落实中央八项规定和省委、省政府十项规定及其实施细则精神，制定《关于形式主义、官僚主义问题整治实施方案》《省总工会解决形式主义突出问题为基层减负具体举措》等，持之以恒纠正“四风”，2019年，省总机关发文和会议数量分别比上年精简48%、37%。深化“纪律作风保障年”活动，针对重点岗位、重点对象和关键环节，抓实廉政风险排查自评、预警防范、动态处置，切实做到廉政风险防控到位。坚持严管和厚爱相结合，实事求是运用监督执纪“四种形态”，通过开展廉政教育、警示教育、提醒谈话等多种形式，对干部职工苗头性问题早发现、早提醒、早纠正，传递和强化“有权必有责、有责要担当、失责必追究”的党风廉政建设责任意识；坚持有案必查、有腐必惩，支持驻省总工会纪检监察组开展监督执纪问责工作，始终保持严惩腐败高压态势。同时，锲而不舍深化作风建设，大力弘扬“以上率下激发担当作为，干部辛苦换得群众安逸”等治蜀兴川好作风，教育引导机关党员干部紧扣省委中心工作，以严谨务实作风扎实做好“六稳”工作、落实“六保”任务，聚焦省总重点工作任务，以钉钉子精神抓好职工思想政治引领、劳动和技能竞赛、弘扬劳模精神、产业工人队伍建设改革、职工维权服务、夯实工会基层基础、“互联网+”工会建设、助力脱贫攻坚等各项工作落实，努力为奋力夺取常态化疫情防控和经济社会发展“双胜利”、推动成渝地区双城经济圈建设和治蜀兴川再上新台阶作出更大贡献。

10 年来，工会系统党的建设更加深入。压紧压实全面从严治党主体责任，深入扎实开展党的主题教育实践，持续加强全省工会系统党的基层组织建设和党员教育培训管理。两次接受四川省委巡视组对省总工会党组的巡视，对省总工会及直属企（事）业单位开展年度全覆盖审计。建立健全四川省工会机关干部赴基层蹲点工作制度，实现基层蹲点工作常态化、长效化，进一步巩固“我为群众办实事”实践活动成效。深化工会干部教育培训，不断提高服务职工群众、改革创新发展的本领，努力打造一支“忠诚、干净、担当，学习、创新、奉献”的高素质专业化工会干部队伍。

五、加快推进工会数字化建设步伐

四川省总工会认真学习贯彻习近平总书记重要讲话精神，深入贯彻落实中央党的群团工作会议要求，按照中国工会十八大以及四川省工会十五大决策部署要求，主动适应职工队伍发展新变化、新需求，加快推进工会数字化建设，实现工会工作和服务直接、直达广大职工群众。

在 2015 年 7 月召开的中央党的群团工作会议上，习近平总书记指出，“工会、共青团、妇联要探索以多种方式构建纵横交织的网络化组织体系，做到哪里有群众、哪里就要有自己的组织，怎么有利于做好工作、就怎么建组织”。2018 年 10 月，习近平总书记在同全国总工会第十七届领导班子成员集体谈话时指出，“工会要强化互联网思维，把网上工作作为工会联系职工、服务职工的重要平台，走好网上群众路线”，“在网上亮出工会旗帜、发出工会声音，做好正面引导，坚守舆论阵地，落实意识形态工作责任制，增强传播力、引导力、影响力”。2023 年 10 月，习近平总书记在同全国总工会新一届领导班子成员集体谈话时指出，“要创新工作方式，努力为职工群众提供精准、贴心的服务。工会干部要践行党的群众路线，深入调查研究，及时了解职工所思所想所盼，不断增强服务职工本领，真心实意为职工说话办事”。

全国人大常委会副委员长、中华全国总工会主席王东明在中国工会十八大报告中明确要求：“要全面加快工会系统数字化建设。创建直达亿万职工群众、集成工会全部服务内容的服务终端，让亿万职工群众享受‘一键入会’‘一网全通’，以及高效、实时、精准的‘一终端全维服务’。”2023 年 7 月，全国总工会召开全国工会数字化转型工作推进会，全国总工会党组书记、副主席、书记处第一书记徐留平对工会数字化建设提出明确要求，进一步吹响了全国工会数字化建设的工作号角。

四川省总工会全面贯彻落实全国总工会决策部署要求，省委常委、省总工会主席赵俊民多次就工会数字化建设作出重要批示，明确要求“要按照全国总工会最新要求提升，继续走在全国前列”。2022 年 12 月，四川省总工会召开全省工会网络安全和信息化工作推进会，省委常委、省总工会主席赵俊民出席会议，并就全省工会深入推进网络安全和信息化工作提出明确工作要求。2023 年 9 月，四川省总工会召开全省工会数字化建设工作推进会，省总工会党组书记、副主席宋开慧就加快推进全省工会数字化建设作出工作部署，标志着全省工会全面进入数字化建设新阶段。四川工会数字化平台（川工之家 App）自 2019 年 12 月 18 日上线发布以来，通过连续 4 年确定相应建设主题进行迭代升级，初步构建起基础数据全省统一、基本业务全省通办、普惠服务全省共享的数字化工作体系。截至 2023 年 12 月 26 日，平台注册用户已达 780 余万人，累计办理各类工会业务 400 余万件次，信息总阅读量超过 4 亿次，日均活跃用户超过 50 万人，已经成为全省各级工会网上联系服务职工群众和日常办公的主要阵地。2020 年至 2023 年，连续 4 年被中央网信办和全国总工会评选为全国工会省级十佳互联网+普惠服务优秀平台（2023 年位居全国榜首）；2022 年，被省委改革办评选为“四川省改革典型案例”。2023 年 5 月，在全国总工会党组理论学习中心组学习会议专题汇报四川工会数字化建设的做法，2023 年 6 月和 11 月，先后两次获得全国总工会党组书记、副主席、书记处第一书记徐留平肯定性批示。

四川省工会数字化平台结合全省工会工作实际，积极构建“统分融合”工作模式，全省 21 个市（州）总工会均已完成市州自建特色频道并发布上线，初步构建标准统一、各具特色、资源共享的全省工会数字化“一张网”，成为全省各级工会开展职工思想引领、工会业务办理、工会维权服务、普惠服务、工会活动、内部办公等的主要阵地和渠道。在平台使用推广和作用发挥方面，坚持把政治性作为首要出发点，不断增强工会工作的传播力。突出学习宣传贯彻习近平新时代中国特色社会主义思想，通过在四川工会数字化平台开设宣传专栏和系列线上主题活动，及时传播党的声音，引导职工坚定不移听党话、跟党走，累计发布时政要闻 8000 余篇，总阅读量超过 1.6 亿次，单篇平均阅读量达到 2.2 万次。坚持把先进性作为重要着力点，持续提升工会工作的引导力。通过四川工会数字化平台集中展示全省 200 余名劳模工匠的风采和典型先进事迹，大力弘扬劳模精神、劳动精神、工匠精神，单篇平均点击量达到 6.7 万次。组建劳模工匠宣讲团持续开展线下、线上宣讲活动，线上累计宣传覆盖超过 5000 万人次，被纳入省委宣讲团特别分团。坚持把群众性作为最终落脚点，逐步扩大工会工作的影响力。对工会现有业务进行流程再造，平台上线以来有 400 余万名职工通过平台加入工会或转移会员关系。根据职工群众实际需求，陆续开通电子书屋、工匠学院、就业创业、喜马拉雅等职工服务模块，总使用量超过 2000 万人次。

工会改革是全面深化改革的重要组成部分。改革创新是工运事业和工会工作蓬勃发展的不竭动力，必须自觉运用改革精神谋划推进工会工作。实践证明，工会要紧紧围绕保持和增强政治性、先进性和群众性，树立大抓基层的鲜明导向，落实到基层、落实靠基层，不断增强团结教育、维护权益、服务职工功能，切实把工会组织建设得更加充满活力、更加坚强有力。

第八节 深入推进产业工人队伍建设改革

产业工人是工人阶级中发挥支撑作用的主体力量，是创造社会财富的中坚力量，是创新驱动发展的骨干力量，是实施制造强国战略的有生力量。产业工人队伍建设改革，是习近平总书记亲自谋划和部署的重大改革，是党和国家一项具有战略性、全局性的重大决策部署，是全面深化改革的重要内容。工会作为党领导的工人阶级群众组织，在产业工人队伍建设改革过程中，肩负着义不容辞的重要职责。四川各级工会认真贯彻落实习近平总书记关于产业工人队伍建设改革的重要指示精神，把握形势任务，坚持目标导向，强化责任担当，聚焦产业工人思想引领、建功立业、素质提升、地位提高、队伍壮大等重点任务，推动产业工人队伍建设改革走深走实。

一、落实产业工人队伍建设改革要求

2017 年 2 月 6 日，习近平总书记主持召开中央全面深化改革领导小组第三十二次会议，审议通过《新时期产业工人队伍建设改革方案》。同年 4 月 14 日，中共中央、国务院印发《新时期产业工人队伍建设改革方案》，明确提出要把产业工人队伍建设作为实施科教兴国战略、人才强国战略、创新驱动发展战略的重要支撑和基础保障，纳入国家和地方经济社会发展规划，造就一支有理想守信念、懂技术会创新、敢担当讲奉献的宏大的产业工人队伍。4 月 30 日，全国总工会下发《关于认真学习贯彻〈新时期产业工人队伍建设改革方案〉的通知》，就深刻认识推进产业工人队伍建设改革的重大意义、全面把握推进产业工人队伍建设改革的主要内容、充分发挥工会在推进产业工人队伍建设改革中的积极作用等提出明确要求，强调要将此作为各级工会当前和今后一个时期的重要政治任务抓紧抓好，建设宏大的产业工人队伍，更好地肩负起团结引导亿万产业工人听党话、跟党走的政治责任。

省委、省政府高度重视产业工人队伍建设改革工作，深入贯彻落实习近平总书记关于产业工人队伍建设改革的重要指示精神和中央决策部署，2017 年 8 月，省委、省政府成立了由省委副书记任组长，省委常委、省总工会主席和省政府联系工会工作副省长为副组长的产改工作领导小组，下设办公室在省总工会。2018 年 6 月，省委、省政府印发《四川省产业工人队伍建设改革实施方案》，明确到 2020 年，产业技能人才总量达 1000 万人，产业工人劳动报酬增长和劳动生产率增长同步；改革不适应产业工人队伍建设要求的体制机制，在推动治蜀兴川再上新台阶中更好地发挥产业工人队伍的主力军作用；从 2018 年开始，省委将“产改”工作纳入对市（州）党委保证目标考评，省政府将“产改”工作纳入对有关部门（单位）绩效考评，省委改革办将“产改”工作列入重点专项改革方案落实台账。省领导多次听取改革工作汇报，先后 30 多次对产改工作作出批示指示，省委将产改工作纳入对市（州）党委保证目标考评，省政府将产改工作纳入对有关部门（单位）绩效考评，省人大常委会将《关于提高产业工人薪资待遇的建议》列为重点督办代表建议，省委改革办将产改列入重点专项改革方案落实台账，推动形成了党委领导、政府支持、工会牵头、部门协同、企业参与的工作格局。

省总工会认真贯彻落实党中央、省委和全国总工会关于新时代产业工人队伍建设改革及实施方案的有关部署要求，切实履行牵头抓总职责，主动担当作为，聚焦产业工人思想引领、建功立业、素质提升、地位提高、队伍壮大等重点任务，推动产业工人队伍建设改革向纵深发展、向基层延伸。根据《四川省产业工人队伍建设改革实施方案》，由省总工会负责的牵头任务有 15 项、参与任务 6 项、组织实施任务 4 项，省总工会及时制定下发了《贯彻落实〈四川省产业工人队伍建设改革实施方案〉省总工会负责任务实施方案》。认真履行领导小组办公室职责，推动召开三次领导小组会议，多次召开领导小组办公室会议等，就制定政策措施和督促推进等进行部署，建立联络员工作群，定期编发《改革专报》，出版《四川省产改工作文件汇编》，安排专题培训班，积极推动各地各单位交流互鉴；领导小组 10 家成员单位及 21 家改革责任单位牢固树立“一盘棋”意识，积极履行职责，相互支持配合，做好政策衔接、政策配套和政策创新，省委、省政府及各有关单位累计出台政策文件50余个，全省产业工人队伍建设改革制度体系不断完善。认真落实产改“深化年”“提升年”行动部署和改革试点要求，积极支持成都市扎实推进全国层面综合试点，在绵阳市、五粮液集团等18个地区（单位）开展省级层面改革试点，创新实施深化产改“千企行动”和工匠级人才梯次培育“百千万”计划。各单位健全组织机构、制定工作方案、狠抓任务落实，起到了较好的示范带动作用，改革经验被《光明日报》《经济日报》《工人日报》《全国产改专报》《四川改革专报》等宣传推广，成都市在全国经验交流会上作了发言，四川省宜宾五粮液集团有限公司、四川德胜集团钒钛有限公司（以下简称德胜钒钛）改革经验入选全国产改试点典型案例。

二、产业工人队伍建设改革成效显著

加强改进思想政治引领，产业工人听党话、感党恩、跟党走的信念更加自觉坚定。推动出台《四川省加强和改进新时代产业工人队伍思想政治工作实施方案》，通过劳模宣讲、职工演讲、主题阅读、知识竞赛等多种方式，引导产业工人用党的创新理论武装头脑，突出抓好重点企业、重点区域、重点行业，建立非公企业党组织1.81万个，累计发展党员21.97万名；2019年成立劳模工匠宣讲团，组织劳模工匠宣讲进园区、进企业、进学校，大力弘扬劳模精神、劳动精神、工匠精神，劳动光荣、技能宝贵、创造伟大的理念进一步深入人心。

广泛深入持久开展劳动和技能竞赛，工人阶级主力军作用得到更好发挥。把开展劳动和技能竞赛作为组织产业工人建功立业的重要平台与载体形成了以重点工程劳动竞赛为龙头、以现代产业体系劳动竞赛为依托、以区域性劳动竞赛为支撑、点线面多维度呈现的立体竞赛格局，全省参与单位达47.3万家，参与职工超3000万人次，规模以上企业参与率在90%以上。成功承办首届全国家政服务业职业技能竞赛决赛，圆满承办第七届全国职工职业技能大赛并取得历史最佳参赛成绩。累计建成省级创新工作室464余个、各级创新工作室5000余个，激励广大产业工人立足岗位、创新创造。2023年9月12日，四川省第一届机关服务技能竞赛拉开帷幕，全省 21 个市（州）及省直部门的 367 名一线服务人员，在车辆出行、应急处置、客房服务等多个项目中同台竞技。四川技能竞赛覆盖面不断扩大，为各领域从业者搭建起了成长成才的平台，成为四川工会不断推进产业工人队伍建设改革走深走实的重要着力点之一。

强化职业教育和技能培训，产业工人技术技能水平不断提升。印发《四川省职业教育改革实施方案》等文件，组建职教集团（产教联盟）115 个，校企联合开展职教科研项目 4194 个，8 个职业教育集团（联盟）入围教育部第二批示范性职业教育集团（联盟）培育单位，数量居西部第一名、全国第五名；启动中职“三名工程”，在全省遴选 100 所中职名校、200 个中职名专业和 100 个中职名实训基地进行重点建设。实施职工素质建设工程，依托“全国产业工人学习社区”“四川智造人才网”等平台推动产业工人在线学习。实施高技能人才振兴计划，截至 2023 年底，全省技能人才达 1096 万人，其中高技能人才 278 万人，与 2018 年底相比分别增加 37. 1%、59. 7%。

切实推动提高产业工人地位待遇，产业工人主人翁意识进一步增强。注重提升政治地位，产业工人在各级党委、人大、政协、群团组织代表大会代表、委员会委员中的比例均有所提高。出台系列政策文件，打破专业技术人才和技能人才评价界限，解决技术技能人才职业发展中的“独木桥”“天花板”问题。明确通过集体协商等形式合理确定不同岗位的工资水平，向生产一线岗位和紧缺急需的高层次、高技能人才倾斜。做优“工匠型”人才培育“大文章”。2017 年以来，四川工会不断补齐制度短板，着力构建产业工人技能形成体系；创新产业工人发展机制，拓宽产业工人发展空间。大力开展劳模和工匠人才创新工作室创建工作，多举措实施高技能人才振兴计划。累计推荐评选大国工匠 4 人、四川工匠 380 人、市级工匠 3896 人。注重提升社会地位，增加产业工人在各级各类劳动模范和先进代表中的名额比例。2018 年以来，四川省五一劳动奖章表彰中，一线职工和产业工人获奖比例均超过 60%，广大产业工人体面劳动、舒心工作、全面发展的职业荣誉感、自豪感逐步提高。

在扎实推进省级层面改革任务落实的同时，省总工会加大对下督促指导力度，各市（州）高度重视、大力支持产改工作，形成了党委统一领导、工会牵头抓总、部门各司其职的工作格局，全省产业工人队伍建设改革工作稳步推进。其中，成都市制定《关于实施“成都工匠”培养五年计划的意见》，推动市委、市政府出台礼遇“成都工匠”十条政策，持续提升技能人才的归属感、获得感、幸福感；绵阳市推进院校与高科技军民融合企业合作，推动把九洲技师学校（工匠学院）办成培养军民融合高端人才的重要基地；资阳市将优秀产业工人特别是高技能人才纳入“雁阵计划”，定期编制和发布全市技能人才需求目录，为其搭建更高层次就业舞台；中铁二局对职工实行 ABCD 四级考核评价制度，建立以业绩为导向的产业工人激励机制；五粮液集团实施“工匠苗圃”职工职业技能提升工程，构建“漫灌+渠灌+滴灌”的制度化特色培养体系；德胜钒钛建立常态化技能竞赛机制，年均投入600余万元专项用于竞赛开展，并将竞赛结果与工匠、技师评选挂钩。同时，成都市、攀枝花市、泸州市、宜宾市分别规划建设成都工匠学院、三线精神劳模（工匠）研修学院、中国轻工工匠学院、中国酒业工匠学院，着力拓宽产业工人技能提升阵地。

第九节　推进直属单位、社会组织、工人文化宫等高质量发展和对外交流、交往合作

直属事业单位作为省总工会的重要组成部分，是维护职工合法权益、竭诚服务职工群众的一支重要力量。党的十八大以来，省总工会干部学校、四川工人日报社、四川职工服务中心、省职工保障互助会、省困难职工帮扶基金会、工人疗（休）养院等省总工会直属事业单位在省总工会的坚强领导下，深入推进事业单位改革，充分发挥各自职能作用，以职工需求为导向，积极拓宽服务职工领域，提升服务质量和水平，竭诚做好服务职工工作，在围绕中心、服务大局中发挥了重要作用。

一、推动工会疗（休）养事业高质量发展

工会疗（休）养事业是具有一定社会福利性和公益性事业，是国家医疗卫

生事业的组成部分，是工会为广大职工服务的一项重要事业。党的十八大以来，省总工会高度重视工会疗（休）养工作，通过深化疗（休）养院改革、指导推进装修改造工程等多种方式，支持和促进新时代工会疗（休）养院建设和发展，切实满足职工疗（休）养需求。工会疗（休）养院始终坚持守正创新，积极推进坚持公益性服务性方向与社会化市场化运作，采取多种有效办法，不断提高客人满意度，不断巩固和拓展市场，努力实现经营效益最大化。

积极推动疗（休）养院落实培疗机构改革。省属 5 家疗（休）养院深入落实培疗机构改革方案，深化转型发展。省总投资约 1.3 亿元对成都工人疗养院、重庆五指山、北温泉工人疗养院相继完成提档升级改造，改造升级后面貌焕然一新，疗（休）养服务功能日臻完善，活动项目越来越丰富多彩，从回归主业向做优主业迈进。成都市总都江堰疗养院积极打造“一院三址”，新获批“全国劳模疗休养基地”。成都工人疗养院职工体检和健康管理工作有序开展，正积极打造成为全国标杆。2012 年 4 月，通过对成都工人疗养院原疗养楼进行整体装修改造，建成职工健康体检中心，并于同年 9 月正式开业，主要承接四川省总工会组织的省本级和成都市总工会组织成都市辖区环卫工人及工会建档困难职工健康体检。2013 年 10 月，增挂“四川省人民医院健康体检中心北区分部”牌子，实行与四川省人民医院健康管理中心同质化管理。2018 年 11 月，被中华全国总工会资产监督管理部评审为中华全国总工会职工健康管理中心试点单位。自贡工人疗养院（自贡市第六人民医院）与自贡五医院合作持续推进，努力建设成为省内有影响力的职业病康复专科医院。2012 年 5 月，自贡工人疗养院被全国总工会表彰为全国先进疗养院。2019 年 5 月，增挂“川南职业病医院”牌子。2020 年 3 月，增挂“自贡市精神卫生中心（医联体自贡市第五人民医院西城分院）”牌子。

助推产业工人队伍建设改革，扎实开展优秀技术工人疗（休）养工作。2014 年至 2018 年，省总工会有序组织 3000 名（每年 600 名）纳入省级统一管理的省部级以上劳动模范参加疗（休）养，开启川籍劳动模范出川短期疗（休）养活动。2022 年，全省启动优秀技术工人疗（休）养工作以来，全省工会共筹集资金约 4500 万元，完成技术工人疗（休）养 14 万余人次，进一步激励全省广大技术工人创新实干、建功新时代。

二、推动工人文化宫高质量建设和发展

工人文化宫（俱乐部）是工会开展职工文化体育活动的重要载体和工会服务职工的重要阵地。四川省各级工会认真贯彻落实中央群团改革要求，按照全国总工会关于大力推进工人文化宫高质量发展要求，始终坚持工会服务职工阵地政治属性，围绕“突出公益、聚焦主业、自主经营、依法监管”总体工作目标，大力推进工人文化宫高质量建设和发展，努力实现社会效益和经济效益的统一。

自 2020 年 9 月全国总工会召开贯彻落实文保法推进工人文化宫高质量发展座谈会以来，四川省各级工会把工人文化宫建设和管理工作纳入全局工作来抓，持之以恒地抓好工人文化宫清理整改工作，落实公共文化服务政策，创新运营管理体制机制，提高服务职工能力和水平，有力推动工人文化宫实现高质量发展。一是创造性开展工人文化宫、工人疗（休）养院清理整改工作。结合各地实际，着力解决了“牌子工人文化宫”“空壳工人文化宫”难题，四川省共 121 家工人文化宫，需清理整改的工人文化宫 83 家，实现了应清尽清、应改尽改，取得阶段性胜利。二是落实工人文化宫作为公共文化设施的法律地位。经多方努力，四川省已将工人文化宫纳入《四川省公共文化服务保障条例》，指导各级工会在地方党委的领导下，推动建立健全党委领导、行政支持、工会运作、职工参与的职工文化共建共享机制。三是着力点亮工人文化宫，实现服务阵地高质量发展。坚持公益性、服务性方向推进服务阵地社会化市场化运作试点，制定出台《四川省标准化工人文化宫实施标准》，大力实施工人文化宫点亮工程，努力为广大职工群众提供一个设施齐全、服务优质、环境舒适的活动场所，切实把工人文化宫打造成为新时代“工人的学校和乐园”。四是推动将全省少数民族县工人文化宫纳入公共文化服务体系建设，分批纳入省级财政公共文化服务体系建设专项资金补助范围，推动少数民族地区工人文化宫高质量发展。

工人文化宫阵地回归主责主业，重新焕发了生机与活力，产生了良好的政

治、社会反响，职工群众满意度持续上升。2023 年 10 月，攀枝花市、苍溪县工人文化宫获首批全国标准化工人文化宫命名。

三、推动《四川工人日报》高质量发展

党的十八大以来，省总工会高度重视机关报《四川工人日报》的办报工作，适应新时代发展要求，不断推进这一新闻舆论阵地建设。四川工人日报社深入学习贯彻习近平总书记关于工人阶级和工会工作的重要论述、对四川工作系列重要指示精神，始终坚持正确政治方向、舆论导向、价值取向，紧紧围绕省委治蜀兴川战略部署和全国总工会、四川省总工会重要部署，立足本职、守正创新，切实发挥工会“喉舌”阵地作用，传播好四川工会声音，讲好四川职工故事、劳模故事、劳动故事和工匠故事，以工匠精神做好新时代工会和职工的新闻宣传报道工作，为四川工运事业高质量发展创造良好舆论环境。

传播力、引导力、影响力全面提升。2012 年以来，《四川工人日报》开展了《讨薪·回家》大型维权报道行动，以记者追踪现场报道形式，为职工（农民工）讨回欠薪和工伤赔款，深受广大农民工的欢迎和读者好评，彰显了工会媒体力量。栏目内的不少报道获四川省好新闻奖。2016 年，大型采访报道活动《寻找天府工匠》社会反响热烈。在长达大半年的时间里，记者深入全省各地寻找各条战线的顶尖技术工匠，讲好职工故事，得到各界广泛好评。该组报道获第十七届宣传四川好新闻奖，并由中国工人出版社出版《天府工匠》一书。2016 年，精心组织四川省推进供给侧结构性改革宣传报道，推出系列报道《推进供给侧改革工会作用》，其中《主动介入主动跟进主动帮扶——记绵阳市总工会在推动供给侧改革中切实维护职工权益》得到省委领导肯定性批示，《工资协商谈判正在进行》《一千多个红手印的故事》《四川工会首开先河“织”微博》等获四川省好新闻一等奖，树立并扩大了工会组织与时俱进的社会形象。

传播形式不断优化，传播手段更加多样。加强互联网内容建设，创新网上宣传，着力打造“报、网、端、微、屏”的传播矩阵和一体化传播体系，不断提升新媒体的传播力。2014 年，51 网正式上线。2015 年，官方微信 51 工社创

建。2016 年，51 情缘网荣获全国报业创新奖。2019 年，报纸改版、全彩色出版。

四、推动工会干部学校高质量发展

党的十八大以来，省总工会高度重视省总工会干部学校的建设发展工作，在教学环境改善、师资力量配备、教学方式创新等方面给予积极支持，充分发挥其作为省工会系统学习研究宣传习近平新时代中国特色社会主义思想的重要阵地作用。省总工会干部学校深入学习贯彻习近平总书记关于工人阶级和工会工作的重要论述，认真贯彻落实全国工会干部教育培训工作会议精神，聚焦主责主业，着力抓改革促发展，着力提高教学水平，全面加强工会干部培训，坚持做好党的政策主张的诠释者和传播者、工运事业的践行者和推动者，奋力谱写党的工运事业和工会工作新篇章。

深入开展工会干部培训。干校始终把加强党的创新理论武装作为思想建设的根本任务，深入学习贯彻党的十八大、十九大、二十大精神，认真开展集体备课试讲，积极推进党的创新理论和会议精神进课堂、进教材、进头脑。坚持以“1+N”的重点思路，拓展干校功能，积极转型发展，将培训对象由原来工会干部向产业工人、劳模工匠、技能人才、新就业形态劳动者等多类型群体延伸，2020 年，首次开设一线职工、农民工、工匠大师、技能人才素质能力提升培训班，扩大了干校培训覆盖面。积极探索培训新路径，创新网络“教师授课+现场教学”、重要理论“专家解读+省总领导授课”、“理论+实务”，开启省总工会干校、企业工会主席、分工会主席和一线劳模工匠直播连线分享等教学方式。加大与院校、企业、基层培训中心等多机构的联合办学。2020 年 9 月，授牌成都市总工会都江堰疗养院作为省总工会干校培训基地，与广安小平干部学院合作挂牌“工会干部教育培训基地”。2013 年至 2023 年，干校共举办各种类型培训班 310 期，培训工会干部、劳模工匠、技能人才共 24334 人次。“送教下基层”覆盖干部职工近 9 万人次。

同时，聚焦四川现代化建设中“工会篇章”的谋划部署，加强重大战略问题的深度研究，及时推出有战略性、参考性、全局性的研究成果。2018 年以来，干校教师各层次发表文章、科研获奖、交流发言累计 34 个（次），其中全国性奖项 9 个，省级奖项 8 个，干校学术影响力不断提升。

五、推动职工互助保障和困难职工帮扶高质量发展

为加强职工互助保障，对因疾病、灾害、意外等原因陷入困境的职工提供经济上的援助，在省总工会的组织引导下，1996 年 3 月，经省民政厅批准，省职工保险互助会注册成立，旨在通过集合广大职工的力量，形成一个帮扶基金，实现职工互助互济。省职工保险互助会于 1996 年、2001 年、2003 年相继推出“职工安康互助保险计划”“女职工大病互助保障计划”“团体人身意外伤害保障计划”“职工住院医疗互助保障计划”，覆盖了职工病、死、伤、残等多个方面，为职工建立起一道互助保障的安全屏障，有效维护了职工健康权益，提高了职工医疗保障水平。2018 年 6 月，互助会由“四川省职工保险互助会”变更为“四川省职工保障互助会”。2020 年 10 月，互助会正式实施新的五个保障计划，即“四川省职工住院医疗互助保障计划”“四川省职工人身意外伤害互助保障计划”“四川省女职工大病互助保障计划”“四川省女职工大病互助保障计划-B”“四川省职工重大疾病互助保障计划”，进一步拓宽保障范围、提升保障额度、提高保障待遇。同时，在保障计划中创新性地设置了慰问金，让基层工会主席或经办人亲自把慰问金送到职工手中，让职工感受到工会的温暖和关心。

党的十八大以来，省职工保障互助会聚焦主责主业，坚持服务中心大局，不断优化保障产品，拓宽服务保障对象，将互助保障融入省总困难职工帮扶、提升职工生活品质等工作，将最大利益向职工群众倾斜，将互助保障体检活动统筹纳入全省新就业形态劳动者移动体检年度任务；以数智化转型升级赋能安全监管，打造系统 2.0 升级版业务系统管理平台，并主动融入全省工会数智化建设大局，将互助保障系统融入四川工会数智化平台“一张网”，不断构建完善内控管理体系；通过推进互助保障形象建设、推广“互保”系列文创宣传品、加大线上线下宣传力度等方式，着力叫响“互保”名号，讲好互助保障故事。

自成立以来，省职工保障互助会始终坚持服务职工导向，充分发挥补充保障作用，努力做大业务规模、做优服务保障、做细内部管理、做实风险防控，有效提高了职工群众医疗保障水平和抵御风险能力，让广大职工切实感受到了党和政府以及工会“娘家人”的关心关爱。截至2023年底，省职工保障互助会业务已覆盖全省21个市（州），涵盖基层单位1.84万个，累计入会1323万人次，累计会费11.73亿元，受益职工50.2万人次，累计申领互助金7.8亿元。

为加强困难职工帮扶，省总工会于2014年发起成立了四川省困难职工帮扶基金会，经省民政厅认定具有公开募捐资格的5A级慈善组织，旨在通过慈善公益活动，筹集善款，用于救助困难职工、困难劳动模范、困难农民工为重点的困难群体。

10年来，在省总工会的坚强领导下，基金会聚焦党政工作大局，紧贴工会职责任务，主动作为，勇于创新，多方协同社会慈善力量，积极参与全省困难职工解困脱困和职工帮扶服务工作，有序助力脱贫攻坚、乡村振兴、新冠肺炎疫情防控和抢险救灾等工作。2016年至2020年底，积极参与城镇困难职工解困脱困工作，共募集善款1.71亿元，联合轻松筹、轻松公益实施公益项目1100余个，累计为28万余名发生困难的职工发放救助金1.29亿元；2018年，积极参与深度贫困县脱贫攻坚“种子基金”项目，连续实施扶贫脱困专向项目16个，支出项目资金601.04万元，帮扶建档立卡贫困户2221人，覆盖贫困地区近万人；2020年，针对医务、疾控、公安干警、志愿者等疫情防控一线工作者开展守护计划系列活动和慰问项目，累计支出捐赠款物1241万余元，覆盖帮扶抗疫一线工作者及职工8万余人次；2022年9月、2023年12月，先后为泸定地震、甘肃积石山县受灾职工、困难职工捐赠款物；2023年7月，开展“迎大运　送清凉”专项慰问活动，协调多方慈善资源向大运会组委会捐赠款物440万元。基金会成立以来，累计募集爱心款物2.86亿余元，慈善活动支出2.32亿余元，帮扶服务职工117万余人次；先后被中华全国总工会通报表扬为“城市困难职工解困脱困工作中作出重要贡献集体”，荣获“中国职工公益优秀组织单位”称号，蝉联省政府第二届、第三届、第四届“四川慈善奖”最具影响力慈善组织，关“癌”行动·重大疾病救助项目获得第四届“四川慈善奖”最具影响力慈善项目。

六、推动职工服务中心高质量发展

1986年，四川职工对外交流中心挂牌成立，与四川省总工会国际部两块牌子一套人马，合并办公，主要从事工会对港澳台及派遣赴日本工业研修生工作。1997年9月，经省委编办批准，成立自收自支独立核算的事业单位四川职工对外交流中心，除以往业务不变外，开始独立派遣赴日本茨城县农业研修生。截至2012年底，总共向日本派遣3000余名农业研修生，并通过全国总工会交流中心向日本派遣200余名工业研修生，使这些派遣人员开阔了视野，增加了收入，为他们回国后就业创业创造了条件，同时也为国家增加了大量外汇收入。同时，从2009年起，对外交流中心陆续开始组织四川工会干部赴中国台湾参访交流，先后与台北市总工会、台湾电力工会、台湾总工会签订《友好交流协议书》，为两岸友好交流奠定良好基础。

立足职工群众多元化需求，四川省总工会积极探索“管办分离”模式下的职工服务中心建设，着力构建“功能完善、均衡发展、运转高效”的职工综合性服务阵地。2019年12月17日，四川职工对外交流中心更名为四川职工服务中心，重新核定事业编制15名，主要职责调整为：承担职工就业创业、困难帮扶、法律援助、争议调解，心理咨询等服务，四川工会网上工作平台，新媒体平台建设、管理和维护等网络服务；开展职工文化体育活动、职工对外交流合作等工作。截至2023年底，已线上办理省本级基层工会法人资格证书1461件。从2021年7月起，开展全国级1700余户、省级7000余户困难职工档案的动态监测。从2021年11月起，发放特殊领域资金补助860万余元，惠及特殊群体近万人次。

七、持续深化工会和职工对外和对港澳台交流交往合作

工会外事工作是我国对外工作的重要组成部分，也是我国民间外交的重要组成部分。党的十八大以来，省总工会深入贯彻落实习近平外交思想，紧紧围

绕党和国家外交战略布局，充分发挥工会民间外交优势，持续深化拓展与国外工会的交往交流，对外交流有效开展，友好合作不断推进。

切实做好来访外宾及团组的接待工作，不断健全与港澳台工会和劳动界交流合作机制。10 年来，省总工会领导先后接待了德国联邦议院劳动和社会委员会主席齐默曼女士访问团、韩国领事代表团、中国香港工联代表团、中国台湾电力工会代表团、中国台湾总工会代表团、韩国劳总京畿道地域本部代表团、中国澳门旅游业司机总会代表团、日本日中技能者交流中心代表团（2013）；日本联合山梨工作访问团、韩国劳使发展财团（2014）；挪威办公人员工会代表团、日本联合山梨代表团、奥地利联邦生产工会代表团、巴基斯坦人民党代表团（2015）；德国北威州德工联代表团（2016）；挪威海员工会（2017）；奥地利联邦生产工会、挪威商业与办公人员工会代表团、尼泊尔总工会学院代表团（2019）；挪威代表团、德国五金工会评论学院中国研究小组、柬埔寨工会总联合会、新加坡全国交通工友（2023）访问四川。

扎实做好代表团出访工作。2013 年，出访日本联合山梨、德国、奥地利、德国巴伐利亚州五金行业工会、奥地利下奥州生产工会、澳大利亚、新西兰，并与奥地利下奥州生产工会签订了两会“友好交流协议”。2014 年圆满举办了四川省总工会与日本联合山梨友好交流 20 周年纪念系列活动。2015 年，出访德国北威州工会，与奥地利联邦生产工会签署了《中国四川省总工会与奥地利联邦生产工会友好交流补充协议》《中国四川省总工会与奥地利联邦生产工会开展职工技术交流的共同声明》。2017 年 5 月，出访日本联合山梨，签署了两会缔结友好关系 25 周年纪念活动有关事项《备忘录》。2019 年签署了四川与挪威工会《友好交流合作备忘录》。2019 年，出访丹麦、瑞士、奥地利工会，组团前往德国马格德堡大学教育与媒体学院开展“四川促进产业工人素质提升大国工匠创新型人才培训”。2023 年，先后出访挪威、冰岛、印尼、新西兰、澳大利亚，就职工入会、技能培训等方面达成初步意向，搭建友好往来合作关系，积极展示四川工会良好形象。

有效做好对台交流工作。积极搭建川台两地工会和职工交流的平台，持续开展与台湾海峡两岸劳工发展交流协会、台湾两岸劳工事务交流委员会、台湾烟酒工会、新北市总工会、新竹市总工会、花莲县总工会等多个相关友好工会组织的交流，赴台参访人员覆盖省总、各市地州总工会、各产（企）业工会以及劳动模范先进、女职工代表、工会法律工作人员、教育工作者。2009 年至 2019 年间，共组织 35 个团组 480 人次赴台参访交流。2012 年 6 月 7 日，举办了四川省台湾同胞联谊会成立 30 周年纪念大会。

第十节　在脱贫攻坚、抗击疫情和抗震救灾等大考中担当作为

以党的旗帜为旗帜、以党的意志为意志、以党的使命为使命，围绕中心、服务大局是工会组织的传统和优势。在推动治蜀兴川再上新台阶的新征程上，全省各级工会主动作为、奋勇争先，找准工会服务经济社会发展大局的切入点、结合点、着力点，在凝心聚力助力脱贫攻坚、乡村振兴和抗震救灾中展现工会新作为。

一、助力决战脱贫攻坚和乡村振兴

四川作为全国脱贫攻坚的主战场，截至 2020 年，现行标准下全省农村贫困人口全部实现脱贫，贫困县全部摘帽，解决区域性整体贫困，这是四川省委、省政府向党中央、国务院和全省人民做出的庄严承诺。从 2013 年至 2020 年，历经 8 年接续奋斗，全省 88 个贫困县全部摘帽、11501 个贫困村全部退出、625 万名建档立卡贫困人口全部脱贫。全省各级工会认真贯彻落实党中央、国务院和省委、省政府决策部署，把做好脱贫攻坚工作特别是深度贫困地区脱贫攻坚工作作为重大政治任务，主动参与、发挥优势，立足实际、创新实践，在助推脱贫攻坚工作中作出工会组织应有的贡献。

牢记嘱托，坚决打赢脱贫攻坚战。省总工会主席办公会、党组会每年都及时召开会议，专题学习习近平总书记系列重要讲话精神，第一时间研究落实党中央、省委重大决策部署。省委常委、统战部部长，省总工会主席田向利先后

多次到基层调研指导脱贫攻坚工作，其中60余次到连片贫困地区指导解决突出问题；省总工会直接牵头联系指导4个贫困县，每年深入联系点调研指导不少于4次，选派优秀干部到脱贫攻坚一线工作，强化责任，上下联动，形成了高效运转的工作机制，推动党中央、国务院决策部署在四川落地生根、开花结果。省总工会先后组建16个调研督导组，由省总工会领导分别牵头，深入全省四大片区及工会联系片区开展调研，调研119个贫困村，走访贫困户1751户，全方位、深层次准确把握工会系统推进脱贫攻坚的重点难点。全省各级工会组织充分利用联系大型企业集团、高等院校、社会组织、劳动模范等优势，积极协调企业在人才、资金、技术等方面向深度贫困地区覆盖，积极深入定点帮扶县、镇、村，指导制定脱贫攻坚规划，协调落实项目资金。2016年以来，阿坝州总工会自筹资金1023万元，建设乡镇“职工之家”200多个，在13个县（市）打造农民工文化驿站，开展培训、讲座等活动200余场次，参与职工达12万余人次，有效激发了职工群众投身脱贫攻坚的内生动力。

高位推进，充分发挥工会职能作用。四川工会紧紧围绕全省脱贫攻坚大局，找准工会工作与脱贫攻坚工作的结合点和着力点，多措并举，主动作为，靶向发力助推脱贫攻坚。以消费帮扶促脱贫攻坚。省总工会全域推进“消费扶贫”，要求市县各级工会结合当地实际，以“消”促“脱”、以“买”助“收”，切实帮助贫困地区群众解决销售困难问题。四川省总工会联合中国邮政集团有限公司四川省分公司、中国邮政储蓄银行股份有限公司四川省分行共同开展“巩固脱贫攻坚成果·工会助力乡村振兴”暨“川工带川货·会员享实惠”活动，借助邮政线上平台打造活动专区，助力贫困地区农特产品销售。内江市总工会联合市财政局共同制发《关于进一步动员全市广大职工工会会员积极消费繁荣市场发展经济的通知》，鼓励各级工会推进消费扶贫，将全年节日慰问经费总额的20%~30%安排用于购买本市范围内的“四川扶贫”公益品牌产品，通过消费扶贫帮助贫困地区困难群众脱贫增收。脱贫攻坚过程中，全省各级工会直接购买贫困地区扶贫产品1155.6万元，帮助销售9077.4万元。

以劳动竞赛促脱贫攻坚。充分利用劳动竞赛这块金字招牌，先后在老、少、边、穷等贫困地区的电力、石化、水电、交通等20多个基础设施重点工程项目中开展劳动竞赛活动，430多家单位参赛，参建职工55万余人，为促进贫困地区经济发展发挥了积极作用。2012年至2015年，省总工会在革命老区广元市组织开展“建双百亿气田、促跨越式发展”劳动竞赛，有效激发工程建设的设计、咨询、施工等51家参建单位近5万名参建者的劳动热情，确保了项目顺利投产，有力促进了贫困落后老区脱贫致富进程。2012年以来，省总工会组织省电力工会在甘孜、阿坝、凉山三州32个最贫困的藏区县开展“电亮新藏区”劳动竞赛，经全国总工会同意纳入全国重点工程劳动竞赛，先后两次对竞赛中涌现出的先进集体和个人进行了表彰，有力助推总投资达300亿元重点工程项目顺利完成，提前一年建成三州各县骨干电网，解决了藏区217个乡镇、1138个无电村、近百万名藏族同胞无电或缺电问题。在全省银行业金融机构开展“发挥金融合力，助推脱贫攻坚”金融精准扶贫劳动竞赛，600多个金融机构、23万余名金融职工广泛参与，为促进贫困地区经济发展发挥了积极作用。省总工会充分发挥劳动模范引领作用，带领乡亲们脱贫致富，助力脱贫攻坚。四川省劳动模范、蓬溪县拱市联村党委书记蒋乙嘉带领党委一班人，经过12年的奋战，昔日的穷山沟，变成了远近闻名的富裕村，联村人均纯收入从2007年的2300元增加到2019年的19852元，蒋乙嘉也因此获得首届四川“十大扶贫好人”称号、“全国最美基层干部”称号、首届“全国脱贫攻坚奖奋进奖”等。

以就业创业促脱贫攻坚。全省各级工会通过组织企业招聘、开展春风送岗专项扶持行动、组建创业就业服务专家团队巡回指导、举行企业招聘用工和大学生双选会等多种形式，搭建就业平台，积极帮助贫困地区群众创业就业，着力解决贫困群众就业难、务工难问题。脱贫攻坚过程中，省总工会共投入资金1700万元，开展深度贫困地区贫困农民工创业援助及培训项目（就业援助行动），对10324名贫困农民工实施就业培训，以小额贷款贴息补助或一次性创业补助等形式帮助2851名有创业能力和愿望的贫困农民工自主创业和自谋职业。2016年以来，泸州市共参与和组织开展职介活动20余场，仅市总工会本级就组织和参与专场招聘会11场，为下岗失业人员、困难职工、农民工群体提供就业服务25800人次。凉山州总工会在西昌市安哈镇开展蜀绣培训，德昌县总工会以彝族、傈僳族文化为依托，开展民族刺绣、火草麻布生产和葫芦笙制作等技能培训，引导传统行业规模化发展。

自2013年起，省总工会每年下拨民族地区（三州）困难职工帮扶资金900万元，帮扶救助包括农民工在内的困难职工4.8万户。阿坝州总工会从2015年起启动特困职工深度帮扶行动专项资金，集中开展5次特困职工深度帮扶行动，累计帮扶特困职工2577户，发放深度帮扶专项资金940.54万元。以助学和困难帮扶促脱贫攻坚。持续开展助学帮扶工作，省总工会“金秋助学”活动作为职工（农民工）子女关爱工作的重要内容，自1994年持续至今，已成为工会困难帮扶和职工子女关爱的响亮品牌。2019年，全省各级工会“金秋助学”活动筹集项目资金4333.38万元，资助困难职工（农民工）家庭子女1.54万名。为进一步助力脱贫攻坚，解决困难职工（农民工）家庭子女尤其是受疫情影响的困难职工（农民工）家庭子女上学难题，四川省总工会直接投入资金300万元帮助1400名困难职工（农民工）家庭子女上学。

创新创造，形成脱贫攻坚强大合力。在脱贫攻坚过程中，省总工会在充分发挥自身职能的同时，注重借助各方优势，形成脱贫攻坚的巨大合力。引导社会力量参与扶贫。省总工会充分发挥工会广泛联系社会各方面的优势，积极发动和引导社会组织、爱心企业、爱心人士参与精准扶贫工作，推动形成社会化扶贫格局。2015年，协调泸州老窖集团公司捐资2071.96万元，帮助合江县回洞桥村实施岩上湾至甘雨镇13.2公里道路加宽改造，捐资147.94万元为回洞桥村17户困难户进行危房改造，捐资150万元用于回洞桥村产业扶贫。通过动员基金会及社会团体广泛募集社会资源，针对困难群众脱贫解困需求，全面开展差异化、精准化的服务。省困难职工帮扶基金会积极主动参与深度贫困县脱贫攻坚“种子基金”项目，与炉霍县下罗柯马乡人民政府签订了《四川省社会组织参与深度贫困县脱贫攻坚帮扶协议》，设立脱贫攻坚联络站，争取省民政厅“种子基金”100万元，启动了下罗柯马乡一村综合服务中心建设项目并选派志愿者全程参与项目实施。此外，基金会连续实施扶贫脱困专向项目16个，重点帮扶各地扶贫办建档立卡贫困户中的困难职工、农民工家庭，共计支出项目资金601.04万元，直接帮扶各地扶贫办建档立卡贫困户2221人，产业扶持、教育扶持等脱贫攻坚专向项目覆盖“三州三区”、深度贫困县等贫困地区近万人。

打造社会公益品牌推动扶贫。全省各级工会组织结合本地本产业特点，精心设计并推出“春送岗位、夏送清凉、秋送助学、冬送温暖”“四季送”等一批影响力大、公信力强、实施效果好的困难帮扶和扶贫公益项目。2016年至2020年，仅送温暖活动就筹集资金13.5亿元，走访慰问困难企业2.5万余家、困难职工170万人（次）；打造“困难职工子女大学生阳光就业携进行动”“工会家政服务工程”“困难职工（农民工）职业技能培训”等品牌项目，有效引导社会资源向贫困地区聚集。

发挥平台作用助力扶贫。全省各级工会组织强化与其他群团组织的沟通协作，着力加强惠民帮扶中心制度化、规范化建设，积极参与群团组织社会服务中心建设，切实利用“中心”平台，深化困难职工特别是农民工解困脱困工作。截至2020年，全省已建成21个市级、176个县级惠民帮扶中心，934个乡镇（街道）惠民帮扶工作站、1675个社区惠民帮扶工作点。2016年至2020年，各级帮扶中心（站、点）救助困难群众543万人（次），救助金额近24亿余元。

聚力攻坚，高质量做好定点帮扶工作。按照省委统一部署，省总工会从2015年起牵头对口帮扶乌蒙片区的合江县，精准帮扶回洞桥村，联系帮扶将军湖村、高古山村；从2018年起，又增加牵头定点帮扶甘孜州炉霍县，精准帮扶交纳村，联系帮扶小安批村、加斗村。坚持规划先行。认真落实“六个精准”要求，积极协助所联系的贫困县、乡镇、村因地制宜做好扶贫规划，做到科学合理、务实可行。指导回洞桥村完成《扶贫攻坚规划》，按照“一年夯实基础、两年加快发展、三年脱贫摘帽”的总体思路，切实把回洞桥村打造为精准扶贫中心示范村，辐射带动周边区域共同发展。落实扶贫项目。积极协调社会帮扶资金2000万元，直接投入资金627万元帮扶炉霍县交纳村，实施“飞地经济”、庭院改造、奶牛养殖、绿化、饮用水池改造、黑青稞种植、河道整治、旅游便道、灵芝种植、文化陈列室、文化广场等帮扶项目，积极协调社会各方汇聚帮扶力量，协调内地食品公司合作黑青稞深加工；成都市锦江区发起“众筹+飞地+电商”项目；发动省劳动模范提供高原灵芝种植技术支持，聘请农技专家为“科技副村长”等。在就业培训、爱心助学、产业帮扶等项目上安排帮扶资金305.39万元；安排阵地建设资金97万元，支持炉霍县“三中心”、“职工书屋”

和“教工之家”建设。依托交纳村资源优势，因地制宜发展旅游业，以“最美藏家庭院、幸福美丽新村”为主题，分步打造乡村旅游，已完成河堤整治、旅游标识、文化广场、排污工程等建设，交纳村面貌焕然一新，全村绿化美化面积达 10000 平方米；因地制宜培育优势产业，村集体经济每年分红达 13 万元。交纳村已于 2018 年实现整村脱贫，被评为甘孜州“州级文明村”和“最美村寨”，第九批全国民主法治示范村（社区）、第五批四川传统村落名录，2019 年四川省卫生村（社区）名单、四川省 2019 年文化扶贫示范村，2020 年度四川省实施乡村振兴战略工作示范村，2021 年四川省生态宜居名村、四川省首批乡村治理示范村（社区）等。交纳村第一书记黄先明被评为 2018 年四川省脱贫攻坚先进个人（优秀驻村队员），获得第六届四川“记一等功公务员”表彰。省总工会定点帮扶的合江县回洞桥村、炉霍县交纳村被评为省实施乡村振兴战略示范村。巩固脱贫成效。经过近年来的扶贫工作，回洞桥村产业扶贫成效明显、基础设施建设极大改善、美丽新村建设初具规模，于 2017 年，顺利实现摘帽退出，成为省级脱贫攻坚示范村。2020 年，按照“巩固脱贫成效、规范工作格局、产业提质增效”的工作思路，安排资金 84.6 万元提升回洞桥村产业发展，林下土鸡育种孵化养殖、高端蛋鸡饲养基地及制衣车间、先市酱油基地等运转良好，晚熟柑橘基地项目即将进入挂果期，为村民增收和村集体经济提供了稳定收入。2015 年至 2020 年，省、市、县总工会直接联系的贫困村 248 个，帮扶联系贫困户 7797 户，下派工会干部到基层挂职 189 人，机关干部到联系村开展帮扶 37515 人次，累计实现帮扶投入 37868.62 万元（其中，帮扶单位直接投入 4656.31 万元，引进各类资金 33212.31 万元），帮扶项目 975 个，帮助 2.2 万户贫困户脱贫，帮助 25.4 万户城镇困难职工全部如期实现解困脱困，书写了工会助力全面小康的圆满答卷。

二、统筹推动疫情防控和复工复产工作

2020 年春，一场突如其来的新冠肺炎疫情席卷中国大地。这是新中国成立以来我国遭遇的传播速度最快、感染范围最广、防控难度最大的突发公共卫生

事件。在以习近平同志为核心的党中央的坚强领导下，全国人民万众一心，众志成城，打响了一场防控疫情的全民战“疫”，最大限度保护了人民生命安全和身体健康，铸就了伟大抗疫精神。

疫情就是命令，防控就是责任。全省各级工会坚决贯彻落实党中央、国务院和省委、省政府决策部署，以及全国总工会关于应对新型冠状病毒肺炎疫情工作有关要求，坚决维护广大职工群众的生命安全和身体健康权益，迅速行动起来，组织全省广大职工和工会干部积极投身抗疫行动，在统筹推进疫情防控和经济社会发展中展现工会组织的担当作为。2020 年 1 月 29 日，省总工会第一时间向全省各级工会组织的广大职工和工会干部发出关于抗击新冠肺炎疫情的倡议书。要求认真贯彻落实守土有责、守土负责、守土尽责的要求，充分发挥工人阶级主力军作用，将疫情防控作为当前最重要的工作，全力以赴做好疫情防控工作，落实好联防联控、群防群控各项措施，自觉按照科学指引做好个人防护，积极传播正能量，共同维护好社会公共秩序，众志成城打赢这场没有硝烟的阻击战。

随后，2020 年 2 月 3 日，省总工会召开党组会议，专题研究了省总工会应对新型冠状病毒肺炎疫情防控工作，进行再动员再部署。会议传达了党中央、省委关于做好疫情防控工作的通知要求，成立了以党组书记为组长的省总工会应对新型冠状病毒肺炎疫情工作领导小组，指导全省工会系统开展疫情防控工作，通过了全国总工会、省总工会第一批疫情防控一线职工专项慰问经费分配方案，并对下一步做好疫情防控工作作了安排部署。会议要求，省总工会应对疫情领导小组办公室要认真履职，做好具体防控工作；机关各部门、直属单位要落实一岗双责，层层传导责任。各级工会党员领导干部特别是主要负责同志要坚守岗位、坚守职责、坚守阵地，统筹协调、靠前指挥，要在党委和政府的统一领导、统一指挥下，协同其他部门开展好疫情防控工作，落实好联防联控、群防群控各项措施；要强化宣传引导，充分利用“四川工会”微信公众号等工会阵地，积极宣传疫情防护常识，增强职工群众防范意识和防护能力，引导职工坚定必胜信心；大力宣扬疫情防控工作措施成效和一线医务工作者的感人事迹、社会各界的爱心奉献，进一步凝聚共克时艰的精神力量；及时发布权威信息，引导广大职工理性面对疫情、科学应对疫情，不造谣、不传谣、不信谣，不发布、不评论、不转发任何未经权威机构和权威媒体证实的疫情信息，共同维护好社会公共秩序。

积极做好重点防疫物资保供工作。按照省委、省政府统一部署要求，部分企业春节期间复工，不间断生产急需紧缺防疫物资，省总工会设立专项资金1215万元，用于复工重点防疫物资保供生产企业一线职工开展慰问，动员激励企业职工全力抓好生产，保障产品供应。成都、自贡、德阳、眉山、资阳等市总工会积极行动，组织所属的10家防疫物资生产企业1000余名职工复工，生产医用口罩、防护服、手持红外测温仪等，保障防疫物资产品供应。

积极做好疫情防控期间职工心理健康服务工作。省总工会制定下发了《关于做好新型冠状病毒感染肺炎疫情防控阶段职工心理健康服务工作的通知》，要求以关心直接参与疫情防控的一线职工和相关行业职工为重点，普遍做好职工和职工家庭心理健康服务工作。省总工会女职委专门开通了特聘心理专家工作指导热线，并联合全国及省市部分专业心理服务机构开通23条全省职工心理健康服务热线。同时，省总工会女职委组织开展“同心战疫‘六起来’”（学起来、唱起来、动起来、聊起来、拍起来、写起来）线上活动，号召各级工会充分发挥职工心灵驿站、职工心理健康工作志愿者作用，积极开展形式多样的线上心理健康服务工作，带领广大职工和职工家庭积极参与有益身心健康的系列活动，帮助职工正确认识疫情、积极舒缓情绪、提升身心健康，坚定信心打赢疫情防控阻击战。

积极做好疫情防控一线医务人员及其家属关心关爱工作。2020年初，省总工会印发《全力做好疫情防控一线医务人员及其家属关心关爱工作措施》，要求各级工会组织专门力量并动员职工志愿者，及时掌握支援湖北医疗队等一线医务人员家属信息，列出需求清单和保障清单；设立专项资金开展慰问，对因新冠肺炎致困的一线医务人员家庭，根据实际情况进行帮扶、解决急难问题；督查落实一线医务人员工伤保险待遇；督促落实疫情防控一线医务人员临时性工作补助、值班加班费、误餐补助等福利待遇。省总工会还安排部署帮扶服务“五大行动”，对疫情防控期间一线医务人员及其家属劳动权益受到侵害的，开辟绿色通道给予法律援助；协助提供相关保障政策解读、帮助享受政策实惠；协调联系酒店，保障一线医务人员休息；建立防疫重点医疗机构工会组织间信息互通互联机制，为一线医务人员所需的紧缺防护用品协调救急；组织专门人员和职工志愿者，对一线医务人员家有老小等有关情况，开展“一对一”“点对点”帮扶服务。同时，还在疫情解除后，为一线医务人员在健康体检、补休、心理健康服务等方面提供关怀服务。疫情期间，全省工会设立疫情防控专项资金 1.1 亿元，慰问防控一线职工 20 余万人次，帮助 1.2 万名因疫致困职工渡过难关。

积极推动重点地区、重点行业、重点企（事）业单位复工复产。疫情期间，省总工会在全省率先出台支持企业安全有序复工复产和劳动关系协调十三条措施，及时出台助力“拼经济、搞建设、促发展”十八条、“开门红”十二条等政策措施，团结动员广大职工在推动企业复工复产和经济建设发展中发挥主力军作用。实施稳定劳动关系“春风行动”和“同舟共济、共渡难关”集体协商行动，覆盖企业 3.2 万家、职工 195.7 万人，解决劳动关系问题 4.3 万余件；指导受疫情影响较大、生产经营出现困难的企业和行业开展集体协商，防范化解劳动关系风险，共签订综合集体合同 6.5 万份，覆盖职工 857.3 万人；筹集资金 1100 余万元开展促消费活动，带动消费 3000 万元以上，引导各级工会投入工会经费 100.2 亿元带动消费帮扶和促进消费复苏，带动全省各级工会投入疫情防控、支持企业发展、服务职工群众、工会阵地建设等各类资金 17.8 亿元，为全省经济发展贡献工会力量；全面落实小微企业工会经费全额返还政策，累计返还工会经费 14.37 亿元，惠及企业 2.6 万余家，大力实施小额缴费工会组织经费全面返回支持政策，返回工会经费 9852.78 万元，惠及企业 13898 家，持续助力企业平稳健康发展。在四川总工会的部署和动员下，全省广大职工和工会干部快速反应、迅速行动，纷纷立足各行各业，扎实做好疫情防控与企业复工复产等工作，以实际行动为夺取疫情防控和实现 2020 年经济社会发展目标双胜利作出积极贡献。

新冠肺炎疫情发生后，省总工会自贡工人疗养院（医联体自贡市第五人民医院西城分院）作为自贡市发热门诊定点接诊医院，全院职工从 2020 年 1 月 25

日起取消休假，义无反顾地投入抗击新冠肺炎疫情工作中，坚持每天熬制防控中药汤剂，免费向市民和职工发放。同时，还充分利用自贡市第五人民医院线上心理咨询平台，免费为职工提供心理咨询服务，增加自我调适能力，团结帮助职工共渡难关。多名医务人员积极申请并获得批准加入四川省援助湖北武汉医疗队，成为阻击新冠肺炎疫情的“最美逆行者”。

省教科文卫工会发挥优势，全力以赴支援疫情防控工作。截至 2020 年 2 月 7 日，分五批次累计派出来自四川大学华西医院、四川省人民医院、四川省肿瘤医院、西南医科大学附属医院等 617 名医疗队员赴湖北支援疫情防控工作。四川大学华西医院工会在急诊室、发热门诊、感染性疾病中心等重点科室开设了“抗新冠职工加油站”，为奋战在抗击疫情一线的职工提供后勤保障。电子科技大学工会上线“智慧成电线上‘报平安’”及时全面掌握教职工相关信息，保障教职工健康安全。成都中医药大学走进临床防控第一线，积极发声，为应对疫情建言献策，充分发挥高校的科研、人才优势，发挥区域性医联体联盟平台优势，全力参与疾病的防控和临床研究工作。

在省总工会党组、分管领导的带领和参与下，省困难职工帮扶基金会与省总工会保障部、女工部多次认真研究，结合疫情防控工作实际，携手各级工会组织、劳动模范、广大职工、爱心企业、社会力量助力疫情防控，针对医务、疾控、海关、环卫、殡葬、社区工作者和公安干警、保安员、快递员、志愿者等防控一线工作者，从工作保障、生活服务、关怀慰问等方面，先后开展免费公益保险保障计划、免费单车月卡助力计划、心理关爱援助计划、致敬逆行者暖心包、“‘她’力量、战‘疫’情”暖心包、战“疫”一线工作者守护计划系列活动和慰问项目，累计支出捐赠款物 1241 万余元，覆盖帮扶四川抗疫一线工作者及职工 8 万余人次。2020 年 8 月，收到四川省应对新型冠状病毒肺炎疫情应急指挥部办公室的感谢信。

眉山市各级工会“六举措”助力复工复产。做好复工复产宣传指导，督促企业科学制订复工复产计划；联合人社等部门开展“春风行动”，为返岗农民工准备口罩、干粮、防疫手册、防疫保险等“返岗礼包”，安排专车保障农民工安全有序返岗；办好复工复产网络招聘，帮助企业就地招工，解决企业用工难问题；推进复工复产电商助农，通过网络公众号推送销售信息、视频直播培训指导、互联网拓展业务订单等方式助力农产品销售，彭山区连续助农销售奋战20余天，共销售优质柑橘近40万斤，实现销售额200余万元；保障复工复产物资供给，东坡区总工会申购医用口罩10万只，为企业复工复产保驾护航；提供复工复产法律援助，为有需求的企业及职工提供免费法律咨询服务，丹棱县总工会组织工会法律援助律师和社会化工会工作者免费为职工（农民工）提供法律咨询，已服务60余人次。

攀枝花市各级工会突出“四个一线”助力打赢疫情防控和经济发展两大硬仗。突显要务、跟进关爱，“党政关怀、工会温暖”第一时间送达防疫抗疫第一线，迅速为全市61个乡镇（街道）、403个村（社区），“两城”及环卫工人等，筹发抗疫专项工作补助332.9万元，为艰苦环境的抗疫一线送去急需的保障物品，累计金额达873.72余万元；鼓舞士气、典型带动，“工人先锋号”旗帜飘扬在防疫抗疫第一线，为市第四人民医院感染科、市公交派出所等37个一线医疗机构和疫情检查点授予“攀枝花市工人先锋号”旗帜；助力企业、维护职工，“和谐劳动关系”构建落地在防疫抗疫第一线，加快出台助力企业复工复产“10条”措施，开展“共克时艰·劳动竞赛”“保岗保薪保稳定·协商共赢促和谐”等活动；凝聚力量、群防群控，“党政有号召、工会见行动”落实在防疫抗疫第一线，开展“凝聚力量、温暖社会”主题活动，全市342家基层工会共计使用工会经费239.35万元，职工志愿服务达5万余人次。

三、积极参与抗震救灾

面对四川芦山地震、长宁地震、泸定地震等地震灾害，四川各级工会迅速响应、积极应对，组织工会干部和职工群众有序配合，通过及时开展灾情摸排和走访慰问、组建志愿队伍协助救灾、爱心援助传递工会温情等方式，积极参与抢险救灾各项工作，切实保障人民生命财产安全，在急难险阻中充分集聚工会力量。

2013年4月20日8时2分，四川省雅安市芦山县发生7.0级地震。“4·20”

芦山强烈地震是继“5·12”汶川大地震后发生在四川的又一灾难性地震，地震造成重大人员伤亡和巨大财产损失。地震发生后，党中央、国务院高度重视。中共中央总书记、国家主席、中央军委主席习近平闻讯后立即作出重要指示，要求抓紧了解灾情，把抢救生命作为首要任务，千方百计救援受灾群众，科学施救，最大限度减少伤亡，同时要加强地震监测，切实防范次生灾害。要妥善做好受灾群众安置工作，维护灾区社会稳定。在党中央、国务院、省委、省政府和全国总工会的坚强领导下，四川省总工会广泛动员各级工会组织和广大职工群众迅速行动、全力以赴，积极协助党委、政府有力有序有效推进抗震救灾工作，发挥了积极作用。

地震发生后第一时间，中央和省有关党政领导相继深入灾区一线指导抗震救灾工作。2013 年 5 月 21 日至 23 日，正当芦山地震抢险救援取得重大胜利、着手准备灾后恢复重建的关键时刻，中共中央总书记、国家主席、中央军委主席习近平到四川芦山地震灾区考察，冒着 30℃左右的高温，深入受灾群众集中安置点、板房学校、临时建筑工地，看望慰问灾区干部群众，实地指导抗震救灾工作，为灾后恢复重建指明方向。

灾情就是命令。四川省总工会迅速召开党组会，研究部署全省工会抗震救灾工作，成立了“4·20”抗震救灾应急领导小组，第一时间下发《关于动员全省各级工会组织和广大职工迅速投身抗震救灾工作的紧急通知》，对工会组织抗震救灾工作作出具体部署。同时先期拨付抗震救灾专项资金 50 万元，并由省总工会党组成员、副主席彭闯率领相关部门奔赴灾区了解灾情、慰问受灾职工，协助做好抗震救灾工作。

全省各级工会迅速行动，全力以赴投入抗震救灾工作。雅安市、县总工会在第一时间赶赴地震灾区一线参与抗震救灾工作。四川省其他市（州）总工会也对本地受灾情况进行了解，并对雅安芦山受灾情况给予高度重视，积极部署、全力配合协助做好抗震救灾工作。

第一时间查灾核灾。地震当日，省、市、县总工会迅速启动应急预案，工会干部第一时间深入企业了解灾情和职工需求，看望慰问受灾职工，稳定安抚职工情绪。迅速建立了省、市、县灾情信息统计报送机制，对企业受损情况、职工受灾情况、工会财产损失情况、急需紧急物资情况等信息和数据进行统计上报。

第一时间成立指挥部。4 月 20 日，在芦山县成立了省、市、县总工会抗震救灾指挥部，下设企业职工服务组、群众服务组、物资保障组、后勤保障组、信息联络组、综合协调组，保障抗震救灾工作有序、有力进行。

第一时间运送发放物资。省、市工会迅速调拨救灾资金和物资急援灾区，4 月 20 日 10 时 30 分，省总工会 50 万元救灾资金到位；22 时，成都市总工会组织的救灾物资运达芦山。

第一时间组建工会服务队。4 月 21 日，灾区工会服务队正式组建，服务队员佩戴统一标识，一方面按照市、县抗震救灾指挥部统一安排，积极参与救灾、清运垃圾、搬运物资、安置受灾群众；另一方面在企业开展生产自救，对受灾职工进行慰问、帮扶、救助和心理抚慰。在抗震救灾期间，雅安市工会服务队队员切实发挥了工人阶级的主力军作用，有效维护了灾区企业职工队伍稳定。

第一时间发挥“工人先锋号”作用。按照省总工会的统一安排，4 月 21 日至 5 月 1 日，向在抗震救灾中表现突出的雅安市医院抗震救灾后勤保障部、四川路桥集团、电信芦山分公司等 800 多个集体发放了“工人先锋号”旗帜，让“工人先锋号”旗帜在灾区飘扬，“工人先锋号”示范带动作用在灾区凸显。2013 年 4 月 28 日，中共中央总书记、国家主席、中央军委主席习近平在全国劳动模范代表座谈会上发表了重要讲话。在讲话中，习近平总书记充分肯定了雅安“4·20”芦山地震灾区的工会工作，并提出了殷切希望，他指出：“灾区各级工会组织和工会干部，积极开展各种救援行动，让‘工人先锋号’旗帜飘扬在抗震救灾第一线，彰显了工会组织的号召力、凝聚力、战斗力。希望灾区广大职工和各级工会组织，为夺取抗震救灾斗争全面胜利作出新的更大的贡献。”

四川省各级工会认真贯彻落实习近平总书记重要指示精神，全力以赴投入抗震救灾和灾后重建工作中。特别是面对灾区群众大量、急迫的社会服务需求，在省抗震救灾指挥部的统一领导下，省总工会与相关部门联合成立省抗震救灾社会管理服务工作组，并在芦山、宝兴、天全 3 个重灾县及 14 重灾乡（镇）设立 17 个抗震救灾社会管理服务站，由工会等群团部门负责人分别牵头开展有针对性的社会服务工作，有效探索出在应对重大灾难中加强社会管理服务的新路径。在灾后重建中，四川工会系统对接筹集资金5900余万元，主要用于工会活动阵地建设、困难职工帮扶、贫困学生资助、设施设备购置、物资捐赠等方面。各级工会勇于担当，主动作为，积极为灾区群众开展心理抚慰、法律援助、困难帮扶、劳模慰问等工作，深入开展“送温暖”“送清凉”等活动，帮助困难群众上万户，及时把党和政府的真情关怀送给奋战在灾后重建一线的职工，全省工会系统为夺取抗震救灾和灾后重建全面胜利作出了应有的贡献。

2019年6月17日22时55分，在四川宜宾市长宁县发生6.0级地震。省总工会认真落实省委、省政府关于长宁“6·17”地震灾后恢复重建工作部署，秉承中华民族“一方有难、八方支援”的传统美德，充分发挥省困难职工帮扶基金会作用，全力帮助受灾职工。中华全国总工会、四川省总工会、四川省困难职工帮扶基金会向宜宾市总工会发放困难职工（农民工）生活救助金619.391万元，帮扶1655名受灾困难职工（农民工）。

2022年9月5日12时52分，在四川省甘孜州泸定县磨西镇附近发生6.8级地震。四川各级工会迅速响应、积极应对，全力参与做好抗震救灾相关工作，切实保障人民生命财产安全。省总工会紧急向甘孜州总工会落实专项救灾补助资金300万元、向雅安市总工会安排专项救灾补助资金200万元，用于地震灾区应急救灾、过渡性生活补助、受灾职工慰问帮扶等。省困难职工帮扶基金会联合中国职工发展基金会、省总工会女职工委员会开展关爱“9·5”泸定地震受灾女职工和困难职工（农民工）家庭子女项目、泸定援助抗震公益行动项目，向甘孜州、雅安市受灾地区捐赠款物400万元，为受灾职工、受灾女职工和困难职工（农民工）家庭子女发放羽绒服、棉服、运动服套装、棉被、保温杯、尿不湿、奶粉、书包、学习文具等防寒、生活学习物资；使用香港工联会捐赠善款101万元开展川港山海情“9·5”泸定地震灾后重建公益行动。甘孜州总工会第一时间响应，筹集抗震救灾应急资金80万元，用于地震灾区应急救灾、受灾职工群众慰问帮扶等，并深入震区一线慰问抗震救灾干部职工和受灾职工群众等。雅安市总工会闻令而动，快速响应，第一时间拨付抗震救灾专项资金10万元驰援灾区，组织职工志愿者服务队参与抗震救灾工作。

2023 年 12 月 18 日 23 时 59 分，在甘肃临夏州积石山县发生 6.2 级地震。省总工会第一时间分别向甘肃、青海两省总工会捐赠救灾资金 200 万元、100 万元。省困难职工帮扶基金会第一时间响应省总工会安排部署，联合中国职工发展基金会、四川省慈善联合总会捐赠价值 43 万元的防寒羽绒服 600 件、资金 10 万元，并协调绵阳市总发动爱心商户捐赠 10 吨新鲜蔬菜，助力甘肃、青海抗震救灾。

四、助力战高温促生产

2022 年 6 月以来，四川省先后出现两段区域强高温过程，分别为 7 月 4 日至 16 日和 7 月 28 日至 8 月 22 日。从 2022 年 7 月 28 日起，持续的高温事件综合强度为 1961 年有完整气象观测记录以来最强。全省平均降水较常年同期显著偏少 43%，为 1961 年以来历史同期最少。省总工会筹集 1000 万元开展抗高温电力保供专项慰问，全省工会筹集 1.5 亿元为高温行业职工“送清凉”，助力打赢“夏季保卫战”。

2023 年 7 月，成都大运会开幕在即，大运会一线服务保障人员持续奋战在高温下，省总工会组织开展“迎大运　送清凉”专项慰问活动，省困难职工帮扶基金会积极协调多方慈善资源向大运会组委会捐赠慰问金和慰问品，共计 440 万元，省委常委、省总工会主席赵俊民参加活动。省困难职工帮扶基金会组织开展“劳动最光荣·防暑要保障”公益活动，设置“爱心冰柜”，招募学生志愿者队伍，发放 1 万支雪糕、30 个“清凉包”关爱慰问炎炎夏日奋战在一线的保安、环卫工人、交警等户外劳动者。

第十一节　持续深入做好工会财务和经费审查工作

工会财务和经费审查监督工作是工会工作的重要组成部分。进入新时代以来，全省各级工会财务和经费审查监督工作紧紧围绕省委、省政府工作大局与工会工作全局，紧扣“服务大局、服务基层、服务职工”宗旨，认真履职尽责，深化改革创新，不断健全和完善财务制度体系，着力构建常态化经审监督体系，扎实推进依法聚财、科学理财、民主管财和有效用财，切实收好、管好、用好工会经费，工会经费使用绩效和服务职工的能力显著提升，为工会工作高质量发展提供了有力保障。

一、工会财务服务保障能力持续增强

工会经费收入总额稳定增长。党的十八大以来，面对错综复杂的国内外经济形势和艰巨繁重的改革发展稳定任务，全省各级工会坚持完善机制，强化收支管理，不断提升财务保障能力，工会经费收入持续稳定增长。2013 年至 2017 年，省总工会本级经费总收入 28. 39 亿元，较过去 5 年增长 105. 51%，其中，拨缴经费收入 18. 23 亿元，较过去 5 年增长 112. 39%，年平均增长 14. 63%；5 年来，省财政共下拨困难职工帮扶、劳模慰问、送温暖活动、劳动竞赛等专项经费 3. 47 亿元，市县财政对工会补助各类资金 20. 50 亿元。2018 年至 2022 年，省总工会本级经费收入总计 47. 18 亿元，增长 66. 16%，其中拨缴经费收入 28. 86 亿元，增长 58. 29%；5 年来，全省税务代征工会经费 209. 38 亿元，财政部门统一划拨工会经费 14. 13 亿元，组织自主缴纳工会经费 44. 41 亿元。

工会经费支出结构不断优化。全省各级工会认真落实党中央、省委关于过“紧日子”决策部署，进一步优化支出结构，严格控制和压缩一般性支出，将更多的资源向重点工作、向基层倾斜，将更多经费用于服务职工群众。2013 年至 2017 年，省总工会本级用于机关正常运转支出占总支出的 8. 76%，占比较过去 5 年下降 1. 74%；突出重点，直接用于维护职工权益方面的经费较过去 5 年增加 315%；直接用于开展教育宣传、文化体育活动等方面的经费较过去 5 年增加 47. 33%；补助下级工会开展困难帮扶救助、送温暖慰问、职工权益维护、阵地建设等各类项目经费 16. 42 亿元，占总支出的 77. 01%，占比较过去 5 年提高 6. 17%。2018 年至 2022 年，省总工会本级用于机关正常运转支出占总支出的 7. 71%，较过去 5 年下降 1. 05%，“三公”经费较过去 5 年下降 51%；省总工会本级5年累计用于服务职工和对下级工会补助28.08亿元，占总支出的80.26%，较过去5年提高4.22%；进一步加大转移支付补助力度，全省工会5年累计投入乡镇（街道）、开发园区（产业园区）工会补助资金10.88亿元、社会化工会工作者补助资金4.85亿元；加大重点工作资金保障，5年累计直接投入帮扶资金1.08亿元，协调各类资金2.4亿元，助力脱贫攻坚及乡村振兴；筹集资金14.56亿元，如期完成城镇困难职工脱困解困任务，城镇困难职工同步迈入小康；投入资金2.7亿元，推动产业工人队伍建设改革工作走深走实；投入资金1.2亿元，多渠道解决新就业形态劳动者建会入会工作经费保障问题。通过不断优化工会经费支出结构，着力保障了工会改革、职工素质提升、劳动竞赛、产业工人队伍建设、会员普惠、权益维护和民生改善等重点工作统筹推进，有效增强了工会组织的凝聚力、影响力和战斗力。

服务职工阵地建设能力显著增强。2013年至2017年，省总工会本级安排专项资金27683.48万元，支持县以上工会建设职工活动阵地97个，撬动各类资金90065万元，新增阵地面积26.34万平方米，维修改造阵地面积8.5万平方米。2018年至2022年，省总工会本级投入专项资金1.98亿元，撬动各类资金7.18亿元，支持建设县级以上地方工会职工活动阵地50个；投入专项资金0.4亿元，支持基层工会职工之家省级项目建设400个；投入专项资金0.25亿元，建设"雪域高原职工之家"76个；大力投入线上线下户外劳动者服务站点、妈咪宝贝屋、职工心灵驿站、法律维权站点、职工书屋、职工教育基地等职工服务场所建设，有效实现了有职工的地方就有方便易进的"娘家"，就有竭诚服务的"娘家人"。截至2022年底，全省工会资产总额161.4亿元，比上届增长61.51%，土地面积113.45万平方米，建筑面积100.23万平方米。

财务管理规范体系逐步形成。2012年以来，省总工会在建立健全工会经费收缴和财务管理制度上持续发力，制定《关于进一步加强工会经费管理的规定》《四川省基层工会经费收支管理实施办法》《四川省县级以上工会支出管理办法（试行）》《四川省工会资金存放管理实施办法（试行）》等制度文件，深化工会财务预算绩效管理改革，建立健全预算管理制度框架体系和管理机制，强化资金存储安全和廉政风险防范，完善工会系统内控建设，建立县级以上工会统一核算系统，推动工会全部收支纳入统一管理，构建全面预算管理格局，走在了全国工会前列。

新时代以来，省总工会不断在财务工作领域取得新突破，2018 年至 2022 年连续 5 年获得全国省级工会财务工作考核先进单位，97 个市、县级工会和 48 个省产业（局）、企业（集团）公司工会获得全国考核先进单位。

二、工会经审监督服务保障水平不断提升

加强工会经审监督制度建设。2012 年以来，省总工会经审会围绕审查审计的主责主业，着力推动制度创新，逐渐形成了以经审管理、审计质量控制、审计结果运用为重点的工会经审监督制度体系。省总工会经审会聚焦项目及资金的监管，先后制发《关于进一步加强全省工会阵地建设项目及资金监督管理的通知》等制度文件，进一步加大了对工会阵地建设项目及资金的监管力度；聚焦审计督促整改，省总工会先后制发《审计回访制度》《机关及直属单位审计整改督查办法（试行）》等制度文件，进一步加大了审计整改力度；聚焦组织建设，省总工会先后制发《四川省工会特邀审计员管理暂行办法》《关于加强县级工会审计监督的意见》等制度文件，对全省各级工会经审组织加强组织建设、统筹审计资源、充实审计力量、增强履职能力等作了详细规定；聚焦与纪检监察部门的协作，省总工会先后制发《关于建立四川省总工会纪检组、经审办联席会议制度的通知》等制度，建立健全省总工会经审会与纪检监察部门的联席会商机制和沟通协作机制，凝聚了监督合力。

持之以恒抓好对省总工会本级和直属企事业单位的审计监督。2012 年以来，省总工会经审会坚持每年对省总工会本级预算执行情况和直属企事业单位财务收支情况进行审计，不断优化省总工会本级预算执行，扎实推进直属企事业单位有重点有深度有成效的常态化审计监督，有效促进了各单位财务和资产管理的制度化、规范化。

持之以恒抓好对下级工会的审计监督。省总工会经审会坚持对 21 个市（州）总工会和与省总工会有经费拨缴关系的省产业（局）、企业集团（公司）

工会财务收支情况审计全覆盖。2012 年至 2017 年，省总工会经审会每年安排对 10～11 个市（州）总工会的上一年度财务收支情况开展审计，并在每个市（州）总工会选取 1 个县级工会开展审计调查，实现了 21 个市（州）总工会两年全覆盖。2018 年至 2023 年，省总工会经审会每年安排对 4～5 个市（州）总工会的上两个年度财务收支情况开展审计，并在每个市（州）总工会选取 1～4 个县级工会、乡镇、街道、开发区（产业园区）工会开展专项资金审计调查，实现了 21 个市（州）总工会届内全覆盖。

持之以恒抓好政策落实跟踪审计检查。省总工会经审会紧扣产业工人队伍建设改革、城镇困难职工解困脱困、劳模待遇落实、省总工会助力“拼经济、搞建设”系列措施等重点工作高频次开展了政策跟踪审计，有效促进了全国总工会、省总工会决策部署落地落实。2019 年，省总工会经审会组织全省各级工会经审组织对 2018 年度工会帮扶资金、送温暖资金进行了专项审计工作。21 个市（州）总工会完成了对本级工会、154 个县（区）总工会的帮扶资金、送温暖资金专项审计，市级工会专项资金审计覆盖率达 100%、县级工会覆盖率达 84. 15%。2020 年，省总工会经审会组织全省各级工会经审组织及时开展了对新冠肺炎防控工作专项资金和捐赠款物管理使用情况的监督检查，提高了资金使用绩效。2022 年，省总工会经审会组织全省 21 个市（州）总工会和 63 个省产业（局）、企业集团（公司）工会以及全国产业工会在川企（事）业单位工会开展了劳动模范待遇和劳动模范资金专项审计，进一步促进劳动模范待遇落地落实，劳动模范资金规范管理。

持之以恒抓好工会财务管理风险督查。2021 年，省总工会经审会制发了《关于在年度审计中加强对各级工会及直属企事业单位财务管理风险监督检查的通知》，从会计管理、货币资金管理、内控管理、资产管理、账户管理、往来款项管理、票据管理等 7 大方面 44 个风险点位明确审计重点，要求全省各级工会经审组织常态化开展财务管理风险监督检查，坚持事实认定清晰、程序合法合规、问题定性准确，切实帮助被审计单位提高财务管理水平，促进工会资金资产管理规范高效运作。

持之以恒抓好审计整改“下半篇文章”。2012 年以来，省总工会经审会坚持目标导向，聚焦审计整改“下半篇文章”，狠抓工作落实。建立审计查出问题整改台账，持续跟踪、督促落实。通过向省总工会相关职能部门发送《审计发现问题风险提示函》，与财务资产监督检查深度融合等方式，进一步健全齐抓共管工作格局。坚持每年开展审计回访工作，督促被审计单位持续整改。

持续推动全省工会经审工作创新发展。2012 年以来，省总工会经审会探索建立相关职能部门联合督查工作机制，不断加强对直属企事业单位审计整改督查，力促审计整改走深走实。乐山市总工会探索实施“经审+”模式，积极整合审计、纪检、巡察、财监、税务等多部门监督手段和力量，不断拓展经审监督范围，全面提升内部审计质效。遂宁市总工会探索经审监督关口前移，开展非公企业工会审前服务，提前查找发现问题，帮助指导基层解决实际困难。攀枝花市总工会探索开展新就业形态劳动者工作审计调查，促进了新就业形态劳动者建会入会和专项资金的规范管理。广元苍溪县总工会创新运用管理建议书，实现了审计整改从“推着走、单一改”到“当下改、长久立”的转变。

进入新时代以来，全省工会经审工作水平逐年提高，工会经审监督服务保障四川工会工作高质量发展的能力和水平不断提升。省总工会经审会连续 2 届荣获四川省内部审计先进单位，连续 12 年在全国省级经审工作规范化建设考核中获特等奖、一等奖，四川经审工作专报得到全国总工会领导肯定性批示。

主要参考文献

1. 中共中央党史和文献研究院编：《习近平关于工人阶级和工会工作论述摘编》，中央文献出版社，2023 年。

2. 习近平：《习近平著作选读》（第一卷、第二卷），人民出版社，2023 年。

3. 中共中央宣传部：《习近平新时代中国特色社会主义思想三十讲》，学习出版社、人民出版社，2018 年。

4. 中共中央宣传部：《习近平新时代中国特色社会主义思想学习纲要》（2023 年版），学习出版社、人民出版社，2023 年。

5. 邓小平：《邓小平文选》（第一卷），人民出版社，1993 年。

6. 中共中央党史研究室：《中国共产党历史》，中共党史出版社，2014 年。

7. 中共中央党史和文献研究院：《中国共产党的一百年》，中共党史出版社，2022 年。

8. 本书编写组：《中国共产党简史》，人民出版社、中共党史出版社，2021 年。

9. 李玉赋主编：《 新编中国工人运动史（修订版）》（上卷、下卷），中国工人出版社，2020 年。

10. 全国总工会研究室编著：《中国工人阶级四十年（1978—2018）》，中国工人出版社，2018 年。

11. 中国工运研究所编写组编：《中国工会简史》，中国工人出版社，2020 年。

12. 全国工会干部培训基础教材编写委员会：《中国工人运动史概论》，中国工人出版社，2023 年。

13. 中共四川省委党史研究室著：《中国共产党四川历史（第一卷）（1921—1949）》，中央文献出版社，2009 年。

14. 中共四川省委党史研究室著：《中国共产党四川 100 年简史》，中共党史出版社、四川人民出版社，2022 年。

15. 中共重庆市委党史研究室著：《中国共产党重庆 100 年简史》，重庆出版集团、重庆出版社，2021 年。

16. 四川省地方志编纂委员会编：《四川省志工会志（1986—2005）》，方志出版社，2006 年。

17. 重庆市总工会：《重庆市总工会志》，重庆出版社，1996 年。

18. 段渝主编：《四川简史》，四川人民出版社，2019 年。

19. 张爱和主编：《成都市总工会志（1877—1993）》，四川文艺出版社，1996 年。

20. 张学君、张莉红著：《四川近代工业史》，四川人民出版社，1990 年。

21. 《当代四川》丛书编辑部：《当代四川的工人阶级和工会运动》，四川人民出版社，1991 年。

22. 刘海军著：《当代中国工人阶级状况变化研究（1978—2020）》，中国工人出版社，2021 年。

23. 四川工人日报社编：《四川工会凝心聚力助力脱贫攻坚纪实：历史担当》，中国工人出版社，2021 年。

24. 四川省总工会志编纂委会：《四川省总工会志》，当代中国出版社，1993 年。

25. 西南地区工运史征编协作组编：《西南地区工会运动（1949—1954）》，四川人民出版社，1990 年。

26. 王渔、李双寿、尚鸿志、张伯亭主编：《当代中国工人阶级和工会运动纪事（1949—1988）》，辽宁大学出版社，1989 年。

27. 四川总工会编纂：《5 · 12 汶川特大地震四川工会抗震救灾志》，四川师范大学电子出版社，2011 年。

28. 四川省总工会编：《奋进新时代谱写四川工会新篇章》，中国工人出版社，2020 年。

29. 重庆市总工会运动史研究室、西南师范大学历史系黄淑君主编：《重庆工人运动史（1919—1949）》，西南师范大学出版社，1986 年。

30. 自贡市总工会编：《自贡市工会志 》，成都科技大学出版社，1993 年。

31. 内江市总工会编：《内江地区工运志》，四川大学出版社，1998 年。

32. 达州市工会编撰委员会编：《达州市工会志》，四川出版集团、四川科学技术出版社，2011 年。

33. 《攀枝花市工会志》编纂委员会编纂：《攀枝花市工会志（1989—2013）》，方志出版社，2016 年。

后 记

2025年是中华全国总工会成立100周年。百年来，在中国共产党的领导下，中国工人运动风起云涌、蓬勃发展。作为中国工人运动的组成部分，四川工人运动在党的领导下不断发展壮大、蓬勃向前，在革命、建设、改革各个历史时期都发挥了重要作用、作出了重要贡献。为全景式展现从四川工人阶级诞生到当代波澜壮阔的四川工运事业发展全貌，全面梳理记录四川工人运动百年来的历史成就、经验和教训，从中汲取智慧、探究规律，更好发挥以史育人作用，激励四川广大职工群众和工会干部更好地服务现代化、建功新征程，奋力写好中国式现代化的四川新篇章，四川省总工会组织编写了这部《四川工人运动史》。

本书历史断代从1877年洋务运动中四川总督丁宝桢在成都创办四川第一个官办近代企业——四川机器局，四川工人阶级和工人运动兴起开始，到五四运动中四川工人阶级开始以独立的姿态登上政治舞台，至2023年四川省工会第十五次代表大会召开，横亘近一个半世纪。划分为四大历史时期：新民主主义革命时期、社会主义革命和建设时期、改革开放和社会主义现代化建设新时期、中国特色社会主义新时代。

四川工人阶级有着光荣的革命传统。从20世纪20年代初期开始，四川工人阶级就在中国共产党的领导下，为争取民族独立、人民解放开展了声势浩大的工人运动，并组建起了我国最早一批现代工会组织。1923年5月，成都劳工联合会诞生，组织起来的广大工人，以崭新的面貌登上四川工人运动的历史舞台。

1926年10月和11月，成都市总工会和重庆市总工会的成立，推动了四川工人运动进入高潮。土地革命战争时期，在开展城市工人运动的同时，川陕苏区工会在党的领导下，支持和参加川陕苏区建设和革命斗争，谱写了可歌可泣的英雄壮歌。抗日战争爆发后，四川工人阶级在党的领导下义无反顾地投身抗日救亡运动，成为大后方抗日救国最坚决、最彻底的革命力量之一，为抗日战争胜利作出了重大贡献。解放战争时期，四川工人阶级在党的领导下，积极为争取和平民主与生存权利而斗争，英勇机智开展护厂斗争，不屈不挠反抗国民党反动派的统治，沉重打击了帝国主义、封建主义和官僚资本主义，为最终迎来四川的解放作出了积极贡献。

新中国成立后，翻身做主人的广大四川工人阶级，更是以极大的政治热情和国家主人翁意识，积极投身于国民经济恢复和发展。在抗美援朝、社会主义革命和建设的伟大事业中，为促进四川安定发展，巩固人民民主政权，建设独立自主的新中国工业体系作出了重大贡献。在社会主义建设道路的求索过程中，四川工人阶级始终坚持生产、排除干扰、敢于斗争，在三线建设中形成了“艰苦创业、无私奉献、团结协作、勇于创新”的三线精神，充分显示了四川工人阶级的觉悟与担当。

改革开放后，在党的十一届三中全会精神的指引下，四川工人运动进入了改革开放新时期。在党的领导和四川各级工会的积极组织下，四川工人阶级勇于担当、敢于创新、甘于奉献，积极投身于经济建设和改革开放的大潮，广泛开展增产节约、劳动竞赛、技术革新等活动，以自己的聪明才智和忘我的劳动热情为四川社会主义现代化建设贡献力量。同时，积极支持和参加各项改革，接受改革大潮洗礼，促进和谐劳动关系构建，为四川改革开放伟大事业的顺利推进作出了重要贡献。四川工人阶级作为一支有理想、有道德、有文化、有纪律的工人阶级队伍，在改革开放的发展进程中不断健康成长。

进入中国特色社会主义新时代，四川工人阶级辛勤劳动、奋力拼搏、建功立业，在广袤的巴蜀大地上用智慧和汗水推动新时代治蜀兴川事业蓬勃发展，谱写了“中国梦·劳动美”的四川篇章，唱响了新时代的劳动之歌、奋斗之歌、光荣之歌。四川各级工会高举中国特色社会主义伟大旗帜，坚持以习近平新时代中国特色社会主义思想为指导，深入学习贯彻习近平总书记关于工人阶级和工会工作的重要论述、对四川工作系列重要指示批示精神，紧紧围绕实现中华民族伟大复兴的中国梦这一时代主题，坚持走中国特色社会主义工会发展道路，团结动员四川广大职工坚定不移听党话、跟党走，为全面建设社会主义现代化四川建功立业、不懈奋斗，推动四川工运事业昂扬阔步新征程、激越绘就新篇章。

纵观一百多年来四川工人运动的历史，无论是在风雨如磐的革命年代、如火如荼的建设时期，还是在日新月异的改革开放征程上，特别是进入激越奋进的新时代，具有光荣革命传统的四川工人阶级在党的领导下，都充分发挥主力军作用，是推动历史发展和社会进步的基本力量。四川各级工会作为党联系职工群众的桥梁纽带、社会主义国家政权的重要社会支柱、职工利益的代表者维护者，始终自觉接受党的领导，团结动员四川广大职工群众围绕党的纲领和不同历史时期确立的中心任务，前赴后继、奋勇拼搏，艰苦奋斗、建功立业，谱写了恢宏壮丽的四川工运事业新篇章。

本书以翔实丰富的史料、用客观宏大的史志叙事手法，真实反映了一百多年来，四川工人阶级在党的领导下，在各个不同历史时期波澜壮阔的革命和奋斗历史，热情讴歌了四川工人阶级的家国情怀、主人翁意识以及吃苦耐劳、拼搏奋斗、锐意创新的伟大品格。历史是最好的教科书。四川工人运动历史是不可多得的“营养剂”。本书对四川工人运动一百多年历史进行了详细记述和展示，对于引导广大党员干部和职工群众系统学习党史与四川工人运动史，继承四川工人阶级光荣传统，赓续红色血脉，大力弘扬劳模精神、劳动精神、工匠精神，凝心聚力推动治蜀兴川再上新台阶、奋力谱写中国式现代化四川新篇章，具有重要的时代价值和启迪作用。

四川省总工会
2025 年 3 月